16	3	2	13
5	10	11	8
9	6	7	12
4	15	14	1

Luiz Carlos Bresser-Pereira
e José Marcio Rego (orgs.)

A GRANDE ESPERANÇA
EM CELSO FURTADO

Ensaios em Homenagem aos seus 80 Anos

editora■34

EDITORA 34

Editora 34 Ltda.
Rua Hungria, 592 Jardim Europa CEP 01455-000
São Paulo - SP Brasil Tel/Fax (11) 3816-6777 editora34@uol.com.br

Copyright © Editora 34 Ltda., 2001
A grande esperança em Celso Furtado © Luiz Carlos Bresser-Pereira e José Marcio
Rego, 2001

A FOTOCÓPIA DE QUALQUER FOLHA DESTE LIVRO É ILEGAL, E CONFIGURA UMA
APROPRIAÇÃO INDEVIDA DOS DIREITOS INTELECTUAIS E PATRIMONIAIS DO AUTOR.

Capa, projeto gráfico e editoração eletrônica:
Bracher & Malta Produção Gráfica

Revisão:
Adrienne de Oliveira Firmo
Alexandre Barbosa de Souza

1ª Edição - 2001

Catalogação na Fonte do Departamento Nacional do Livro
(Fundação Biblioteca Nacional, RJ, Brasil)

	Bresser-Pereira, Luiz Carlos
B436c	A grande esperança em Celso Furtado: ensaios em homenagem aos seus 80 anos / Luiz Carlos Bresser-Pereira, José Marcio Rego, organizadores. — São Paulo: Ed. 34, 2001
	304 p.
	ISBN 85-7326-222-2
	1. Brasil - Condições econômicas. 2. Brasil - Política econômica. I. Título.

CDD - 330.981

A GRANDE ESPERANÇA EM CELSO FURTADO
Ensaios em Homenagem aos seus 80 Anos

Apresentação 9

1. Método e paixão em Celso Furtado
Luiz Carlos Bresser-Pereira 19

2. Um projeto para o Brasil: a construção do mercado
nacional como motor do desenvolvimento
Ignacy Sachs 45

3. O problema do desenvolvimento nacional: considerações
em torno do pensamento de Celso Furtado
Helio Jaguaribe 53

4. Celso Furtado e a persistência do subdesenvolvimento
Clóvis Cavalcanti 61

5. Desenvolvimento e Cultura
Oscar Burgueño e Octavio Rodríguez 77

6. Celso Furtado e o pensamento econômico
latino-americano
Ricardo Bielschowsky 109

7. Industrialização na visão de Celso Furtado
Wilson Suzigan 127

8. A Utopia da Nação: esperança e desalento
Leda Maria Paulani 139

9. Celso Furtado: auto-retrato e retórica
Rosa Maria Vieira 157

10. O pensamento político de Celso Furtado:
desenvolvimento e democracia
Vera Alves Cepêda 167

11. A "Angústia da Influência" em Smith, Hirschman e Furtado
José Marcio Rego 185

12. A Argentina e a Globalização
Aldo Ferrer 199

13. Um republicano exemplar
Francisco de Oliveira 217

14. Furtado e o Estruturalismo
Joseph Love 221

15. O processo histórico do desenvolvimento
Celso Furtado 253

Bibliografia 281
Sobre os autores 299

A GRANDE ESPERANÇA EM CELSO FURTADO

Ensaios em Homenagem aos seus 80 Anos

APRESENTAÇÃO

Este livro se insere no âmbito das comemorações dos 80 anos de Celso Furtado, o economista que mais marcou o pensamento econômico brasileiro até hoje, e maior repercussão teve no plano internacional. Sua obra compreende, além de inúmeros artigos, 31 livros publicados em mais de 15 idiomas, com cerca de dois milhões de exemplares vendidos. Isto certamente faz de Celso Furtado o economista e cientista social latino-americano mais lido em todo o mundo. Seus textos tiveram enorme impacto no debate econômico e influenciaram a produção acadêmica de gerações de intelectuais. A partir dos anos 1970, Celso Furtado passou à categoria de clássico, como um autor indispensável para compreender o Brasil.

Com efeito, se houve um intelectual que, na segunda metade do século XX, contribuiu mais decisivamente para que compreendêssemos a formação econômica e política brasileira, esse intelectual foi Celso Furtado. Ele não ofereceu apenas explicações econômicas para o desenvolvimento e o subdesenvolvimento. Mais do que isso, ele situou o Brasil no contexto do mundo, analisou sua sociedade e sua política, ofereceu soluções para os grandes problemas enfrentados. Para realizar essa tarefa tão ambiciosa quanto frustrante — porque, afinal, o Brasil ficou aquém de suas grandes esperanças — Celso Furtado usou do método e da paixão. No método ele foi rigoroso, mas isso não o impediu de encarar com paixão seu objeto de estudo, que foi sempre também um projeto republicano de vida: o desenvolvimento do Brasil.

No primeiro capítulo deste livro, Bresser-Pereira faz uma avaliação geral da obra de Celso Furtado. Concentra-se em três aspectos dessa obra. Um bastante reconhecido — o da sua independência de pensamento —, outro pouco estudado — o do método —, e outro que está de alguma maneira presente em todas as análises da sua obra — o da paixão —, mas que sempre aparece de forma medida, através de expressões como amor pelo Brasil, integridade pessoal e intelectual. A luta de Furtado pelo desenvolvimento para o Brasil e pela superação do atraso da sua região natal — o Nordeste — foi realizada com uma intensidade e uma determinação que só a paixão explica.

No capítulo 2, Ignacy Sachs destaca, entre outras análises, que a extensa obra de Celso Furtado impressiona pela unidade de método e de propósito, pois, desde os seus primeiros escritos econômicos até as publicações mais recentes, Celso Furtado vem praticando o enfoque histórico-estrutural — na mesma linha adotada por Bresser-Pereira —, tendo dado uma contribuição decisiva à formulação estruturalista cepalina. Na medida em que o desenvolvimento é um processo, só pode ser compreendido na sua dimensão histórica, na transição do passado, já ocorrido, para um futuro, em parte predeterminado pelo passado, em parte aberto à invenção e à construção pelos seus atores através da ação política. Sachs registra que Furtado nunca deixou de ser um economista político, consciente do caráter pluridimensional da idéia do desenvolvimento, na qual se conjugam fatores culturais, sociais, econômicos e políticos imersos em contextos geoecológicos e históricos. Em suas palavras, "o desenvolvimento se faz com base em um voluntarismo refletido e responsável, baseado numa análise realista das potencialidades do país confrontadas com os valores, os anseios da população e o balanço do poder, dando lugar a um exercício de *fantasia organizada*". Registra Sachs que, para Celso Furtado, o desenvolvimento sempre comporta um elemento de invenção. Esta é a razão pela qual a reflexão sobre a cultura e a racionalidade substantiva ocupa um lugar destacado na sua obra, em contraste com os economistas tradicionais exclusivamente preocupados com a racionalidade instrumental.

No capítulo 3, o decano dos cientistas políticos brasileiros, Helio Jaguaribe, registra a relevância do pensamento de Celso Furtado, que ultrapassa as fronteiras do Brasil, tendo se constituído em uma das vertentes básicas da contribuição latino-americana à compreensão da problemática do subdesenvolvimento e das condições para sua superação. Para Jaguaribe, a pessoa de Celso Furtado não é menos relevante, pois Furtado não é apenas um grande autor, "é, sobretudo, um grande homem". Jaguaribe vê uma relação de causalidade circular entre um homem e sua obra, na qual pode-se discernir pessoas que foram engrandecidas por sua obra, e pessoas cuja grandeza as levava, necessariamente, à realização de uma grande obra. Celso Furtado estaria incluído neste último grupo. As reflexões de Jaguaribe no capítulo visam a uma discussão das relações entre desenvolvimento e racionalidade e da contribuição de Celso Furtado ao tratamento dessa problemática.

No capítulo 4, Clóvis Cavalcanti, percebendo como o pensamento de Furtado sobre o subdesenvolvimento é pertinente hoje, retoma suas idéias sobre subdesenvolvimento, sobretudo a partir de três de seus livros: *Desenvolvimento e subdesenvolvimento* (1961), *Teoria e política do desenvolvimento econômico* (1967) e *O mito do desenvolvimento econômico* (1974). Cavalcanti tenciona mostrar como Furtado não se equivocou ao prognosticar a natureza persistente, renitente do subdesenvolvimento no confronto com as iniciativas concebidas para liquidá-lo. Para tanto, e tomando como referências principais esses três livros, começa examinando o conceito de subdesenvolvimento. Na segunda seção, procura examinar a visão de Furtado acerca do desenvolvimento propriamente, com base, sobretudo, no seu livro de 1967, reeditado em 2000 sem mudanças de fundo. Finalmente, na terceira seção, que conclui o capítulo, a questão da persistência do subdesenvolvimento constitui o principal foco de interesse. Se o pensamento de Furtado tem aplicações práticas imediatas, não é um assunto que preocupa Cavalcanti; da mesma forma como, por exemplo, a análise social do pensador de sua admiração, Gilberto Freyre, em *Casa-grande & senzala*, de 1933: "Vale pelo que ela mostra (e como!) das entranhas da sociedade brasileira". Para Cavalcanti, se Furtado, assim como Freyre, freqüentemente exagera, pelo menos ele o faz oferecendo uma visão consistente do mundo, na qual são salientados fatores como a dependência, padrões institucionais, matrizes socioeconômicas, relações centro-periferia etc., que são centrais para uma compreensão do subdesenvolvimento, o que permite focalizar o desenvolvimento então como um processo total de transformação social, e não apenas como um esforço no plano da economia.

No capítulo 5, Oscar Burgueño e Octavio Rodríguez, assim como Sachs, registram que a obra de Celso Furtado possui um traço peculiar e distintivo, diferenciador da obra de outros estruturalistas latino-americanos, pois ela aborda com amplitude o tema da cultura e estabelece uma conexão explícita entre cultura e desenvolvimento. Para Burgueño e Rodríguez, a visão de desenvolvimento de Furtado contém uma articulação harmoniosa dos vários componentes do todo social e de sua dinâmica. O desenvolvimento é percebido como enriquecimento da cultura globalmente considerada. Na obra de Furtado, para Burgueño e Rodríguez, dois *insights*-chave merecem destaque. O primeiro é a percepção da importância da imitação do consumo forâneo, que possibilita uma penetração de idéias e valores também estrangeiros, que condiciona o desenvolvimento da periferia. O segundo diz respeito à transmutação de meios em fins: os meios de desenvolvimento — o avanço técnico e a acumulação — são componentes fundamentais da "cultura material" que tendem a ser percebidos como fins em si mesmos.

O capítulo 6, de autoria de Ricardo Bielschowsky, versa sobre as contribuições de Celso Furtado ao pensamento econômico latino-americano. Está dividido em duas partes. A primeira dirige-se às contribuições de Furtado à teoria estruturalista do subdesenvolvimento latino-americano. Não se trata de um tema qualquer: o estruturalismo é, de longe, a principal contribuição latino-americana à história das idéias econômicas, e são muito importantes os aportes do autor à análise estruturalista. A segunda parte considera a obra de Furtado no contexto da evolução do debate econômico na América Latina, enfatizando o debate brasileiro. Como registra Bielschowsky em sua análise, a grande motivação de Furtado é política. Trata-se de um teórico do subdesenvolvimento dedicado a orientar os cidadãos do continente para uma ação transformadora. É por isso que sua obra tem todo um sentido pedagógico e um cuidado didático. Da coletânea de depoimentos organizada por Gaudêncio e Formiga (1995), Bielschowsky reproduz a seguinte afirmação de Furtado: "Nós, intelectuais que lidamos com idéias, não desconhecemos a importância da ação. Não fui outra coisa na vida senão um intelectual, mas sempre consciente de que os problemas maiores da sociedade exigem um compromisso com a ação [...] Nós intelectuais agimos porque temos um projeto que nos obriga a explicitar nossos propósitos últimos. Fora disso, estaremos cometendo uma traição a nós mesmos, pois teremos negado a função social que nos cabe desempenhar" (p. 39). Uma outra característica da obra de Furtado registrada por Bielschowsky é a ousadia intelectual e a originalidade. É com base em uma construção analítica própria que Furtado enfrenta a ortodoxia em matéria de teoria e de política econômica, e opõe-se às explicações convencionais sobre o subdesenvolvimento latino-americano. O "sistema analítico furtadiano" tem um alicerce e três pavimentos. "O alicerce é algo que podemos chamar de 'método histórico-estrutural'. Celso Furtado partiu do estruturalismo cepalino de Raul Prebisch e nele introduziu 'história' [...] O primeiro pavimento, construído a partir do final da década de 1940, é o da análise do subdesenvolvimento econômico. Essa é a principal dimensão da obra de Furtado, e foi a ela que o autor dedicou maiores esforços de elegância expositiva, no sentido acadêmico: seu trabalho faz uma ligação cuidadosa entre quatro níveis da análise econômica, ou seja, o 'teórico', o 'histórico', o da análise 'aplicada' aos processos e tendências correntes, e o da formulação de política econômica. Depois surgiria o piso socioeconômico e sociopolítico. Furtado o incorporaria em sua obra de forma permanente a partir do início de sua experiência com a SUDENE, a fins da década de 1950 e princípio da de 60. O terceiro piso é o da problemática do subdesenvolvimento no plano da cultura. Há algumas considerações sobre cultura já em sua obra na década de 1960 — por exemplo, em *Dialética do desenvolvimento* (1964) —, mas será a partir de fins da década de 1970 que o autor se dedicará mais a fundo ao tema, especialmente em dois livros: *Criatividade e dependência na civilização industrial* (1978) e *Cultura e desenvolvimento em época de crise* (1984)".

No capítulo 7, Wilson Suzigan registra que o desenvolvimento industrial como caminho para o desenvolvimento econômico e social sempre ocupou lugar de destaque na obra de Furtado, tanto em sua visão histórica da formação econômica do Brasil e da América Latina quanto em sua discussão de temas contemporâneos. Suzigan focaliza o processo histórico de desenvolvimento industrial na visão de Furtado. Para isso, as obras que lhe servem de referência são três dos mais influentes livros de Furtado: *Teoria e política do desenvolvimento econômico*, publicado em 1967; *Formação econômica do Brasil*, publicado em 1959 e hoje considerado um dos livros clássicos sobre o Brasil, ao lado de *Casa-grande & senzala* e *Raízes do Brasil*; e *Formação econômica da América Latina*, publicado em 1969 e uma importante contribuição ao estudo dos problemas do desenvolvimento latino-americano.

A organização do trabalho reflete a própria ordenação das fases históricas do processo de industrialização adotada por Furtado, tendo como pano de fundo o desenvolvimento industrial do Brasil e da América Latina. A primeira seção discute a industrialização induzida pelo crescimento e diversificação da procura global resultantes da expansão das exportações primárias, bem como as limitações intrínsecas a esse tipo de industrialização. A segunda seção trata da crise do setor exportador e conseqüentes "tensões estruturais" que levaram a uma segunda fase de industrialização por substituição de importações. A terceira seção discute o esgotamento da substituição de importações e a ação estatal na passagem a uma terceira fase da industrialização, com a ampliação das bases do sistema industrial, que passa a desempenhar o papel de "elemento propulsor do desenvolvimento".

No capítulo 8, Leda Maria Paulani abre seu trabalho citando o seguinte trecho de uma entrevista de Furtado: "Nunca se imaginou que esse aqui fosse um país qualquer. Todos reconheciam também que era um país que viveu muito tempo de facilidades e que se habituou a não levar a sério as estruturas internas e a má distribuição de renda. Agora o Brasil chegou ao extremo [...] O triste é imaginar que um país em construção fosse entregue ao mercado". Registra Paulani que Furtado foi a um só tempo observador histórico, personagem de grande importância e intérprete privilegiado do Brasil. Para Paulani, as palavras de Furtado que abrem seu ensaio traem a amargura de quem compartilhou um sonho, uma fantasia e lutou por ela racionalmente, porque percebia que não havia restrições objetivas à sua consecução. O território digno de continente, a generosa fertilidade do solo, as riquezas naturais incomensuráveis, o imenso mercado interno potencial, estavam, aí mesmo, colocando a construção da Nação ao alcance da mão. Nesse contexto, só pode mesmo ser triste acompanhar, no final do século XX, a "entrega do país ao mercado". Paulani discute em seu trabalho a natureza da principal descoberta de Furtado (ou, como ele mesmo a chama, a sua "descoberta do Brasil") e a relação disso com as providências que, segundo Furtado, permitiriam pôr em pé a Nação brasileira. Daí em diante, retoma o questionamento acerca da natureza desse grandioso futuro que se esperava e dos personagens principais por trás dessa imaginação fabulosa.

No capítulo 9, Rosa Maria Vieira está preocupada com as incursões autobiográficas de Furtado. Registra a autora que, dentre tantas publicações de Furtado, seu *Auto-retrato intelectual*, elaborado em Paris (1973), será a primeira, mas não a única incursão autobiográfica do autor. A partir de meados dos anos 1980, Celso Furtado elabora a conhecida e deliciosa trilogia em que, cronista e "personagem do drama", relata sua trajetória pessoal, do segundo pós-guerra aos anos do exílio — *A fantasia organizada* (1985), *A fantasia desfeita* (1989) e *Os ares do mundo* (1991). A proposta de Rosa Maria em seu capítulo é analisar o *Auto-retrato intelectual* de Celso Furtado em termos de uma leitura historiográfica de autobiografia, acreditando a autora ser este um instigante caminho para a abordagem de um pensador que, até agora, tem sido objeto quase exclusivo de reflexão da teoria econômica. Ela vislumbra uma possível abordagem para o tratamento do *Auto-retrato*: o lugar e a função do texto autobiográfico no conjunto da obra do autor, a ordem do relato autobiográfico, que inclui uma orientação governada pelo sentido e pelo desejo de persuasão, e a relação entre o autor e o público a que se destina a narrativa.

No capítulo 10, Vera Cepêda, em sua tarefa de avaliar a importância da produção intelectual de Celso Furtado, começa por desatar um nó na percepção do conjunto de sua obra. Furtado é lido e classificado usualmente como economista e os reflexos profundos e a interdisciplinaridade de suas teses tornaram-nas balizas paradigmáticas também para a história e a sociologia. Mas, registra Cepêda, poucos o colocam còmo um autor relevante para a ciência política. Porém, analisando detidamente os textos produzidos entre o final dos anos 1950 e o golpe de 1964, Cepêda percebe em seu trabalho que o papel desempenhado pela questão política acaba aparecendo como prioritário, sendo peça-chave da qual dependia a transformação da economia e da sociedade brasileira. Nesses textos, fica claro que *sem reformas* políticas não haveria qualquer chance para o desenvolvimento e para o progresso. As teses contidas nesses trabalhos colocam a democracia funcionando como um instrumento fundamental na solução dos impasses do subdesenvolvimento, construindo um projeto de sociedade e de Nação. A preocupação com um projeto para o Brasil está presente como uma marca em todo o pensamento furtadiano, obedecendo ao diálogo que o autor tece com as variações da realidade que o cerca. O movimento de adequação permite classificar o conjunto da obra de Furtado em três momentos distintos: a fase otimista, o pessimismo espantado e a crítica renitente. O primeiro bloco representa os trabalhos e a participação política compreendida desde o início da carreira de Furtado até o golpe de 1964. Sua principal característica era o sentimento de esperança, que partia do reconhecimento claro dos limites impostos pela herança colonial ao pleno desenvolvimento nacional, mas que enxergava nos anos 1950/60 uma fissura estrutural capaz de permitir o salto para a modernização. A segunda fase inicia-se com a cassação política e vai até os anos 1970, e tem um sabor de amargura. O sentimento de derrota nasce da constatação de que venceu a pior alternativa histórica desenhada no início da década de 1960 — um regime político fechado. Mais adiante, esse sabor amargo será ainda mais acentuado pela rachadura aberta na teoria formulada por Furtado na véspera do golpe, de que regimes fechados levariam inevitavelmente ao estrangulamento econômico. Tal prognóstico não se confirmou, e, anos mais tarde, Furtado revê suas posições introduzindo o conceito de modernização do subdesenvolvimento. Os trabalhos posteriores à década de 1970 avaliam que o crescimento da economia brasileira durante o regime militar conduziu à *modernização do subdesenvolvimento*. Ou seja, houve adoção de *certos aspectos* do capitalismo contemporâneo, como novos padrões de consumo, urbanização e surgimento de novos segmentos produtivos, mas, nos aspectos fundamentais, permaneceram defasados os padrões tecnológicos e a modernização da produção (aumento da produtividade e técnicas de capital intensivo). Sem transformações profundas, distantes dos padrões de modernidade, ficaram as questões dos direitos sociais, da participação política, da função social do Estado e o problema da democracia. O corte imposto pelo modelo de desenvolvimento do regime militar criaria um obstáculo ainda maior para uma verdadeira superação do subdesenvolvimento, servindo, ao contrário, para perpetuá-lo. Na década de 1980, Celso Furtado reorganiza seu passado e ajusta as contas com a memória, a sua e da geração desenvolvimentista. Terminada a tarefa documental de um dos momentos de maior importância para a história brasileira, respira fundo, e parte novamente para o ataque frontal — retoma os temas dos anos 1950/60 e os ajusta para os desafios e a aparência de progresso unânime apresentados pelo capitalismo globalizado.

No capítulo 11, José Marcio Rego parte da tese de Harold Bloom, da "angústia da influência", para entender uma faceta observada por alguns estudiosos de Furtado, dentre os quais Tamás Szmrecsányi: "Na leitura de *Formação econômica do Brasil*, logo nos deparamos com dois problemas. Um, que se refere principalmente à história do Brasil, mas tem também uma conotação historiográfica mais geral, diz respeito à origem dos conhecimentos históricos de Celso Furtado, tão parcialmente indicada pelas poucas fontes nacionais e portuguesas que ele cita no seu texto e/ou nas suas notas de rodapé. Na verdade, o livro em questão possui até alguns mistérios, os quais freqüentemente têm instigado seus leitores apesar — ou talvez por causa — dos três avisos que figuram na sua introdução. Dizem estes que: o trabalho não passa de um 'esboço do processo histórico de formação da economia brasileira'; por esse motivo, há uma omissão quase total de referências à 'bibliografia histórica brasileira'".

No capítulo 12, o economista argentino Aldo Ferrer abre seu trabalho com as lembranças do período em que conheceu Furtado em Nova York, em 1951 ou 1952, numa visita que Furtado realizou, como economista da CEPAL, à sede da Secretaria da ONU, onde o jovem economista Ferrer desempenhava suas funções. Aldo Ferrer já conhecia alguns textos de Furtado, e havia sido atraído pelo enfoque histórico e global do desenvolvimento latino-americano. Tempos depois, o clássico livro de Furtado *Formação econômica do Brasil* induz e inspira Ferrer a preparar seu também clássico estudo sobre o desenvolvimento econômico da Argentina em suas diversas etapas. O livro de Ferrer *La economía argentina* (Fondo de Cultura Económica, México 1963) assinala essa inspiração intelectual da obra de Furtado. Com o tempo se fizeram freqüentes os contatos, na Argentina, no Brasil, em outras partes da América Latina e em Paris. O inicial respeito intelectual de Ferrer se enriqueceu então com a amizade e o afeto pessoal. O trabalho de Ferrer, nesse capítulo, sobre a situação argentina no contexto mundial da globalização, segue o mesmo enfoque de seus trabalhos anteriores: portanto, localiza-se dentro da abordagem da realidade a partir de uma perspectiva histórica e contextual, que, registra Ferrer, tanto deve ao pensamento de Celso Furtado. Um tratamento mais amplo do mesmo tema por Ferrer aparece em seu livro *El capitalismo argentino* (1998).

No capítulo 13, Francisco de Oliveira começa por lembrar que teve a honra e o privilégio de trabalhar na SUDENE sob a liderança e exemplo de Celso Furtado, beneficiando-se não apenas de sua competência, mas, sobretudo, "de seu raro sentido de homem público e republicano, num país onde as elites são plagadas pela peste do patrimonialismo mais nefasto". Registra em seu texto que é consensual destacar-se o papel e a posição de Celso Furtado na história brasileira dos últimos 50 anos. Para marcar esse lugar, bastaria conferir a importância de *Formação econômica do Brasil,* seu livro clássico, que comparece em todas as listas da melhor produção científica nacional das ciências humanas no século XX, ao lado das obras daqueles que são os "demiurgos" do Brasil. Aponta Chico de Oliveira que: "Nos últimos 50 anos, de alguma maneira, o debate sobre a economia e a sociedade brasileira estruturou-se em torno da interpretação do Brasil elaborada por Celso Furtado, a partir da herança de um Capistrano de Abreu, um Roberto Simonsen, um Caio Prado Jr., um Gilberto Freyre, dialogando, em posição diametralmente oposta, com os clássicos do autoritarismo, como Oliveira Vianna e Alberto Torres, para citar apenas dois". Para Chico de Oliveira, o debate sobre o desenvolvimento ressurge hoje com força, e a obra de Furtado continuará a ser fonte de inspiração e ponto de partida.

No capítulo 14, Joseph Love registra, num texto riquíssimo de informações conceituais e biobibliográficas, restar pouca dúvida de que Celso Furtado seja o cientista social brasileiro mais influente de todo o século XX. "Na América Latina, onde os livros, em geral, são publicados em tiragens de 1.000 a 2.000 exemplares, as obras de Furtado, em 1972, já haviam *vendido* cerca de 200 mil exemplares em espanhol e português. As vendas de suas obras, em todo o mundo, atingiram um milhão de exemplares em 1990, sendo que a metade deles foi publicada na América Latina. Ele foi o primeiro, o mais original e o mais prolífico dos autores estruturalistas brasileiros. Além disso, pode-se dizer que foi o primeiro dos analistas latino-americanos da dependência, e também o primeiro a afirmar, especificamente, que desenvolvimento e subdesenvolvimento fazem parte do mesmo processo de expansão da economia capitalista internacional. Como muitos de seus primeiros trabalhos foram elaborados em associação direta ou indireta com a CEPAL e com Raul Prebisch, a obra de Furtado se constitui no mais importante elo entre a escola estruturalista em escala continental e a escola nacional brasileira, fundada por ele. Na verdade, é difícil separar algumas das contribuições iniciais de Furtado das de Prebisch e, na década de 1970, os pontos de vista de ambos voltaram a convergir, dessa vez para enfocar os padrões de consumo das camadas superiores da sociedade latino-americana como sendo a força motora das economias daquela região, vistas como não-acumuladoras e dependentes". Encerrando o livro, temos no capítulo 15 um texto do próprio Celso Furtado, analisando o processo histórico do desenvolvimento.

Esperamos, com este livro, fazer mais uma justa homenagem a alguém que sempre consideramos um de nossos mestres. Um mestre que não é só nosso, mas de todos aqueles que vêem a economia brasileira com um misto de indignação e esperança.

Luiz Carlos Bresser-Pereira e José Marcio Rego

1.
MÉTODO E PAIXÃO EM CELSO FURTADO
Luiz Carlos Bresser-Pereira

Se houve um intelectual que, na segunda metade do século XX, contribuiu mais decisivamente para que compreendêssemos o Brasil, não teria dúvida em afirmar que esse intelectual foi Celso Furtado. Ele não ofereceu apenas explicações econômicas para nosso desenvolvimento e nosso subdesenvolvimento. Mais do que isso, ele situou o Brasil no contexto mundial, analisou sua sociedade e sua política, ofereceu soluções para os grandes problemas enfrentados. Para realizar essa tarefa tão ambiciosa quanto frustrante — porque, afinal, o Brasil ficou aquém de suas grandes esperanças —, Celso usou do método e da paixão. No método ele foi rigoroso, mas isto não o impediu de encarar com paixão seu objeto de estudo, que foi sempre também um projeto republicano de vida: o desenvolvimento do Brasil.

Um dos livros de Carlos Drummond de Andrade chama-se *A paixão medida*. Este oxímoro, que o grande poeta usou com tanta propriedade, é útil para entendermos Celso Furtado. A paixão é forte, tornando sua obra e sua vida prenhes de energia e de vontade de transformação econômica e política, mas é uma paixão medida, que pesa custos e *trade-offs* — como é próprio dos bons economistas — e não esquece as restrições políticas.

Celso Furtado é um economista da teoria do desenvolvimento e da análise econômica brasileira. Nessas duas especialidades ele pensou sempre de forma independente, e usou principalmente o método histórico e não o lógico-dedutivo. Sua capacidade de inferência e de dedução é poderosa, mas ele parte sempre da observação da realidade, evita basear-se em pressupostos gerais sobre o comportamento humano — e procura, a partir dessa realidade e do seu movimento histórico, inferir a teoria.

Neste trabalho não farei uma avaliação geral da obra de Celso Furtado. Apenas me concentrarei em três aspectos de sua obra. Um bastante reconhecido — o da sua independência de pensamento —, outro pouco estudado — o do método — e outro que está de alguma maneira presente em todas as análises da sua obra — o da paixão —, mas que sempre aparece de forma medida, através de expressões como amor pelo Brasil, integridade pessoal e intelectual. Furtado é tudo isso, e mais. Sua luta pelo desenvolvimento do Brasil e pela superação do atraso da sua terra natal — o Nordeste — foi realizada com uma intensidade e uma determinação que só a paixão explica.

A Grande Esperança em Celso Furtado

INDEPENDÊNCIA TEÓRICA

Celso Furtado é um economista do desenvolvimento. Fez parte do grupo dos "pioneiros" da teoria moderna do desenvolvimento, ao lado de Rosenstein-Rondan, Prebisch, Singer, Lewis, Nurkse, Myrdall e Hirschman.[1] Suas contribuições teóricas concentraram-se no entendimento do processo de desenvolvimento e de subdesenvolvimento econômico. E, para isso, veremos que usou, antes de mais nada, o método que é mais adequado ao estudo do desenvolvimento: o histórico-indutivo. Mas, antes de examinar o método que emprega, é importante assinalar a independência teórica que marca sua trajetória intelectual.

A teoria econômica de que se utiliza ele a aprendeu com os clássicos, entre os quais Ricardo e Marx têm papel de destaque, juntamente com Keynes. Pouco deve aos neoclássicos. Não se entenda, entretanto, que Furtado seja um marxista ou um keynesiano. Ele aprendeu com os clássicos e com Keynes, mas seu pensamento é independente, e ele sempre fez questão absoluta dessa independência. Está identificado com o estruturalismo latino-americano, na medida em que ele foi um dos seus fundadores.[2] Mas é preciso ter claro que o estruturalismo não é e nem pretendeu ser uma teoria econômica abrangente. Foi uma doutrina econômica influente na América Latina nas décadas de 1950 e 60, porque oferecia uma interpretação para o subdesenvolvimento dos países que, em meados do século XX, faziam a transição de formas pré-capitalistas ou mercantis para o capitalismo industrial, e apresentava a seus dirigentes uma estratégia coerente de desenvolvimento.

A independência teórica do pensamento de Furtado permite que ele use as teorias que julgar relevantes para resolver os problemas de interpretação dos fatos econômicos que tenha pela frente. O marxismo é para ele importante na medida em que oferece uma visão poderosa da história e do capitalismo, mas a contribuição de Marx à teoria econômica é menor. Ao descrever seu aprendizado do marxismo, na França, no final dos anos 1940, ele nos diz:

> A formidável vista que descortina Marx sobre a gênese da história moderna não deixa indiferente nenhuma mente curiosa. Já a contribuição no campo da economia parecia de menos peso, para quem

---

[1] A identificação dos "pioneiros do desenvolvimento" foi feita por Meyer (1987) e Meyer e Seers (1984).

[2] O trabalho de Joseph Love, incluído neste volume, argumenta de forma incisiva sobre o papel de co-fundador do estruturalismo latino-americano desempenhado por Celso Furtado, embora este não deixe nunca de prestar suas homenagens a Raul Prebisch.

estava familiarizado com o pensamento de Ricardo e conhecia a economia moderna.[3]

Por outro lado, ele não acredita em uma teoria econômica pura, nem de corte neoclássico, nem marxista. Furtado jamais se interessou por esse aspecto da teoria econômica. As teorias econômicas, para ele, existem para resolver problemas reais. A seu ver a economia é "um instrumento para penetrar no social e no político e avançar na compreensão da história, particularmente quando esta ainda se exibia como presente aos nossos olhos".[4]

Mas como se dispõe Furtado a entender o mundo que o cerca? Não é aplicando sem crítica um sistema qualquer de pensamento econômico. Nada é mais avesso a Furtado do que o pensamento estereotipado dos ortodoxos, seja qual for a ortodoxia que adotem. Ele quer ver o mundo com seus próprios olhos. Usar os instrumentos de análise econômica sem perder sua própria liberdade de pensar e de criar, que é seu bem maior. Conforme observa Francisco Iglésias, "é absurdo apontá-lo como neoclássico, marxista, keynesiano, rótulos que freqüentemente lhe dão. Ele tira de cada autor ou corrente o que é, a seu ver, correto ou adaptável à realidade brasileira ou latino-americana. Adota os modelos que lhe parecem corretos, sem tentar aplicá-los mecanicamente a casos diversos, sem ortodoxia".[5] Com isso Furtado não está pretendendo reconciliar essas teorias, nem sendo indefinido, como pretendem aqueles que querem uma visão única e integrada da teoria econômica: está apenas nos dizendo que, dependendo do problema enfrentado, uma ou outra escola de pensamento pode ser mais útil. No caso de Keynes, Furtado é, como observa Bielschowsky, um "keynesiano atípico", porque caracteriza o subdesenvolvimento de forma clássica como um problema de insuficiência de poupança.[6] A insuficiência de demanda aplicar-se-ia principalmente aos países desenvolvidos. Não obstante, ao expor o processo do desenvolvimento, Furtado, em vez de adotar a postura que era típica entre os pioneiros do desenvolvimento de imaginar que a concentração de renda era condição para o início do desenvolvimento, dá ao crescimento dos salários um papel fun-

---

[3] Furtado (1985: 31).

[4] Furtado (1985: 15 e 51).

[5] Iglésias (1971: 176). Considerar Furtado também neoclássico pode parecer surpreendente, porém é o que lemos, por exemplo, em Mantega (1984: 90): "Antes de mais nada revela-se uma certa imprecisão e mesmo boa dose de indecisão desse pensador, que oscila entre os fundamentos clássicos e neoclássicos, a meu ver irreconciliáveis".

[6] Bielschowsky (1988: 60).

damental ao garantir o aumento da demanda agregada e o próprio lucro dos capitalistas. Nesse ponto ele já está sendo plenamente keynesiano.

Sua preocupação com a independência do seu pensamento aparece com clareza quando decidiu deixar o Rio de Janeiro e ir trabalhar em Santiago, na CEPAL, que acabara de ser criada. A CEPAL, naquele momento, era ainda um projeto vazio. Furtado não conhecia Prebisch, que ainda não formulara sua visão do desenvolvimento da América Latina. Não obstante, ele decide partir, para "escapar ao cerco, ganhar um horizonte aberto, ainda que para vagar em busca de uma Atlântida perdida".[7] Faz essa afirmação em *A fantasia organizada* (1985), e em seguida manifesta seu acordo com Sartre e sua filosofia da responsabilidade, segundo a qual, se fundássemos nossas verdadeiras escolhas apenas na razão, não haveria escolhas, tudo estaria predeterminado.

Com a decisão de ir para Santiago, Furtado dizia para si mesmo que sua própria vida não estava predeterminada. E, assim, era coerente com sua visão mais geral da sociedade e da economia. Como nunca acreditou que uma única teoria econômica fosse capaz de tudo explicar, também sempre rejeitou todo tipo de determinismo: seja o determinismo marxista, apoiado nas "leis da história", seja o neoclássico, baseado no princípio da racionalidade, que, ao postular a maximização dos interesses, não dá espaço para decisões, para escolhas.[8] Pelo contrário, se no debate entre determinismo e voluntarismo Furtado cometeu algum pecado, este foi o do voluntarismo, expresso na crença na capacidade da razão humana de impor sua vontade sobre a economia e a sociedade através do planejamento. E, mais amplamente, no papel central que sempre deu às decisões quando se trata de pensar no sistema macroeconômico. O mercado tem um papel fundamental, mas não menos importantes são as decisões tomadas. Esta sua visão está bem clara em *Criatividade e dependência na civilização industrial* (1978):

> É a partir da identificação dos centros de onde emanam essas decisões destinadas a compatibilizar as iniciativas da multiplicidade de agentes, que exercem poder em graus distintos, que se define o perfil de um sistema econômico.[9]

---

[7] Furtado (1985: 50).

[8] O caráter determinista do pensamento neoclássico só foi abalado quando os livros-texto de microeconomia incluíram a teoria dos jogos — ou seja, a teoria da decisão. Mas nesse momento seus autores estavam saudavelmente tornando relativo o postulado maximizador da teoria neoclássica.

[9] Furtado (1978: 18).

Essa recusa do determinismo, inclusive o determinismo de mercado, está relacionada com o individualismo e o idealismo do grande intelectual que decide intervir na realidade. Ele partia da convicção de que fazia parte de uma elite intelectual, de uma *intelligentsia*, que seria capaz de reformar o mundo. Nesse campo, seu mestre foi Karl Mannheim. Conforme ele nos diz:

> Seguindo a Mannheim, eu tinha uma certa idéia do papel social da *intelligentsia*, particularmente nas épocas de crise. Sentia-me acima dos condicionantes criados por minha inserção social e estava convencido de que o desafio consistia em instilar um propósito social no uso dessa liberdade.

Gerard Lebrun, analisando *A fantasia organizada*, assinala o voluntarismo idealista de Furtado, expresso na sua crença inabalável no planejamento — um planejamento que anularia ao máximo a imprevisibilidade das decisões. Ora, observa o filósofo, "a idéia que tem do poder (numa democracia, está suposto) parece ser tão abstrata, tão bem ajustada, *a priori*, ao seu ideal de um planejamento neutro, que mal lhe vem ao espírito, aparentemente, que o planejador possa se transformar em um tecnocrata".[10]

Na verdade, o notável economista é um cientista, mas é também um burocrata na melhor acepção do termo, um homem de Estado, um formulador de políticas públicas que só deixou de estar inserido no aparelho do Estado quando a ditadura militar cassou seus direitos políticos. Celso Furtado começou sua vida profissional no DASP, como um técnico em administração pública. Superou esse estágio, tornou-se economista e professor universitário, mas jamais deixou de acreditar na força racionalizadora da burocracia, inclusive da média burocracia. Muitas vezes ele afirmou que o único grupo social que tinha condições de ser um interlocutor com as potências internacionais era a burocracia estatal. E para ele o fortalecimento da burocracia é fundamental nos regimes democráticos para a continuidade das políticas públicas e para a própria eficácia e legitimidade do poder do Estado. Conforme ele nos diz em *A fantasia desfeita*:

> O processo de burocratização não significa apenas o crescimento do aparelho estatal, significa também importantes mudanças nos processos políticos. Aumentando a eficácia do poder, a burocratização o consolida a níveis mais baixos de legitimidade.[11]

---

[10] Lebrun (1985).

[11] Furtado (1989: 185).

Ao pensar assim, Furtado é fiel ao que aprendera com pensadores tão diferentes como Mannheim, Sartre e seu professor Cornu.[12] Nas democracias capitalistas os intelectuais podem liberar-se das ideologias e usar da sua liberdade para intervir de forma republicana no mundo. Ele sabe que essa liberdade é sempre relativa, que nós podemos construir as nossas próprias vidas, mas não podemos ter nenhuma ilusão quanto aos condicionamentos sociais e políticos a que estamos sujeitos. Para grandes intelectuais como Furtado, a dialética entre a liberdade e o comportamento socialmente condicionado pode ser mais consciente, e, se for acompanhada da virtude da coragem, como foi seu caso, será mais favorável à liberdade, mas apenas mais favorável: ninguém escapa da sua circunstância.

A coragem intelectual expressa-se principalmente nos momentos em que é preciso divergir do ambiente e do grupo. Em 1962, em pleno momento de radicalização política no país, Celso Furtado publica *A pré-revolução brasileira*. Depois de elogiar o caráter humanista da obra de Marx, Furtado não tem dúvida em declarar que:

> Baseando-se o marxismo-leninismo na substituição de uma ditadura de classe por outra, constituiria um regresso, do ponto de visto político, aplicá-lo a sociedades que hajam alcançado formas de convivência social mais complexas, isto é, nas modernas sociedades abertas.[13]

Da mesma forma, no *Plano trienal* (1962b), não teve dúvida em propor o ajuste fiscal e uma severa política monetária, embora sabendo que seria chamado de "monetarista" pelos grupos que apoiavam o governo Goulart.

O uso da liberdade ganha pleno sentido em Furtado porque é marcado pelo dom da criatividade. A contribuição de Furtado à teoria econômica e à análise da economia brasileira e latino-americana pode ser explicada em termos de método, mas é, antes de mais nada, fruto de uma enorme capacidade pessoal de pensar e criar. Furtado sabe disso, e certamente não é por acaso que a epígrafe de um de seus livros é uma frase de Popper reconhecendo que a "descoberta científica é impossível se não se tem fé em idéias puramente especulativas e muitas vezes destituídas de toda precisão".[14]

---

[12] Citado por Furtado (1985: 31).

[13] Furtado (1962a: 27).

[14] Epígrafe de *Prefácio à nova economia política* (1976a).

A criatividade será uma das bases da sua independência intelectual em relação às ortodoxias. Lebrun, escrevendo sobre *A fantasia organizada*, observa: "É o odor de heterodoxia que torna esse livro ainda mais fascinante e faz de Celso Furtado um grande escritor, assim como um pensador". Conforme observa Bourdieu, se existe na teoria econômica uma *doxa*, "um conjunto de pressupostos que os antagonistas consideram evidente",[15] existe também uma ortodoxia e uma heterodoxia. O heterodoxo não nega os pressupostos mais gerais da sua ciência, mas recusa subordinar seu pensamento ao dominante. A direita e os economistas convencionais insistem em dar à heterodoxia uma conotação negativa, identificando-a com populismo econômico, mas, na verdade, inovar em teoria e em análise econômica envolve quase sempre alguma heterodoxia. Ser heterodoxo é desenvolver teorias novas, muitas vezes a partir da identificação de fatos históricos novos que modificam um determinado quadro econômico e social e tornam as teorias pré-existentes inadequadas. Quando Celso Furtado optou por usar prioritariamente o método histórico-indutivo, e quando se tornou um dos dois fundadores do estruturalismo latino-americano, Furtado estava optando pela heterodoxia e pela independência de pensamento. Na próxima seção, apresentarei brevemente minha visão dos dois métodos na teoria econômica, para em seguida continuar a análise do método em Celso Furtado.

Dois Métodos em Economia

A ortodoxia, ou o *mainstream* neoclássico, é dominantemente lógico-dedutivo. Pretende deduzir o funcionamento em equilíbrio das economias de mercado a partir do único pressuposto de que os agentes econômicos maximizam seus interesses. Se classificarmos as ciências em adjetivas ou metodológicas, não há ciência substantiva mais lógico-dedutiva do que a ciência econômica neoclássica, não obstante as afirmações de que se trata de uma ciência positiva. Por paradoxal que isto possa parecer, nem a física é tão lógico-dedutiva. O domínio do método lógico-dedutivo é tal que me lembro sempre da observação de um exaluno, que voltava de uma bolsa de estudos em universidade no exterior. Quando lhe disse que, a meu ver, em certas áreas fundamentais, como a da macroeconomia e do desenvolvimento econômico, o economista deveria utilizar predominantemente o método histórico-indutivo em lugar do lógico-dedutivo, ele retrucou sem pestanejar: "Ora, em economia o método lógico-dedutivo é sempre dominante; não estudamos história, mas teoria econômica". Para ele, como para todo o pensamento neoclássico, teoria econômica é por definição lógico-dedutiva.

---

[15] Bourdieu (1976: 145).

A teoria econômica é por definição abstrata, e não pode ser confundida com a história. Na ciência econômica o que se buscam são modelos, teorias, que expliquem a estabilidade e a variação dos agregados econômicos, o ciclo econômico de curto prazo e o desenvolvimento, a inflação ou deflação e o balanço de pagamentos, a variação dos preços relativos, da taxa de juros e do câmbio. O objeto da teoria econômica, portanto, está claro, como está claro que o que se busca é generalizar a respeito do comportamento das variáveis relevantes, e, através dessa generalização, ser capaz de prever o comportamento das variáveis econômicas. Sendo assim, é importante reconhecer que, dependendo do tema que se aborde, o método mais aplicável será ora lógico-dedutivo, ora histórico-indutivo.

Em um outro trabalho, defendi a tese de que a macroeconomia é irredutível à microeconomia, porque a primeira usa predominantemente o método histórico-indutivo, enquanto a segunda, o método lógico-dedutivo. Faz parte das aulas introdutórias de filosofia a afirmação de que o avanço do conhecimento depende da utilização encadeada dos dois métodos. No processo do conhecimento, os indivíduos utilizam indução e dedução de forma permanente, uma seguindo a outra e vice-versa. Indução e dedução não são, portanto, métodos de conhecimento, ou, mais precisamente, operações mentais opostas. São complementares. Isso, entretanto, não significa que as ciências usem com a mesma intensidade um ou outro método. Por exemplo, a matemática é apenas lógico-dedutiva, a sociologia, principalmente histórico-indutiva. Na matemática tudo é deduzido a partir de algumas identidades, na sociologia e nas demais ciências sociais, exceto a vertente neoclássica da economia (estendida recentemente à ciência política), a observação do fato social e da sua evolução no tempo é o método fundamental de pesquisa, embora o pesquisador seja obrigado permanentemente a usar também o método dedutivo para fazer sua análise.

Dessa forma, não estou corroborando a crença dominante no século XIX de que o uso do método da indução distinguiria a verdadeira ciência. Esta começaria pela observação dos fatos e pelos experimentos para afinal chegar a leis gerais. De acordo com o que o "problema da indução" de Hume deixou claro, podemos inferir leis gerais a partir da indução, mas as inferências assim realizadas não se tornam logicamente demonstradas.[16] O método histórico-indutivo não dispensa o lógico-dedutivo. Na macroeconomia e na teoria do desenvolvimento

---

[16] Ver Blaug (1980: 11-2). Ele usa o problema da indução de Hume para diminuir seu papel na teoria econômica. Como a maioria dos economistas, ele supõe que exista apenas "uma" teoria econômica, de forma que o uso prioritário de um ou outro método dependendo da abordagem micro, macro ou de desenvolvimento econômico não faz sentido para ele.

econômico, entretanto, ele tem precedência sobre o método lógico-dedutivo, ao passo que o inverso é válido para a microeconomia.

Considero a teoria neoclássica do equilíbrio geral uma notável contribuição ao conhecimento de como funcionam as economias de mercado. Mas isso não significa que toda a teoria econômica possa ser a ela subordinada. Um segundo ramo da teoria econômica — a macroeconomia — não pode ser reduzido à microeconomia, e isso não apenas porque um trata do comportamento de agentes econômicos e o outro, de agregados econômicos — esta é apenas uma definição. Mas sobretudo porque, enquanto a microeconomia, ou, mais precisamente, o modelo de equilíbrio geral que lhe serve de base, aborda a economia de uma perspectiva lógico-dedutiva, deduzindo a forma pela qual os recursos são alocados e a renda distribuída em uma economia de mercado a partir de um único pressuposto (o comportamento racional dos agentes), a macroeconomia nasceu e continua a dar seus maiores frutos quando observa o comportamento dos agregados econômicos, verifica como esse comportamento tende a se repetir e, a partir daí, generaliza, construindo modelos ou teorias. Em um segundo momento, os macroeconomistas buscam uma razão lógica, um fundamento microeconômico para o comportamento dos agregados macro, mas o máximo que conseguirão é encontrar explicações *ad hoc*. A esperança neoclássica de reduzir a macro à microeconomia é vã, porque os métodos predominantes em um e outro ramo da ciência econômica são diferentes.[17] Como é impossível reduzir o terceiro grande ramo da teoria econômica — a teoria do desenvolvimento econômico — à micro ou à macroeconomia, o núcleo do pensamento continua aqui clássico, como é neoclássico o cerne do pensamento microeconômico, e keynesiano, o do macroeconômico.

A teoria econômica busca explicar e prever o comportamento das variáveis econômicas. É preciso, entretanto, verificar qual a variável em que estamos interessados. Se desejarmos compreender e prever o comportamento dos preços e a alocação de recursos na economia, a teoria microeconômica, de base lógico-dedutiva, será mais efetiva; se quisermos entender a distribuição de renda a longo prazo no sistema capitalista, a inversão da teoria clássica, colocando a taxa de lucros como dada e a taxa de salários como resíduo terá o maior poder preditivo; se desejarmos, por outro lado, entender o comportamento dos ciclos econômicos, a macroeconomia de base keynesiana será o instrumento por excelência; finalmente, para entendermos a dinâmica do desenvolvimento, a teoria do desenvolvimento clássica, de base histórica, será aquela com maior poder de explicação e de predição.

---

[17] Ver Bresser-Pereira e Tadeu Lima (1996).

A Grande Esperança em Celso Furtado

Segundo esse raciocínio, é impossível uma visão absolutamente integrada da ciência econômica. Esta possui três ramos fundamentais: a micro, a macro e a teoria do desenvolvimento. O que cada uma delas nos proporciona é uma visão do funcionamento do sistema econômico a partir de uma determinada perspectiva, e com a utilização predominante de um método. Desses três ramos, apenas na microeconomia o método lógico-dedutivo é e deve ser dominante. Foi ele que permitiu que se construíssem os modelos microeconômicos de equilíbrio parcial e geral, que constituem uma das grandes realizações científicas do pensamento universal. Através dele compreendemos como uma economia de mercado aloca recursos. Já a teoria do desenvolvimento econômico, que explica o processo de crescimento a longo prazo das economias capitalistas, e a macroeconomia, que mostra como as economias se comportam no ciclo econômico, embora utilizem o método lógico-dedutivo, foram construídas a partir da observação dos fenômenos históricos. Smith e Marx, que fundaram a primeira, observaram a transição das formas pré-capitalistas para o capitalismo, e a partir dessa observação teorizaram. A teoria clássica da distribuição de renda também tem caráter histórico, embora, com a mudança no comportamento da taxa de salários, a partir de meados do século XIX, só tenha continuado a fazer sentido quando invertida: a taxa de lucro de longo prazo revelou-se suficientemente estável para ser considerada constante, de forma que se pode prever que a taxa de salários crescerá com a produtividade desde que o progresso técnico seja neutro. Keynes e Kalecki, que foram responsáveis pelo surgimento da macroeconomia, partiram da observação do ciclo econômico após a Primeira Guerra Mundial, e teorizaram a partir daí: usaram também primordialmente o método histórico-indutivo. A grande contribuição de Ricardo à teoria do desenvolvimento econômico — a lei das vantagens comparativas no comércio internacional — foi um grande esforço lógico-dedutivo, mas mesmo nesse caso apoiou-se na observação do que ocorria na Inglaterra e levou em conta seus interesses comerciais, não no comportamento racional dos agentes econômicos.

A crítica de Friedman à política macroeconômica keynesiana — a descoberta de que através de expectativas adaptativas os agentes econômicos neutralizariam em parte essa política — partiu antes da observação da realidade, embora exista nela um óbvio fundamento microeconômico. Essa crítica não invalidou a política macroeconômica, mas limitou seu alcance. Quando, porém, a teoria macroeconômica se descolou da realidade e radicalizou a abordagem lógico-dedutiva, como aconteceu com a hipótese das expectativas racionais, temos um construto teórico absurdo e vazio, apesar de sua aparente coerência, que transforma a teoria econômica em mera ideologia. Segundo essa distorção por que passou a teoria econômica, as políticas macroeconômicas seriam totalmente ineficazes, porque neutralizadas pelas expectativas racionais dos agentes. Ora, tal afirmação contraria a experiência cotidiana, na qual vemos as autoridades econômicas de todos os países envolvidas ativamente em política econômica. O uso radical do método lógico-dedutivo levou a teoria a ignorar a realidade histórica. Os formuladores de política econômica, nos ministérios de finanças e bancos centrais, por um tempo, nos anos 1980, deram ouvidos à versão radical do monetarismo que as expectativas racionais propunham, mas desde o início dos anos 1990 abandonaram o monetarismo e passaram a adotar a estratégia pragmática da meta de inflação.

Outra distorção comum que surge da pretensão de se utilizar o método lógico-dedutivo para explicar todos os fenômenos econômicos é aquela que decorre da insistência de empregar um determinado modelo quando a realidade não se conforma com ele. Nesse momento, o papel da teoria econômica passa a ser de obstáculo em vez de instrumento para análise do que está ocorrendo. Quando ele consegue superar esse obstáculo e de fato pensar, analisando os fatos novos que impõem novas análises, ele é obrigado a abandonar os modelos pré-existentes. Nesse caso, como observa Tony Lawson, "a única coisa que permanece intacta é uma aderência a sistemas fechados de modelagem formalistas e, por isso, dedutivistas".[18]

Por isso, vejo com ceticismo as tentativas de unificar a micro, a macro e a teoria do desenvolvimento. São abordagens que não são mutuamente redutíveis, porque partem de métodos diferentes. Querer unificá-las é mera arrogância intelectual. Uma arrogância que resulta em empobrecimento da teoria econômica. Não há necessidade de encontrar um modelo que unifique tudo. Podemos perfeitamente usar uma ou outra teoria, conforme estejamos procurando explicar uma ou outra questão. Uma macroeconomia estritamente neoclássica é uma contradição: é uma macroeconomia sem o próprio objeto da disciplina: os ciclos econômicos. Uma teoria do desenvolvimento econômico puramente neoclássica faz ainda menos sentido, na medida em que o modelo de equilíbrio geral é essencialmente estático. Quando os economistas neoclássicos conseguiram, afinal, chegar a um modelo de desenvolvimento compatível — o modelo de Solow —, este modelo, em termos substantivos, avançou pouco em relação ao que nos haviam ensinado sobre o desenvolvimento Smith, Marx, Schumpeter e os "pioneiros da teoria do desenvolvimento" dos anos 1940 e 1950. O mesmo pode-se

---

[18] Ver Lawson (1999: 6-7). Lawson continua: "A insistência do *mainstream* na aplicação universal de métodos formalistas pressupõe, para sua legitimidade, que o mundo social seja em toda parte fechado, que as regularidades de eventos sejam ubíquas".

dizer do modelo keynesiano de desenvolvimento de Harrod e Domar. Tanto um como outro modelo tinham como grande mérito o fato de serem consistentes com as respectivas teorias, não o de explicarem o processo de desenvolvimento. O modelo de Solow, afinal, revelou-se mais frutífero, mas não devido àquela consistência lógico-dedutiva, e sim porque, estando baseado em uma função Cobb-Douglas, permitiu a realização de grande número de pesquisas empíricas, não precisamente históricas, mas predominantemente indutivas.

O MÉTODO

Uma forma através da qual Furtado evidenciou sua independência de pensar foi manter-se fiel ao método histórico-indutivo, não obstante a ortodoxia tenha nesses 80 anos se tornado cada vez mais lógico-dedutiva. Sem dúvida, usou com abundância sua capacidade lógico-dedutiva, mas sempre o fez a partir dos fatos históricos e da sua tendência a se repetirem, não a partir de uma pressuposição de comportamento racional. Enquanto historiador econômico era natural que utilizasse prioritariamente o método histórico-indutivo, mas isso também é verdade quando ele assume o papel de teórico do desenvolvimento e do subdesenvolvimento. Assim, não estou sugerindo que Furtado pertença à escola historicista alemã de Gide ou ao institucionalismo americano de Veblen. Essas escolas caracterizaram-se pela recusa da teoria econômica e pela busca da análise dos fatos econômico caso a caso, enquanto Furtado usa a teoria econômica disponível e procura fazê-la avançar na compreensão do desenvolvimento econômico.

Mesmo enquanto historiador econômico, Furtado foi muito mais um economista do que um historiador. Ele não narra a história da economia brasileira, ele a analisa. Ninguém fez com mais brilho o uso da teoria econômica para entender a evolução da economia brasileira do que Furtado em *Formação econômica do Brasil* (1959a). Conforme observou o historiador Francisco Iglésias, embora esse seja um livro de história econômica, é "da perspectiva do economista [...] nessa análise dos processos econômicos chega-se a um grande despojamento, a modelo ideal, a formas que têm, por vezes, a aparência de abstratas. É o que acontece em muitas passagens do livro de Celso Furtado; o rigor de construção do livro é tal que [...] torna a leitura difícil para quem não tenha ampla informação histórica e certo conhecimento da teoria econômica".[19]

Na mesma direção, Lebrun assinala: "a história, tal como ela é praticada por Celso Furtado, só vale por sua extrema *precisão* (grifo do autor) [...] Este é seu método: nenhuma asserção que não esteja ancorada em fatos ou em dados

---

[19] Iglésias (1971: 200-1).

estatísticos". Mas, acrescentaria eu, dados que são utilizados com grande inteligência e capacidade de inferência. Uma das características que torna *Formação econômica do Brasil* uma obra-prima de história e de análise econômica é a capacidade de Furtado de, a partir dos parcos dados disponíveis, deduzir as demais variáveis da economia e seu comportamento dinâmico. Mas, ao fazer isso, Furtado não está abandonando o primado do método histórico-indutivo. Está apenas sendo capaz de combinar sua criatividade com seu rigor lógico para, a partir dos dados disponíveis, nos apresentar um quadro geral da evolução histórica da economia brasileira até hoje não superado. *Formação econômica do Brasil* é a meu ver o mais importante livro publicado no século XX sobre o Brasil, porque nele Furtado foi capaz de usar a teoria econômica e as demais ciências sociais não para descrever, e sim para analisar a história econômica do Brasil.

Vou dar um exemplo de sua independência e de seu método nesse livro. A partir do capítulo 16, Furtado escreve sobre o século XIX. Em primeiro lugar, embora ele tivesse recentemente participado da fundação do estruturalismo latino-americano em Santiago do Chile, ele não se deixa levar por explicações imperialistas do nosso subdesenvolvimento, e afirma em relação aos acordos privilegiados com a Inglaterra de 1910 e 1827: "Não parece ter fundamento a crítica corrente que se faz a esses acordos, segundo a qual eles impossibilitaram a industrialização do Brasil nessa etapa".[20] A partir dos dados das exportações e sobre as relações de troca do país, ele verifica que a primeira metade do século foi de estagnação: na verdade, a renda por habitante deve ter caído de 50 para 43 dólares (a dólares da década de 1950). Os 50 anos seguintes, entretanto, são de grande expansão, graças ao aumento das exportações e à substancial melhoria nos termos de troca. Novamente, a análise parte de alguns fatos historicamente verificados, para, a partir daí, deduzir o comportamento geral da economia. E, naturalmente, relacioná-lo com os aspectos sociais. Os proprietários de terra não são indiferenciados, como é tão comum de se ver. A nova classe dirigente de cafeicultores é muito diversa do antigo patriarcado açucareiro. Tem experiência comercial, de forma que os interesses da produção e do comércio estão entrelaçados. Por outro lado, ele dedica quatro capítulos ao problema da mão-de-obra, ressaltando a importância da imigração e da mão-de-obra assalariada. O fato pode ser óbvio, mas a ênfase é de quem não transforma a economia em meras abstrações, e a pensa como economia política historicamente situada.

O segundo exemplo, vou buscá-lo em seu livro teórico mais importante: *Desenvolvimento e subdesenvolvimento* (1961). No capítulo 1, ele resume sua

---

[20] Furtado (1959a: 121).

visão metodológica mais geral, observando que a teoria econômica deve ser ao mesmo tempo abstrata e histórica:

> O esforço no sentido de alcançar níveis mais altos de abstração deve ser acompanhado de outro objetivando definir, em função de realidades históricas, os limites de validez das relações inferidas. A duplicidade fundamental da ciência econômica — seu caráter abstrato e histórico — aparece, assim, com toda a plenitude na teoria do desenvolvimento econômico.

O fato de que a economia tenha assumido um caráter cada vez mais abstrato se deve, segundo Furtado, ao fato de que, a partir de Ricardo, seu objetivo tem sido praticamente limitado ao estudo da repartição do produto, deixando em segundo plano a questão de desenvolvimento. E, todavia, assinala ele, "o desenvolvimento econômico é um fenômeno com nítida dimensão histórica".[21] Essa é uma afirmação que ele repetirá inúmeras vezes ao longo de sua ampla obra, porque é central ao seu pensamento. Depois de expor o "mecanismo do desenvolvimento", em que algumas abstrações necessárias à compreensão do desenvolvimento são apresentadas, no capítulo 3 temos um dos textos mais notáveis que conheço sobre "O Processo Histórico do Desenvolvimento". Nesse capítulo, que não foi mais reeditado, a meu ver por um erro de avaliação, e que foi perdido na transformação de *Desenvolvimento e subdesenvolvimento* em outro, mais sistemático e didático, *Teoria e política do desenvolvimento econômico* (1967), Furtado mostra como a forma de utilização do excedente econômico vai determinar o surgimento do processo de desenvolvimento. Nas formações pré-capitalistas, o excedente era principalmente usado para a guerra e para templos religiosos. Com o advento do capitalismo, o excedente obtido pelos comerciantes vai se transformar em acumulação de capital, que passa a ter caráter intrínseco ao sistema econômico. Com a Revolução Industrial, entretanto, o capitalismo se estende para a esfera da produção. Em um mundo em que o progresso técnico começa a se acelerar e a competição se generaliza, o reinvestimento dos lucros não atende mais apenas à vontade de mais lucros do comerciante, mas se transforma em uma condição de sobrevivência das empresas. O desenvolvimento ganha caráter auto-sustentado. Em suas palavras:

> Ao transformar-se o excedente de produção organização social em fonte de renda, o processo acumulativo tenderá a automatizar-se

---

[21] Furtado (1961: 22).

[...] Os pontos estratégicos desse processo são a possibilidade de incrementar a produtividade e a apropriação por grupos minoritários dos frutos desse incremento.[22]

A idéia é simples e poderosa. Mas não se imagine que Furtado a apresente de forma descarnada. Ele está apresentando um processo histórico através do qual vemos o desenvolvimento surgir juntamente com o capitalismo, e com todas as complexas mudanças de caráter social, institucional e cultural que lhe são inerentes. O fenômeno econômico do aumento da produtividade é central, mas ele está intrinsecamente ligado ao surgimento de novas classes sociais e novas instituições.

A importância das instituições, que na década de 1990 se tornaram centrais para o estudo do desenvolvimento, já está clara para Furtado em *Desenvolvimento e subdesenvolvimento*. Ele explica, por exemplo, o declínio econômico que se segue ao colapso de um império pré-capitalista como foi o Império Romano em termos do colapso do aparelho de Estado romano, da sua força militar, e das suas instituições longamente maturadas. O excedente era apropriado pelos cidadãos romanos, e particularmente por seu patriciado, através da cobrança de tributos sobre as colônias, e dá origem a um amplo comércio garantido pelo direito romano. Quando todo esse sistema entra em colapso, o declínio econômico é inevitável.

A destruição da enorme maquinaria administrativo militar que constituía esse Império teve conseqüências profundas para a economia da imensa área que ocupava [...] Desarticulado o sistema administrativo-militar, desapareceram as condições de segurança que possibilitavam o comércio; por outro lado, desaparecidos os tributos, terminava a principal fonte de renda das populações urbanas, que viviam de subsídios ou da prestação de serviços.

As instituições são, portanto, fundamentais, mas elas não aparecem isoladas. Em primeiro lugar, são parte do Estado, que no caso romano assumia a forma de um Império. Segundo, não se trata apenas de garantir a atividade econômica, o comércio, mas de viabilizar uma forma de apropriação do excedente. Como não temos ainda o capitalismo e a mais-valia ou lucro capitalista, o excedente é apropriado pela força, através de tributos.

O desenvolvimento, no sentido histórico do termo, só passa a ocorrer quando a expansão do islamismo obriga Bizâncio a voltar-se para a Itália. Formam-se,

---

[22] Furtado (1961: 120-1).

então, poderosas economias comerciais nas cidades-estado italianas, e surge, ao lado da aristocracia ou em substituição a ela, uma nova classe burguesa. E esse comércio impulsiona a integração política, que levará, afinal, ao surgimento dos Estados Nacionais. As instituições surgem aqui mais como uma conseqüência do que como uma causa do desenvolvimento. Furtado é explícito a respeito, observando que enquanto no Império Romano a integração política provocou o comércio e o desenvolvimento, no caso da Europa foi o comércio de longa distância, aventureiro e inseguro, que provocará a integração política. Esta, porém, logo se transformará em fator decisivo do próprio desenvolvimento.

As instituições e sua estabilidade são fundamentais para o desenvolvimento — principalmente a maior delas, o Estado-Nação, do qual as demais dependem. Nisso Furtado não estava sendo original, já que existe amplo consenso a respeito. Ele, entretanto, acrescenta que o sistema capitalista irá produzir não apenas o Estado-Nação, mas tenderá a adotar instituições democráticas. Essa visão aparece com clareza no livro seguinte de Furtado, *Dialética do desenvolvimento* (1964), em que ele critica a idéia marxista de que na sociedade burguesa as limitações à liberdade decorrem da necessidade de defesa dos privilégios da classe proprietária dos bens de produção. Pelo contrário, diz-nos ele, a democracia surge do capitalismo e da crescente estabilidade institucional que ele proporciona. Essa estabilidade não apenas leva a burguesia a adotar a democracia como regime político, mas também garantirá o dinamismo econômico do sistema. Diz Furtado:

> A causa do progresso das liberdades nas sociedades democráticas capitalistas foi a crescente estabilidade institucional destas. As revoluções diretamente provocadas pelas lutas de classes, na Europa Ocidental, tiveram o seu ciclo encerrado no terceiro quartel do século passado [XIX]. Ora, essa estabilidade institucional deve-se à existência de uma poderosa classe — proprietária dos bens de produção — com amplos interesses criados a defender [...] O progresso das liberdades cívicas nas sociedades burguesas resultou menos da efetiva participação da classe trabalhadora nas decisões políticas, do que da confiança que a classe capitalista foi adquirindo num quadro de instituições políticas flexíveis.[23]

---

[23] Furtado (1964: 45). Em 1976, em *Prefácio à nova economia política*, Furtado volta a dar ao conceito clássico de excedente econômico um papel fundamental na sua análise do processo de acumulação capitalista.

A economia política de Furtado, sempre apoiada no método histórico, é notável. Não apenas o desenvolvimento, mas também a democracia deriva do capitalismo. Nele, a luta dos trabalhadores terá um papel fundamental, tanto para aprofundar a democracia quanto para, através da luta por melhores salários, garantir o crescimento da demanda agregada, à medida que crescem os lucros. No processo de fazer avançar a democracia burguesa, que inicialmente é apenas liberal, o papel essencial cabe à própria burguesia e à estabilidade institucional que ela logra. Talvez a razão para a estabilidade institucional sejam menos os amplos interesses criados a defender, e mais o fato de ser a burguesia a primeira classe social a poder se apropriar do excedente sem o uso direto da força de impor tributos e escravizar povos colonizados — o que a levou a se constituir em agente do Estado de Direito liberal e a se tornar aberta para o avanço das instituições democráticas. Mas em qualquer hipótese é admirável a análise encadeada do papel da classe capitalista em lograr a estabilidade institucional, estabilidade que promove o desenvolvimento, o qual, por sua vez, reforça as tendências democráticas existentes na sociedade, estabelecendo um círculo virtuoso do desenvolvimento auto-sustentado.

O método histórico, para Furtado, é central para a sua análise do desenvolvimento, na medida em que lhe permite combinar a grande visão do processo histórico com as especificidades de cada momento e de cada país. Na medida em que a capacidade de prever os fatos, que se requer de toda teoria social, está aqui presente através da análise do processo histórico do desenvolvimento. Na medida em que a definição abstrata do desenvolvimento como aumento da produtividade a partir da acumulação de capital e da incorporação de progresso técnico ganha substância histórica, ou seja, se complementa com os elementos políticos, institucionais e sociais. O desenvolvimento não é apenas acumulação de capital, mas é também incorporação de progresso técnico, que depende da estrutura de classes, da organização política, e do sistema institucional. Portanto, não existe desenvolvimento fora da história, não existe desenvolvimento econômico sem desenvolvimento político e social.

Ao adotar o método histórico, Furtado aproxima-se da dialética de Hegel e do materialismo histórico de Marx, embora deles se mantenha independente, principalmente por dar à vontade humana um papel maior. "A importância da dialética para a compreensão dos processos históricos deriva do fato de que a história [...] não pode ser reconstituída a partir da multiplicidade de fenômenos que a integra." Entretanto, através dela o homem "intui no processo histórico aquela visão sintética capaz de dar unidade à multiplicidade". Marx adotou esse princípio dialético de forma audaciosa ao dividir a sociedade em infra e superestrutura, e em duas classes sociais. Essa estratégia "teve extraordinária importância como ponto de partida para o estudo da dinâmica social [...] Contudo, é necessário reconhecer que, a esse nível de generalidade, quase nenhum valor apresenta um modelo analítico como instrumento de orientação prática. E o objetivo da ciência — conclui ele, deixando transparecer o pragmatismo que sempre o orientou — é produzir guias para a ação prática".[24]

Retirei esses trechos de *Dialética do desenvolvimento* (1964), livro que Furtado escreve em meio à crise do Governo Goulart, depois de demitir-se do Ministério Extraordinário do Planejamento, e de novo dirigindo apenas a Superintendência da SUDENE. Entre seus livros autobiográficos, esse é talvez o livro que mereceu dele maior atenção: um resumo completo.[25] Em *A fantasia desfeita*, Furtado afirma com clareza que um dos seus objetivos foi delimitar o emprego do marxismo e da dialética na análise do desenvolvimento. E, ao fazê-lo, ele reafirma seu compromisso com o rigor do método científico:

> O segundo objetivo [de *Dialética do desenvolvimento*] seria precisar o alcance da dialética, que voltara à voga com a *Crítica* de Sartre, deixando claro que utilizá-la não nos dispensava de aplicar com rigor o método científico na abordagem dos problemas sociais.[26]

Adotar o método científico com rigor, entretanto, não significa adotar modelos analíticos apoiados na suposição do equilíbrio estável, como é tão comum na economia. Para a análise do desenvolvimento, precisamos de modelos dinâmicos, do tipo do "princípio cumulativo" proposto por Myrdal. Mais amplamente, conclui Furtado:

> Por mais que tenhamos avançado na construção de modelos, cabe reconhecer que sempre partimos para sua construção de algumas hipóteses intuitivas sobre o comportamento do processo histórico como um todo. E a mais geral dessas hipóteses é a que nos proporciona a dialética, pela qual o histórico é aquilo que necessariamente se encontra em desenvolvimento. A idéia do desenvolvimento surge como uma hipótese ordenadora do processo histórico — como "síntese de várias determinações, unidade da multiplicidade", na expressão de Marx —

---

[24] Furtado (1964: 14-5 e 22).

[25] Furtado (1989: 182-90).

[26] Furtado (1989: 182).

a partir da qual é possível realizar um esforço eficaz de identificação de relações entre fatores e de seleção desses fatores com vistas à reconstrução desse processo através de um modelo analítico.[27]

Com esse texto exemplar — que mostra a elegância e capacidade de síntese de Furtado para expressar seu pensamento —, ele deixa claro o que entende pelo caráter histórico e dialético do método científico que adota. Eu poderia ter iniciado com essa citação a análise de seu método, mas preferi com ela terminá-la. Dessa forma, concluo minha análise com suas palavras.

PAIXÃO

Na forma pela qual Celso Furtado trabalhou com a ciência econômica não há apenas método rigoroso, há também paixão. Há grandes esperanças e frustrações correspondentes. Geralmente a razão e a emoção são vistas em oposição. Essa, entretanto, é uma forma equivocada de compreender o processo do pensamento. Os grandes cientistas foram com muita freqüência pessoas apaixonadas pelo seu trabalho, por sua pesquisa. Os economistas que foram realmente grandes dificilmente deixaram de apaixonar-se não apenas por sua ciência, mas também pelos resultados dela. Alguns apaixonaram-se pela conquista da estabilidade econômica, outros, por uma distribuição de renda mais justa, e a maioria, pelo desenvolvimento de seu país.

A paixão de Furtado foi o desenvolvimento do Brasil. Paixão alimentada pela crença de que esse desenvolvimento estava ao alcance do seu país no momento histórico em que se forma como economista, no final dos anos 1940. A Segunda Guerra Mundial terminada recentemente. Novas teorias do desenvolvimento econômico estavam surgindo. Uma grande esperança se desenhava diante dos olhos do jovem paraibano que acabara de obter seu doutorado em Economia na França (1948): o Brasil, que já vinha se industrializando de forma acelerada, superaria os desequilíbrios estruturais de sua economia e, com a ajuda da teoria econômica e do planejamento econômico, alcançaria o estágio de país desenvolvido.

Só essa paixão — a paixão pela idéia do desenvolvimento do Brasil — explica a força de seu pensamento, especialmente nos seus primeiros livros, desde seu primeiro *paper* fundamental sobre a economia brasileira — "Características gerais da economia brasileira" (1950) — e de seu primeiro livro — *A economia brasileira* (1954) — até *Dialética do desenvolvimento*, escrita em um momento em que as esperanças começavam a se esgarçar com a iminência da crise. Todos

---

[27] Furtado (1964: 22). A citação de Marx é da *Contribuição à crítica da ciência política*.

A Grande Esperança em Celso Furtado

esses trabalhos possuem uma força teórica e um poder de análise que não derivam apenas da criatividade, da cultura ampla, da independência de pensamento e do uso preferencial do método histórico-indutivo: estão claramente relacionados com um projeto de vida que se identifica com o projeto do desenvolvimento. Em *Os ares do mundo* (1991) ele deixa claro que seu projeto de vida estava diretamente relacionado com a convicção que formou no final da década de 1940 de que "uma feliz conjuntura internacional — conseqüência da grande depressão da década de 1930 e do conflito mundial da década de 1940 — abrira uma brecha pela qual quiçá pudéssemos nos esgueirar para obter uma mudança qualitativa em nossa história".[28]

Essa mudança qualitativa era a industrialização e o desenvolvimento do Brasil. Mas, diz-nos Furtado, relembrando 1964, quando chega exilado ao Chile, já nesse ano convencera-se de que, embora "o intelectual tenha de próprio a capacidade sem limites de inventar-se razões para viver", seu projeto de vida, que se baseara na existência daquela brecha, era, afinal, "uma ilusão que [...] agora se desvanecia".[29] A fantasia estava desfeita.

A esperança fora grande, mas a desilusão e a frustração são maiores ainda. Frustração e desilusão que vão se expressar no seu livro seguinte, *Subdesenvolvimento e estagnação na América Latina* (1966) — um livro denso e pessimista, que se revela equivocado em seguida, na medida em que as economias latino-americanas entram em novo ciclo de desenvolvimento. O equívoco, entretanto, irá afinal revelar-se relativo acerto. O ciclo de desenvolvimento, que então se iniciava, foi artificialmente financiado pela dívida externa — uma dívida que tornou as economias latino-americanas prisioneiras do capital financeiro internacional, e afinal as levou à grande crise da década de 1980, e à quase-estagnação que até hoje perdura. Digo "relativo acerto" porque a tese central do livro, que tem influência de Marx e de Keynes, continua a me parecer mal colocada. A estagnação ou o desenvolvimento a taxas muito baixas seria devido de um lado ao aumento da relação capital-trabalho e à diminuição da relação produto-capital, em função do caráter intensivo em capital dos investimentos e de sua destinação para bens de consumo duráveis. A produtividade do capital estaria assim em queda.[30] Essa teoria subestima, a meu ver, o aumento do progresso técnico, que não é apenas poupador de trabalho, mas também de capital, ou seja, é um progresso técnico que aumenta a eficiência do capital.

---

[28] Furtado (1991: 63).

[29] Furtado (1991: 45 e 63).

Em *Subdesenvolvimento e estagnação na América Latina* já aparece a idéia de que a concentração de renda estava impedindo o funcionamento do círculo virtuoso do capitalismo, provocado pelo aumento de salários à medida que aumenta a produtividade. Em dois livros, Furtado responde indiretamente a seus críticos. Em *Análise do modelo brasileiro* (1972) incorpora ao seu pensamento, com grande elegância e precisão, a teoria da nova-dependência que surgira da crítica a seus trabalhos. O que não o impede de, em *O mito do desenvolvimento econômico* (1974), reafirmar com clareza sua tese sobre a insuficiência de consumo no longo prazo. A concentração da renda da classe média para cima não resolvia o problema da demanda no processo de desenvolvimento. Em suas palavras:

> Minha hipótese básica é que o sistema não tem sido capaz de produzir espontaneamente o perfil de demanda capaz de assegurar uma taxa estável de crescimento, e que o crescimento a longo prazo depende de ações exógenas do governo [...] Se bem que esses dois grupos (as grandes empresas e as minorias modernizadas) têm interesses convergentes, o sistema não está estruturalmente capacitado para gerar o tipo de expansão de demanda requerido para assegurar sua expansão.

Ora, essa tese, como mostrou Keynes ao fazer a crítica da lei de Say, é válida no curto prazo, para explicar o ciclo econômico. E só é válida para mim no longo prazo, na medida em que a taxa de desenvolvimento alcançada nesse prazo depende de se manter a demanda em constante tensão com a oferta no curto prazo. O novo modelo de desenvolvimento tecnoburocrático-capitalista, que se instaurava então no Brasil, produzindo um subdesenvolvimento industrializado, afinal fracassou, mas não foi por um problema de insuficiência de demanda, mas de excesso irresponsável de endividamento externo.

A esperança ainda vai se manifestar para Celso Furtado quando, em 1968, antes do Ato Institucional n° 5, que instaurou de vez a ditadura no país, ele é convidado pela Câmara dos Deputados para apresentar sua visão do que poderia ser feito. Ele não resiste, e escreve *Um projeto para o Brasil* (1968), no qual faz uma proposta de retomada do desenvolvimento a partir de um substancial aumento da carga tributária e da poupança pública. Entretanto, se há o retorno da esperança — a recusa em aceitar a dependência e o subdesenvolvimento —, o pessimismo continua o mesmo. A análise pessimista da situação do Brasil era consistente com a de *Subdesenvolvimento e estagnação na América Latina* — tanto

---

[30] Ver Furtado (1966: 80).

assim que as primeiras críticas a essa perspectiva, mostrando que a retomada do desenvolvimento brasileiro ocorria graças à concentração de renda da classe média para cima, que criava demanda para os bens de consumo de luxo, foram realizadas a partir da análise desses dois livros.

A paixão otimista que alimentava a ação transformava-se agora na grande frustração de quem percebe que não apenas ele deixara de poder influenciar diretamente os destinos do país, mas que o próprio país perdera capacidade de desenvolvimento endógeno. A teoria econômica que agora usava tornava-se discutível na medida em que envolvia um duplo pessimismo: em relação à capacidade dos sistemas econômicos subdesenvolvidos terem progresso técnico capital-intensivo, mas poupador de capital ou pelo menos neutro (não envolvendo, portanto, redução da produtividade do capital), e em relação à capacidade da oferta criar demanda no longo prazo.

Seu pessimismo aparece na citação seguinte, tirada de *Os ares do mundo*, na qual ele relembra seus primeiros meses em Santiago após o exílio:

> Não me fugia a idéia de que a história é um processo aberto, sendo ingenuidade imaginar que o futuro está cabalmente contido no passado e no presente. Mas, quando toda mudança relevante é fruto da interveniência de fatores externos, estamos confinados ao quadro da estrita dependência [...] As tendências que se manifestavam no Brasil levavam a pensar que as mudanças significativas já não seriam fruto da ação de fatores endógenos.[31]

Um projeto para o Brasil foi a última manifestação clara de esperança de Furtado.[32] Sua obra, a partir de então, segundo observa Francisco de Oliveira, "pode ser chamada de 'filosófica'".[33] Eu sugeriria que ela se torna desapaixonada, na medida em que o exílio, primeiro no Chile, depois nos Estados Unidos, na Inglaterra, e, finalmente, por um longo tempo, na França, obriga a distância emocional. Sobre a América Latina, Furtado vai ainda em 1969 publicar um trabalho fundamental, *Formação econômica da América Latina*, mas em seguida seu interesse se voltará novamente para a análise do processo histórico do desenvolvi-

---

[31] Furtado (1991: 63).

[32] Em *O Brasil pós-milagre* (1981a: 56-90) há ainda uma esperança, quando, depois de falar dos desgovernos da década de 1970, ele escreve duas seções em que olha para o futuro: "Os Desafios dos Anos 80" e "Esboço de uma Estratégia".

[33] Oliveira (1983: 23).

mento e para as transformações por que passava a economia internacional. Ao processo do desenvolvimento ele volta em *O mito do desenvolvimento econômico* (1974), *Pequena introdução ao desenvolvimento: enfoque interdisciplinar* (1980), "Underdevelopment: to Conform or Reform" (1987a) e em muitos outros trabalhos. As transformações da economia mundial ele já analisa em um trabalho de 1968, "A preeminência mundial da economia dos Estados Unidos no aprésguerra".[34] Em 1981, no primeiro número da *Revista de Economia Política*, da qual se torna um dos patronos (ao lado de Caio Prado Jr. e Ignácio Rangel), aparece "Estado e empresas transnacionais na industrialização periférica". Todos os seus demais trabalhos sobre o tema serão depois reunidos em *Transformação e crise na economia mundial* (1987b) e *O capitalismo global* (1998).

Furtado, na década de 1970, volta a participar ativamente de reuniões internacionais por meio das quais os países em desenvolvimento reclamavam "uma nova divisão internacional do trabalho". O movimento, durante um certo tempo bem-sucedido, mas, com a crise da dívida externa e a onda neoliberal que toma conta de Washington e do mundo a partir do início da década de 1980, também aquele projeto não dava os frutos esperados. Começava, para a América Latina, a grande crise da década de 1980. E, diante dela, a paixão de Celso Furtado volta com força, na forma de indignação. Seus livros *Não à recessão e ao desemprego* (1983a) e *Brasil: a construção interrompida* (1992a) são uma prova dessa indignação.[35]

O retorno do exílio e a participação no governo Sarney, como ministro da Cultura, não lhe permitem mudar os sentimentos de frustração e indignação.[36] Mas em 1999, recuperada a estabilização, e quando há indicações de alguma

---

[34] Furtado (1968).

[35] No intervalo entre esses dois livros ele escreveu seus três notáveis livros autobiográficos já mencionados: *A fantasia organizada* (1985), *A fantasia desfeita* (1989) e *Os ares do mundo* (1989).

[36] Em 1984, Furtado publica uma coletânea de ensaios com o título *Cultura e desenvolvimento em época de crise*, cujo tema central continua a crise da economia brasileira, mas que deve ter inspirado o presidente José Sarney a convidá-lo para o Ministério da Cultura. Fui então seu colega de ministério, entre abril e dezembro de 1987, quando ocupei o Ministério da Fazenda. Sua preocupação diante do fracasso do governo democrático em enfrentar a crise, pelo contrário, aprofundando-a, era enorme. Tão grande quanto seu sentimento de impotência diante dos fatos — situado que estava em um ministério que lhe permitiu me dar um apoio decisivo quando necessitei, mas que não lhe permitia mudar os rumos da economia brasileira. Afinal, minha passagem pelo governo foi breve, e também eu não consegui estabilizar a economia brasileira.

retomada do desenvolvimento, a esperança lhe volta, embora se mantenha um forte crítico da política econômica do governo Cardoso. Em seu último livro, até o momento em que escrevo este artigo, *O longo amanhecer* (1999), ele assinala de forma forte sua desilusão: "Em nenhum momento de nossa história foi tão grande a distância entre o que somos e o que esperávamos ser". Volta a fazer a crítica da globalização, que, por meio do endividamento externo irresponsável, levou o país à grande crise, mas observa que não é a própria globalização e seu descontrole, mas a forma pela qual nossas elites têm reagido a ela a responsável pela nossa incapacidade de retomar o desenvolvimento, ao optar pela "adoção acrítica de uma política econômica que privilegia as empresas transnacionais, cuja racionalidade só pode ser captada no quadro de um sistema de forças que transcende os interesses específicos dos países que o integram". Exemplo dessa alienação é a proposta, pela própria CEPAL, em fevereiro de 1999, de dolarização das economias latino-americanas, processo que, segundo a organização internacional, já estaria avançado.[37]

Em sua curta intervenção em seminário realizado em São Paulo em sua homenagem, "Reflexões sobre a crise brasileira" (2000c), sua crítica não atinge apenas os governos, mas mais amplamente as elites brasileiras. Ele repudia especialmente as "explicações (para a quase-estagnação) que pretendem ignorar as responsabilidades morais das elites". Observa, diante de palavras favoráveis à dolarização que então circulavam na imprensa (hoje provavelmente esquecidas diante da crise Argentina), que "se submergirmos à dolarização, estaremos regredindo ao estatuto semicolonial". Mas, como em seu último livro, nesse artigo vemos que a esperança, afinal, está de volta. No livro, no qual há uma seção cujo título é "Que Fazer?", ele salienta a necessidade de reverter o processo de concentração de renda, de investir em capital humano, e, principalmente, de enfrentar o problema da globalização com o fortalecimento do Estado Nacional, que é "o instrumento privilegiado para enfrentar os problemas estruturais". Na breve intervenção ele volta a afirmar uma de suas teses centrais: a importância da criatividade política. "Somente a criatividade política impulsionada pela vontade coletiva poderá produzir a superação do impasse".[38]

---

[37] Furtado (1999: 18, 23, 26).

[38] Furtado (1999: 32-44; 2000c: 4). Neste trabalho não me preocupei em desfazer preconceitos em relação a Celso Furtado. Essa última citação, entretanto, me leva a advertir que não se deduza dela que Furtado seja um "estatizante" — a pecha comum que a direita costuma atirar sobre quem defende a importância de um Estado reconstruído, com capacidade de promover o desenvolvimento econômico e político do país. Existem ainda uns poucos esta-

Dessa forma, continua a pensar o grande mestre. Nem sempre estou de acordo com ele, como em alguns momentos deste artigo devo ter deixado transparecer, mas jamais deixo de admirá-lo. Celso Furtado foi um dos meus mestres, quando — muito jovem — me interessei pela economia. Ainda continuo a aprender com ele. Sua contribuição para a compreensão do Brasil é sem par; sua análise do desenvolvimento e do subdesenvolvimento, um marco do pensamento contemporâneo. Neste texto, que não é um apanhado geral de sua obra, busquei apenas definir alguns pontos em relação ao autor, ao economista político: jamais Furtado fez compromissos em relação a sua independência de pensar; seu método foi sempre rigoroso e prioritariamente histórico-indutivo; ele nunca deixou de ver e pensar o Brasil e o seu Nordeste com paixão.

---

tizantes, mas este não é definitivamente o caso. Em um debate promovido pelo jornal O Estado de S. Paulo, por exemplo, dizia Furtado: "Trata-se, portanto, de escapar da idéia antiga de que cabe ao Estado resolver todos os problemas. Sabemos perfeitamente que quando o Estado controla tudo são poucos os que controlam o Estado" (1976b: 39).

A Grande Esperança em Celso Furtado

2.
UM PROJETO PARA O BRASIL: A CONSTRUÇÃO DO MERCADO NACIONAL COMO MOTOR DO DESENVOLVIMENTO
Ignacy Sachs

A extensa obra de Celso Furtado impressiona pela unidade de método e de propósito. Desde os seus primeiros escritos econômicos, nos meados do século XX até as publicações mais recentes, Celso Furtado vem praticando o *enfoque histórico-estrutural*,[1] tendo dado uma contribuição decisiva à formulação cepalina desse conceito.

Na medida em que o desenvolvimento é um processo — *um desenvolver* —, só pode ser apreendido e compreendido na sua dimensão histórica, na transição do passado, já ocorrido, para um futuro, em parte predeterminado pelo passado, em parte aberto à invenção e à construção pelos seus atores através da ação política. Celso Furtado nunca deixou de ser um economista *político*,[2] consciente do caráter pluridimensional da idéia do desenvolvimento, na qual se conjugam fatores culturais, sociais, econômicos e políticos imersos em contextos geoecológicos e históricos. "Um sistema econômico nacional não é outra coisa senão a prevalência de critérios políticos sobre a lógica dos mercados na busca do bem-estar social".[3] Em outras palavras, o desenvolvimento se faz com base em um voluntarismo refletido e responsável, baseado numa análise realista das potencialidades do país confrontadas com os valores, os anseios da população e o balanço do poder, dando lugar a um exercício de *fantasia organizada*.[4]

A abordagem holística que o planejador deve adotar tem muito a ver com a prática interdisciplinar dos historiadores adeptos do conceito de *história total*, tão ao gosto da École des Annales. A análise histórica assim entendida se con-

---

[1] A terceira edição do seu *Introdução ao desenvolvimento* tem como subtítulo "enfoque histórico-estrutural" (Furtado, 2000a). As contribuições essenciais dos cepalinos podem ser consultadas na antologia organizada por Ricardo Bielschowsky (2000).

[2] Penso que existe uma diferença fundamental entre a "economia política" e a "economics" praticada pelos economistas do *mainstream*.

[3] Furtado (2000b).

[4] Título do primeiro volume da autobiografia de Celso Furtado (1985).

A Grande Esperança em Celso Furtado

centra sobre a evolução longa das estruturas e das instituições e não na crônica dos eventos. Põe em relevo a interação entre todos os fatores pertinentes, econômicos e não econômicos conforme preconizava Gunnar Myrdal.

O enfoque histórico-estrutural não deve ser confundido com o determinismo histórico rígido. Bem ao contrário, reconhece aos homens um papel ativo na configuração do seu futuro. Para Celso Furtado o desenvolvimento sempre comporta um elemento de invenção. Esta é a razão pela qual a reflexão sobre a cultura e a racionalidade substantiva ocupa um lugar destacado na sua obra, em contraste com os economistas tradicionais, exclusivamente preocupados com a racionalidade instrumental.

Celso Furtado precisou da imersão na história do Brasil, restituída no seu livro que mais circulou pelo mundo, *Formação econômica do Brasil*, para balizar o campo de investigação que permeia, explícita ou implicitamente, e dá unidade a toda a sua obra teórica e aplicada e à sua ação de técnico, estadista e cidadão: a construção de um projeto nacional que permita transformar por dentro o país por meio de estratégias nacionais de desenvolvimento,[5] superando as desigualdades sociais e regionais.

Na visão furtadiana e nas análises cepalinas das décadas de 1950 e 60, o subdesenvolvimento não constitui uma etapa na trajetória do desenvolvimento que todos os países acabam por repetir à imagem dos mais avançados num processo de *take-off* e de crescimento auto-sustentado sistematizado por W. W. Rostow. Não se trata de um atraso e sim de uma condição de assimetria estrutural nas relações da periferia não-industrializada do mundo capitalista com o seu centro.

A superação do subdesenvolvimento só se dá através de um processo de rápida industrialização, planejado e conduzido pelo Estado, e conjugado com a reforma agrária.

Como na época não existiam condições favoráveis para a expansão das exportações, a industrialização somente poderia ocorrer através da substituição das importações. Convém assinalar que em nenhum momento os cepalinos consideraram a substituição das importações como um fim em si. Dadas as condições adversas de inserção no mercado mundial, era menos difícil (e menos custoso) poupar divisas mediante a substituição de importações do que ganhá-las incrementando as exportações. Contrariamente a uma opinião difundida por críticos da doutrina cepalina, não os movia nenhum preconceito ideológico em favor da substituição de importações.

---

[5] Veja-se a esse respeito Tavares (2000).

A tarefa central, sobretudo num país de tamanho continental, era a construção do mercado nacional a partir do *arquipélago de regiões*. O mercado interno aparecia como o principal fator econômico, já assinalado como tal por Celso Furtado no seu primeiro livro consagrado à análise do desenvolvimento da economia brasileira, publicado em 1954.[6] As mesmas idéias levaram Celso Furtado a formular as propostas relativas ao desenvolvimento do Nordeste que culminaram na criação da SUDENE.

Ao sintetizar o meio-século da evolução da idéia de desenvolvimento, Luiz Carlos Bresser-Pereira observa com razão que o enfoque estruturalista da CEPAL das décadas de 1950 e 60 refletia um amplo consenso dos economistas de desenvolvimento da época.[7] O planejamento, o intervencionismo do Estado, a industrialização como a via magna do desenvolvimento, a reforma agrária para transformar a estrutura fundiária anacrônica faziam parte do ideário compartilhado pelas principais agências da ONU e aceito por vários governos. Na época da Aliança para o Progresso, o próprio governo norte-americano passou a insistir, pelo menos retoricamente, para que os países do continente se dispusessem a planejar e deixassem de considerar como anátema as reformas agrárias.

Esse consenso se desmanchou sob o impacto da contravolução neoliberal, que dominou a paisagem intelectual do último quartel do século XX.

Devemos considerar realmente como obsoleto o estruturalismo cepalino, aceitar como irresistível (e desejável) a liberalização das economias latino-americanas e aceitar o desmonte completo dos Estados desenvolvimentistas? Está realmente esgotado o potencial da industrialização substitutiva das importações?

Penso, ao contrario, que deveríamos colocar entre parênteses o interlúdio das três décadas da dominação do pensamento neoliberal e reatar *mutatis mutandis* (ou seja, coibindo os excessos do estatismo e desprivatizando o Estado), com o estruturalismo na linha proposta por Oswaldo Sunkel, postulando o desenvolvimento de dentro para fora (*desarrollo desde adentro*).[8] Tal abordagem transcende o falso dilema entre o desenvolvimento introvertido e extrovertido (*inward and outward looking*).

Não se trata de subestimar o peso inibidor da dívida externa e da capacidade limitada de importação, nem tampouco de relegar ao segundo plano a promoção das exportações. A necessidade de superar a restrição externa nas econo-

---

[6] Furtado (1954).

[7] Bresser-Pereira (2000).

[8] Sunkel (1993).

mias *sensíveis à importação*[9] constituiu o ponto a partir do qual se elaboraram as estratégias de desenvolvimento de inspiração estruturalista, postulando o aproveitamento *simultâneo* das oportunidades (limitadas) de expansão das exportações e das margens de liberdade (maiores) ensejadas pela substituição das importações. Além do quê, um mercado interno dinâmico contribui de maneira decisiva para o fortalecimento da competitividade sistêmica do país e permite negociar melhor os termos da sua inserção na economia mundial.

O argumento em favor do desenvolvimento a partir de dentro não se aplica a países muito pequenos por falta das economias de escala. *A contrario*, encontra sua aplicação maior nos países de tamanho continental, não que esses tenham uma vocação para a autarquia, mas em virtude das sinergias possíveis entre as economias regionais diversificadas.

O Brasil ostenta condições particularmente favoráveis para avançar nessa direção, dado o seu enorme potencial, ainda subaproveitado, do desenvolvimento rural. Com efeito, o Brasil comparte com a Rússia a condição de país com *fronteira em movimento*, ao contrário da Índia e da China, países com uma relação terra/homens desfavorável. Mesmo deixando de lado a Amazônia, o Brasil dispõe ainda de uma reserva de solos agriculturáveis de mais de 100 milhões de hectares e de condições favoráveis para criar no seu território através da irrigação várias Califórnias. O seu futuro como nação e potência dependerá em grande medida da maneira como esse potencial será aproveitado para liquidar a imensa dívida social e dinamizar a economia nacional usando o mercado interno como *motor de desenvolvimento*.

A primeira condição para tanto é a intensificação da reforma agrária e das políticas de modernização e consolidação da agricultura familiar, não apenas por razões sociais, mas também econômicas. Devidamente amparada, a agricultura familiar poderá se tornar economicamente viável como produtora de alimentos, e de um leque cada vez maior de produtos derivados da biomassa-energia, adubos, materiais de construção, matérias-primas e industriais e fármacos. No dizer de Pierre Gourou, o Brasil é uma "terra de boa esperança" com excepcional biodiversidade e climas favoráveis para construir uma civilização moderna nos trópicos, baseada na exploração do trinômio *biodiversidade-biomassas-biotecnologia*.[10]

---

[9] Usei este conceito para analisar as economias particularmente vulneráveis à limitação externa pelo fato de terem um baixo coeficiente de exportação (veja-se Sachs, 1996). Procurei mostrar que nesse caso o coeficiente de elasticidade das importações deve ser tratado pelo planejador como uma variável-chave e não um parâmetro.

[10] Veja-se Sachs (2000).

Vários assentamentos de reforma agrária poderão se transformar em vilas agroindustriais promovendo um autêntico ecodesenvolvimento, gerando emprego e renda em condições de viabilidade econômica e com impactos ambientais benéficos.[11] Estudos recentes apontam para a crescente pluriatividade rural. Com o aumento da renda dos agricultores familiares e com a modernização do campo surgirão mais empregos rurais não-agrícolas, nas agroindústrias, no artesanato, nos serviços técnicos, pessoais e no comércio, além dos serviços sociais.

A chance do Brasil, como observou com razão Celso Furtado,[12] é de ter ao mesmo tempo a maior reserva de terras agriculturáveis no mundo e um poderoso movimento dos sem-terra, o maior movimento social na história do país. Que seria do Brasil, se todos os sem-terra exigissem empregos no asfalto?

Se o Brasil persiste privilegiando a grande agricultura de grãos, em boa parte voltada para a exportação, os 100 milhões de hectares vão gerar menos de 2 milhões de empregos. Ao se manter a proporção atual na agricultura paulista de 1 emprego por 10 hectares, a fronteira agrícola absorveria facilmente todos os sem-terra. Mas não esqueçamos que a olericultura proporciona quase 1 emprego por hectare e a floricultura cerca de 15. Daí a importância da boa escolha do *output-mix*.

Resumindo, embora a agricultura familiar, alimentar e não-alimentar, constitua a viga mestra do desenvolvimento rural, convém ressaltar que este vai muito além da agricultura e tem um impacto indutor sobre o resto da economia pelo aumento da procura por bens e serviços produzidos no âmbito urbano.

A construção do mercado nacional passa também pela promoção das sinergias entre as economias regionais e, dentro delas, entre as economias mesoregionais e locais.

A criação da SUDENE, em 1960, da qual Celso Furtado foi o idealizador e o primeiro superintendente, representa um avanço institucional notável. A SUDENE foi concebida como um fórum dos governadores da região, dando-lhes a possibilidade de juntos pensarem os destinos da região e negociarem com o governo federal. Não é de se estranhar que os governos autoritários tenham es-

---

[11] Este seria o caso de assentamentos de reformas agrárias na Amazônia, localizados nas áreas já alteradas pela ação antropogênica, tendo como cultura principal espécies perenes (por exemplo, dendê).

[12] Veja-se Tavares (1998: 28). "Há pouco tempo fiz uma declaração publica, na Europa, dizendo que o MST é o mais importante movimento social já ocorrido no Brasil, neste século [...] O Brasil é pais felizardo por ter um movimento dessa ordem, que suscita no povo, nos mais pobres o desejo de ficar na agricultura. Em nenhuma parte do mundo existe um movimento igual. E sempre o inverso: todos querem deixar a agricultura, emigrar do campo".

vaziado a SUDENE. É mais difícil de compreender por que ela está definhando hoje, arriscada em se transformar numa agência de governo federal. Tanto mais, que a abertura da economia e as guerras fiscais, nas quais se digladiam numa luta suicida estados e municípios, exigem um reexame urgente e um remodelamento do pacto federativo, instrumento essencial para a retomada da construção interrompida.

Por mais que se insista sobre o papel dinamizador do desenvolvimento rural, a maioria dos brasileiros vive hoje nas cidades, ou nas pré-cidades constituídas pelos bairros periféricos e favelas.[13] Estes constituem verdadeiros purgatórios onde os refugiados do campo esperam por serem efetivamente urbanizados, o que implica uma ocupação e uma moradia decentes e condições de exercício efetivo da cidadania.

A ampliação do mercado interno passa também pela integração na economia nacional do numeroso contingente dos excluídos e semi-excluídos que fisicamente se encontram nas pré-cidades.

Quantos são? O que fazem? A única certeza que temos é que são muitos, que trabalham muito para sobreviverem (como dizia Joan Robinson, são pobres demais para se darem ao luxo de não trabalharem), enfim, que a sua integração passa pela geração de empregos e auto-empregos "decentes" na definição da OIT, ou seja, razoavelmente remunerados: serão necessários nada menos de 25 milhões em 15 anos segundo estimativas confiáveis. A "flexibilização" preconizada pelos economistas neoliberais não constitui uma solução aceitável, porque leva à renúncia do salário mínimo e das demais formas de cobertura social, estimulando a geração de postos de trabalho precários, mal pagos e à busca da "competitividade espúria" (Fernando Fajnzylber) por parte das empresas.

A ausência no Brasil de uma política articulada de emprego surpreende. Não é possível continuar a tratar o emprego e a distribuição da renda como meras resultantes do processo de crescimento puxado pelas forças do mercado. Bem ao contrário, o emprego e a repartição da renda deveriam ser tratados como variáveis-chave da estratégia do desenvolvimento e portas de entrada para a sua discussão.

Onde se situam as margens de manobra?

Para compensar a redução inelutável dos empregos nos setores industriais de ponta e nos serviços modernos, convém estimular a expansão dos setores intensivos em mão-de-obra, nos quais o crescimento é puxado pelo emprego,[14] quer

---

[13] Há, no entanto, boas razões par considerar que os dados oficiais do IBGE sobreestimam o grau da urbanização.

[14] Veja-se a este respeito Sachs (1999).

seja pela natureza do processo de produção (por exemplo: serviços sociais e pessoais), quer seja pela possibilidade de escolher tecnologias menos intensivas em capital por se tratar de *non tradables*, portanto, ao abrigo da competição internacional (por exemplo: as obras públicas, a construção civil).

Como o desenvolvimento sustentável está na ordem do dia, convém explorar o potencial de geração de empregos relacionados com a gestão dos recursos naturais e ambientais em meio urbano: coleta e reciclagem do lixo, reutilização dos materiais, conservação da energia e da água, manutenção cuidadosa do parque de caminhões, ônibus e carros para poupar o combustível e reduzir as poluições. Todas essas atividades se autofinanciam, pelo menos em parte, pela poupança dos recursos naturais que trazem, além dos impactos positivos sobre a qualidade do meio ambiente.

Por sua vez, a manutenção cuidadosa das infra-estruturas, do parque imobiliário e dos equipamentos vai resultar na prorrogação da sua vida útil, poupando dessa maneira o capital de reposição. Em ambos os casos — conservação de recursos naturais e prorrogação da vida útil do patrimônio — estaremos acionando, em termos macroeconômicos, mecanismos de crescimento que não dependem de investimentos.[15]

Embora esse potencial de empregos, sobretudo nas zonas metropolitanas, seja apreciável, o problema central, num futuro previsível, continuará a ser a gestão do assim chamado "setor informal", com o seu contingente de autônomos e de microempresas, os circuitos virtuosos da "economia solidária" e os circuitos criminosos da economia da droga e do vício.

Paradoxalmente, esse setor tão numeroso não se faz objeto de uma política econômica explícita, quando muito é atendido por algumas medidas de política social compensatória, e no mais das vezes sobram para ele medidas discriminatórias como a coibição (compreensível) do comércio ambulante.

Não se trata de idealizar a economia informal, nem procurar soluções mágicas, como a sugerida por Hernando de Soto.[16] Deve-se, no entanto contemplar uma estratégia que estimule a saída progressiva da informalidade e ampare as múltiplas formas positivas de "empreendedorismo" coletivo e individual existentes no setor informal, através de um feixe de políticas públicas capaz de lhes proporcionar o acesso ao mercado, ao crédito, aos conhecimentos e à tecnologia apropriada, aos terrenos para a autoconstrução habitacional assistida (mutirão)

---

[15] Kalecki usa o termo *non-investment sources of growth*.

[16] De Soto (2000).

e aos locais para oficinas e pequenas indústrias. Por analogia com a reforma agrária, seria o caso de se pensar numa reforma urbana.

Em outras palavras, uma política ativa de promoção do emprego e de uma melhor distribuição primária da renda, peça central de políticas de indução ao desenvolvimento, passa pela modificação da estrutura do *output-mix*, implicando uma vontade de planejar e uma capacidade de fazê-lo no âmbito da economia mista, com um Estado enxuto, porém atuante, voltado à construção do mercado nacional.

3.
O PROBLEMA DO DESENVOLVIMENTO NACIONAL: CONSIDERAÇÕES EM TORNO DO PENSAMENTO DE CELSO FURTADO
Helio Jaguaribe

É com muita satisfação que participo da iniciativa de Luiz Carlos Bresser-Pereira e José Marcio Rego de organizar um conjunto de estudos em homenagem a Celso Furtado, na oportunidade de seu 80º aniversário. A relevância do pensamento de Celso Furtado ultrapassa, reconhecidamente, as fronteiras do Brasil, tendo se constituído em uma das vertentes básicas da contribuição latino-americana à compreensão da problemática do subdesenvolvimento e das condições para sua superação. Mais do que uma contribuição nacional e regional, para essa temática, ela se tornou, universalmente, uma das importantes perspectivas para sua abordagem.

A pessoa de Celso Furtado não é menos relevante. Celso Furtado não é apenas um grande autor. É, sobretudo, um grande homem. Nessa relação de causalidade circular entre um homem e sua obra, pode-se discernir pessoas que foram engrandecidas por sua obra, e pessoas cuja grandeza as levava, necessariamente, à realização de uma grande obra. Incluiria Celso Furtado neste último grupo. Creio que se consolidou, entre os que o conhecem, a convicção de que ele reúne a uma linha exemplar de conduta individual, desenvolvida num alto nível de inteligência e cultura, mas, também, com um raro sentido de austeridade e de desapego pessoais, uma ininterrupta e excepcional dedicação ao interesse público, tanto como cidadão como no desempenho dos altos mandatos que exerceu.

As reflexões que se seguem visam a uma breve discussão das relações entre desenvolvimento e racionalidade e da contribuição de Celso Furtado ao tratamento dessa problemática.

Desenvolvimento, para Furtado
O desenvolvimento constituiu o tema central do pensamento de Celso Furtado, embora seus interesses multifacéticos o tenham levado a se ocupar das várias manifestações da arte, da história, das relações internacionais, dos problemas culturais e políticos e de muitas outras questões. Seu interesse predominante, entretanto, foi o desenvolvimento do Brasil, como sociedade e como país. Isso o levou, por um lado, a expandir sua pesquisa para o quadro mais amplo da América Latina e do Terceiro Mundo, em geral, e, por outro lado, a investigar, teórica e comparativamente, a problemática do desenvolvimento.

A Grande Esperança em Celso Furtado

Dos 31 livros e publicações de sua lavra, constantes da listagem bibliográfica do último publicado, *Obra autobiográfica de Celso Furtado*,[1] e incluindo mais este, 13 se referem aos problemas do desenvolvimento brasileiro, três aos da América Latina e 10 à problemática teórica e comparativa do desenvolvimento.

As idéias de Celso Furtado sobre desenvolvimento estão estreitamente ligadas ao pensamento da CEPAL, para o qual ele foi, sob a liderança de Raul Prebisch e em companhia de Jorge Ahumada e Juan Noyola, entre outros, um dos principais contribuidores. O pensamento amadurecido de Celso Furtado, entretanto, se encaminhou na direção de superar os limites da ciência econômica, carregando-se, por um lado, de uma ampla visão histórico-sociológica e, por outro, de uma aguda consciência dos condicionamentos culturais e políticos.

A grande contribuição do pensamento da CEPAL foi a de combinar uma concepção ampla do processo de desenvolvimento econômico, com suas implicações sociopolíticas, com um lúcido entendimento do desequilíbrio inerente às relações centro-periferia. Foram essas duas características do pensamento cepalino que o diferenciaram da "economics" anglo-nórdica. Esta, através de um alto e bem-sucedido esforço de matematização da economia — o que em si mesmo é absolutamente necessário e correto —, foi levada a uma insuficiente compreensão dos fatores sociais e políticos, operando num universo de abstrações quantitativas. A "economics" se converteu em uma álgebra do correlacionamento quantificado de fatores, apta a elaborar as equações de sua otimização, e a modelística de suas correlações, mas tendo pouca ou nenhuma consciência das condições societais de que depende tal otimização e, menos ainda, dos constrangimentos objetivos decorrentes do inerente desequilíbrio das relações centro-periferia.

Foram essas duas importantes diferenças, notadamente a relacionada à problemática centro-periferia, que levaram o pensamento econômico anglo-nórdico a uma manifesta hostilidade à CEPAL, negando a Prebisch o Prêmio Nobel de Economia que o restante do mundo reconhecia lhe ser devido. O pensamento de Celso Furtado, que foi originariamente uma das fontes de formação do pensamento cepalino e que, em sua final maturação, ampliou suas dimensões transeconômicas, foi objeto da mesma resistência e mereceria o mesmo reconhecimento.

É extremamente importante ressaltar essas facetas do pensamento cepalino e da formulação madura do pensamento de Celso Furtado, numa ocasião em que se processa, depois de uma vigência fortemente predominante da visão anglonórdica, uma importante revisão crítica da ideologia neoliberal. A específica discussão da tendência neoliberal escaparia aos propósitos destas reflexões. Impor-

---

[1] Esse volume reúne os três livros autobiográficos de Furtado (1985, 1989, 1991).

taria, apenas, para melhor situar o pensamento de Celso Furtado, distinguir, no âmbito do neoliberalismo e das controvérsias que suscita, seu *aspecto positivo* — relativo à temática da defesa da empresa privada, como agente econômico, e do mercado, como mecanismo de alocação de fatores e fixação de preços, com a decorrente crítica ao puro estatismo econômico — de seu *aspecto negativo*, no que se refere à temática relativa aos constrangimentos internos e externos do processo econômico. A confusão entre os dois temas, em que usualmente incide o pensamento neoliberal, o conduz, em benefício do primeiro, a ignorar a problemática do segundo tema.

Tanto o debate como a experiência prática do século XX levaram, sem dúvida, à constatação da imprescindibilidade, para a eficiência da economia, da empresa privada (sem excluir um espaço para a pública), como agente econômico e do mercado (sem excluir uma prudente intervenção reguladora do Estado), como mecanismo alocativo. Aí estão, para atestá-la, o fracasso das economias de modelo soviético e de outras formas de estatização econômica. Isso, entretanto, não significa nem que o mercado seja auto-regulável, nem que ele tenha, por si mesmo, capacidade de corrigir, entre outras, as distorções decorrentes do inerente desequilíbrio das relações centro-periferia.

O discurso neoliberal oculta, em todos os países que expressamente adotam o modelo, a continuada necessidade da intervenção do Estado para corrigir, entre outras, as distorções cíclicas, mediante indispensáveis corretivos keynesianos. Oculta, igualmente, a necessidade de corrigir as limitações e distorções sociais do mercado, através de políticas e medidas explícita ou implicitamente de caráter social-democrático. Acrescente-se, no caso dos países periféricos, a necessidade — ignorada pelo pensamento neoliberal — de levar em conta, no ajustamento das economias nacionais ao mercado internacional, os desequilíbrios inerentes ao relacionamento centro-periferia.

A concepção do desenvolvimento econômico, por Celso Furtado, dando continuidade à contribuição cepalina, mas lhe conferindo muito maior amplitude histórico-sociológica, não é excludente do entendimento da importância da empresa privada e da imprescindibilidade, em princípio, do mercado. Nem dos intentos de matematização e de modelística econômicas. Ela é excludente do neoliberalismo, como ideologia.

O pensamento cepalino já havia claramente compreendido o processo de desenvolvimento como algo que, ademais de requerer a formação de um importante excedente econômico e sua judiciosa aplicação em inversões prioritárias, exige apropriadas condições sociopolíticas, bem como uma prudente intervenção reguladora e orientadora do Estado. A formação do excedente econômico comporta a participação de parcelas, que poderão ser significativas, de capital

A Grande Esperança em Celso Furtado

estrangeiro. Basicamente, entretanto, esse excedente tem de ser gerado pela poupança interna, o que é, certamente, o caso do Brasil e, mais ainda, de exitosos exemplos de desenvolvimento, como o da Coréia do Sul. As prioridades para inversões variarão, conforme os casos, mas sempre envolvem relevantes cotas para aplicações infra-estruturais, para a auto-suficiência agrícola, quando possível, e para a industrialização compatível com as condições de cada país. As condições sociopolíticas necessárias para tal são relacionadas com a educação de base e de formação de quadros superiores, com os estímulos à poupança e ao investimento, com a eficiência administrativa, a sustentação da estabilidade da moeda e a preservação da ordem jurídica. Ante esse conjunto de condições, compete ao Estado contribuir para estimular a formação de um importante excedente econômico e para sua judiciosa aplicação, através de um planejamento indicativo, da conveniente orientação do crédito público e, conforme as condições de cada país, do seletivo encaminhamento de recursos públicos para a produção de bens e serviços essenciais, quando não haja conveniente alternativa privada.

A partir dessas bases conceituais, para a formulação das quais dera significativa contribuição, Celso Furtado empreendeu um esforço para situar o processo do desenvolvimento econômico, por um lado, no âmbito do processo histórico de cada época e, por outro lado, em função das condições culturais e do processo político de cada país.

Para esse efeito, Celso Furtado se interessou pelo estudo dos grandes ciclos econômicos do mundo ocidental, a partir do Renascimento, com particular atenção para as ocorrências subseqüentes à Segunda Guerra Mundial. Estudou, notadamente, o processo de internacionalização e transnacionalização da economia. Ante tal processo mostrou como, por um lado, eram contraproducentes — e, finalmente, fúteis — as tentativas de autarquização, que terminam por crescente atraso tecnológico. Mas também mostrou em que medida as economias periféricas, se não adotarem políticas e providências apropriadas, se convertem em meros mercados dos países cêntricos e ficam condenadas a um permanente subdesenvolvimento e a altas taxas de desemprego e subemprego. A tese da universalização do bem-estar, como decorrência de uma universal aplicação da ideologia neoliberal, é duplamente falaciosa. Por um lado, os altos níveis de consumo dos países cêntricos não são universalizáveis, ainda quando o fossem os fatores de produção. Por outro lado, a universalização da aplicação dessa ideologia não conduziria — como não está conduzindo — a uma eqüitativa repartição mundial dos fatores de produção, mas, opostamente, como basicamente ocorre, à concentração, nos países cêntricos, da capacidade produtiva de itens de alto valor agregado e à continuada deterioração dos preços dos produtos primários ou de baixa incorporação de tecnologia.

Esse interesse de Celso Furtado pelos grandes processos históricos e por seus efeitos nas relações centro-periferia se agrega, numa análise voltada para o interior de cada país, a seu interesse pelas respectivas condições culturais e políticas. O processo de desenvolvimento, ademais de consistir numa engenharia econômica, condicionada, em cada momento histórico, pelas grandes correntes que o caracterizem, é também condicionado, no âmbito de cada sociedade, por suas condições culturais e políticas. Os valores de uma sociedade, seu grau de integração social, de educação e outras relevantes características, com suas decorrências no processo político, abrem maiores ou menores possibilidades para que essa sociedade venha a formular e executar, apropriadamente, seu projeto de desenvolvimento. Sociedades como a brasileira e, em geral, as latino-americanas vêm se defrontando com condições internas muito menos favoráveis a seu desenvolvimento do que as sociedades européias, quando se industrializaram, no século XIX, ou, mais recentemente, quando passaram a operar com altos níveis de tecnologia.

Desenvolvimento e Racionalidade

Como se observa, na evolução do pensamento de Celso Furtado e, de um modo geral, nas atuais discussões sobre o problema do desenvolvimento, a ênfase se deslocou da temática especificamente econômica para a sociopolítica. A engenharia econômica do desenvolvimento está muito bem estudada. Combinando-se a contribuição do pensamento econômico anglo-nórdico com a do pensamento da CEPAL e as complementações a este trazidas por Celso Furtado, tem-se estratégias perfeitamente adequadas para a superação do subdesenvolvimento de uma determinada sociedade, com o correspondente elenco das políticas e medidas a serem adotadas.

Ocorre, entretanto, que embora há mais de um par de décadas as estratégias para a superação do subdesenvolvimento estejam amplamente disponíveis, pouquíssimos países lograram exitosamente superar seu subdesenvolvimento. Por quê? Serão nossas teorias sobre desenvolvimento, no final de contas, falaciosas? A resposta a essa questão se encontra numa outra vertente. Ela diz respeito à relação entre desenvolvimento e racionalidade pública.

No complexo de fatores intercondicionantes que determinam o processo de desenvolvimento de uma dada sociedade, o último elo da cadeia é o grau de racionalidade pública existente em tal sociedade. O subdesenvolvimento de uma sociedade é sempre a expressão de um insuficiente nível de racionalidade pública.

A racionalidade pública consiste na aplicação dos princípios de racionalidade na regulação coletiva de uma sociedade, conduzindo à eleição de objetivos convenientes para o bem-estar e a segurança dessa sociedade, à adoção de normas adequadas para disciplinar o alcance de tais objetivos e ao emprego dos meios mais apropriados para se os atingir. A racionalidade pública é determinada pelo nível de racionalidade dos gestores da coisa pública no desempenho de suas atribuições. Depende fundamentalmente, numa sociedade contemporânea, do nível de racionalidade de sua classe política e de seus administradores públicos.

O nível de racionalidade dos gestores públicos, por sua vez, depende do nível médio de racionalidade observável nos setores da sociedade que escolhem tais gestores. Numa contemporânea democracia de massas, é um eleitorado compreendendo todos os cidadãos adultos que decide, por votação, a escolha da classe política.

O grande problema para a superação do subdesenvolvimento ou, em outras palavras, para que as apropriadas estratégias de desenvolvimento, teoricamente disponíveis, sejam adequadamente escolhidas e aplicadas, decorre da insuficiência da racionalidade pública que tende a caracterizar as sociedades subdesenvolvidas. As imensas insuficiências educacionais e a amplíssima margem de pobreza e miséria, características do subdesenvolvimento, conduzem tais sociedades a um nível médio de racionalidade extremamente modesto. Esse modesto nível médio de racionalidade gera insuficientes níveis de racionalidade pública. Esta a razão pela qual o subdesenvolvimento se retroalimenta e se perpetua.

A despeito desse tendencial círculo vicioso, tanto a experiência histórica como a contemporânea indicam que o subdesenvolvimento é superável. Os reinos alemães, subdesenvolvidos em relação à Grã Bretanha do primeiro terço do século XIX, lograram, sob a liderança da Prússia, através do *Zollverein* e das políticas de Bismarck, atingir, no fim do século, um nível comparável ou superior ao britânico. O Japão, em dois momentos históricos diferentes, com a restauração Meiji, na segunda metade do século XIX, e com a recuperação de seu desenvolvimento, na segunda metade do XX, logrou elevadíssimo nível de desenvolvimento. O Brasil quase superou seu subdesenvolvimento no período que vai da década de 1950 à de 70, tendo, no entanto, retrocedido na década seguinte. Singapura, Formosa, Coréia do Sul e a China de Deng Xiaoping e sucessores estão, presentemente, em via de superar seu subdesenvolvimento.

Observando-se como se realizaram, histórica e contemporaneamente, os processos exitosos de superação do subdesenvolvimento, observa-se que sempre envolveram uma significativa elevação da racionalidade pública. Tal resultado, por sua vez, tem sido obtido através de dois modelos implícitos: o da Sedimentação Gradual e o da Reestruturação Acelerada.

Nos países dotados de elevado grau de viabilidade, a sociedade tende, a longo prazo, a melhorar seus níveis de educação, de riqueza e de mais eqüitativa repartição desta. A partir de certo patamar, a gradual elevação do nível médio de racionalidade, na sociedade, permite atingir um satisfatório nível de racionalidade pública. O modelo implícito nesse processo é o da Sedimentação Gradual.

Foi por sedimentação gradual que os reinos bárbaros, a partir das ruínas do Império Romano, geraram a civilização da Alta Idade Média, ao longo de muitos séculos e, no subseqüente curso do tempo, se formaram as culturas do Renascimento e da Ilustração. Para um país como o Brasil, dotado de excepcionais condições de viabilidade, tudo indica que, cessadas, por volta do fim do século XX e início do XXI, as migrações rurais e estabilizada a população, em torno de 300 milhões de habitantes, por volta do ano 2030, a sedimentação gradual de uma sociedade que então se terá tornado urbana e estável a conduziria, no curso de mais duas ou três décadas, à superação de seu subdesenvolvimento. Mas aí estaremos na segunda metade do século XXI.

O modelo de Reestruturação Acelerada consiste numa significativa elevação do nível de racionalidade pública, por atuação de uma elite competente e devotada ao interesse público, que logre assumir e exercer o poder pelo prazo e em condições suficientes para introduzir, irreversivelmente, grandes reformas econômicas e sociais e adotar políticas e medidas que acelerem o desenvolvimento geral da respectiva sociedade, conduzindo-a a um nível médio de racionalidade suficientemente elevado para, subseqüentemente, assegurar sua auto-sustentação e seu crescimento endógeno.

O problema com que se defrontam as sociedades subdesenvolvidas, relativamente à adoção do modelo de Reestruturação Acelerada, é o fato de que o baixo nível médio de racionalidade, em que necessariamente se encontram, dificilmente permite que elites competentes e de elevado espírito sejam, democraticamente, conduzidas ao poder. Mais do que isso, as condições características de formas mais graves do subdesenvolvimento, como no caso da África, raramente permitem que tais elites venham, simplesmente, a se formar.

A história, não obstante, registra diversos casos em que o modelo de Reestruturação Acelerada foi exitosamente implementado. O desenvolvimento francês, sob Napoleão III, e o alemão, sob Bismarck, e, no século XX, sob De Gaulle e Adenauer, o japonês, com a Reforma Meiji, bem como após a Segunda Guerra Mundial, o brasileiro, com Kubitschek, mais recentemente, o dos "Tigres Asiáticos", e o caso especial da China de Deng Xiaoping, são exemplos da exitosa implementação do modelo de Reestruturação Acelerada.

Um Curto Prazo Histórico

Várias têm sido, na história, como precedentemente se indicou nos casos da França e da Alemanha, ou, atualmente, da Coréia e da China, as modalidades segundo as quais uma elite desenvolvimentista consegue implementar, exitosamente, o modelo da Reestruturação Acelerada. No caso brasileiro, entretanto, as oportunidades perdidas, no curso dos últimos 20 anos, depois dos exitosos intentos de Juscelino Kubitschek, conduziram a um acúmulo extremamente negativo de instituições inadequadas e de práticas viciosas, sem a superação das quais o desenvolvimento do país — se desenvolvimento houver — tenderá a se fazer em ritmo extremamente lento, mais lento do que o prazo de permissibilidade histórica de que ainda dispomos.

Com efeito, vivemos num momento de extrema aceleração da história, em que os países que não lograrem, no limite, até a segunda década do século XXI, um satisfatório nível de desenvolvimento nacional autônomo, serão conduzidos, pelo processo de globalização, à condição de meros segmentos do mercado internacional, preservando apenas os aspectos simbólicos de sua soberania e, na verdade, exogenamente comandados pelas grandes multinacionais e potências com jurisdição sobre estas.

Nunca foram, assim, mais válidas e oportunas as idéias de Celso Furtado sobre o desenvolvimento brasileiro. Para aplicá-las, todavia, importa que urgentemente se constitua uma nova elite que, se necessário por via plebiscitária, adote instituições e práticas que permitam, tempestivamente, a implantação do modelo de Reestruturação Acelerada. E energicamente ponha este em marcha, enquanto ainda dispusermos para tal de suficiente permissibilidade internacional.

4.
CELSO FURTADO E A PERSISTÊNCIA DO SUBDESENVOLVIMENTO
Clóvis Cavalcanti

A realidade visível de hoje é de um mundo em que o subdesenvolvimento, entendido como a coexistência de formas heterogêneas de organização da economia e de realização material dos indivíduos em sociedade, dá mostras de enorme capacidade de resistência às tentativas de transformá-lo. O fosso não pára de crescer entre países ricos e pobres e entre grupos sociais e humanos dentro de países e regiões (Banco Mundial, 1999), a despeito do grande esforço de desenvolvimento que se tem feito aí. Tudo isso favorece uma releitura do que o economista e pensador social Celso Furtado escreveu sobre o assunto — especialmente na década de 1960 — e demonstra claramente sua atualidade. Utilizando um raciocínio estruturalista e o método histórico, Furtado, nascido em 1920, no estado da Paraíba, chega a conclusões, em palavras que são suas, de mais de 35 anos atrás, e cujas aspas serão devidamente colocadas mais adiante ao longo deste artigo, do tipo: o subdesenvolvimento é um processo histórico autônomo, não constituindo etapa necessária de formação das economias capitalistas; a única tendência visível é para que os países subdesenvolvidos continuem a sê-lo; o desenvolvimento do século XX vem provocando uma concentração crescente da renda mundial, com ampliação progressiva do fosso entre as regiões ricas e os países subdesenvolvidos; o subdesenvolvimento é a manifestação de complexas relações de dominação-dependência entre povos, tendendo a autoperpetuar-se sob formas cambiantes — tudo isso requerendo a tomada de consciência da dimensão política da situação de subdesenvolvimento, com a formação de centros nacionais de decisão válidos.

Percebendo como o pensamento de Furtado sobre o subdesenvolvimento é pertinente hoje, sobretudo no que toca a suas ilações com respeito às tendências, que ele antevia e projetava na década de 1960, da difícil superação do atraso e da improvável construção de sociedades mais homogêneas, à imagem do Ocidente rico, nos países subdesenvolvidos, tal como se pretende hoje, achei oportuno retomar essas idéias, sobretudo a partir de três de seus livros — *Desenvolvimento e subdesenvolvimento* (1961), *Teoria e política do desenvolvimento econômico* (1967) e *O mito do desenvolvimento econômico* (1974). Minha motivação tomou fôlego em face da publicação em décima edição, revisada e ampliada pelo autor, no começo de 2000, do segundo desses livros, além de minha admiração pelo conteúdo do terceiro deles, cujo título, classificando o desenvolvimento como uma falácia moderna, me parece bastante corajoso. De fato, o Brasil — que sempre foi o principal objeto das observações de Furtado, desde seu livrinho de 1954, *A economia brasileira*, passando pelo clássico *Formação econômica do Brasil* (1959a) — experimentava em 1974, como nos anos imediatamente anteriores (ver Baer, 1996: 394), taxas de crescimento do produto interno bruto (PIB) superiores a 9% ao ano, chegando a 14% em 1973. Era preciso muita coragem — e "uma mente aguda, intuitiva e imaginativa" como a de Furtado (Baer, 1969: 270) —, diante de evolução tão favorável de uma economia, para afirmar que tudo aquilo não passava de mito, de fábula, de ilusão. Mais significativo ainda é que, no mesmo livro, Furtado salientava o papel do meio ambiente como fator limitante do crescimento, mostrando — em sintonia com o que se percebe hoje — que a omissão de valores na contabilidade do PIB, essa "vaca sagrada dos economistas" (Furtado, 1974: 115), referentes aos impactos ecológicos do crescimento econômico, era fonte de muitos equívocos. Com essa avaliação crítica da contabilidade nacional, Furtado (1974: 116) concluía que ela "pode transformar-se num labirinto de espelhos, no qual um hábil ilusionista pode obter os efeitos mais deslumbrantes".

Uma observação a ser feita é que, no discurso de Furtado, não se nota em momento algum tons proféticos de alguém que queira ameaçar o mundo com o Apocalipse ou outra coisa qualquer. De fato, esse economista sóbrio fala sem nenhuma aura de misticismo, procurando friamente analisar elementos do mundo real e tirar inferências do que lhe é dado observar. Evidentemente, entra aqui a questão do método e, neste ponto, Furtado não segue linhas ortodoxas. Ele se equipa de instrumentos que dão relevo a problemas das estruturas daquilo que chama de "conjuntos econômicos complexos" (sociedades, países), recorrendo ainda a uma análise histórica dos fenômenos. Sem esquecer, evidentemente, a natureza econômica do trabalho que empreende. Respaldado por seu conhecimento da economia clássica (obtido em Cambridge e Paris depois da Segunda Guerra Mundial), que impunha a disciplina metodológica, "sem a qual logo se descamba para o dogmatismo" (Furtado, 1961: 13), do marxismo que utilizava em vários de seus raciocínios e da obra de Keynes, então em plena utilização nos meios acadêmicos menos ortodoxos e mesmo naqueles nem tanto assim, Furtado vale-se ainda dos ensinamentos de Raul Prebisch, com suas idéias das relações centro-periferia, e do grupo de que participara e que Prebisch liderava na Comissão Econômica para América Latina (CEPAL) — a chamada "escola estruturalista", um dos movimentos mais criativos do pensamento econômico periférico[1] —, com

---

[1] Ver o prefácio de Furtado (1974: 13).

seu enfoque estrutural dos problemas econômicos (ver Love, 1999a: 17-32). Para chegar até esse patamar de sua reflexão, Furtado procurou aproximar — uma originalidade sua — a análise econômica do método histórico, numa tentativa de compreensão de problemas similares enfrentados por economias atrasadas em contextos históricos e nacionais diversos, mas com especificações próprias de cada estrutura. Essa perspectiva constituía, além da novidade que continha, uma forma de procurar saídas para os desafios do desenvolvimento nos países periféricos, colonizados ou de baixos níveis de renda *per capita*, desafio esse que Furtado (1961: 19; 2000e: 15) sintetizava na necessidade de "explicar, numa perspectiva macroeconômica, as causas e o mecanismo do aumento persistente da produtividade do fator trabalho e suas repercussões na organização da produção e na forma como se distribui e utiliza o produto social".[2]

É com esse elenco de idéias em mente que tenciono mostrar aqui como Furtado não se equivocou ao prognosticar a natureza persistente, renitente, do subdesenvolvimento no confronto com as iniciativas concebidas para liquidá-lo. Para tanto, e tomando como referências principais os livros de Furtado de 1961, de 1967 (e 2000) e de 1974, começo, na primeira seção deste artigo, abordando as noções desse economista com respeito ao subdesenvolvimento. Na segunda seção, procuro examinar a visão de Furtado acerca do desenvolvimento propriamente, com base sobretudo no seu livro de 1967, reeditado em 2000 sem mudanças de fundo. Finalmente, na terceira seção, que conclui o artigo, a questão da persistência do subdesenvolvimento constitui o principal foco de interesse. Se o pensamento de Furtado tem aplicações práticas imediatas, não é um assunto que me preocupe. Da mesma forma como, por exemplo, a análise social de outro pensador de minha admiração, Gilberto Freyre, em *Casa-grande & senzala*, de 1933, vale pelo que ela mostra (e como!) das entranhas da sociedade brasileira. É certo, por outro lado, que, como chama a atenção o economista americano Werner Baer (1969: 278), "Furtado frequently overstates his case", ou exagera, em outras palavras. Mas, pelo menos, ele o faz oferecendo uma visão consistente do mundo, onde são salientados fatores como a dependência, padrões institucionais, matrizes socioeconômicas, relações centro-periferia etc., que são centrais para uma compreensão do subdesenvolvimento, o que permite focalizar o

---

[2] Já em 1952, Furtado, no trabalho "Formação de capital e desenvolvimento econômico", publicado depois como "Capital Formation and Economic Development", in Agarwala e Singh (orgs.) (1958: 309-37), caracterizava o desenvolvimento econômico como o aumento contínuo da produtividade do trabalho (p. 316).

desenvolvimento, então, como um processo total de transformação social, e não apenas como um esforço no plano da economia.[3]

FURTADO E O SUBDESENVOLVIMENTO

Falar de Celso Furtado e o subdesenvolvimento — um tema que, a propósito, sempre me interessou desde meu tempo de estudante[4] — remete necessariamente a seus livros, livros irmãos (ou pai e filho), de fato, um continuado no outro, *Desenvolvimento e subdesenvolvimento* (1961) e *Teoria e política do desenvolvimento econômico*, este último publicado pela primeira vez em 1967 pela Companhia Editora Nacional, de São Paulo, por onde saíram ainda as oito edições seguintes. Na verdade, toda a importante contribuição de Furtado como analista dos problemas de nossa época, em sua vasta obra, seja nos livros, seja nos artigos, seja nas conferências, seja até nas memórias, seja enfim em tudo que tem produzido, constitui uma reflexão profunda sobre os problemas do chamado desenvolvimento econômico. Isso está dito, inclusive, na introdução de *Desenvolvimento e subdesenvolvimento* (p. 11), onde Furtado salienta que todo seu trabalho intelectual de 1951 a 1961 perseguiu o objetivo de "encontrar caminhos de acesso à inteligência dos problemas específicos do subdesenvolvimento econômico". É conveniente ressaltar que o contexto em que a ciência econômica evoluía então só aos poucos estava se encaminhando para a questão da mudança econômica nos países atrasados, dominada que fora até essa época pelo modelo microeconômico da análise da formação dos preços e do equilíbrio dos mercados, com uma recente tendência, pós-Grande Depressão, de análise macroeconômica. Esta última, no rescaldo da década de 1930, tinha como foco o com-

---

[3] "As disparidades entre economias não decorrem só de fatores econômicos, mas também de diversidades nas matrizes culturais e das particularidades históricas. A idéia de que o mundo tende a se homogeneizar decorre da aceitação acrítica de teses economicistas." (Furtado, 1998: 74).

[4] Quando comecei a estudar economia, no Recife, em 1960, Furtado acabava de instalar a SUDENE — Superintendência para o Desenvolvimento do Nordeste —, que dirigiu até ser golpeado de lá pelos militares em 1964. Naqueles anos eu ia sempre à SUDENE, onde estagiei a partir de janeiro de 1962, o que me permitiu presenciar Furtado fazendo exposições magistrais nas reuniões do Conselho Deliberativo do órgão, em várias delas tendo discordâncias com Gilberto Freyre, que ali representava o Ministério da Educação e Cultura. Não é todo dia que se pode presenciar o debate de gigantes do pensamento social brasileiro como esses dois. Aliás, em dezembro de 1983, sentei-me à mesa para jantar com ambos e mais dois outros distinguidos economistas pernambucanos, Dirceu Pessoa, falecido prematuramente em 1987 e em cuja casa acontecia o ágape, e Leonardo Guimarães, momento esse que foi verdadeira rodada de rico e memorável intercâmbio de idéias.

bate ao desemprego ou a busca do pleno emprego. Sua perspectiva era de curto prazo — a perspectiva da política anticíclica, da política compensatória das oscilações na conjuntura (ou dos ciclos econômicos).

Quer na microeconomia, de inspiração marshalliana,[5] quer na teoria macroeconômica, formulada a partir de John Maynard Keynes, o centro de interesse do estudo era a explicação da realização de um equilíbrio de natureza estática, no qual a variável tempo se riscava do mapa. A novidade do pensamento que estimulava Furtado nos meados do século XX era uma preocupação com a dinâmica de longo prazo, com as transformações de natureza macro que se estavam operando nos sistemas sociais ao longo do tempo e que empurravam a economia para longe do equilíbrio. A análise macroeconômica de curto prazo, com efeito, raciocina — para a consecução do pleno emprego — com uma situação em que não existe formação líquida de capital. Na teoria do desenvolvimento, vai-se buscar explicação precisamente para os mecanismos que levam ao aumento contínuo do capital fixo, dando origem a incrementos persistentes da renda ou produto, global e *per capita*. Esse era um campo novo, especialmente para o estudioso que se debruçasse sobre o assunto, como acontecia com Furtado, da perspectiva dos países subdesenvolvidos.[6] Pouca gente, até então, se aventurara nessa busca de compreensão para um problema que passava a assumir grandes proporções, na medida em que, depois da Segunda Guerra, os horizontes de conhecimento se ampliavam e tornava-se insuportável o hiato que separava — como, infelizmente, acontece ainda hoje, e até em proporções mais chocantes que há 50 anos — as nações ricas das pobres. O livro, publicado em 1958, *The Economics of Underdevelopment*, organizado pelos indianos A. N. Agarwala e P. S. Singh, constitui uma das novidades no campo em formação, reunindo trabalhos de economistas que, naquele momento, se destacavam pela abertura de novos caminhos para o entendimento do problema. A obra é um clássico da literatura do desenvolvimento, incluindo autores como W. Arthur Lewis, que depois recebeu o Prêmio Nobel de Economia, Paul Rosenstein-Rodan, Simon Kuznets, outro ganhador do Nobel etc., além do jovem Celso Furtado. Mas o volume, compreendendo 21 capítulos, é dominado por autores originários de países desenvolvidos, com apenas cinco autores de países subdesenvolvidos.

---

[5] Por referência a Alfred Marshall, cujo livro *Principles of Economics* (de 1890) é o fundamento da análise microeconômica ainda hoje.

[6] Em *Desenvolvimento e subdesenvolvimento* (1961: 14), ressalva Furtado, explicitamente, adotar "um ponto de vista de economista de país subdesenvolvido", uma ótica do Sul no jargão atual.

O núcleo da tese de Furtado (conferir, para uma visão geral de Furtado, Mallorquín, 1999: 33-135), no marco da reflexão que inicia no começo da década de 1960, é o *da nítida dimensão histórica do fenômeno do desenvolvimento econômico*, junto com a necessidade de uma teoria sobre ele *justificada pelo conhecimento da realidade* — e não por uma formulação abstrata geral — e amparada pela capacidade de se atuar em cima dessa mesma realidade. Tinha ele como objetivo, como explicaria depois (Furtado, 1974: 21), identificar que opções se apresentavam "aos países que sofreram a deformação do subdesenvolvimento" em face das novas tendências do sistema capitalista. Para ele, não fazia sentido concordar com a tese de que os países que se desenvolvem seguiriam os padrões de consumo dos Estados Unidos. Aceitá-la seria não levar em conta "a especificidade do fenômeno do subdesenvolvimento" (Furtado, 1974: 22) e envolver-se na confusão da equivalência entre economia subdesenvolvida e país jovem, o subdesenvolvimento nada tendo a ver, de fato, com a idade de uma sociedade ou de um país. Dentro de tal perspectiva, situa-se a afirmação de Furtado (1961: 180; 2000e: 197) de que "[o] subdesenvolvimento é [...] um processo histórico autônomo, e não uma etapa pela qual tenham, necessariamente, passado as economias que já alcançaram grau superior de desenvolvimento", ou seja (Furtado, 1961: 191; 2000e: 203), "o subdesenvolvimento não constitui uma etapa necessária do processo de formação das economias capitalistas". O problema seria então captar sua natureza, tarefa nada simples, pois "muitas são suas dimensões e as que são facilmente visíveis nem sempre são as mais significativas" (Furtado, 1974: 22).

Um dado importante do que pensa Celso Furtado a tal respeito é a ligação do subdesenvolvimento com maior heterogeneidade tecnológica no país em causa, em virtude da natureza das relações externas da economia de menor renda. Daí que a industrialização da periferia, sob o controle de grandes empresas, "é processo qualitativamente distinto da industrialização que, em etapa anterior, conheceram os países cêntricos e, ainda mais, da que nestes prossegue no presente", um processo com muito mais homogeneidade (Furtado, 1974: 45). Outro dado significativo concerne à heterogeneidade no plano do consumo, pelo fato de que "o capitalismo periférico engendra o mimetismo cultural e requer permanente concentração de renda" (*ibidem*), a qual permite que as minorias, só estas, distanciando-se cada vez mais das massas de seus próprios países, possam reproduzir as formas e preferências de consumo dos países ricos, onde a acumulação avançou, porém "com inegável estabilidade na repartição da renda" (*ibidem*). Para alcançar o fundo do problema do subdesenvolvimento, modificando substancialmente a equação da realidade, seria necessário que os recursos gerados nos países de baixa renda "pudessem ser utilizados num processo cumulativo visando a modificar a estrutura do sistema econômico no sentido de uma crescente homogeneização" (Furtado, 1974: 68). O que a realidade mostra, contudo, é que o aumento, mesmo relativo, do número de privilegiados nos países pobres não impede "que se mantenha e aprofunde o fosso que existe entre eles e a grande maioria da população de seus respectivos países" (Furtado, 1974: 74), que é exatamente o que tem acontecido, com a incômoda formação de uma crescente massa de excluídos, conforme os dados disponíveis demonstram claramente (Banco Mundial, 1999). A cópia de padrões de consumo dos ricos, permitida pelo excedente gerado no país pobre, de que se apropria uma camada de privilegiados, permite o aparecimento da dependência cultural — outro dado importante do raciocínio de Furtado (1974: 80) —, a qual estaria na base do processo de reprodução das estruturas sociais que lhe correspondem.

A dificuldade que a dependência cultural adiciona ao quadro de subdesenvolvimento reside no feito de que ela ocorre sem a contrapartida de um processo de acumulação de capital e de progresso técnico nos métodos produtivos, além do fato de que as elites locais passam a perder contato com as fontes culturais dos respectivos países. Dessa maneira, Furtado combina acumulação, estruturas, história, consumo, "modernização" (que é como ele chama o mimetismo cultural), dependência[7] e desigualdades sociais em um processo de mútuos condicionamentos, retirando daí sua caracterização do subdesenvolvimento e das condições que possibilitariam o desenvolvimento autêntico. Poder-se-ia, então, encontrar aqui o que é quase um teorema, que Furtado procura demonstrar, cujo enunciado seria: "Toda economia subdesenvolvida é necessariamente dependente, pois o subdesenvolvimento é uma criação da situação de dependência" (Furtado, 1974: 87). O corolário dessa tese se traduziria na afirmação (*ibidem*) de que "a transição do subdesenvolvimento para o desenvolvimento é dificilmente concebível, no quadro da dependência". Um fator agravante para tanto residiria na observação de que, como conseqüência do controle do aparato produtivo na periferia por grupos estrangeiros, tema em que Furtado insiste, "a dependência, antes imitação de padrões externos de consumo mediante a importação de bens, agora se enraíza no sistema produtivo" (Furtado, 1974: 89). Visto que o consumo da minoria diversifica-se enormemente, as indústrias que se voltam para seu atendimento "tendem a enfrentar deseconomias de escala, que, se no nível da empresa podem encontrar solução parcial na proteção e nos subsídios, no nível social se traduzem em elevados custos" (Furtado, 1974: 90-1). A constatação é antiga e o problema ainda hoje se reproduz, com exemplos recentes no caso brasileiro, como

---

[7] Dependência é "a situação particular dos países cujos padrões de consumo foram modelados do exterior" (Furtado, 1974: 84).

o da fábrica da Ford atraída para a Bahia, depois que o Rio Grande do Sul, em 1999, perdeu interesse por ela e pela renúncia fiscal que ela representaria.

Cabe nesse âmbito a pergunta, que o próprio Furtado (1974: 93-4) faz, sobre o que dá permanência ao subdesenvolvimento, sobre como a estrutura que permite identificá-lo se reproduz no tempo. Sua resposta, que contém o cerne de seu pensamento sobre o problema, reúne elementos da matriz institucional pré-existente, orientada para a divisão da riqueza e da renda; das condições históricas ligadas à emergência do sistema de divisão internacional do trabalho; do aumento da taxa de exploração dos países pobres e do uso do excedente adicional pelas elites, para financiamento de seu consumo mimético, de que resulta a ruptura cultural que se manifesta através do processo de modernização; da orientação do crescimento em função dos interesses da minoria "modernizada; do custo ascendente da tecnologia requerida para acompanhar por meio da produção local os padrões de consumo dos países avançados, o que, por seu lado, facilita "a penetração das grandes empresas de ação internacional"; da "necessidade de fazer face aos custos crescentes em moeda estrangeira da produção destinada ao mercado interno, abrindo o caminho à exportação de mão-de-obra barata sob o disfarce de produtos manufaturados". Há aí os elementos de um processo, de um conjunto de forças em interação, capazes de reproduzir-se indefinidamente com vitalidade impressionante. A conjugação desses elementos, dando conteúdo a uma realidade estrutural com matizes próprios, faz com que o subdesenvolvimento não deva ser confundido com atraso e pobreza (Furtado, 1998: 14). A índole da questão é a de "um processo histórico específico, requerendo um esforço autônomo de teorização" (Furtado, 1998: 20). É aqui que se pode encontrar a contribuição de uma mente privilegiada para entender-se a realidade de países que, como o Brasil, têm experimentado crescimento da economia sem convincente transformação da situação de subdesenvolvimento em que continuam vivendo. Furtado teoriza com desenvoltura na busca de rumos para a transformação dessa realidade, sobretudo nos seus livros de 1961 e 1967.

DO SUBDESENVOLVIMENTO AO DESENVOLVIMENTO

O pensamento de Furtado sobre o salto do âmbito do mundo subdesenvolvido para o do desenvolvimento parte de um confronto dos dois pólos da dicotomia do título do livro *Desenvolvimento e subdesenvolvimento* (1961). Entende-se aí que desenvolvimento econômico significa mais do que simples crescimento da economia ou acumulação de capital, porque, além de representar o incremento da capacidade produtiva, implica também a irradiação do progresso para o grosso da sociedade, no afã de homogeneizá-la. Em *Teoria e política do desenvolvimento econômico* (ou *TPDE*, para encurtar), Furtado entra mais a fundo nos termos da dicotomia. Na primeira parte desse livro, a teoria do desenvolvimento na ciência econômica é considerada, abordando-se de forma breve — mas que procura entrar de modo crítico no fundamental de cada um — desde o pensamento dos economistas clássicos (com ênfase em Adam Smith, David Ricardo e John Stuart Mill) até Karl Marx, os neoclássicos A. Marshall, G. Cassel e N. Senior, Joseph Schumpeter e os keynesianos Alvin Hansen, R. F. Harrod, Evsey Domar e Nicholas Kaldor. Não há referência no livro, porém, aos neoclássicos mais recentes, com seus modelos de perfeita substitutibilidade de fatores e de primazia do progresso técnico, tais como Robert Solow, James Mead, Trevor Swan, James Tobin, Edmund S. Phelps e outros, aparentemente porque esses modelos seriam de crescimento e teriam pouca validade explicativa para o caso dos países subdesenvolvidos e sua dualidade estrutural. Valioso apêndice metodológico, sobre estruturas e modelos na análise econômica, acompanha a primeira parte de *TPDE*, incluindo uma abordagem do pensamento estruturalista latino-americano e sua diferenciação da escola estruturalista francesa. Trata-se de uma demonstração da importância dos aspectos não-econômicos no estudo do desenvolvimento econômico, sobretudo no que toca aos processos históricos, às realidades sociais e ao aprofundamento "na compreensão do comportamento dos agentes econômicos a partir de contextos perfeitamente definidos" (p. 98), ótica que constitui um dos toques originais da contribuição dos estruturalistas à teoria do desenvolvimento.

Na segunda parte de *TPDE*, que trata do enfoque analítico do processo de desenvolvimento, Furtado — elaborando seu raciocínio de economista crítico — começa mostrando de que forma se transformam o que chama de "conjuntos econômicos complexos" (as economias nacionais, cuja complexidade estrutural se manifesta numa diversidade de formas sociais e econômicas). Estaria aqui, nessa transformação, que implica também crescimento, o sentido do desenvolvimento econômico. Desenvolver, portanto, na visão de Furtado, aparece como crescimento acompanhado de mudanças estruturais,[8] que são alterações "nas relações e proporções internas do sistema econômico" (p. 103), desatadas pelo processo de acumulação de capital e pelas inovações tecnológicas. Atualmente, discute-se bastante a questão dos limites do crescimento — ou das taxas sustentáveis de crescimento (por um tempo determinado, pois *ad infinitum* não faz sentido falar de expansão de coisa alguma).[9] Em *TPDE*, Furtado não trata da questão. O

---

[8] Segundo Celso Furtado, "o conceito de desenvolvimento compreende a idéia de crescimento, superando-a" (Furtado, 1967: 102).

[9] Conferir, por exemplo, Herman Daly, *Beyond Growth: The Economics of Sustainable Development*, Boston, Beacon Press, 1996.

assunto, porém, não lhe é estranho, haja vista que em *O mito do desenvolvimento econômico* (p. 19), obra de 1974, e não da década de 1990, quando o tema virou moda, Celso Furtado mostra "que o sistema econômico entraria necessariamente em colapso", se o desenvolvimento econômico, na forma como é usualmente compreendido, chegasse efetivamente a universalizar-se. E a razão para isso residiria no fato, por ele salientado nesse mesmo livro (p. 20) e que os economistas ainda hoje teimam em menosprezar, de que a "criação de valor econômico tem como contrapartida processos irreversíveis no mundo físico, cujas conseqüências tratamos de ignorar". Como sua análise em *TPDE* é do *mecanismo* desse processo, o mestre e acadêmico paraibano não trata aí do assunto dos limites, preferindo antes identificar a natureza do mecanismo, que é o que tenta desvendar. Assim, ainda na segunda parte do livro, aborda aspectos quantitativos do desenvolvimento econômico, examina a interação entre decisões e estruturas (com ênfase em contribuições como as de Albert Hirschman e François Perroux ao assunto) e expõe didaticamente o esquema macroeconômico do desenvolvimento, com espaço aqui para explicação da formação do "poder econômico". Este último seria a capacidade de alguns grupos (empresários inovadores, por exemplo, ou trabalhadores com alta demanda de seus serviços), que ganham com o processo, "de modificar a conduta previsível de outros agentes, ou de alterar relações estruturais de forma a frustrar as expectativas de outros agentes" (p. 141).

Um tratamento em perspectiva histórica do processo de desenvolvimento é no que consiste a terceira parte de *Teoria e política do desenvolvimento econômico*. Furtado faz aqui muito bem o que lhe parece satisfazer como método de análise, ou seja, combinar o enfoque econômico com fatores históricos, na busca de padrões e relações que mostrem de que maneira evolui no tempo a realidade dos "conjuntos econômicos complexos". Sua perquirição começa com o exame de concepções à base de fases — ou concepções faseológicas — do desenvolvimento, das quais as mais famosas são a de Marx e a do historiador econômico americano W. W. Rostow. Furtado refere-se de início a F. List e sua visão, de 1844, da evolução do estágio da escravidão ao do pastoreio, à agricultura, às manufaturas e ao comércio. Vai daí a Marx e sua sucessão de fases desde o comunismo primitivo ao capitalismo, atravessando a escravidão e o feudalismo, a que a análise marxista agrega um esforço explicativo de o que seria a passagem necessária de uma forma à outra. Após referência breve ao economista e grande elaborador de estatísticas Colin Clark, Furtado chega à concepção de Rostow das "etapas do crescimento", que iriam da sociedade tradicional, estagnada, a uma fase de transição — ou de preparação para o arranco —, à decolagem para o crescimento auto-sustentado (o famoso *take-off*), à marcha para a maturidade e à etapa do consumo em massa. Sem ser propriamente uma concepção faseológica, a do grande economista argentino Raul Prebisch, da "coexistência de um *centro*, que comanda o desenvolvimento tecnológico, e uma vasta e heterogênea *periferia*" (Furtado, 2000e: 152), marginal ao sistema, é considerada pelo que propicia para identificação de relações que estariam na base da concentração de renda em escala mundial. Essa visão de Prebisch, de fases coetâneas, permitiria compreender, segundo Furtado, por que não existe tendência inevitável à passagem de um estágio qualquer de progresso para outro supostamente superior. Furtado conclui (2000e: 153) com a afirmativa de que "a única tendência visível é para que os países subdesenvolvidos continuem a sê-lo". O autor examina ainda as formas históricas assumidas pelo desenvolvimento, salientando a questão do excedente econômico, de sua criação, apropriação e utilização como elementos básicos de constituição do processo. Outros pontos inquiridos na terceira parte do livro são o advento da burguesia européia, a nova economia urbana e o *laissez-faire* e o corporativismo (ou o sistema de regulação estrita que imperava na economia das cidades). Furtado se detém igualmente na transformação do capitalismo comercial em industrial e no que isso significou não somente para a economia, mas também para um novo horizonte de cultura. Essa parte do livro finaliza com um exame de dados quantitativos de longo prazo — especialmente com respeito aos países industrializados —, contendo considerações sobre o ritmo de evolução da economia européia pré-industrial desde a Idade Média. O arremate de Furtado é a afirmativa de que a experiência mostra que "o desenvolvimento do século XX vem provocando uma concentração crescente da renda mundial" (p. 191).

Na quarta parte de *TPDE*, intitulada "O Subdesenvolvimento", está, a meu ver, a maior contribuição de Celso Furtado não apenas ao livro, mas ao próprio estudo do desenvolvimento. É ali que se revela, de fato, com mais vigor, o enfoque estruturalista empregado pelo autor, que procura esmiuçar a questão da formação histórica do subdesenvolvimento, mostrando de que maneira espalhou-se heterogeneamente o dinamismo europeu ocidental para o resto do mundo, de que resultou, nas regiões já ocupadas, a criação de estruturas socioeconômicas *dualistas*,[10] diferentemente do que ocorreria nas regiões "vazias" (como Austrália e Nova Zelândia, esta última nem tanto). É dessa ótica que decorre a verificação do fenômeno do subdesenvolvimento, segundo Furtado, como "um processo

---

[10] Estruturas em que "um núcleo capitalista passava a coexistir, pacificamente, com uma estrutura pré-capitalista" (Furtado, 1967: 199). No seu caso extremo, "inexiste o mínimo de articulação necessária para que se configure um sistema econômico" (*idem*, p. 198).

histórico autônomo" (p. 197), como um processo estrutural associado ao desenvolvimento e responsável por um "capitalismo bastardo" (pp. 198 ss.). O próprio subdesenvolvimento é heterogêneo do ponto de vista estrutural, apresentando-se "sob formas várias e em diferentes estágios" (p. 203), com uma fase superior, em que aparece um núcleo industrial diversificado. Dessa discussão, Furtado passa à apreciação das características estruturais do subdesenvolvimento, fornecendo uma descrição esquemática do fenômeno e mostrando as contribuições de W. Arthur Lewis e Ragnar Nurkse (com a tese das poupanças "ocultas") a sua compreensão. A idéia do dualismo é trabalhada, ficando claro que "o que [o] caracteriza é exatamente a interdependência dos dois modos de produção", responsável pela "tendência à perpetuação dos elementos pré-capitalistas" do sistema (p. 219). Furtado refere-se aos amplos debates quanto à significação do conceito entre os estudiosos do desenvolvimento, mostrando ainda sua relação com o "sistema de relações internacionais que engendra o fenômeno da *dependência*" (p. 219). Este último é objeto de uma inspeção mais detida, no livro, em termos das relações centro-periferia e das fases do desenvolvimento dependente. Tratando ainda dos problemas suscitados pela agricultura e do papel do comércio exterior e da industrialização na transformação das estruturas dualistas, Furtado conclui por mostrar "que o subdesenvolvimento é a manifestação de complexas relações de dominação-dependência entre povos, e que tende a autoperpetuar-se sob formas cambiantes" (p. 265), requerendo, para sua superação, a formação de "centros nacionais de decisão válidos", ou seja, "a tomada de consciência da dimensão política da situação de subdesenvolvimento" (*idem*).

Finalmente, na quinta e última parte de *TPDE* surge a discussão sobre política do título da obra. Não se deve esperar encontrar aí uma receita, um elenco de medidas preconizadas ou mesmo uma resposta à constatação, no final da parte anterior do livro, da tomada de consciência política que está contida no enfoque estruturalista do problema. O que Celso Furtado faz é dar referências, mapear coordenadas, desenvolver raciocínios que podem auxiliar na concepção de uma política ou de políticas de desenvolvimento. Assim, ele começa falando da questão da coordenação das decisões econômicas, considerando tanto a forma descentralizada do mercado quanto a da coordenação centralizada, que seria a essência do que se chama política econômica. Para isso fica ressaltada a importância de modelos como instrumentos de racionalidade no condicionamento da evolução das variáveis econômicas e como forma de se estabelecer certo grau de coerência na formulação da política. A questão da mudança das estruturas é examinada, fazendo-se referência aqui à estratégia do "desenvolvimento equilibrado", de Rosenstein-Rodan (que lhe deu o nome de "*big push*" ou "grande empurrão") e Nurkse, admitida também por Prebisch, em que transformações são contempladas através da industrialização e do investimento simultâneo em vários outros setores da economia, num ataque maciço. Furtado considera que a estratégia dos "pólos de crescimento", de Perroux, tão discutida na década de 1960 em muitas partes do mundo, especialmente no Brasil, possui o mesmo significado da proposta de Rosenstein-Rodan, abrindo espaço para as considerações de Albert Hirschman, da dificuldade concreta de operacionalizar-se um grande empurrão. Dois problemas que aparecem na adoção de políticas de desenvolvimento, sobretudo na experiência da América Latina, o da tendência à estagnação e o da tendência ao desequilíbrio externo, são tratados por meio do enfoque das causas estruturais de Furtado, que se refere, nesse particular, à insuficiência da doutrina do FMI para a superação do desequilíbrio externo bem como às limitações da política econômica de caráter monetarista. Dois pontos derradeiros tratados, no âmbito da política de desenvolvimento e com respeito a um contexto mais global do processo, são o da integração regional — para aproveitamento de economias de escala — e o do dualismo estrutural em escala planetária. O último ponto, em sintonia com outras passagens do livro e a visão do autor, diz respeito à polarização desenvolvimento-subdesenvolvimento, que se refletiria em "uma ampliação progressiva do fosso entre as regiões ricas e os países subdesenvolvidos" (p. 338), que estaria ocorrendo como atributo do processo de desenvolvimento. Para enfrentá-la, Furtado dá fecho ao volume propondo algumas linhas de um programa de reestruturação da economia global — o que não tem nada a ver com a globalização de hoje.

A PERSISTÊNCIA DO SUBDESENVOLVIMENTO

Lido na moldura dos fatos econômicos atuais — de uma dinâmica nova, especialmente no que tange à natureza dos mercados globalizados, à velocidade das transações financeiras (com seus capitais perigosamente voláteis), ao uso da tecnologia da informação, aos processos de desregulamentação, às ondas de privatizações e abertura de mercados —, *TPDE* (que condensa o pensamento de Furtado sobre o desenvolvimento) poderia dar a impressão de que é um livro datado. Ele tem, com efeito, a aura dos estudos pioneiros do desenvolvimento econômico das décadas de 1950 e 60. Só que a impressão é falsa, não só na medida em que livros como *The Wealth of Nations*, de Adam Smith, *On the Principles of Political Economy and Taxation*, de Ricardo, *Principles of Political Economy*, de Stuart Mill, *The Strategy of Economic Development*, de Albert Hirschman, ou *Problems of Capital Formation in Underdeveloped Countries*, de Nurkse, publicados em datas diversas, e com os quais *TPDE* se aparenta, jamais perderão atualidade, como também porque as observações de Furtado, com uma antecipação de mais de três décadas, retratam com incrível aproximação aquilo que se constata hoje. Seu livro analisa estruturas, identifica relações, esquematiza processos, vai atrás de traços da realidade do subdesenvolvimento, expõe enfim um modelo de estudo que, privilegiando fatores históricos e estruturais, mostra de que forma certas economias, apesar do esforço que empreendem, não conseguem ingressar em uma trajetória firme de genuíno desenvolvimento econômico. Pode-se dizer que esse esforço é heróico e produz um resultado que premia a inteligência, provocando-a, na verdade, com um método cartesiano e austero de exposição, próprio de alguém que se educou na tradição da racionalidade francesa. *TPDE* não se apresenta como um tratado definitivo de nada, até porque o autor, no prefácio (p. 11), demonstrando perfeita consciência disso, humildemente confessa que teve em mira "ajudar o leitor a obter uma percepção dos processos econômicos observados do ângulo das transformações no tempo dos [...] sistemas econômicos nacionais". Esse propósito é plenamente alcançado. A leitura do livro instiga a pensar, levando quem a faz a procurar compreender de que forma ele pode ajudar nas iniciativas de mudar essa realidade frustrante, de um mundo que não consegue vencer o subdesenvolvimento — tendendo, na verdade, a perpetuá-lo ou, perversamente, a reproduzir o que denomino de *subdesenvolvimento sustentável*.

Pois é isso, na verdade, o panorama que se percebe hoje em quase todo o mundo, especialmente na América Latina e África, com manifestações de mesma índole também na Ásia. No Brasil, por exemplo, estudos feitos em época recente, como o de José Márcio Camargo e F. H. G. Ferreira (2000), mostram nitidamente que a pobreza tem seguido uma tendência ascendente (combinada com oscilações substanciais em sua volta) nas últimas duas décadas. No Brasil, as pessoas que viviam com menos de US$ 2 por dia — chamemos esse nível de linha da pobreza — em 1995 (43,5 milhões) era maior do que toda a população do país em 1940 (41,6 milhões) (Lustig e Deutsch, 1998: 38). Isso significa que o grande crescimento econômico após a Segunda Guerra Mundial, um evento único e que dificilmente poderá se repetir em igual escala de aumento do PIB, não foi capaz de criar uma sociedade brasileira mais próxima de uma homogeneidade (não se trata de eqüidade) de padrões de vida. Concebendo o desenvolvimento como um esforço para acabar com dualismos e heterogeneidades, difíceis de serem superados com as armas empregadas, Furtado previa o aumento do fosso que separa ricos e pobres, seja em termos de comparações entre países, seja dentro igualmente de países. Na verdade, o que ele mostrava é que isso resultaria tambem do modelo de análise que utilizava, combinando o enfoque estrutural com o metodo histórico. Camargo e Ferreira, sem destoar do que muitos outros estudos revelam, evidenciam que os 20% mais pobres da população brasileira vivem hoje na indigência, o que significa uma situação de terrível falta de poder das classes subalternas. Mostram ainda que esse quadro não contém nenhuma melhora sobre o panorama de duas décadas atrás. Na América Latina como um todo, o estudo de Lustig e Deutsch (1998) constata a séria dimensão do problema da extrema pobreza, salientando que esta tende a ser arrastada para baixo (ou que é *sticky downwards*, como dizem em inglês), querendo com isso significar que a indigência eleva-se mais durante as crises econômicas do que se reduz nas fases auspiciosas do ciclo.

A realidade global não é nada distinta a esse respeito, haja vista a afirmação do relatório do Banco Mundial de 1999-2000 (Banco Mundial, 1999: 14) de que "o quadro amplo das realizações do desenvolvimento é preocupante". Essa mesma percepção é reendossada no relatório de 2000, para o qual o tipo de crescimento econômico que se tem promovido no mundo é um fracasso no combate à pobreza, além de destruir o meio ambiente (*The Economist*, 30/09/2000: 82). O número de pessoas vivendo em 2000 com até US$ 1 por dia (1,5 bilhão) é o mesmo de gente que havia no planeta no ano de 1900. Esses dados me parecem mais do que suficientes para dar razão a Furtado e para mostrar o caráter de difícil superação do subdesenvolvimento tal como ele o classifica. O relatório de 2000 do Banco Mundial, intitulado *The Quality of Growth* e divulgado em setembro, caminha nessa direção, enfatizando a importância de fatores não-econômicos, tais como educação, meio ambiente, respeito à lei, combate à corrupção etc. Ele fala ainda da necessidade do "empoderamento" dos pobres, conceituando a pobreza como um problema multidimensional que inclui falta de poder (*powerlessness*) e de voz, vulnerabilidade, insegurança e medo — além de falta de comida, teto e outras necessidades básicas. Trata-se de uma perspectiva que não agrada ao pensamento neoliberal, haja vista as críticas nada contidas de um porta-voz dessa visão da economia, a revista *The Economist* (cujo artigo "Quantity and Quality", edição de 30/09/2000, é ilustrativa a esse respeito). Por outro lado, o Banco Mundial (1999) ainda demonstra que a renda dos países ricos continua a ficar cada vez mais distante (acima) da dos países subdesenvolvidos, seguindo uma tendência que vem desde meados do século XIX. Trata-se, na realidade, de inequívoca comprovação das teses de Furtado, apoiadas numa apreciação judiciosa de estruturas diferenciadas de sistemas socioeconômicos diversos, acerca da persistência do subdesenvolvimento ou do enraizamento de formas que constituem um subdesenvolvimento sustentável. É óbvio que houve muito crescimento no mundo — o Brasil e quase toda a América Latina aí incluídos. Na verdade, o crescimento chegou a ser miraculoso em alguns casos, como no Brasil entre fins da década de 1960 e início de 70. Só que isso não representou um desenvolvimento autêntico, saudável e duradouro. Nesse sentido, Furtado não desperdiçou seu raciocínio. Este, na verdade, é o mérito dos grandes pensadores — homens da estirpe de

Furtado, Gilberto Freyre, Caio Prado Jr., Sérgio Buarque de Holanda, Alberto Torres, Joaquim Nabuco.

Penso, assim, que é mais do que adequada para fecho destas considerações a epígrafe de que se serviu Furtado na abertura de *TPDE*, do grande poeta espanhol — tanto de sua admiração, como da minha — Juan Ramón Jiménez, Prêmio Nobel de Literatura de 1948, "Pie en la Patria, casual/ o elegida; corazón, cabeza,/ en el aire del mundo". Pois a Pátria é o lugar onde se aplica aquilo que nossa preocupação com o bem comum, e que resulta da aplicação de nossa inteligência, é capaz de produzir. Furtado fez sempre isso, com presciência, ao longo de sua vida, oferecendo-nos contribuições valiosíssimas para a compreensão do desenvolvimento e do subdesenvolvimento.

5.
DESENVOLVIMENTO E CULTURA:
NOTAS SOBRE O ENFOQUE DE CELSO FURTADO
Oscar Burgueño e Octavio Rodríguez

A obra de Celso Furtado possui certo traço peculiar e distintivo. Diferentemente das de outros estruturalistas latino-americanos, ela aborda com amplitude o tema da cultura e estabelece uma conexão explícita entre cultura e desenvolvimento. Sua visão do desenvolvimento contém, assim, uma articulação harmoniosa dos vários componentes do todo social e de sua dinâmica. Essa visão se configura como de particular importância, uma vez que constitui uma base para a construção de alternativas às propostas de desenvolvimento hoje dominantes, de cunho fortemente ideológico.

Tal integralidade e tal relevância formam o fio condutor destas notas, estendido ao longo dos seis itens que as compõem. O primeiro diz respeito às apreciações de Furtado sobre os aspectos econômicos do subdesenvolvimento, centradas nas dificuldades que a "condição periférica" impõe aos processos de avanço técnico e de acumulação de capital. Esse item se refere, ainda, às estruturas sociais em que tais dificuldades se inscrevem, e ao modo como se relacionam os processos econômicos e os sociopolíticos.

O item II retoma e examina a análise dos vínculos entre desenvolvimento e cultura. Nessa análise, o desenvolvimento é visto, de fato, como enriquecimento da cultura, globalmente considerada. Dois *insights*-chave merecem destaque. O primeiro diz respeito à imitação do consumo estrangeiro, que favorece uma penetração de idéias e valores também estrangeiros, a qual por sua vez condiciona o desenvolvimento da periferia. O segundo refere-se à "transmutação de meios em fins": os meios do desenvolvimento — o avanço técnico e a acumulação, componentes fundamentais da "cultura material" — tendem a ser vistos como fins em si mesmos. Este fato obscurece os altos fins que se inscrevem na "cultura não material" e que oferecem os conteúdos essenciais ao enriquecimento da existência humana.

Essa transmutação de meios em fins adquire especial relevância na periferia. O item III procura colocá-la claramente, contrastando certas características do desenvolvimento periférico com as que correspondem aos grandes centros, durante a difusão da chamada "civilização industrial". Essa comparação visa a deixar claro que o desenvolvimento da periferia se verá continuamente limitado e travado, a menos que despertem nela forças capazes de dinamizar a criatividade em diversos âmbitos da cultura, e de assegurar desse modo a identidade cultural própria. Esse emergir de energias e essa reafirmação da identidade é a essência do que se entende por desenvolvimento endógeno.

Como em geral se reconhece, a revolução tecnológica em curso e o processo de globalização que a acompanha têm forte incidência na periferia. O item IV tenta um prolongamento das idéias de Furtado pelo qual se procura levar em conta essa incidência e, em particular, os condicionamentos que ela impõe ao desenvolvimento endógeno.

Mais do que como uma extensão, os demais itens devem ser vistos como uma aplicação dessas idéias. Segundo Furtado, o desenvolvimento endógeno pressupõe fixar como objetivo explícito a superação da heterogeneidade social, visível na acentuada desigualdade da distribuição da renda. O item V aborda esse tema através do exame da estrutura ocupacional em um caso modelo — o da economia brasileira — e, especialmente, da evolução do subemprego (definido como a ocupação com níveis de produtividade muito baixos).

Desse exame se infere que os requisitos do desenvolvimento endógeno se encontram em parte no âmbito econômico. Mas não se esgotam com a consecução de um crescimento alto e sustentado; supõem, além disso, um padrão de transformação da estrutura produtiva que dê lugar, ao mesmo tempo, à resolução dos problemas ocupacionais e que contemple a eliminação gradual do subemprego. O mesmo item faz referência a um segundo conjunto de requisitos, relativo ao respaldo social e ao impulso político capazes de dar curso a essa transformação das estruturas produtiva e ocupacional.

O item VI toca num terceiro aspecto do desenvolvimento endógeno. Entende-se que este exige não só uma atuação deliberada no âmbito sociopolítico, mas também sobre diferentes elementos da cultura não material que vêm a ser fundamentais, justamente, para dinamizar a criatividade e para abrir caminho à identidade cultural própria.

Estas notas devem ser consideradas como preliminares. Esse caráter não impede de reconhecer que elas foram elaboradas — a título de homenagem — para manifestar a relevância das percepções e ensinamentos de Furtado em sua busca de saídas para a atual crise latino-americana.

I. O Processo do Subdesenvolvimento

1) Furtado afirma que o seu "trabalho de teorização teve como ponto de partida um desacordo com [a] visão convencional" sobre as economias que no começo dos anos 1950 passaram a denominar-se subdesenvolvidas; pois "uma leitura atenta dos dados [então] disponíveis" (Furtado, 1998: 55) sugeriu a existência de dois processos distintos. Um, o que seguiram os países onde primeiro

se deu a Revolução Industrial, em torno do final do século XVIII. O segundo, o que seguiram os países que se ligaram aos primeiros a partir da segunda metade do século XIX, por meio de um esquema de divisão internacional do trabalho marcado por uma forte especialização geográfica. Estes últimos especializaram-se na produção de bens primários, cujas exportações tiveram como face oposta as importações dos meios de produção, e ainda de bens de consumo de origem industrial.[1]

Esse esquema de divisão internacional do trabalho deriva de dois processos interconectados. Mas é a diferenciação que se produz entre eles, ou melhor, a percepção dessa diferenciação, que cria as condições para a interpretação do processo próprio do subdesenvolvimento, ou, se se preferir, para a elaboração de uma teoria do subdesenvolvimento. Furtado é o primeiro a introduzir esta terminologia, definindo, com ela, aquilo que considera um âmbito especial da elaboração analítica nas ciências sociais: justamente, o da teoria do subdesenvolvimento.[2]

2) Entende-se que as diferenças entre tais processos — ou entre centros e periferia, para usar a nomenclatura de Prebisch — começam a se fazer perceptíveis ao se observar as que existem nas conexões entre progresso técnico e acumulação. Nos centros, a industrialização procede com um avanço técnico sustentado e intenso, que permite que a acumulação também vá acontecendo de forma contínua, a longo prazo. O avanço técnico traz consigo um aumento persistente da quantidade de capital por homem ocupado. Esse caráter das novas técnicas — intensivo em capital, e portanto poupador de mão-de-obra — não impede que esta última tenda a escassear, suscitando um aumento gradual dos salários. No entanto, este aumento não entorpece a continuidade da acumulação, já que o próprio progresso técnico vai permitindo a consecução de margens de lucro compatíveis com o seu dinamismo. O progresso técnico não se traduz apenas na geração de novos processos produtivos e/ou na alteração dos preexis-

---

[1] "[...] tanto o processo de relocação de recursos produtivos como a formação de capital que a este se ligava (abertura de novas terras, construção de estradas secundárias, edificação rural etc.) eram pouco exigentes em insumos importados: o coeficiente de importação das inversões ligadas às exportações em expansão era baixo [...] De tudo isso resultou que a margem de capacidade de importação, disponível para cobrir compras de bens de consumo no exterior, foi considerável" (Furtado, 1974: 80).

[2] "Defendi a idéia de que era necessário aprofundar a percepção do subdesenvolvimento como um processo histórico específico, exigindo um esforço autônomo de teorização [...] Minhas reflexões sobre esse quadro histórico estão na base do que chamei Teoria do Subdesenvolvimento" (Furtado, 1998: 20-1). Veja-se também Furtado (1968: 160).

tentes, mas também na criação de novos bens de consumo. Com estes se vai fazendo frente a uma demanda que se incrementa e diversifica, em função do aumento das rendas da propriedade, e também do aumento do nível e do volume dos salários (Furtado, 1968: 159).

3) Isso não é mais que uma imagem estilizada e simplificada de um processo econômico complexo, e se coloca tão-somente como uma *démarche* analítica, como um referente que permite esclarecer o processo anverso, isto é, o que vem a ser próprio do subdesenvolvimento. Para delinear suas características mais relevantes, convém referir à parte as que dizem respeito ao período de expansão "para fora", aquele que Furtado identifica como de forte especialização geográfica; período que começa, como já se disse, na segunda metade do século XIX e que se estende até a crise de 1929.

As economias periféricas apresentam peculiaridades relativas tanto ao progresso técnico como à acumulação. Conforme se deduz, a transformação produtiva que caracteriza a especialização geográfica não deriva, em sentido estrito, da incorporação de progresso técnico. Tal transformação se associa a mudanças no uso de recursos produtivos preexistentes, realizadas no quadro de técnicas também preexistentes ou que se modificam pouco. São os casos de especialização em exportações agrícolas, nos quais a produção se expande empregando terras previamente dedicadas a outros usos, algumas vezes à subsistência, às vezes terras ociosas ou subutilizadas.[3]

Esta relocação de recursos gera aumentos da produtividade do trabalho que são fonte da geração de excedentes, em parte apropriados pelas próprias regiões periféricas. Porém, nessas regiões a especificidade dos processos de acumulação se baseia no uso dos novos excedentes. Destes, parte significativa se converte em ativos não reprodutivos, como a construção de luxo, ou na aquisição de bens de consumo duráveis. Ambas são expressões de uma diversificação considerável do consumo das camadas de alta renda, que se produz quando os níveis da renda média são ainda extremamente baixos, em comparação com os que prevalecem nos países industrializados. Nestes, tal diversificação corre paralela à diversifi-

---

[3] "Nossa hipótese central é a seguinte: o ponto de origem do subdesenvolvimento são os aumentos de produtividade do trabalho engendrados pela simples relocação de recursos buscando obter vantagens comparativas estáticas no comércio internacional" (Furtado, 1974: 78). Este ponto de vista não impede de reconhecer que se requer alguma adaptação de técnicas geradas nos centros para conseguir uma alta considerável da produtividade da terra e, com ela, da produtividade do trabalho e do excedente econômico, como é o caso das economias do Rio da Prata, a partir do último quarto do século XIX.

cação produtiva. Nos países de alta especialização geográfica, uma diversificação do consumo que se poderia chamar de "prematura" tem como contraparte a importação de bens produzidos nos centros industriais.

Sintetizando: durante o período de especialização geográfica, o progresso técnico resulta escasso e lento na periferia; os aumentos do excedente que nela se produzem derivam primordialmente de mudanças no uso dos recursos; além disso, uma parte considerável do mesmo se destina ao consumo e à sua diversificação. Como é claro, os padrões de consumo tendem a comprometer os níveis e o ritmo da acumulação. A debilidade desta última implica, por sua vez, uma taxa da demanda de força de trabalho insuficiente, em comparação com a taxa a que se expande sua oferta. Essa "insuficiência dinâmica" se reflete na presença de vastos contingentes de mão-de-obra de escassa produtividade e baixos níveis de renda, isto é, na massa de subempregados que subjaz a um traço-chave do subdesenvolvimento: a heterogeneidade social e sua persistência.[4]

4) Quando a periferia especializada empreende o caminho da industrialização, produzem-se alterações significativas nos padrões tecnológicos e de acumulação descritos anteriormente. No entanto, existem alguns traços de ambos que se consideram essenciais e que não chegam a variar de forma significativa. Introduzem-se novas técnicas de maior produtividade, notadamente no âmbito do setor secundário e da manufatura, mas pouco se modifica a capacidade de gerá-las. Adotam-se processos produtivos criados nos centros com pouca ou nenhuma adaptação e empreende-se a produção de vários dos bens de consumo que resultam do progresso técnico estrangeiro. Os aumentos do excedente têm uma nova fonte na atividade industrial. Seu uso passa a distribuir-se entre acumulação e consumo em proporções um tanto diversas das do passado, quando a especialização predominava. Nos grandes centros, a diversificação e sofisticação das pautas de consumo continuam, e essas mesmas pautas renovadas se imitam na periferia, onde o nível médio de renda continua sendo consideravelmente mais reduzido.

Nas considerações anteriores subjazem dois aspectos negativos do desenvolvimento periférico que tendem a perdurar. Por um lado, a dependência tecnológica leva a utilizar processos produtivos que obrigam a combinar os recursos em desacordo com sua abundância relativa, ou, mais propriamente, com a superabundância de mão-de-obra que se vai gestando na periferia, em particular durante o período de alta especialização geográfica. Por outro, o padrão de uso

---

[4] O tema da heterogeneidade social é tratado, entre outras, nas seguintes obras: Furtado (1968: parte 4) e Furtado (1974: capítulo II).

do excedente — especificamente, a tendência à exacerbação inoportuna do consumo imitativo — compromete as dimensões da acumulação e de seu ritmo.

Necessidade de adotar técnicas estrangeiras cuja gestação, em boa medida, obedece ao desígnio de economizar mão-de-obra; imitação da diversidade e sofisticação do consumo estrangeiro, que condiciona a magnitude do esforço de acumulação; e, em conexão com a insuficiência deste último, escassa amplitude da demanda de mão-de-obra, que corre atrás da oferta respectiva.[5] Tais são os elementos que ajudam a reiterar a superabundância da mão-de-obra e a impedir o aumento sustentado dos salários, e que se manifestam na heterogeneidade social e em sua expressão mais direta: a concentração da renda. Ademais, esta última sustenta a diversificação e sofisticação do consumo, tornando-as possíveis.

5) Segundo entende Furtado, os tipos *sui generis* de mudança técnica e de acumulação que ocorrem na periferia não são dissociáveis das transformações nas estruturas sociais e nos sistemas de poder que se baseiam nas mesmas. Essa "visão não reducionista" da economia fica clara ao traçar-se novamente um breve paralelo entre a periferia e os grandes centros.[6]

Nestes últimos, o desenvolvimento é fruto do impulso dado à acumulação pela classe capitalista, a qual controla os núcleos mais importantes de decisão política, utilizando-os em consonância com seus próprios interesses (Furtado, 1965: 66).[7] Mas o desenvolvimento também resulta do impulso no sentido da melhoria das condições de vida da classe trabalhadora, impulso que adquire força e eficácia uma vez que se absorvem os grandes excedentes de mão-de-obra das primeiras etapas da industrialização. Em outros termos, o *modus operandi* do capitalismo incluiu nos centros a expansão de relações trabalhistas baseadas no

---

[5] A ênfase na "insuficiência dinâmica" é característica do estruturalismo latino-americano, e especialmente dos documentos da CEPAL, ao longo dos anos 1950 e 60.

[6] A expressão alude a um enfoque que não limita os tipos e funções dos atores considerados ao meramente econômico. O que por sua vez implica inserir a análise dos fenômenos econômicos num contexto mais amplo de relações sociopolíticas. A respeito do "não reducionismo", ver Vercelli (1991: 235) e (1994: 3-19).

[7] Uma visão similar dos vínculos entre o econômico e o sociopolítico no capitalismo avançado pode ser encontrada em um livro já clássico, no qual se afirma: "A hipótese mais generalizada sobre o funcionamento do sistema político [...] no começo do processo de desenvolvimento [supõe] que a possibilidade de expansão se devia à existência de um grupo dinâmico que controlava as decisões [...] de inversão e que dominava as posições de poder necessárias e suficientes para imprimir ao conjunto da sociedade uma orientação coincidente com seus interesses. A classe econômica ascendente possuía, portanto, eficiência e consenso" (Cardoso, 1969: 30).

assalariamento e enquadradas na sindicalização, ambas cruciais para o aumento gradual das remunerações dos trabalhadores e para a concomitante ampliação do mercado interno.

Um traço marcante da industrialização periférica consiste na apropriação de uma parte considerável do excedente por grupos locais que o utilizam para ampliar sua própria esfera de ação.[8] Embora limitada por fatores externos de grande importância,[9] a ação destes grupos burgueses parece reproduzir tardiamente a ascensão da burguesia européia ao controle do poder político no começo da industrialização. Mas há uma diferença maior: na periferia, a disputa pelo poder de tais grupos está longe de produzir conseqüências similares no plano social. Por um lado, eles não se constituem em instrumento de reconstrução em profundidade das estruturas sociais, cujos traços de arcaísmo refletem a sobrevivência e o peso de estruturas preexistentes. Por outro lado, "[...] a apropriação do excedente por [tais] grupos [...] não encontra resistência nos trabalhadores, cuja consciência de classe só lentamente se vai definindo..." (Furtado, 1965: 43), comprometendo a formação de um poder sindical capaz de influir com força na redução da heterogeneidade social.[10]

6) Assim, portanto, em seus esforços para elaborar uma teoria do subdesenvolvimento, Furtado imbrica em uma mesma análise processos que conside-

---

[8] Tal ação pode se desdobrar em várias direções, como por exemplo a destruição de atividades artesanais preexistentes, o deslocamento de formas tradicionais de dominação social fundadas no controle da terra, a virtual disputa de espaços ocupados por interesses estrangeiros em setores de exportação ou de importação, produtivos ou financeiros.

[9] Tais fatores podem ser de caráter econômico, como a apropriação de excedentes gerados na periferia pelo estrangeiro, mas também de caráter político, como a presença de interesses estrangeiros na conformação das estruturas de poder. É essa presença que subjaz no conceito mais freqüente de dependência, que a define como relação estrutural externo-interna. Segundo tal conceito, "a ação dos grupos sociais, que em seu comportamento ligam de fato a esfera econômica e a política", se refere tanto à nação como "a seus vínculos de toda espécie com o sistema político e econômico mundial. A dependência encontra assim não só expressão interna mas também seu verdadeiro caráter como modo determinado de relações estruturais: um tipo específico de relação entre classes e grupos que implica uma situação de domínio que favorece estruturalmente o vínculo com o exterior" (Cardoso, 1969: 29).

[10] Em um livro recente se reitera que, nas economias periféricas, "o avanço na acumulação não produziu as transformações nas estruturas sociais capazes de modificar significativamente a destinação do excedente e a distribuição da renda. A acumulação, que nas economias centrais havia levado à escassez de mão-de-obra e criado as condições para que se desse a elevação dos salários reais e a homogeneização social, produzia na periferia efeitos inversos: engendrava o subemprego e reforçava as estruturas tradicionais de dominação ou as substituía por outras similares" (Furtado, 1998: 48).

ra indissociavelmente econômicos e sociopolíticos. Porém, outra característica básica de seu enfoque, que o torna peculiar e único no contexto do pensamento latino-americano, consiste na extensão de tal análise ao tema da cultura, ou, mais propriamente, consiste em subsumi-lo numa análise mais geral da mesma.[11] De fato, é através desse segundo "não reducionismo" que se procura entender o desenvolvimento em seu sentido mais amplo, de desenvolvimento cultural global. O item seguinte contém uma primeira apreciação deste tema.

II. DESENVOLVIMENTO E CULTURA

1) Conforme concebe Furtado, a diversificação e sofisticação das pautas de consumo da periferia não derivam de um simples exercício da soberania do consumidor que expressa sua racionalidade, senão que traduzem e reiteram a imitação das pautas de consumo dos grandes centros. A palavra imitação contém um significado implícito de real importância. Ela não diz respeito só e simplesmente a uma exacerbação do consumo comprometedora da poupança e, conseqüentemente, do nível e do ritmo da acumulação. Com essa palavra se procura transmitir que, por trás das pautas de consumo continuamente renovadas, esconde-se uma apreciação especial do estrangeiro, a qual consiste na admissão de que o estrangeiro reflete as grandes conquistas do progresso, e de que a essas conquistas estão associadas considerações de destaque e prestígio social. Mas além disso, entende-se que essa apreciação especial do estrangeiro é acompanhada por uma ampla penetração de idéias e valores trasladados de outras culturas, e que, em grande medida, tal apreciação expressa e reflete tais idéias e valores.

Como indicado anteriormente, o progresso técnico e a acumulação evoluem na periferia de maneira travada, em função do consumo imitativo e do uso do excedente que o acompanha. Também sinalizou-se que, diferentemente do que ocorre nos centros, os modos de transformação das estruturas sociais e de poder próprios da periferia não a conduzem à superação paulatina da heterogeneidade social. Somam-se agora outros elementos de análise que dizem respeito ao conceito de cultura.[12] Muitas das idéias e valores subjacentes na imitação do consumo, assim como na apreciação do estrangeiro que a mesma supõe, dizem respeito à ordem econômica, e também à ordem sociopolítica e ao contexto jurídico-

---

[11] Outras análises de grande relevância devidas a Furtado são objeto do artigo de Ricardo Bielschowsky incluído neste mesmo livro.

[12] Convém antecipar que o conceito de cultura é utilizado por Furtado num sentido amplo, que alude a múltiplos aspectos dos modos de vida e de pensamento de uma comunidade. Essa noção genérica de cultura é freqüentemente admitida, muito embora sua definição preci-

institucional que o preside. Particularmente, adquirem uma influência destacada as idéias e valores relativos a essa ordem e a esse contexto, condicionando os horizontes de mudanças que se propõem os distintos grupos sociais da periferia, especialmente os grupos dominantes. Em outras palavras, ao identificar-se cultural e ideologicamente com os centros, estes grupos distorcem e limitam sua visão da transformação mencionada e, conseqüentemente, orientam sua ação de modo a delimitar os alcances possíveis da mesma.

2) Já em obras iniciais, Furtado dá ênfase ao conceito de cultura e a sua importância para os esforços de teorização sobre o desenvolvimento.[13] Nesse sentido, sustenta que o deslocamento de idéias e valores estrangeiros não incide apenas no âmbito do consumo e nos modos de encarar os negócios econômicos e a ordem sociopolítica. Sua influência vai mais além, estendendo-se ao conjunto da vida social. Tal ponto de vista conduz naturalmente a sucessivos esforços por enfocar o tema da cultura a partir de uma perspectiva abstrata ou geral, e, sobre essa base, a tentar percebê-la como um sistema e ao mesmo tempo como um processo acumulativo.[14] Assim, portanto, entende-se que a cultura deve ser vista como um sistema, isto é, como um todo cujas partes guardam coerência entre si, e, conseqüentemente, como um todo cujo significado não se expressa cabalmente no de uma ou algumas de suas partes. Ao mesmo tempo, entende-se que a cultura constitui um sistema ao qual a mudança e também o enriquecimento são inerentes.

Sempre no âmbito de uma perspectiva geral, entende-se que essa mudança

---

sa e a identificação de seus componentes variem segundo os autores. Por exemplo, para E. B. Taylor, "Cultura [...] é aquele complexo que compreende o conhecimento, as crenças, a arte, a moral, o direito, os costumes e as outras capacidades ou hábitos adquiridos pelo homem enquanto membro da sociedade"; para C. Lévy-Strauss, "Toda cultura pode ser considerada como um conjunto de sistemas simbólicos nos quais em primeira classe se situam a língua, as regras de matrimônio, as relações econômicas, a arte, a ciência, a religião" (Cuche, 1999: 9, 22 e 57).

[13] Em 1964, Furtado assinala a conveniência de adotar esse enfoque do desenvolvimento, que se configura como o de maior amplitude. Diz então que a adoção do conceito de cultura permitiria proporcionar uma percepção totalizadora dos processos históricos e avançar para a formulação de uma teoria das mudanças sociais (Furtado, 1965: 32).

[14] "Ao conceber a cultura como processo em que as modificações surgem em um fluir permanente, os antropólogos começaram a se preocupar com os fatores que geram essas mudanças, estudando detalhadamente, para uma determinada cultura, os elementos mais suscetíveis à mudança. Esses estudos restabeleceram o interesse pelos aspectos históricos da herança social e levaram a uma compreensão mais profunda da interdependência que existe entre [seus] [...] diversos elementos [...] Ademais, a percepção dessa interdependência funcional levou à compreensão da cultura como sistema [...]" (Furtado, 1965: 37-8).

se explica pela introdução de inovações.[15] Elas alteram a coerência entre os diversos componentes do sistema, de modo que a inovação em um deles suscita uma cadeia de ações e reações que se vai estendendo aos demais componentes. Essa cadeia poderá conduzir ao restabelecimento da adequação inicial entre os componentes, em cujo caso a mudança não terá implicado uma renovação cultural importante. Ou poderá ir pautando rupturas ou mutações sucessivas que tragam consigo novas adequações entre as partes do sistema — novas redefinições de sua coerência —, substancialmente distintas das do ponto de partida. São estas grandes alternativas, e a vasta gama de possibilidades que se abrem entre elas nos processos históricos concretos e nas culturas específicas, o que se procura sintetizar quando se afirma que "a cultura constitui um sistema coerente, a partir do duplo ponto de vista sincrônico e diacrônico" (Furtado, 1998: 71-2).

3) Essa forma de perceber a cultura guarda estreito vínculo com a noção de desenvolvimento peculiar e própria do pensamento de Furtado, que o relaciona a dois processos de criatividade.[16] "O primeiro diz respeito à técnica, ao empenho do homem em dotar-se de instrumentos, aumentar sua capacidade de ação. O segundo se refere à utilização última desses meios, aos valores que o homem adiciona a seu patrimônio existencial" (Furtado, 1984: 107).

Resumindo, compreende-se que para dar curso ao desenvolvimento, a capacidade criativa do homem deverá orientar-se para a geração de inovações. E isto tanto no âmbito da cultura material, perfilada no avanço técnico e na acumulação, quanto na cultura não-material, constituída pelo patrimônio de idéias e valores que uma sociedade constrói. No primeiro, as inovações permitem gerar excedentes econômicos adicionais, renovando o horizonte de opções aberto aos membros da sociedade. Mas, na verdade, são as inovações ou invenções nos âmbitos da cultura não-material que, ao ampliar o universo de idéias e valores, abrem caminhos de realização às potencialidades latentes nesses mesmos membros.[17] Em outros termos, é em tais âmbitos que se desenvolvem aqueles impulsos criativos

---

[15] Como se infere de considerações anteriores, desde cedo entendeu-se que tais inovações "podem ter uma origem endógena à própria cultura, ou ser tomadas de outras culturas" (Furtado, 1965: 38). O tema da exogeneidade das inovações culturais — ou mais propriamente, de suas implicações para o desenvolvimento periférico — será retomado mais adiante.

[16] Os livros *Criatividade e dependência na civilização industrial* e *Cultura e desenvolvimento em época de crise*, de 1978 e 1984 respectivamente, constituem dois documentos-chave, elaborados com o fim específico de vincular desenvolvimento e cultura.

[17] Nas palavras de Furtado: "A rigor, é quando a capacidade criativa do homem se dirige ao descobrimento de si mesmo, empenhando-se em enriquecer seu universo de valores, que se pode falar em desenvolvimento" (Furtado, 1984: 106-7).

capazes de ajudar o homem a se aprofundar em seu autoconhecimento, através de atividades como a reflexão filosófica, a meditação mística, a criação artística ou a investigação científica (Furtado, 1978: 84).

Por outro lado, quanto aos âmbitos da cultura não-material, se diferencia e se dá ênfase especial à criatividade política e à ação política. Entende-se que só elas são capazes "de canalizar as forças necessárias [...] para a reconstrução de estruturas sociais ancilosadas e para a conquista de novos avanços na direção de formas superiores de vida" (Furtado, 1998: 71-2). Em outras palavras, concebe-se que o enriquecimento da cultura não-material (considerada em geral) constitui um fundamento-chave do desenvolvimento. Mas também se postula que este último possui uma outra chave, igualmente crucial, que se baseia em certo âmbito particular ou mais específico daquela, a saber, o âmbito sociopolítico. Pois é através da ação política, impulsionada pela vontade coletiva, que se conquistam as inovações nesse mesmo âmbito e no contexto jurídico-institucional que o regula, de modo a reduzir as tensões geradas pela acumulação material e alcançar, por essa via, a continuidade do próprio desenvolvimento (Furtado, 1978: 88).[18]

4) A visão do desenvolvimento resumida nos pontos apresentados reaparece na afirmação de que este resulta "de um conjunto de meios dados pelos elementos técnicos e econômicos que efetivam a acumulação da riqueza e de um conjunto de metas surgidas da ampliação do universo de valores assumidos pela comunidade" (Furtado, 1984: 107). Se o desenvolvimento é concebido dessa forma, para indagar sobre a sua natureza — para ir construindo a ciência do desenvolvimento — é preciso definir que relações existem entre esse grande componente da cultura, que é o conjunto de idéias e valores, e aquele outro âmbito constituído pelo desenvolvimento das forças produtivas.[19] Mais brevemente, é

---

[18] Observe-se que neste ponto estabeleceu-se uma diferenciação entre cultura material e não-material, assim como uma diferenciação relativa a esta última, que por um lado identifica o âmbito sociopolítico e, por outro, os demais elementos da cultura não-material. Essa tripla diferenciação será retomada mais adiante.

[19] A comparação desses pontos de vista com as idéias marxistas de mudança social contribui para a compreensão dos mesmos. No contexto de tais idéias, admitiu-se que "rápidas modificações no processo produtivo [teriam] [...] repercussões necessárias nos demais elementos básicos da cultura". Segundo Furtado, essa formulação "tem uma validade histórica condicionada, [uma vez que] [...] se funda no estudo das economias capitalistas cuja industrialização teve início no século XIX. Nas economias de industrialização posterior (fenômeno do subdesenvolvimento), um processo de mudança rápida na cultura não-material teve muitas vezes um papel decisivo. As inovações nas atitudes e nos hábitos absorvidos de outras culturas provocaram em geral uma modificação total das expectativas de importantes setores da população, o que pode dar lugar a uma cadeia de reações com repercussões em toda a estrutura social" (Furtado, 1965: 39).

preciso conectar a lógica dos fins, incluídos no conjunto das idéias e valores, com a lógica dos meios, ou seja, dos requisitos instrumentais inerentes à acumulação.

Quanto à relação entre essas duas lógicas, e ainda ao surgimento de incongruências que tendem a impedir o enriquecimento do sistema que conformam, afirma Furtado: "Sendo a técnica de natureza instrumental, é evidente que o seu desenvolvimento pressupõe a existência de fins ou propósitos. Mas também é verdade que o vetor da técnica é o processo de acumulação; e este tem exigências que podem adquirir estatuto de fins, como acontece com a maximização dos lucros ou com os métodos de incentivo ao trabalho (de regulação do trabalho). Uma questão importante é saber até que ponto o processo de acumulação adquire autonomia para auto-reproduzir-se, subordinando a criação de valores a sua própria lógica" (Furtado, 1984: 107). Essa tendência para a substituição dos fins que enriquecem a existência humana por fins que dizem respeito à geração de riqueza material e a sua acumulação se alinha com força especial no que Furtado denomina "civilização industrial". É que esta, em suas distintas etapas, reabre possibilidades de avanço técnico acelerado que reimprimem ritmo à acumulação, a qual tende assim a ser vista como eixo inquestionável de todo avanço social e, ao mesmo tempo, como contexto insubstituível da realização individual.

Esse tema da transmutação de meios em fins é retomado no item seguinte, com base na perspectiva que oferecem a Revolução Industrial e suas repercussões na periferia, por sua vez esclarecedora do conceito de desenvolvimento endógeno.

III. O Desenvolvimento Endógeno

1) Como se verá mais adiante, a própria origem da Revolução Industrial constitui um exemplo conspícuo desse relativo predomínio da lógica dos meios sobre a dos fins, refletido no modo de ver a acumulação e seu papel no desenvolvimento da sociedade como um todo. Segundo Furtado, a civilização industrial começa com a revolução burguesa, tem nela um fator decisivo de impulsão. Com a emergência desta última se produz "o refinamento desses dois poderosos instrumentos da mente humana: o racionalismo e o empirismo" (Furtado, 1978: 71). O primeiro implica submeter todo e qualquer aspecto do real ao entendimento crítico, através de conjuntos adequados de conceitos. O segundo implica submeter reiteradamente esse entendimento à comparação com os fatos da experiência. A busca de correspondência entre idéias e fatos adquire uma significação muito especial, uma vez que constitui um traço-chave de uma sociedade secularizada, na qual o conhecimento já não pode fundar-se na autoridade do revelado.

Paralelamente a essa secularização do conhecimento, alteram-se as bases da legitimidade dos sistemas de dominação social. Tampouco podem estes sustentar-se no mandato divino ou na memória do passado, exigindo assim a alternativa de uma visão de futuro. Essa visão se expressa em plenitude na idéia de progresso. Ao supor que o progresso é contínuo, e que a humanidade é continuamente perfectível, tal idéia resume e plasma uma expectativa de coesão social. Em outras palavras, a idéia de progresso traduz uma visão de futuro percebida como promessa de abundância para todos, e portanto como promessa de atenuação de conflitos e de possibilidade de união entre os homens.

2) O que ficou dito não implica negar o caráter antagônico das sociedades que emergem da revolução burguesa. Nelas, os distintos grupos e classes sociais tomam consciência de suas posições no todo social, de tal modo que os privilégios passam a ser visíveis. Trata-se de sociedades estruturalmente instáveis, nas quais o quadro jurídico-institucional que as disciplina se vê reiteradamente ameaçado. O reconhecimento de antagonismos e instabilidades não impede de admitir que "a idéia de progresso iria constituir a *cellula mater* de um tecido ideológico que serviria de ligadura entre os grupos sociais" (Furtado, 1978: 72) com interesses diferentes. Mas tampouco implica negar que essa idéia germina com e na revolução burguesa, favorecendo a emergência de forças sociais que tinham na acumulação o cerne de seus interesses e a fonte de seu poder, e, na paralela diversificação do consumo, parte das bases de seu prestígio.

A idéia de progresso (incluída na mesma a hipótese de continuidade) tende a favorecer a transmutação desse meio-chave do desenvolvimento, que é a acumulação, num fim prioritário do mesmo. Assim, portanto, em maior ou menor medida, tal transformação opera obscurecendo ou distorcendo a visão dos grandes fins que dão corpo à noção do desenvolvimento em seu sentido mais amplo.

3) Segundo se entende, a civilização industrial cresce "dentro do espaço cultural surgido da revolução burguesa, mas está longe de confundir-se com ela" (Furtado, 1978: 75). Desse modo, sustenta-se que sua difusão planetária foi levada a cabo sob o impacto do que se poderia chamar "ideologia do progresso-acumulação" (Furtado, 1978: 75), que resultou sustentado e profundo. A consideração desse impacto e de seus resultados nos grandes centros é esboçada como um referente genérico sobre a forma que assume tal ideologia nas áreas periféricas, e em particular na periferia latino-americana.

Já se indicou que a ideologia anteriormente citada contribuiu para a coesão social, ao fomentar a percepção de uma interdependência de objetivos e interesses de classes e grupos antagônicos, em sociedades onde as bases tradicionais de legitimação do poder foram solapadas pela revolução burguesa. De forma similar, a idéia de desenvolvimento serviu para fundamentar a consciência de outra solidariedade gestada em paralelo: a solidariedade internacional, supostamente implícita na difusão planetária da civilização industrial. Na fase que

Furtado chama de especialização geográfica, prevaleceu a doutrina segundo a qual uma inserção total no sistema de divisão internacional do trabalho, próprio dessa especialização, constituía a forma mais "racional" de eliminar o atraso, inclusive o atraso na diversificação do consumo, e de aproximar-se desse modo da "linha de frente das nações civilizadas" (Furtado, 1978: 76).

4) Importa particularmente o giro que sofre a idéia de desenvolvimento no segundo pós-guerra, quando a industrialização vai ganhando impulso nos países latino-americanos. É então que a mesma ganha corpo como idéia mobilizadora, substituindo a percepção mistificada das vantagens comparativas. Já se disse que a industrialização traz consigo uma reacomodação de interesses internos e externos e uma reformulação do pacto político que os representa, embora com características que variam segundo os casos. O que importa sinalizar agora é que a idéia do desenvolvimento que termina por se fazer dominante percebe-o como expressão e como resultado quase puro do processo de acumulação. Assim, os meios sugeridos para alcançar o desenvolvimento passam todos pelo "aumento da taxa de poupança interna e/ou pela criação de condições capazes de atrair recursos externos", pois "se o objetivo é acelerar a acumulação, todo aporte de recursos estrangeiros é visto como positivo. Pelo mesmo caminho se justifica a concentração de renda: são os ricos que têm a capacidade de poupança" (Furtado, 1978: 77-8).

Nessa visão do desenvolvimento, subjaz um modo de relacionamento entre grupos internos e externos que priorizam a aceleração da acumulação, configurando-se, assim, como uma visão estreitamente economicista. Ao ignorar "as aspirações — conflitivas ou não — de [distintos] grupos sociais, ela aponta para o simples transplante da civilização industrial, concebida como um estilo material de vida que se origina fora do contexto histórico do país em questão [...] As condições propícias para esse transplante tendem a confundir-se com as de uma imobilidade social, enquanto a população é vista como uma massa de recursos a serem enquadrados nas leis de mercado". Inversamente, "os conflitos sociais são vistos como formas de desperdício de energias da sociedade, ignorando seu papel virtual de fonte de criatividade política" (Furtado, 1978: 78-9).

5) Uma breve comparação dos dois tipos de processos históricos que foram mencionados será esclarecedora das considerações precedentes. Nos grandes centros, os conflitos sociais e as atividades políticas que suscitam constituem elementos-chave na propulsão das transformações estruturais exigidas para a continuidade da acumulação, sem as quais esta não teria ido além de certos limites. A superação de limites sucessivos, ou, se se quiser, a capacidade da acumulação de continuar, não é outra coisa senão uma das manifestações externas da civilização industrial, em verdade derivada de um processo de criatividade cultural que abarca múltiplas esferas da vida social. A orientação da tecnologia resultan-

te desse processo não é alheia a sucessivas instâncias de confrontação entre forças sociais. E os conjuntos de bens que conformam as sucessivas pautas de consumo das sociedades modernas constituem resultados momentâneos de um devir histórico no qual as estruturas sociais são reiteradamente ameaçadas, reproduzindo-se num quadro claramente dinâmico.

Diferentes são os casos de industrialização tardia, em que a mesma se produz em condições de dependência.[20] Nestes, as transformações estruturais que impulsionam a acumulação respondem à incorporação de técnicas massivamente transplantadas de sociedades que se encontram em fases de desenvolvimento muito mais avançadas. Diversamente do que se infere da experiência dos grandes centros, nesses outros casos "não existem evidências de que na industrialização ocorra uma ascensão a formas sociais estáveis. Ao contrário, a crescente heterogeneidade social, que tem na chamada 'marginalidade urbana' um de seus sintomas mais alarmantes, parece estar apontando na direção oposta" (Furtado, 1978: 80).

6) Como já se disse, é esse desenvolvimento limitado ou travado o que se expressa no estigma da heterogeneidade social e em sua reiteração, isto é, em sua manifesta tendência a perpetuar-se no tempo e, desse modo, a perdurar através das sucessivas modalidades que adota o crescimento da produção material.

A contraparte do "processo de subdesenvovimento", que se expressa no estigma anteriormente referido, consiste em afiançar a identidade cultural própria, o que por sua vez requer dar curso às potencialidades subjacentes à mesma. Essa liberação de energias, esse despertar e essa dinamização da criatividade, é a força propulsora fundamental do que Furtado entende por desenvolvimento endógeno.[21] Como se verá mais adiante (itens V e VI), o desenvolvimento endógeno envolve uma intencionalidade: exige um impulso político deliberado, voltado — justamente — a destravar e impulsionar a criatividade em diversos âmbitos.

Contudo, antes de abordar o tema da intencionalidade, se faz necessário considerar os recentes processos de globalização e avanço técnico acelerado, devido a sua incidência sobre o "quefazer" político e, desse modo, sobre a penetração e condicionamento cultural que acarretam. A título de glosa e prolongamento das idéias de Furtado, o item seguinte incursiona em tais processos.

---

[20] Sobre este conceito, veja-se a nota 9.

[21] Este conceito converge com outros de surgimento recente: transformação produtiva com eqüidade (CEPAL, 1990, 1992; CEPAL/UNESCO, 1992), desenvolvimento a partir de dentro (Sunkel, 1991), desenvolvimento autocentrado (Ferrer, 1996). Eles têm muito em comum, entre si e com o conceito de desenvolvimento endógeno. Porém, apenas este último se baseia numa percepção sistemática da cultura.

IV. Revolução Tecnológica e Globalização

1) O novo "paradigma tecno-econômico" se caracteriza pelo enorme desenvolvimento das chamadas tecnologias da informação: a microeletrônica, a informática e as comunicações.[22] Estas tecnologias possuem uma notável aptidão para difundir-se pelos mais variados tipos de atividades, ramos e setores. Elas são aplicáveis a diversos aspectos dos processos produtivos propriamente ditos (isto é, definidos em sentido estrito, como uma seqüência de procedimentos através dos quais se chega à obtenção de bens e serviços). E são também aplicáveis a distintos âmbitos do trabalho econômico relacionados com esses processos ou exigidos por eles (como os que dizem respeito às tarefas de distribuição e à própria gestão empresarial).

O paradigma mencionado se destaca, desse modo, pela rapidez e continuidade com que se geram novos bens e serviços e se transformam as características e qualidades de muitos outros. A difusão do uso de tais bens se torna explícita nos padrões de consumo, ou melhor, na freqüência com que estes se modificam.[23] Por outro lado, a reiteração das mudanças em tais padrões resulta reveladora de que as tendências preexistentes à diversificação e sofisticação do consumo, mencionadas anteriormente, se vêm acentuando.

2) A rápida difusão de processos e produtos não depende apenas da natureza das tecnologias da informação, ou seja, de certa aptidão especial, própria destas últimas. A difusão também depende do acionar concreto dos agentes econômicos, assim como de transformações ocorridas nas estruturas dos mercados e em suas formas de funcionamento que enquadram esse acionar. A implantação do novo paradigma tecno-econômico suscita uma forte concentração do capital, por sua vez associada à formação de grandes empresas e conglomerados, em diversos ramos e setores. Contudo, disso não resulta uma diminuição do vigor da concorrência interempresarial. Ao contrário, mesmo sob novas condições, em que muitos mercados tendem a reconstituir-se definitivamente como oligopólicos, a concorrência se acirra e aguça: e nela, o próprio progresso técnico passa a ter um papel fundamental. Com efeito, tais condições obrigam as empresas a procurarem umas às outras e a manter padrões de eficiência e competitividade elevados, através da geração e/ou adaptação de processos e pro-

---

[22] Sobre o conceito de paradigma tecno-econômico, ver Freeman e Pérez (1988), Klevorick (1995), e Malerba (2000).

[23] A respeito dos impactos das novas tecnologias associadas a sua difusão, ver Coutinho (1992).

dutos, e, desse modo, da diferenciação de bens de consumo e de serviços de natureza distinta.[24]

Impulsionada pela concorrência, a difusão dos modos de satisfazer necessidades de consumo adquire uma amplitude extraordinária. O grande alcance dessa difusão encontra um apoio decisivo na chamada "revolução nas comunicações", que forma parte essencial do novo paradigma.[25] São estas, pois, a força principal de impulsão e o meio técnico chave que estão na base de uma tão freqüente renovação dos padrões de consumo; a qual, por sua vez, reflete acentuadas tendências à diversificação e sofisticação dos padrões.

A concorrência e as novas formas que assume não se desenvolvem somente em nível nacional. Em parte devido ao influxo dos próprios concorrentes — em especial dos grandes grupos econômicos e/ou das grandes empresas oligopólicas —, as regulações vêm se atenuando e os níveis de proteção, reduzindo-se paulatinamente na economia internacional. A liberalização dos mercados de bens e serviços e dos movimentos de capital abre caminho à ampliação e universalização da concorrência.[26] Esta se estende até a periferia da economia mundial, de modo que, também aí, se vão alterando significativamente os processos, os produtos e os padrões de consumo.

3) É importante fazer uma breve referência a estes últimos. De acordo com as percepções básicas de Furtado, a imitação dos padrões de consumo dos grandes centros esconde uma apreciação especial do estrangeiro, por sua vez associada à penetração de idéias e valores trasladados de outras culturas.[27] Estes pontos de vista ajudam a esclarecer certas implicações da implantação do novo paradigma nos países periféricos. Neles, a imitação é facilitada e aguçada pela revolução nas comunicações. A apreciação especial do estrangeiro acaba por ser validada pela enorme sofisticação dos novos produtos e das necessidades que satisfazem, assim como pela continuidade das mudanças nestas e naqueles. Acentua-se, desse modo, a penetração e a adoção de idéias e valores também estrangeiros, que encontram respaldo nas expectativas de aprofundamento contínuo da revolução

---

[24] A respeito das vinculações entre inovação tecnológica e estrutura de mercado, ver Nelson e Winter (1982), e Dosi (1988). Sobre as novas formas de competência e suas implicações na concentração do capital, ver Ernst e O'Connor (1989), Chesnais (1994), e Andreff (1996).

[25] Vários aspectos e elementos da revolução nas comunicações são comentados por Castells (1999).

[26] A partir de diferentes perspectivas, estes temas são tratados em Best (1990), Dunning (1993), e Michalet (1993).

[27] Este primeiro *insight*-chave foi referido no item II, particularmente no ponto 1.

A Grande Esperança em Celso Furtado

tecnológica, e por conseqüência do aumento sustentado e generalizado do bem-estar e da riqueza.[28]

Tais expectativas ocultam a priorização exacerbada do consumo e do aumento da riqueza material. As próprias expectativas e as prioridades que abrigam têm forte presença nos conteúdos dos chamados "bens culturais".[29] Gerados em enorme proporção nos grandes centros, eles nutrem atividades de disseminação e similares que se vão modificando e expandindo, como partes que são de padrões de consumo marcadas, também, pela diversificação e a mudança. Aliada à revolução nas comunicações, a própria natureza ou, se se quer, a capacidade de cooptação de tais bens, oferece forte impulso à transmissão das expectativas e prioridades recém-mencionadas. Em outras palavras, os bens culturais passam a desempenhar um papel de destaque na penetração de idéias e valores que privilegiam os meios do desenvolvimento, ao passo que por isso mesmo borram os traços de seus grandes fins; isto é, daqueles fins que, segundo Furtado, expressam e favorecem o enriquecimento da cultura não-material.[30]

4) A revolução nas comunicações resulta ainda decisiva para uma difusão de idéias e valores à qual não é alheia a intencionalidade, no sentido de que se busca com eles a realização de objetivos predefinidos, tanto no âmbito econômico como no sociopolítico. Essa difusão é promovida por grandes grupos de interesse que atuam nos dois âmbitos, em conexão e como parte de suas estratégias de concorrência e/ou de expansão. Mas a difusão também depende, e de modo crucial, do impulso que lhe dão os grandes centros de poder, cuja ação vem a ser, em boa medida, condicionada pelos interesses daqueles mesmos grupos. As idéias e valores que se difundem a partir dessas fontes são apresentadas como fundamentos racionais de posições geopolíticas, a partir das quais estimulam-se alterações nos regulamentos internacionais, em geral mediados pelas instituições e organismos internacionais de maior relevância.

---

[28] Tais expectativas podem ser vistas, na verdade, como uma forma renovada — e em certo sentido potencializada ou extrema — das idéias de progresso e de desenvolvimento, às quais se fez referência no item III, especialmente nos pontos 3 e 4.

[29] Esta expressão deve ser entendida em um sentido restrito, semelhante ao que se utiliza para referir-se ao intercâmbio de tais bens. Entre estes se mencionam: livros e folhetos, diários e revistas, bens relacionados à música, artes visuais, fotografia e cinema, rádio e televisão (UNESCO, 1999).

[30] Esta transmutação de meios em fins constitui um segundo *insight*-chave de Furtado, relativo ao nexo entre desenvolvimento e cultura. O mesmo foi tratado no item II, em particular no ponto 4, e também no item III.

A concretização dessas alterações vem gerando profundas repercussões nos países periféricos. Por um lado, persistem para eles "enormes assimetrias nas condições vigentes no comércio internacional", ao mesmo tempo que não se avançou "na construção de uma nova arquitetura do sistema financeiro global" (Faria et al., 2000: 18). Esses países se vêem, portanto, subsumidos em pautas atenuadas ou flexíveis de controle do investimento estrangeiro direto e dos movimentos do capital financeiro. O conseqüente aumento de sua vulnerabilidade externa traz consigo uma redução das margens de manobra dos Estados, que se vêem especialmente restringidos em distintas esferas das políticas macroeconômicas de curto prazo.[31]

As posições geopolíticas dos grandes centros de poder e, desse modo, as alterações por elas suscitadas nos regulamentos internacionais, têm como outra face a presença renovada e intensificada de capitais e interesses estrangeiros no âmbito interno dos países periféricos. E isso no sentido de que tal presença se dá em mais ramos e setores, incluídos os financeiros, com níveis de concentração também muito maiores.

Essa presença é acompanhada por um reenquadramento das relações sociopolíticas que diz respeito não só às que se dão entre classes e grupos internos, mas também às relações destes com grupos e interesses estrangeiros. Mudam, por exemplo, o peso relativo e os padrões de conexão entre interesses produtivos e/ou financeiros ligados ao capital transnacional e aqueles outros cujas raízes são essencialmente territoriais. Do mesmo modo, os novos padrões tecnológicos, mas também a força de negociação que adquirem os capitais altamente concentrados — inclusive no âmbito de seus nexos com agentes públicos debilitados —, incidem nas relações capital-trabalho, reduzindo a capacidade de pressão do poder sindical e o grau de unidade e a eficácia alcançados em seu exercício.[32]

5) Nos dias de hoje, o desenvolvimento dos países periféricos deve ser visto, portanto, como fortemente condicionado pelas relações políticas e geopolíticas que lhes são próprias, assim como pelos contextos jurídico-institucionais que as

---

[31] A respeito dessas restrições e de seus efeitos, pode-se consultar Frenkel (1996). O tema de tais políticas é examinado com amplitude em French-Davies (1999).

[32] É surpreendente a simultaneidade com que se pretende estimular a flexibilização dos mercados de trabalho nos diversos países da região latino-americana. A despeito das variantes das propostas, parece claro que — nos fatos e em grau maior e menor — elas se relacionam à debilitação do poder sindical. Com matizes próprios, diversos aspectos das propostas flexibilizadoras são tratados no informe do Banco Mundial (1995) sobre "O mundo do trabalho em uma economia integrada".

regulam.[33] Tais relações e contextos, e o condicionamento que impõem, interagem com visões do desenvolvimento segundo as quais os meios materiais exigidos para impulsioná-lo aparecem como seus fins prioritários e quase exclusivos, colocados de forma fortemente ideológica. Ao mesmo tempo, em tais países se desfazem cada vez mais as idéias e valores constitutivos da cultura não-material, nos quais radicam os mais altos fins do desenvolvimento.

Fica claro, então, que a revolução tecnológica e a globalização possuem forte incidência na proposta estratégica do desenvolvimento endógeno e na forma de se colocá-la, uma vez que, em princípio, delimitam as possibilidades abertas ao mesmo. As margens dessas possibilidades constituem a preocupação central dos dois itens que seguem. Ambos devem ser vistos como uma aplicação do enfoque de Furtado ao estudo de um caso-tipo, analisado a partir da evolução de sua estrutura ocupacional, para daí inferir apreciações gerais, ainda que sem dúvida tentativas, sobre a proposta referida.

V. As duas faces do subemprego

1) Segundo compreende Furtado, o desenvolvimento endógeno exige que se coloque como objetivo explícito a superação da heterogeneidade social e que se ofereçam os meios para alcançá-la. Em parte, as condições dessa superação se encontram no âmbito econômico e supõem um crescimento elevado e sustentado. Mas além disso, como se mostrará neste item, tais condições supõem que o crescimento deve basear-se num padrão de transformação da estrutura produtiva através do qual se possa obter a resolução gradual dos problemas ocupacionais.

Um segundo conjunto de condições diz respeito ao âmbito sociopolítico e é igualmente objeto deste item. Entende-se que o desenvolvimento endógeno exige uma intencionalidade: implica um respaldo social e, como base deste, um impulso político deliberado. Desse modo, admite-se a necessidade de uma renovação dos quadros jurídico-intitucionais, com vistas a adequá-los às transformações no âmbito econômico há pouco mencionadas e, particularmente, às mudanças no próprio âmbito sociopolítico.

Convém dizer de antemão que o item seguinte diz respeito a um terceiro âmbito formado pelos demais elementos da cultura não-material, isto é, pelo

---

[33] A respeito das mudanças nas relações entre classes e grupos e de sua influência na formação do poder político, rever brevemente a definição de dependência incluída na nota 9. Este modo de percebê-la sugere que, em anos recentes, houve uma modificação substantiva na relação estrutural externa básica, que abala os fundamentos prévios de sustentação de tal poder e obscurece a visão de novos caminhos possíveis.

conjunto dos elementos constitutivos da mesma, porém excetuando-se aqueles que correspondem ao âmbito sociopolítico.[34] Deve-se também antecipar que a renovação de idéias e valores pertencentes a esse terceiro âmbito se configura como de fundamental importância para a garantia da identidade cultural própria e, por essa via, para abrir caminho ao desenvolvimento endógeno.

2) Os argumentos do presente item dizem respeito aos problemas ocupacionais próprios da periferia e dão ênfase especial à análise do subemprego estrutural, assim como das dificuldades e potencialidades relacionadas a ele.

Entende-se que o subemprego estrutural — ou mais brevemente o subemprego — é constituído pela mão-de-obra ocupada em condições de produtividade muito reduzida. O emprego, ao contrário, se define como a mão-de-obra ocupada com níveis de produtividade "normal", uma vez que são os que se obtêm com as técnicas disponíveis. De modo um pouco menos preciso, o emprego também pode ser definido como a ocupação de mão-de-obra em condições de produtividade elevada, maior que a que prevalece no subemprego. Além disso, entende-se que o emprego e o subemprego compõem a ocupação, e que ambos junto com o desemprego aberto compõem a população economicamente ativa (PEA).[35]

3) O exame dos problemas ocupacionais em um caso-tipo, ao longo de um período muito prolongado, oferece respaldo a certas hipóteses sobre a evolução ulterior de tais problemas, quando essa evolução fica livre do jogo das forças do mercado.[36]

---

[34] A diferenciação destes últimos três âmbitos, mencionada anteriormente, é introduzida com o objetivo de dar clareza aos argumentos do presente item e do seguinte. Essa diferenciação não implica que existam entre tais âmbitos, e em particular entre o segundo e o terceiro, limites definíveis com total precisão. Por exemplo, talvez seja difícil distinguir os conteúdos de certas ideologias políticas dos fundamentos mais gerais em que elas se baseiam.

[35] Convém assinalar que a definição de subemprego adotada se baseia apenas no conceito usual de produtividade física do trabalho. Por essa razão, difere de outras definições próximas, embora menos precisas, como as de "informalidade" e "marginalidade".

[36] O caso estudado é o da economia brasileira, para a qual estimou-se o subemprego em diversos momentos do período 1960-96. As principais fontes utilizadas foram os censos demográficos (1960, 70, 80 e 91) e as pesquisas domiciliares de datas para as quais a informação foi compatível ou pôde ser compatibilizada com a daqueles censos (1990, 92, 95 e 96). Nos cálculos do subemprego, combinaram-se de diversas formas as "posições na ocupação" (empregadores, empregados, trabalhadores autônomos, trabalhadores não remunerados) e os ramos, subramos ou tipos de atividade em que as ocupações são exercidas. Além disso, em muitas delas estabeleceu-se certo limite máximo para as remunerações percebidas (até dois salários mínimos de 1970), considerando-o como indicador adicional de baixa produtividade. Cabe assi-

A primeira hipótese toca ao desemprego aberto. Geralmente se reconhece que os efeitos da revolução tecnológica sobre o desemprego aberto têm sido particularmente negativos nas economias latino-americanas. Isso se associa à circunstância de que, em muitas delas, a implantação do novo paradigma tecno-econômico é acompanhada por uma abertura externa que se realiza em condições desfavoráveis de produtividade e competitividade, as quais, por sua vez, ameaçam a sobrevivência de diversas atividades industriais e produtivas. Contudo, é importante enfatizar aqui a provável reiteração de níveis elevados de desemprego aberto, no longo prazo.

A bibliografia especializada admite que o atraso tecnológico tenderá espontaneamente a se reproduzir, ou melhor, que tenderá a existir, no futuro, uma disparidade nos ritmos de progresso técnico entre centros e periferia. Tal "disparidade tecnológica" possui uma implicação de grande relevância.[37] Nas condições de abertura externa que têm sido estimuladas e implementadas, muitas atividades produtoras de bens e serviços serão viáveis em economias de tipo periférico, porém muitas outras serão inacessíveis para as mesmas. Em outras palavras, o *catching up* das tecnologias em contínua renovação, lento e difícil, tenderá a manifestar-se em problemas de desemprego aberto persistente e elevado, ainda que sejam retomados e/ou mantidos ritmos de crescimento da produção e da renda relativamente intensos.[38]

A segunda hipótese diz respeito ao subemprego preexistente ou, mais propriamente, às dificuldades que se apresentavam para sua reabsorção nos dias que correm. No passado, no contexto do paradigma que se convencionou chamar "fordista", o rápido crescimento foi acompanhado por níveis irrisórios de desemprego aberto. Desse modo, manifestaram-se claras tendências para a queda do

---

nalar que o subemprego estrutural apresenta tendências similares nas seis diferentes formas de cálculo utilizadas para estimá-lo. Uma dessas estimativas se encontra sintetizada e comentada em Rodríguez (1998a). Dela provêm os dados a que se fará referência em sucessivos pés de página, a título de ilustração das hipóteses comentadas.

[37] Diversos autores (Fagerberg, 1998; Cimoli, 1988; Verspagen, 1993) fazem referências ao papel da disparidade tecnológica na competitividade e, por esta via, a sua influência no desenvolvimento dos países atrasados. Alguns desses pontos de vista são analisados e contrastados com enfoques cepalinos de distintas épocas em Hounie et al. (1999).

[38] Na economia brasileira, o desemprego aberto — que por volta de fins dos anos 1980 situava-se em torno de 4,5% da PEA — salta em 1992 para 9,3%. Nos anos 1993-96, esta economia retoma taxas de crescimento significativas, sem que paralelamente diminua a taxa de desemprego. De acordo com cifras compatibilizadas para o estudo mencionado anteriormente, esta se mantém em 8,4% em 1995 e em 9,5% em 1996.

subemprego estrutural,[39] isto é, para sua reabsorção em atividades de alta produtividade.[40] Sob o novo paradigma, essa possibilidade se vê limitada, se não impedida, pela presença e persistência do desemprego aberto, que compete com o subemprego preexistente por oportunidades ocupacionais relativamente escassas, dada a disparidade tecnológica.

A terceira hipótese se refere à incidência do novo paradigma nas possibilidades de ampliação do subemprego urbano. A informação correspondente ao paradigma anterior revela que, em seu contexto, um crescimento lento dava lugar à franca ampliação daquela forma de subemprego, tanto em termos relativos como absolutos. Tal ampliação pode ser considerada resultante de estratégias de sobrevivência exitosas, em que o acesso a meios materiais de vida é alcançado por meio de ocupações de baixa produtividade, mas capazes de evitar o mal maior do desemprego aberto e de impedir seu aumento excessivo.[41]

Por outro lado, a experiência recente revela que a grande magnitude deste último tem sido acompanhada por uma diminuição relativa e absoluta do subemprego urbano.[42] Embora exígua, a informação disponível leva a crer portanto que a implantação do novo paradigma não gera dificuldades apenas no âmbito do desemprego aberto. Parece também criar obstáculos à expansão do subemprego, inibindo o êxito das estratégias de sobrevivência subjacentes ao mesmo.[43]

---

[39] No período 1969-80, o subemprego global (i.e., tanto agrícola como urbano) diminuiu de 50% para 25% do total da ocupação. Nos anos 1970 houve também uma queda de seu nível absoluto. Em 1980, a taxa de desemprego aberto mal passava de 2%.

[40] Vale notar que a reabsorção do subemprego não se realiza pela simples contratação de mão-de-obra em atividades de alta produtividade, através do assalariamento. Sua definição é mais geral: entende-se que a reabsorção consiste na elevação da produtividade do trabalho, partindo daqueles níveis reduzidos próprios do "subemprego" para outros mais altos próprios do "emprego". Nesse sentido, o emprego compreende diversas formas de relacionamento de trabalho e/ou de "posições na ocupação".

[41] No período 1960-80, de crescimento intenso, o caso estudado revela que o subemprego urbano havia caído de 25% para 16% da ocupação urbana. Em função do lento crescimento dos anos 1980, esse indicador torna a elevar-se, ficando próximo aos 20%. Por outro lado, ocorre nessa década um aumento absoluto de 4,8 para 8,3 milhões de subempregados urbanos, enquanto ao cabo do mesmo período o desemprego aberto permanece relativamente baixo (como já se mencionou, em torno de 4,5%).

[42] Com efeito, curiosamente, os anos 1990, além de um alto desemprego aberto, revelam no mesmo caso uma queda do subemprego urbano: de 27% para 25%, em termos relativos, e de 13,7 para 12,7 milhões de subempregados, em termos absolutos, entre 1995 e 1996.

[43] Um exemplo ilustrativo dessa inibição se poderia encontrar na enorme reorganização

Vistas em conjunto, as considerações precedentes expressam uma espécie de *impasse*. Por um lado, a simples intensidade do crescimento já não promete uma resolução gradual — embora lenta — dos problemas ocupacionais, através da criação de empregos de produtividade alta ou normal. Por outro lado, tampouco se vislumbram possibilidades de atenuação desses problemas através do mal menor do subemprego. De modo que, com o novo paradigma, os problemas anteriormente citados parecem consolidar-se como situações duradouras de exclusão social, cuja mera perdurabilidade pode levar à emergência e reiteração de conflitos altamente críticos.[44]

4) O *impasse* há pouco mencionado tem uma de suas principais manifestações na presença massiva e na longa persistência do subemprego. Todavia, não se deve considerá-lo (o subemprego) somente como uma característica negativa da estrutura ocupacional própria da periferia. O subemprego também pode ser visto como um recurso a se utilizar, através de sua "reabsorção" paulatina; e como um recurso cujo uso constitui condição de viabilidade e, desse modo, condição de eficiência do desenvolvimento periférico.

Não é difícil perceber que, se for intenso, o crescimento econômico da periferia demandará uma forte expansão de seu mercado interno. A disparidade de ritmos de avanço técnico não gera apenas os problemas ocupacionais a que antes se fez referência. Ela possui uma segunda implicação-chave, válida para a periferia em abstrato ou mesmo para a periferia como um todo e/ou para economias subdesenvolvidas de grande porte, que a representam: seu crescimento será acompanhado por uma tendência constante ao déficit comercial. Isto se associa à impossibilidade de um crescimento extrovertido (*export-led growth*), baseado na liberação a qualquer preço dos mercados de bens e serviços. Como em geral se reconhece, a liberalização é necessária para manter tais economias sob o impulso da concorrência externa, necessária, por sua vez, para estimular a incorporação de progresso técnico. Contudo, crescer a taxas elevadas e sustentadas exigirá também que se evite a restrição externa mediante conjuntos de políticas adequadas (inclusive políticas produtivas e tecnológicas), de modo a conseguir a expansão das exportações e solver, assim, tipos e volumes de importa-

---

da venda de bens de consumo simples realizada por grandes firmas. Estas competem favoravelmente com o pequeno comércio estabelecido, mas podem também estar afetando o subemprego alojado no comércio de rua ou sua ampliação.

[44] Tal afirmação é convergente com esta outra: "O subdesenvolvimento [é] um impasse histórico que espontaneamente não pode levar senão a alguma forma de catástrofe social" (Furtado, 1992: 19).

ções que a reiteração da disparidade tecnológica torna imprescindíveis.[45] Considera-se, portanto, que o aumento das exportações cumpre uma função primordial, viabilizadora do crescimento periférico. Mas ao mesmo tempo se sustenta que a intensidade e continuidade desse crescimento dependerá dos incrementos da produção para o mercado interno, de modo que a expansão deste último cumprirá também uma função viabilizadora: a de realizar um rápido aumento nessa mesma produção.

Estilizadamente, pode-se considerar que a expansão do mercado interno a que se vem fazendo referência provirá, em parte, de incrementos do emprego (quer dizer, da ocupação em atividades de produtividade elevada) através dos quais vão sendo incorporados os aumentos da PEA previamente ocupada nessas mesmas atividades. Contudo, o específico da periferia consiste na possibilidade, e também na necessidade, de dinamizar o mercado interno através do aumento da produtividade da mão-de-obra absorvida pelo subemprego (da reabsorção do subemprego) e, desse modo, mediante a consecução de níveis de produtividade elevados para os aumentos da PEA associáveis ao subemprego preexistente.

Embora extremamente simplificadas, as considerações anteriores sugerem que a reabsorção do subemprego se configura como condição de viabilidade do desenvolvimento, já que contribui para possibilitar a realização de uma produção que se incrementa em ritmo acelerado. Paralelamente, a reabsorção se configura como um requisito da eficiência do desenvolvimento periférico. Desse ponto de vista, é importante destacar os efeitos dinâmicos da mesma. Estes derivam de que as sucessivas unidades de mão-de-obra que se vão reocupando em novas condições de produtividade elevada e/ou de produtividade em gradual aumento habilitam sucessivas ampliações do excedente econômico (definível pela diferença entre a renda social e o total das remunerações do trabalho). Entende-se, assim, que a reabsorção do subemprego possa ser vista como a outra face de uma geração de

---

[45] Essas considerações sobre o desequilíbrio comercial retomam velhas posturas cepalinas que fundamentaram a restrição externa própria da periferia na disparidade das elasticidades-renda de suas demandas de exportações e importações (por exemplo, em Prebisch, 1973: 33-4). Recentemente, o mesmo argumento é apresentado com base na chamada "lei de Thirlwall", que mostra que o ritmo de expansão de uma economia depende da razão entre a taxa de crescimento de suas exportações e a elasticidade-renda de suas importações (McCombie, 1994). Na periferia, o atraso tecnológico incide no sentido de limitar o valor daquela taxa e de aumentar o desta elasticidade. Daí que para atingir e permanecer a ritmos elevados de expansão do produto, se faz necessário atuar sobre os valores de ambas, em graus que por sua vez supõem a ampliação do mercado interno.

excedentes capaz de sustentar aumentos da poupança interna, por sua vez essenciais para manter taxas de crescimento da produção altas e sustentadas.[46]

5) A conveniência de desenvolver a argumentação de modo simplificado fez com que, nos pontos anteriores, ela tenha sido colocada em termos dicotômicos, isto é, com base nos conceitos de "subemprego", identificado pela baixa produtividade, e de "emprego", associado genericamente a um nível de produtividade elevado. Mas pode-se reformular a argumentação admitindo a existência de sucessivas camadas técnicas, a cada uma das quais correspondem níveis mais altos de produtividade e também ritmos mais intensos de avanço técnico.[47] Certos subconjuntos de atividades possuirão, portanto, mais condições para gerar ocupações e induzirão demandas de importações comparativamente reduzidas. Diversas serão as tendências em outros subconjuntos, como aqueles formados por empresas modernas e de tecnologias mais dinâmicas. Nestes, ao contrário, a criação de empregos por unidade de inversão será mais baixa, e maiores os vínculos externos e as exigências impostas pelos mesmos, inclusive em termos de importações.

Esta base analítica um pouco menos simplificada permite sustentar que a viabilidade e eficiência do desenvolvimento não dependem apenas da ampliação do emprego e da reabsorção do subemprego. Para alcançá-las é necessário um padrão de transformação produtiva que favoreça a reiterada superação da restrição externa, e que ao mesmo tempo induza o aumento da ocupação e da produtividade nas diversas camadas técnicas, de modo a incrementar o excedente e os

---

[46] Além de sustentar a eficiência (i.e., a obtenção dessas taxas), os aumentos da poupança interna possuem implicações que dizem respeito à viabilidade. A restrição externa no âmbito do comércio suscita condicionamentos no âmbito das relações financeiras. O principal consiste na necessidade de adequar o fluxo de recursos externos, levando em conta que aquela restrição impõe limites às magnitudes da remuneração destes últimos. Em outros termos, o financiamento do desenvolvimento periférico não pode se basear discricionária ou ilimitadamente na inversão estrangeira direta e no endividamento externo, e em conseqüência supõe recorrer a níveis significativos de poupança interna. Assim, ajudando a gerá-lo, a reabsorção do subemprego contribui para viabilizar tal desenvolvimento do ângulo do financiamento externo e dos condicionamentos impostos ao mesmo, em última instância, pela disparidade de ritmos de avanço técnico. Esta argumentação se encontra sistematizada em CEPAL (1959: 52-4); e pode também ser formulada com base na "lei de Thirlwall", mencionada anteriormente.

[47] A expressão "camadas técnicas" se deve a Prebisch. Ela é parte da base analítica de sua última obra, intitulada *Capitalismo periférico: crise e transformação* (Prebisch, 1981). Um breve resumo das posições aí contidas, claramente convergentes com as do desenvolvimento endógeno, se encontra em Rodríguez (1998b).

níveis de poupança interna, e a manter, assim, ritmos elevados de acumulação e crescimento.[48]

6) O exame das relações sociopolíticas, ou, se se quiser, das mudanças nas mesmas que pudessem acompanhar um padrão de transformação produtiva do tipo esboçado acima, vai muito além das possibilidades destas notas. Isto se deve em parte à complexidade do tema e a sua própria natureza, que exige a apreciação de situações históricas concretas. Mas além disso, a dificuldade de sua abordagem vem a ser consideravelmente agravada pelo recente processo de globalização, que, como já se indicou, vem modificando de forma significativa as relações políticas e geopolíticas peculiares da periferia e os contextos em que se inscrevem.[49]

Convém, não obstante, fazer um mínimo de referências a esse tema das relações sociopolíticas. Parece claro que as atividades que formam as diversas camadas técnicas mencionadas anteriormente não se constituirão como compartimentos estanques. Ao contrário, se estabelecerão entre elas novas conexões econômicas, e outras preexistentes irão se alterando e aprofundando. A contrapartida destas conexões é a emergência de novos interesses e, ainda mais, a redefinição da trama de interesses que estão na base e que caracterizam as relações entre os diversos grupos sociais. Por sua própria natureza, estas últimas não estarão livres de contradições e conflitos. Contudo, tampouco se descarta a virtual convergência de posições em torno de certos espectros de interesses concretos e, desse modo, em torno dos interesses gerais associados a um padrão de transformação produtiva que amarre inclusão social, elevação permanente da produtividade em atividades de porte médio e reduzido, renovação das possibilidades de emprego a salários crescentes e terreno para a ampliação das atividades propriamente empresariais, ou melhor, capitalistas em sentido estrito.

Uma possível rearticulação das relações sociopolíticas como a que sugere o parágrafo anterior não é dissociável da questão do Estado. Embora tampouco se possa referir a esta detidamente, cabe ao menos consignar que — para além da notória compressão de suas margens de manobra mencionada no item anterior — a falta de saídas visíveis para tensões e conflitos leva a conceber o Estado como agente imprescindível da rearticulação das relações citadas, assim como da

---

[48] Esta relação direta e explícita entre padrão de transformação produtiva e mudanças na estrutura da ocupação e nos níveis de produtividade da mão-de-obra possui marcadas semelhanças com o que Sachs (1998), com base em trabalhos de Kalecki, denomina "crescimento estimulado pelo emprego".

[49] A este respeito, ver o ponto 5 do item precedente, e em particular as considerações contidas na nota 33.

reafirmação da trama de interesses subjacentes às mesmas. Em particular, levando em conta o enorme poder em que se sustentam os interesses estrangeiros, cabe pensar que uma de suas funções relevantes consista em procurar adequá-los aos grandes objetivos do desenvolvimento periférico, resguardando desse modo os interesses gerais (e também nacionais) que tais objetivos plasmam e representam.[50]

Cabe assinalar que esse papel imprescindível do Estado imbrica as relações geopolíticas. As bases de uma mudança nas mesmas podem assentar-se no aprofundamento de processos de integração econômica que se encontram em curso, como o que subjaz em propostas recentes de ampliação do Mercosul à área sul-americana. Esta ampliação encontra respaldo analítico nas condições de viabilidade e eficiência do desenvolvimento anteriormente referido, pois o cumprimento de tais condições se veria facilitado pelas possibilidades de especialização e, com elas, de incorporação de progresso técnico, resultantes das dimensões desse mercado potencial. Também ficam claras as implicações favoráveis da ampliação aludida, no que diz respeito à capacidade de negociação no âmbito internacional, inclusive quanto às condições para a negociação conjunta de questões-chave da regulação econômica próprias de tal âmbito.

VI. EM BUSCA DA IDENTIDADE (UM "LONGO AMANHECER"[51])

1) A breve introdução do item anterior indica que o desenvolvimento endógeno supõe um impulso político que oriente e favoreça as transformações exigidas no âmbito econômico e que induza e consolide as mudanças necessárias no próprio âmbito sociopolítico. O item presente procura mostrar que a intencionalidade desse impulso deve estender-se, também, a um terceiro âmbito, formado por aqueles elementos da cultura não-material diversos dos que constituem o âmbito sociopolítico.

Segundo se concebe, o cerne do desenvolvimento endógeno consiste na garantia da identidade cultural própria e, conseqüentemente, exige o destravar da criatividade nos três âmbitos há pouco mencionados. Todavia, entende-se também que a dinamização da criatividade ou, por outra, a liberação de energias

---

[50] Entre as visões que redefinem o papel do Estado com vistas a impulsionar estratégias de desenvolvimento com "orientação de mercado", cabe mencionar o documento do Banco Mundial (1997) intitulado "O Estado num mundo em transformação". Uma resenha sucinta das visões do Estado subjacentes às estratégias de desenvolvimento que vêm sendo objeto da discussão latino-americana se encontra em Rodríguez (1998b: 787-92). Evans (1996) faz uma revisão de enfoques recentes sobre o papel do Estado no desenvolvimento. Hobsbawn (1997) considera temas conexos, relacionados com o conceito de nação.

[51] Esta expressão responde ao título de um livro recente de Furtado (1999).

capazes de potencializá-la, possui uma fonte de grande significação no terceiro desses âmbitos. É que nele se radicam idéias e valores — entre estes, valores éticos — de importância decisiva para consolidar os perfis da identidade cultural própria e para impulsionar a criatividade capaz de sustentá-la e de oferecer-lhe renovada riqueza.

Esse novo tema é enfocado de uma perspectiva similar à do item anterior, a saber, a do subemprego estrutural e dos perigos e possibilidades a ele relacionados. Certamente, trata-se de uma perspectiva parcial e limitada. Por isso, a abordagem de tal tema deve ser vista como preliminar, como um esboço destinado a levantar algumas questões relativas à cultura popular e à eclosão de criatividade que parece insinuar-se na mesma.

2) Ao iniciar essa abordagem, é conveniente retornar a certas visões fundamentais de Furtado, tratando de reduzir à forma mais simples sua visão do fenômeno do subdesenvolvimento, à luz das características com que este se expressa na periferia latino-americana.

Desde a segunda metade do século XIX, essa periferia constitui um *locus* privilegiado de penetração do capitalismo. Como se vem insistindo, tal penetração não se limita ao âmbito material do progresso técnico e da acumulação, mas se estende aos fins do desenvolvimento, isto é, às idéias e valores que formam os perfis da cultura não-material.

Assim, portanto, essas idéias mais gerais implicam que o desenvolvimento da periferia latino-americana pode e deve ser concebido como reiteradas instâncias de penetração cultural. Os novos elementos estrangeiros que essa penetração vai incorporando, e o *mix* que produzem em cada instância com elementos preexistentes (tanto autóctones como estrangeiros previamente adquiridos), vêm a impedir a emergência e a expansão de uma identidade cultural própria. Em outros termos, não se geram as "conexões sistêmicas" necessárias para destravar o desenvolvimento (na acepção mais ampla e elevada do termo) e abrir caminho — desobstruindo-o — a uma firme correção da heterogeneidade social.[52]

Convém adicionar a essas idéias básicas uma breve referência ao conceito de aculturação. Sua utilização foi dando lugar a uma mudança de ótica: deixou-se de partir da noção de cultura para tentar compreender a aculturação, seguindo-se o caminho inverso: partir desta última para esclarecer a própria cultura. Trafegando por esse caminho, pôde-se perceber a cultura como um conjunto de elementos mais ou menos homogêneo ou coerente, e ao mesmo tempo inerentemente dinâmico. Conforme se entende, toda cultura vive um processo permanente

---

[52] Estas breves considerações apóiam-se principalmente em Furtado (1974: cap. II) e (1978: cap. IV).

de construção, desconstrução e reconstrução.[53] Supondo-se uma continuidade nesse processo, pode-se admitir que a desconstrução não é um fenômeno inteira e irrevogavelmente negativo, que conduza à inércia de uma decomposição cultural permanente.[54]

3) As considerações anteriores favorecem o retorno ao tema do subemprego. No item anterior foi enfatizado um aspecto puramente quantitativo do subemprego, associado aos níveis da produtividade do trabalho que lhe são próprios. Ao enfocá-lo a partir de uma perspectiva mais ampla, um documento recente lança nova luz sobre o tema.[55] Argumenta-se aí que as atividades que o subemprego engloba constituem, na verdade, modos de sobreviver aproveitando ou autogerando oportunidades de ocupação e remuneração, e muitas vezes renovando essas oportunidades, à medida que se esgotam as previamente alcançadas. Mas, além disso, indica-se que, na concretização e na periódica renovação dessas estratégias de sobrevivência em que consiste o subemprego, expressam-se grandes doses de criatividade. Assim, portanto, esse documento põe em evidência e enfatiza que a criatividade está na base da obtenção dos meios materiais de vida.[56]

---

[53] Uma descrição sucinta desse tipo de enfoque se encontra em Bastide (1963: 3-14). A esse respeito, pode-se também consultar Cuche (1996: 82-5).

[54] O caso-limite das culturas afro-norte-americanas é adequado para ilustrar o tema. Na simples origem destas, a escravidão foi responsável por uma desconstrução quase absoluta. No entanto, isto não impediu que, ao longo do tempo, fossem aparecendo e enriquecendo-se novos elementos constitutivos da cultura, marcados por suas próprias dinâmicas (Cuche, 1996: 82).

[55] Trata-se das notas de classe de Carlos Lessa sobre a *Formação do Brasil*, ditadas no Instituto de Economia da Universidade Federal do Rio de Janeiro. Suas primeiras versões datam de 1998 e 1999.

[56] Cabe assinalar que a reabsorção do subemprego, à qual se fez referência no item anterior, é favorecida por essa criatividade, mas não depende somente dela. Depende também da implementação de políticas orientadas para a elevação da produtividade de grupos de trabalhadores, das quais participem diversos atores próximos a esses grupos: organizações da sociedade civil, entidades públicas de distintos graus de descentralização etc. Ao tratar de políticas voltadas ao aumento da produtividade de grupos concretos de trabalhadores, pode-se denominá-las "políticas de transformação do atraso". Segundo se entende, elas se inscrevem e são parte essencial das políticas de transformação produtiva, e, por isso mesmo, diferem das políticas puramente assistenciais, amiúde ligadas à visão da pobreza como síndrome e concebidas para evitar sua transmissão intergeracional. Como é óbvio, isto não implica negar a utilidade das políticas assistenciais. Convém explicitar que as políticas sociais básicas — educação, saúde, habitação — podem confluir para objetivos e políticas de transformação do atraso, por sua vez ligadas à transformação produtiva. Observe-se que já existem, na prática, exemplos de uma aplicação ampla e simultânea desses três tipos de políticas (assitenciais, sociais básicas e de transformação do atraso). A este respeito, ver Faria et al. (2000).

No entanto, esse exercício da criatividade não é desvinculável do que se produz em outros âmbitos do "quefazer" social. Nesse sentido, deve-se ter presente que as atividades ocupacionais que abrigam o subemprego não se realizam num limbo de relações puramente econômicas. Assim como as demais atividades ocupacionais, elas se dão num contexto de relações sociais complexas. Porém, no caso do subemprego, estas últimas possuem características especiais: as relações que se constituem através do assalariamento são comparativamente escassas; por outro lado, são comparativamente amplas aquelas que se dão através do pertencimento a uma variada gama de instituições formal ou informalmente estruturadas: os relacionamentos de tipo familiar, a simples vizinhança, as associações comunitárias ou de bairro, as organizações desportivas ou recreativas, as igrejas e cultos.

4) É importante assinalar que tais pertencimentos constituem em si mesmos manifestações da cultura popular. Ou melhor, é em seu seio e através deles que se vão expressando e enriquecendo variados elementos desse campo específico da cultura. Como se indicou algumas linhas atrás, o subemprego consiste na concretização de estratégias de sobrevivência apoiadas na criatividade. Mas a criatividade que se plasma em tais estratégias inscreve-se num exercício da criatividade realizado simultânea e indissociavelmente em diversas esferas da cultura não-material. Pode-se entender, então, que esse exercício seja portador das principais fontes de um florescimento da cultura popular que se vem fazendo mais e mais visível na América Latina, e que em muitos casos surpreende por sua amplitude e dinamismo.[57]

Não é possível, pois, pensar que as bases de uma reconstrução cultural possível já venham se acumulando? Não é viável conceber que essa possibilidade, ainda travada, se expressa como sintoma e como símbolo no renovado enriquecimento da cultura popular? Por outro lado, por que o enriquecimento da cultura popular deve ser visto como expressão de uma mudança incipiente, em tempos de enorme penetração estrangeira nos distintos âmbitos da cultura-não material? A complexidade do tema não impede de intuir uma resposta, certamente experimental e preliminar. Poder-se-ia acrescentar que é na cultura popular que mais se conservam e voltam a se fazer presentes as raízes profundas de sucessivas culturas, cujas sucessivas reconstruções resultaram limitadas ou interrompidas. Também se poderia pensar que esses entraves se deram ao longo de uma

---

[57] É claro que as origens desse florescimento podem se relacionar não só ao subemprego em sentido estrito, mas a um leque muito mais amplo de "camadas técnicas" com níveis de produtividade relativamente reduzidos.

dinâmica na qual, não obstante, têm estado presentes a complexificação e enriquecimento de diversas esferas e aspectos da cultura como um todo.

5) Essa longa história de reconstruções culturais frustradas possui na América Latina uma especificidade que se deve explicitar e enfatizar: ela se produz paralelamente e em estreita conexão com um processo de forte mestiçagem inter-racial.[58]

Esse processo vem a ser indissociável do devir da cultura popular. Daí que este devir — ou melhor, a renovada riqueza das culturas populares em distintas regiões da área — possa associar-se à reemergência de traços culturais cuja profundidade se relaciona, justamente, com a profunda tradição indo e afro-americana dos mesmos; e também a sua interação com sucessivas penetrações culturais de origem européia e muito especialmente de origem ibérica.

6) Em outras palavras, aqui se alega que o dado específico latino-americano consiste na capacidade de encaminhar e renovar uma mescla de culturas fundada em uma mescla de raças. Tal especificidade é portadora de significados e conteúdos éticos de real importância. Isso porque a assunção da igualdade como valor[59] (e seu contrário, o reconhecimento da discriminação racial como antivalor) pode vir a ser liberador de forças que impulsionem a identidade cultural,[60] desobstruindo-a pela via de uma eclosão de criatividade. A riqueza que aquelas mesclas nutrem se percebe, então, como expressão e símbolo de um longo amanhecer: como as primeiras luzes que começam a fazê-lo perceptível.

---

[58] A respeito, são pertinentes as afirmações: "Éramos sociedades-feitorias nas quais consumiam-se homens para produzir açúcar, ouro ou café. Contra os desígnios do colonizador, inesperadamente, o sistema destinado a produzir mercadorias e, através delas, riquezas e lucros exportáveis, acabou produzindo uma humanidade de gente mestiça que nascia nas fazendas e minas, mas que um dia começou a organizar-se em nações que procuravam definir suas próprias culturas" (Ribeiro, 1979: 36).

[59] Entendida como igualdade dos seres humanos em sua condição de tais. Em documentos recentes de organismos internacionais (CEPAL, 2000) indica-se que os direitos civis, os direitos políticos e os chamados DESC — direitos econômicos, sociais e culturais — são componentes de um conteúdo ético também relacionado com a igualdade, considerado imprescindível em todo processo de desenvolvimento. Este reconhecimento, sem dúvida positivo, deixa contudo em aberto a questão de qual conjunto de valores básicos pode dar sustento a condutas capazes de induzir o afiançamento da identidade cultural própria. As breves considerações deste item destacam o papel virtual, neste afiançamento, da emergência ou consolidação de valores relacionados com a mestiçagem e com as formas de considerá-lo.

[60] Ou, mais propriamente, as diversas identidades latino-americanas. Nesse sentido, a integração, e especialmente seu aprofundamento em distintos âmbitos da cultura, poderia contribuir para que essas identidades se fortalecessem reciprocamente, expressando talvez, num despertar conjunto, a forma mais alta do ideal bolivariano.

6.
CELSO FURTADO E O PENSAMENTO ECONÔMICO LATINO-AMERICANO
Ricardo Bielschowsky

Este artigo versa sobre as contribuições de Celso Furtado ao pensamento econômico latino-americano. Está dividido em duas partes. A primeira dirige-se às contribuições de Furtado à teoria estruturalista do subdesenvolvimento latino-americano. Não se trata de um tema qualquer: o estruturalismo é, de longe, a principal contribuição latino-americana à história das idéias econômicas, e são muito importantes os aportes do autor à análise estruturalista. A segunda parte considera a obra de Furtado no contexto da evolução do debate econômico na América Latina. Aqui, dá-se ênfase ao debate brasileiro.[1]

Antes de entrar no tema da exposição, e a título de introdução, cabe destacar algumas características gerais da obra do autor.

Primeiro, impressiona seu volume e grau de difusão. São cerca de 30 livros — e várias dezenas de artigos — publicados em nada menos que 15 idiomas. Há aproximadamente 10 anos foi feita a estimativa de que haviam sido vendidos 1,5 milhão de exemplares, o que significa que já se deve ter alcançado, hoje, algo como 2 milhões, e que o número total de leitores alcance a casa de uns 10 milhões no mundo inteiro (via empréstimos familiares, bibliotecas, cópias xerox etc.). Isso certamente faz de Celso Furtado o economista e cientista social latino-americano mais lido em todo o mundo. Esses números são típicos de grandes romancistas populares, e impressionam especialmente quando se considera que a obra de Furtado é especializada e tecnicamente sofisticada.

Segundo, a grande motivação de Furtado é política. Trata-se de um teórico do subdesenvolvimento dedicado a orientar os cidadãos do continente para uma ação transformadora. É por isso que sua obra tem todo um sentido pedagógico e um cuidado didático. Na coletânea de depoimentos organizada por Gaudêncio e Formiga (1995), o próprio Celso Furtado afirmou o seguinte: "Nós, intelectuais

---

[1] O presente artigo é uma versão ligeiramente modificada de um texto apresentado no Seminário em homenagem a Celso Furtado realizado na SUDENE, em junho de 2000, e reproduzido em livro organizado pelos professores Marcos Formiga e Ignacy Sachs (2000), a quem desejo aqui expressar meu agradecimento. Agradeço também a Carlos Mussi e a Franklin Serrano pelos comentários.

que lidamos com idéias, não desconhecemos a importância da ação. Não fui outra coisa na vida senão um intelectual, mas sempre consciente de que os problemas maiores da sociedade exigem um compromisso com a ação [...] Nós intelectuais agimos porque temos um projeto que nos obriga a explicitar nossos propósitos últimos. Fora disso, estaremos cometendo uma traição a nós mesmos, pois teremos negado a função social que nos cabe desempenhar" (p. 39).

Uma terceira característica da obra é a ousadia intelectual e a originalidade. É com base em uma construção analítica própria que Furtado enfrenta a ortodoxia em matéria de teoria e de política econômica, e opõe-se às explicações convencionais sobre o subdesenvolvimento latino-americano. O "sistema analítico furtadiano" tem um alicerce e três pavimentos.

O alicerce é algo que podemos chamar de "método histórico-estrutural". Celso Furtado partiu do estruturalismo cepalino de Raul Prebisch e nele introduziu "história". Esse é um dos pontos que destaco mais adiante.

O primeiro pavimento, construído a partir do final da década de 1940, é o da análise do subdesenvolvimento econômico. Essa é a principal dimensão da obra de Furtado, e foi a ela que o autor dedicou maiores esforços de elegância expositiva, no sentido acadêmico: seu trabalho faz uma ligação cuidadosa entre quatro níveis da análise econômica, ou seja, o "teórico", o "histórico", o da análise "aplicada" aos processos e tendências correntes, e o da formulação de política econômica.

Depois surgiria o piso socioeconômico e sociopolítico. Furtado o incorporaria em sua obra em forma permanente a partir do início de sua experiência com a SUDENE, a fins da década de 1950 e princípio da de 60.

O terceiro piso é o da problemática do subdesenvolvimento no plano da cultura. Há algumas considerações sobre cultura já em sua obra na década de 1960 — por exemplo, em *Dialética do desenvolvimento* (1964) —, mas será a partir de fins da década de 1970 que o autor se dedicará mais a fundo ao tema, especialmente em dois livros: *Criatividade e dependência na civilização industrial* (1978) e *Cultura e desenvolvimento em época de crise* (1984).

AS CONTRIBUIÇÕES DE FURTADO AO ESTRUTURALISMO
O sistema analítico original de Prebisch

A teoria estruturalista do subdesenvolvimento periférico da região latino-americana, inovação de Raul Prebisch no período inaugural da CEPAL (CEPAL, 1949; Prebisch, 1949, 1950), nem sempre é adequadamente reconhecida. É freqüente, por exemplo, que seja confundida com algum de seus subprodutos: a teoria estruturalista da inflação, a idéia das "duas brechas" (poupança e divisas), a idéia da deterioração dos termos de intercâmbio etc. Mas ela é mais do que isso, porque lhe corresponde toda uma interpretação sobre o subdesenvolvimento da região.[2]

O estruturalismo é um sistema analítico que tem por base a caracterização das economias periféricas por contraste às centrais: baixa diversidade produtiva (reduzida integração horizontal e vertical, insuficiência de infra-estrutura etc.) e especialização em bens primários; forte heterogeneidade tecnológica e oferta ilimitada de mão-de-obra com renda próxima à subsistência; e, por último, mas não menos importante, estrutura institucional pouco favorável ao progresso técnico e à acumulação de capital. A partir desse contraste, o estruturalismo inclui a análise das relações "centro-periferia", isto é, a análise da forma específica de inserção internacional das economias da América Latina.

A principal implicação que se extraiu desse enfoque foi a de que, embora a industrialização espontânea então em curso fosse o veículo básico para superar a pobreza e reverter a distância crescente entre a periferia e o centro, ela tinha que ser entendida como um processo altamente problemático:

- A baixa diversidade determina a necessidade de investimentos simultâneos em vários setores, o que torna o processo muito exigente em matéria de poupança/investimento e de divisas;
- A especialização em bens primários significa que a capacidade de geração de divisas é limitada e a pressão por divisas é elevada;
- A heterogeneidade tecnológica — vale dizer, o fato de que alguns setores trabalham com produtividade elevada ou média, mas a grande maioria opera com produtividades reduzidas — significa que a produtividade média é baixa, e que é pequeno o excedente como proporção da renda;
- O atraso institucional significa que há desperdício de parte do excedente, através de investimentos improdutivos e de consumo supérfluo. O Estado não é capaz de dedicar-se às tarefas do desenvolvimento, o empresariado é pouco agressivo e lento para a incorporação de novas técnicas, e, muito especialmente, a classe proprietária agrícola (latifundiários) é pouco vocacionada para o investimento e o progresso técnico — ou, ainda pior, dedicada a consumo conspícuo de bens com alto coeficiente importado, desperdiçando poupança potencial.

---

[2] A coletânea de obras clássicas da CEPAL, organizada por Bielschowsky (2000), inclui as passagens analiticamente mais importantes das obras inaugurais do estruturalismo cepalino. O principal texto de avaliação da análise estruturalista cepalina inaugural é o de Rodríguez (1981).

A Grande Esperança em Celso Furtado

Segundo a análise estruturalista, do que precede resultariam três tendências perversas: crescentes desequilíbrios estruturais da balança de pagamentos, inflação causada essencialmente por fatores estruturais ("não-monetários") e subemprego. O corolário da análise sobre o caráter altamente problemático do processo de industrialização era de que seria necessário planejá-lo, isto é, que a ação do Estado seria fundamental para conferir eficiência e sustentabilidade ao processo.[3]

As contribuições de Furtado ao Estruturalismo[4]

Os parágrafos precedentes referem-se essencialmente à contribuição de Raul Prebisch, expressa nos documentos inaugurais que ele escreveu na CEPAL em 1949 e 1950. Prebisch teve a sorte de contar naqueles anos inaugurais do órgão com a presença do jovem Furtado, um debatedor atento que certamente estimulou o surgimento da concepção estruturalista, e que daí por diante se afirmaria como o principal parceiro de Prebisch na difusão internacional das teses cepalinas.

Os aportes de Furtado ao estruturalismo, foram, porém, muito além da difusão das idéias cepalinas. Consistiram, no plano analítico, de três contribuições, que corresponderam, cada uma delas, a um enriquecimento da concepção original.[5]

A primeira delas é a inclusão da dimensão histórica à abordagem estruturalista, e a segunda é a análise das relações entre crescimento e distribuição de renda nas condições do subdesenvolvimento latino-americano.

A terceira contribuição é a de que o subdesenvolvimento da região corresponde a um "certo" sistema de cultura, que no plano material imita o sistema produtivo e o padrão de consumo dos países centrais, e no plano "não-material" é um sistema cultural "travado", que não consegue plasmar uma identidade própria e uma trajetória alternativa para o desenvolvimento econômico dos nossos países.

---

[3] No plano do esforço analítico, haveria, segundo os cepalinos, a necessidade de se realizar um trabalho de teorização autônoma, já que a condição periférica implicava um modo próprio de crescer, de introduzir progresso técnico, de distribuir a renda e de se relacionar com o resto do mundo.

[4] Já há algum tempo a obra de Furtado vem sendo apreciada em uma série de ensaios e estudos. Entre eles, encontram-se a introdução de Francisco de Oliveira à coletânea por ele organizada sobre a obra do mestre (Oliveira [org.], 1983), e os artigos sobre Furtado de Mallorquín (1999) e Love (1999b) na coletânea organizada por Lora e Mallorquín (1999).

[5] Sem contar, entre as três, com algumas contribuições "menores" como, por exemplo, sua liderança no trabalho cepalino de elaboração de "técnicas de planejamento" (ver CEPAL, 1953).

Seguem-se considerações sobre as duas primeiras contribuições assinaladas. Quanto à questão da cultura, limito-me aqui a recomendar ao leitor o artigo aqui publicado de Burgueño e Rodríguez, autores que, ultimamente, vêm realçando a importância dessa dimensão da obra de Furtado.

A DIMENSÃO HISTÓRICA NA ANÁLISE ESTRUTURALISTA DO SUBDESENVOLVIMENTO

Furtado utiliza como procedimento básico na análise do subdesenvolvimento a visita à teoria econômica e à história econômica para conceder autonomia teórica e legitimidade empírica ao estruturalismo.

É razoável afirmar que as duas obras teórico-históricas mais importantes são *Desenvolvimento e subdesenvolvimento* (1961) e *Teoria e política do desenvolvimento econômico* (1967).[6] Não cabe no espaço desta breve exposição fazer uma avaliação pormenorizada das obras de Furtado. Limito-me a mencionar três idéias contidas na primeira das duas obras citadas, idéias essas redigidas ainda na década de 1950. Meu objetivo é registrar a extrema atualidade das mesmas.

A primeira é que o subdesenvolvimento deve ser entendido como uma das linhas históricas de projeção do capitalismo industrial cêntrico no nível global: o que se faz por meio de empresas capitalistas modernas sobre estruturas arcaicas, formando economias híbridas, profundamente heterogêneas. A segunda é a de que o subdesenvolvimento é um "processo histórico autônomo", que tende a se perpetuar, e que não pode ser considerado uma simples etapa de desenvolvimento econômico pela qual passam todos os países (como em Rostow, 1960), sob pena de subestimar a mobilização social e política necessária para superá-lo. A terceiro é a de que a estrutura ocupacional, com oferta ilimitada de mão-de-obra, se altera nas economias desenvolvidas de forma lenta, porque o progresso técnico importado dos países cêntricos, capital-intensivo, é inadequado à absorção dos trabalhadores ligados à vasta economia de subsistência. Segue-se que o sistema tende à concentração de renda e a um grau de injustiça social crescente.

Aqueles que têm familiaridade com as teses dependentistas da década de 1960 devem estar reconhecendo-as no parágrafo anterior. O que talvez não saibam, se não leram *Desenvolvimento e subdesenvolvimento*, é que Furtado foi um precursor delas, pois sua interpretação foi elaborada e divulgada ainda na década de 1950.

---

[6] A segunda contém partes da primeira a várias extensões. Saiu, no ano 2000, uma nova edição de *Teoria e política do desenvolvimento econômico*, revisada por Furtado. As duas obras manifestam a insatisfação do autor com a aplicabilidade da teoria econômica convencional aos países da América Latina. A insatisfação é retomada em *Prefácio à nova economia política*, obra de 1976.

A principal obra essencialmente histórica é, como se sabe, *Formação econômica do Brasil*.[7] Num livro que escrevi sobre o pensamento econômico brasileiro, denominei-a "a obra-prima do estruturalismo brasileiro" (Bielschowsky, 1988). Minha leitura é a de que se trata de uma genial obra de legitimação histórica da abordagem estruturalista sobre o subdesenvolvimento brasileiro. Furtado beneficiou-se da existência de obras pioneiras, como as de Normano, Simonsen, e Caio Prado Jr., e de sua própria tese de doutoramento, defendida em 1948, para engendrar um convincente ensaio interpretativo da nossa formação histórica, de cunho estruturalista (e keynesiano). A objetividade e simplicidade da estrutura argumentativa do livro explica seu êxito, consagrado pelo fato de ser seguramente a obra de economia brasileira mais conhecida no Brasil e no mundo.

A obra tornou-se, por certo, muito polêmica, a partir do momento em que a pesquisa sobre história econômica progrediu no país. Os historiadores econômicos apontam imprecisões e lacunas interpretativas, numa discussão que, certamente, tem permitido decisivos avanços no conhecimento de nossa história. O que nem sempre reconhecem, porém, é que desde os primeiros parágrafos da introdução, já na primeira edição do livro, Furtado anunciava algumas limitações da obra: "O presente livro pretende ser tão-somente um esboço do processo histórico de formação da economia brasileira" e está voltado "simplesmente à reconstituição dos processos econômicos e não [à] reconstituição dos eventos históricos que estão por detrás desses processos" (1959a: 9).

Esse "esboço" tem um percurso muito funcional, destinado a conduzir o leitor à convicção de que aquela industrialização que estava ocorrendo na década de 1950 tinha por limitação a estrutura subdesenvolvida herdada da formação histórica singular brasileira.

Minha leitura, dirigida a captar a orientação estruturalista do livro, me leva a dividi-lo em duas grandes partes. A primeira é a que analisa, em 25 capítulos, a formação da estrutura subdesenvolvida brasileira até a segunda metade do século XIX. Compreende, keynesianamente, o argumento de que os ciclos do açúcar e da mineração não foram capazes de criar um mercado interno e, a partir daí, uma economia capaz de se autopropulsionar; e, na linha estruturalista, o argumento de que os dois ciclos foram geradores de uma vasta economia de subsistência — ou de um "reservatório de mão-de-obra", que é como o fenômeno do subemprego foi inicialmente apelidado no texto *A economia brasileira* (1954), precursor de *Formação econômica do Brasil*. Complementarmente, compreen-

---

[7] A outra obra famosa no terreno da história é *Formação econômica da América Latina* (1969). Segundo Furtado, esse é seu livro de maior divulgação no exterior.

de os 10 primeiros capítulos da parte referente à transição ao trabalho assalariado, que concluem a descrição da formação da estrutura subdesenvolvida brasileira, ao argumentar que o escravo liberto iria ampliar a economia de subsistência em vez de incorporar-se à força de trabalho assalariada do café.

A segunda parte analisa, em 11 capítulos, o crescimento que ocorreu no quadro estrutural subdesenvolvido, entre a abolição do trabalho escravo e meados do século XX. Já se trata da fase em que o trabalho assalariado dos imigrantes europeus conduz à formação da massa monetária que compôs um mercado interno e uma industrialização incipiente. A partir de 1930, sob o impulso vigoroso inicial da defesa da renda através da queima dos estoques de café, inicia-se o deslocamento do centro dinâmico e um crescimento problemático, porque condicionado pela estrutura socioeconômica subdesenvolvida.

Noyola-Vasquez, autor da teoria estruturalista da inflação (1956) — pouco depois refinada por Sunkel (1958) — leu, em 1955, a obra de Furtado, ainda na mencionada versão preliminar de 1954, e captou, mais cedo que ninguém, a inovação metodológica: "Em muitos poucos casos poder-se-á apreender melhor o grau de madureza e de independência alcançado pelo pensamento econômico latino-americano como nesse livro. A obra de Furtado não é só muito valiosa por sua penetrante análise da história econômica do Brasil, mas, sobretudo, por sua contribuição metodológica. Trata-se de uma síntese feliz, de lógica cartesiana e consciência histórica. O afã cartesiano da precisão e clareza leva o autor a reduzir a modelos de grande simplicidade a estrutura e o funcionamento dos sistemas econômicos. Ao mesmo tempo, sua segura visão histórica o conduz a situar esse modelo em sua perspectiva adequada".

A combinação entre a teorização estruturalista e o conhecimento da história deixou como subproduto o método histórico-estrutural. Pode-se dizer, sem exagero, que se trata do método "Prebisch/Furtado" — que, como se sabe, tem profunda influência na vida acadêmica brasileira no campo da economia e na formação dos economistas brasileiros até os dias de hoje. Trata-se de um método essencialmente indutivo, mas que explora a relação entre a abordagem indutiva e a referência estruturalista abstrata: a análise das estruturas subdesenvolvidas aparece como uma referência teórica genérica para o exame das tendências históricas, compondo um método muito atento às mudanças de comportamento dos agentes e à trajetória das instituições, bem como ao exame dos "desequilíbrios" típicos de economias e sociedades em rápida transformação.

Distribuição de renda e crescimento

Passo agora à segunda grande contribuição analítica de Celso Furtado ao estruturalismo, que é a análise da relação entre crescimento e distribuição de renda nas condições da periferia subdesenvolvida. A análise inaugural está em *Subdesenvolvimento e estagnação na América Latina* (1966).

Aqui também Celso Furtado empregou a didática do contraste que se passa nas economias centrais. Já no livro *Desenvolvimento e subdesenvolvimento* ele observava que, nas economias desenvolvidas, ocorreu, a partir de meados do século XIX, o escasseamento da força de trabalho, e o progresso técnico poupador de trabalho foi a reação histórica que acomodou o conflito distributivo, permitindo que o aumento da produtividade se traduzisse em aumento de salários, sem, necessariamente, reduzir a taxa de lucro e o ritmo de acumulação de capital. Argumenta que, nessas condições, a estrutura de oferta e de demanda de bens e serviços foram se apoiando reciprocamente numa dinâmica evolutiva que incorporava o trabalhador como consumidor dos bens e serviços que o progresso técnico introduzia no mercado, e que incorporava a força de trabalho liberada pelo progresso técnico poupador de mão-de-obra no segmento produtor de bens de capital.

Segundo Furtado, a história latino-americana era muito distinta. Em forma muito simplificada, suas idéias centrais sobre o tema podem ser resumidas da seguinte forma: a) A composição da demanda para os setores capitalistas modernos reflete as estruturas de propriedade e de renda concentradas, se assemelha à composição de demanda dos países centrais — de renda média muito superior — e predetermina a evolução da composição da oferta; b) O investimento daí decorrente consagra progressivamente um padrão tecnológico intensivo em capital e em economias de escala, embora a oferta ilimitada de mão-de-obra nessas condições impeça que o aumento de produtividade se traduza em aumento de salários; c) A tecnologia adotada e a elevação de escala significam crescente elevação na relação capital/produto e vão motivando, dinamicamente, a concentração da renda e a estagnação.

Ou seja, a interação entre a estrutura de demanda e de oferta determina, na periferia latino-americana um padrão peculiar de comportamento econômico. Uma de suas características é a tendência à estagnação. Nas palavras de Furtado:

> Em síntese: tudo se passa como se a existência de um setor pré-capitalista de caráter semifeudal em conjugação com um setor industrial que absorve uma tecnologia caracterizada por um coeficiente de capital rapidamente crescente dessem origem a um padrão de distribuição de renda que tende a orientar a aplicação de recursos produtivos de forma a reduzir a eficiência destes e a concentrar ainda mais a renda, num processo de causação circular. No caso mais geral, o declínio da eficiência econômica provoca diretamente a estagnação econômica. Em casos particulares, a crescente concentração da renda e

sua contrapartida de população subempregada que aflui para as zonas urbanas criam tensões sociais que, por si, são capazes de tornar inviável o processo de crescimento (Furtado, 1966: 86).

Integra a reflexão estagnacionista de Furtado a idéia de que, ademais dos problemas gerados pela elevação na relação capital/produto, a poupança potencial na região seria parcialmente absorvida pelo consumo suntuoso das classes proprietárias e das classes médias altas. Em resumo, na América Latina a concentração de renda tendia a ter escassa influência favorável sobre a poupança, e a eventual elevação desta tendia a ser mais que compensada, negativamente, pela queda na produtividade do capital.

Como se sabe, a tese estagnacionista seria logo superada, inclusive pelo próprio Furtado, sob o impacto do crescimento acelerado de fins da década de 1960 e início de 70, e do debate que a mesma suscitou (por exemplo em *Análise do modelo brasileiro*, de 1972). O importante a ressaltar é que, daí por diante, o que permaneceria na agenda brasileira é o essencial da inovação introduzida por Furtado, ou seja, a discussão sobre os vínculos entre distribuição e crescimento, nas condições da periferia regional, através da consideração das relações entre "perfis" de oferta e de demanda características da periferia. Infelizmente nem sempre tem havido o reconhecimento do pioneirismo de Furtado nesse âmbito — omissão que deriva, provavelmente, do fato de que a inovação foi enunciada em conjunto com a tese estagnante. Trata-se, contudo, de uma omissão nada justificável, quando se considera que nasceu nesse momento toda a discussão latino-americana, intensa no Brasil, sobre idéias como as de "estilo" ou "padrão" de crescimento na nossa periferia, de diferenciação entre "crescimento" e "desenvolvimento", de heterogeneidade social como contraface da heterogeneidade econômica, e de outros elementos tão centrais ao debate latino-americano e brasileiro desde a décadade 1960.[8] O ponto será retomado na seção que se segue, em que busco localizar a obra de Furtado na trajetória do debate econômico.

---

[8] Para fazer justiça completa, há que se reconhecer que a inovação foi gerada, em forma simultânea e independente, também por Aníbal Pinto (1965 e 1970), outro grande cepalino, e "alma gêmea intelectual" de Furtado — porque também enfatizou a "história" no método estruturalista, além de teorizar sobre as relações entre distribuição e crescimento. Nesse último tema, a grande diferença entre os dois residiu no fato de que Aníbal Pinto não identificou uma tendência à estagnação, entre outras razões porque não enfatizava o problema da relação capital-produto e suas implicações sobre a disponibilidade de "poupança" — suas preocupações com os limites ao investimento estavam centradas na questão do "financiamento". Pode-se dizer que Furtado, assim como Prebisch, eram, nesse particular, economistas da tradição clássica,

FURTADO E A EVOLUÇÃO DO DEBATE ECONÔMICO LATINO-AMERICANO

Celso Furtado tem uma presença marcante na evolução do debate econômico latino-americano a partir da década de 1950. As anotações que se seguem buscam identificá-la, em forma resumida, com especial atenção ao caso brasileiro.

Correndo o risco de exagerar na simplificação, penso ser razoável esboçar uma periodização da trajetória desse debate, dividindo o último meio século em cinco décadas, a cada uma correspondendo um ou uns poucos temas "organizadores" do debate: na década de 1950 o tema central foi o da "industrialização"; na década de 1960, foi o de "reformas"; na de 1970 viria a idéia de "estilos de crescimento", seguida da questão do ajuste à crise internacional; na década de 1980 os temas centrais foram o do ajuste à crise da dívida, e a questão inflacionária; e, na de 1990, o debate centrou-se no trinômio estabilização/reformas/ globalização.

Anos 1950

A presença de Furtado foi central no debate correspondente ao amadurecimento e auge do ciclo ideológico do "desenvolvimentismo" no Brasil, entendido como a ideologia de superação do subdesenvolvimento através de uma industrialização planejada e orientada pelo Estado.

No caso brasileiro, o desenvolvimentismo percorreu uma trajetória que foi mais ou menos a seguinte: de 1930 a 45 ocorre uma fase de origem, de 1945 a 55 uma fase de amadurecimento, no período Juscelino Kubistchek (1956-60) a fase de auge e, nos primeiros anos da década de 1960, uma fase de crise (Bielschowsky, 1988).[9]

Entre 1945 e 1955, o ciclo desenvolvimentista amadureceu em dois sentidos. Primeiro, com a difusão das idéias desenvolvimentistas por intermédio da multiplicação de documentos de governo, periódicos, livros, artigos de jornal etc. Segundo, e talvez mais importante, no sentido do amadurecimento analítico. Para dar um exemplo, recordo aqui o famoso debate de 1944, entre o líder neoliberal Eugênio Gudin e o líder desenvolvimentista Roberto Simonsen (1977). Por mais

---

enquanto Pinto seguia a tradição kaleckiana e keynesiana. Há que reconhecer, também, que, antes de Furtado e de Pinto, Kaldor (1956) e o próprio Kalecki (ver Miglioli, 1983) haviam feito incursões na temática da relação entre crescimento e distribuição de renda na América Latina, concluindo que a pressão simultânea por investimento e por consumo nas classes altas provocava inflação e concentração de renda (mas não estagnação).

[9] Durante o regime autoritário teria ocorrido um segundo ciclo desenvolvimentista (1964-80). A evolução do pensamento econômico brasileiro nesse período ainda carece de estudos detalhados.

atraídas que as pessoas se sintam pelo vanguardismo de Roberto Simonsen, verifica-se que, no plano analítico, o desenvolvimentismo ainda não havia encontrado sua melhor defesa. A disputa vai se tornar mais favorável ao desenvolvimentismo quando entra em campo a CEPAL, a partir de 1949.

É interessante assinalar que, com a morte de Simonsen, em 1947, o bastão da liderança desenvolvimentista ficou nas mãos de Rômulo de Almeida, que comandava para Simonsen o Departamento Econômico da CNI e que, entre 1951 e 1954, viria a chefiar a Assessoria Econômica de Vargas. Com a morte do presidente, Almeida se retirou para a política baiana e, pode-se dizer, o bastão passou a ser assumido por Celso Furtado. Este já vinha operando na difusão das idéias cepalinas nos anos anteriores e, naquele momento, chegava de Santiago para chefiar, no Rio de Janeiro, a Comissão Mista CEPAL/BNDE, destinada a coordenar um trabalho de planejamento do desenvolvimento brasileiro. Daí por diante Furtado passaria a ser a grande referência desenvolvimentista no Brasil.

Em meu estudo sobre o período, identifiquei cinco correntes de pensamento: a neoliberal, a socialista e três correntes desenvolvimentistas. A mais influente entre as três foi a "desenvolvimentista-nacionalista", liderada por Celso Furtado. Ela se caracteriza — assim como a obra de Furtado no período — por três elementos. Os dois primeiros são a subordinação monetária à política desenvolvimentista e o controle, por agentes nacionais estatais e privados, dos centros de decisão sobre poupança e investimento. Um terceiro elemento, que ingressaria na análise desenvolvimentista brasileira aproximadamente à época da fundação da SUDENE por Furtado, são as preocupações sociais. Nessa ocasião, o debate no Brasil já se encontrava em plena transição em direção à agenda reformista.

Anos 1960

A trajetória de idéias aqui descrita é historicamente determinada quase em seus mínimos detalhes. No transcurso da segunda metade dos 1950, uma série de elementos históricos vai ensejando, na América Latina, a mudança que estaria por ocorrer nos 1960 nos rumos do debate econômico: um acirramento dos problemas macroeconômicos (desequilíbrios externos, inflação crescente etc.), crescente visibilidade urbana da heterogeneidade social (resultante da incapacidade da indústria e dos serviços urbanos modernos de absorver a enorme força de trabalho que migrava do campo à cidade) e, não menos importante, a Revolução Cubana, que apontava a uma nova opção estratégica.

Esses fatos marcantes farão com que o debate se desloque na década de 1960 para a questão das reformas. Três posições se enfrentariam no terreno ideológico: o reformismo conservador, o reformismo progressista e, à esquerda, as visões favoráveis a uma "ruptura", isto é, a uma revolução socialista. Furtado exerceu uma liderança intelectual indiscutível na posição reformista progressista — na "esquerda positiva", se quisermos empregar a conhecida expressão de Santiago Dantas.

É possível identificar duas fases em sua vida na década de 1960: antes do golpe de 1964, e depois, quando ele vai para o exílio. Até 64 ele aliaria vitalidade política e executiva, na SUDENE e no Ministério Extraordinário do Planejamento (cuja fundação foi precedida pela elaboração do "Plano Trienal", pelo autor), a vitalidade intelectual — e não se sabe bem onde encontrava tempo para tudo. Surgem, no período, *A pré-revolução brasileira* (1962a), o *Plano Trienal* (1962b) e a *Dialética do desenvolvimento* (1964). Depois de 64, afastado de atividades públicas no Brasil, ele se dedicará essencialmente a um intenso trabalho intelectual: *Subdesenvolvimento e estagnação na América Latina* (1966), *Teoria e política do desenvolvimento econômico* (1967), *Um projeto para o Brasil* (1968), *Formação econômica da América Latina* (1969), todas elas obras de grande circulação. Na seqüência dessa produção, e ainda como parte desse "ciclo intensivo" de obras econômicas pós-64, surgiriam três conhecidos trabalhos no início dos 1970: *Análise do modelo brasileiro* (1972), *A hegemonia dos Estados Unidos e o subdesenvolvimento da América Latina* (1973) e *O mito do desenvolvimento econômico* (1974).

Em que pesem as diferenças de tom — os textos anteriores a 1964 são mais esperançosos —, os elementos de continuidade nas obras de Furtado são muito superiores aos de ruptura. O diagnóstico central a toda a década de 1960 era o de que a industrialização não estava eliminando a heterogeneidade e a dependência, mas apenas alterando a forma como essas características passavam a se expressar. O que ocorre a partir de 1964 é a introdução de dois componentes analíticos, ou seja, o significado das empresas multinacionais para o comportamento da economia, e a questão distributiva.

Quanto ao primeiro deles, o que se verifica é que sua teorização sobre o subdesenvolvimento ganha, a partir 1964, uma ênfase "dependentista", na linha do que predominava na literatura latino-americana da época. Furtado põe peso em seu argumento anterior de que na periferia latino-americana o processo de crescimento se dá em estruturas heterogêneas, e adiciona que seus segmentos modernos são comandados por capitais externos. Os conglomerados multinacionais passam a ser vistos como os atores líderes de uma nova modalidade de dependência: eles se justapõem a uma vasta estrutura arcaica, não são capazes de integrá-la à modernidade, e se aliam politicamente a atores locais, formando um núcleo hegemônico de poder que não só não tem qualquer compromisso com uma estratégia de mudança do "modelo", como tende a se opor a todos os projetos comprometidos com alterações no mesmo.

O componente dependentista da obra de Furtado na década de 1960 é perfeitamente sintonizado com o momento, mas não é propriamente "inovador". Se quisermos identificar algum ineditismo nessa linha de pensamento, temos que voltar a sua obra à década de 1950, no sentido assinalado anteriormente. A grande inovação de Furtado na década de 1960 foi a inclusão da questão distributiva na análise do crescimento e do subdesenvolvimento da região, conforme já descrito resumidamente.

O fato de que a análise da questão distributiva foi inaugurada em conjunto com uma formulação discutível — a tese "estagnacionista" — ofuscou entre os brasileiros o pioneirismo da análise das relações entre distribuição de renda e crescimento em condições do subdesenvolvimento, que abriu caminho a uma longa história de debates sobre o tema. Sem dúvida, isso foi reforçado pelo fato de que o prognóstico estagnacionista estava sendo desmentido imediatamente pelos fatos — no final da década de 1960 a América Latina compartilhava o auge do ciclo de crescimento mundial do pós-guerra, e o Brasil vivia uma etapa de crescimento acelerado.

Anos 1970

O debate econômico no início da década de 1970 vai se pautar centralmente pela questão do "modelo" de crescimento com concentração de renda, generalizadamente associado, pelas oposições democráticas, ao alastramento dos regimes ditatoriais em toda a região. Em *O mito do desenvolvimento econômico* (1974), por exemplo, Furtado faria a associação com todas as letras: "A característica mais significativa do modelo brasileiro é a sua tendência estrutural para excluir a massa da população dos benefícios da acumulação e do progresso técnico. Assim, a durabilidade do sistema baseia-se grandemente na capacidade dos grupos dirigentes em suprimir todas as formas de oposição que seu caráter anti-social tende a estimular" (p. 109).

O diagnóstico da década de 1970 é o de que a interação entre estruturas de demanda e de oferta determina um "estilo" ou "padrão" de crescimento perverso, em que a economia se dinamiza através de contínua concentração da renda e crescente heterogeneidade social. A mensagem é que é necessário recuperar a democracia como um pré-requisito para viabilizar politicamente a mudança de estilo.

Um texto que teve decisiva repercussão no andamento da discussão na década de 1970 no Brasil foi o clássico *Além da estagnação*, de Conceição Tavares e José Serra (1971), que apelidava o crescimento em curso de "milagre perverso". Os autores discordavam teoricamente da idéia estagnacionista, isto é, de que a concentração de renda conduziria as economias da região a taxas decrescentes de crescimento. E introduziam a idéia, que então se tornou hegemônica entre os setores progressistas do país, de que o crescimento em curso se viabilizava precisamente porque a crescente concentração de renda tinha a função de adaptar o perfil da demanda ao perfil da oferta — além de gerar o excedente que iria financiar a acelerada acumulação de capital. Furtado iria, pouco depois, introduzir uma ligeira variante dessa mesma interpretação sobre a "funcionalidade" da concentração de renda, em *Análise do modelo brasileiro* (1972), livro em que destacava o papel das políticas econômicas para compensar a lacuna existente no "anel de *feedback* fundamental". A idéia era de que no lugar de prover maior demanda por bens finais pela via da transmissão de ganhos de produtividade a aumento de salários, essa ampliação da demanda se fazia através de políticas que consagravam a concentração de renda e que garantiam a incorporação das classes médias altas à camada de consumidores de bens de consumo duráveis.

Em tempo: a questão dos estilos de crescimento, inaugurada por Furtado no Brasil há 35 anos, e central nos debates da década de 1970, permanece ainda viva na agenda de debates — ainda que enfraquecida nos últimos 20 anos, devido às crises e à ausência de crescimento. Nesse campo, um importante avanço, posterior à década de 1970, no Brasil, foi introduzido por Antonio Barros de Castro (1989), através da idéia do crescimento pelo "mercado interno de consumo de massas". A idéia foi gerada sob o impacto das evidências oferecidas pelo Plano Cruzado, de que o aumento real de salários resultava em aumento de consumo para a base produtiva já existente. A conclusão é que a redistribuição da renda favorável ao trabalhador parece ser perfeitamente compatível com ampliação do consumo dos bens e serviços das empresas já implantadas no país, inclusive as multinacionais, dispensando, portanto, alterações radicais no "perfil da oferta". O Plano Real se encarregou de fortalecer a tese. Se ela estiver correta, contém uma implicação política nada desprezível: não haveria tensão entre os interesses da classe trabalhadora por uma melhor distribuição da renda e os interesses das grandes corporações atuantes no país quanto ao dinamismo do mercado para seus bens — muito pelo contrário, os interesses seriam complementares.[10]

---

[10] O programa de campanha eleitoral do PT, em 1989, acolheria a idéia, enfatizando as relações positivas entre redistribuição progressiva da renda e crescimento econômico pela via de ganhos de escala e aumento de produtividade promovidos pelo "modelo" do consumo de massas (PT, 1989). Previamente a Castro, Wells (1977), em forma pioneira, seguido de autores como Coutinho (1979) e Sabóia (1983) haviam discutido o perfil e a evolução do consumo de bens duráveis, e levantado questões que apontavam na mesma direção.

Anos 1980 e 1990

Quando, na primeira metade da década de 1970, começava a ruir o sistema de Bretton Woods, o debate sobre "a crise internacional" era introduzido, na América Latina, ainda com pouca compreensão sobre suas conseqüências, mesmo porque as economias latino-americanas continuavam crescendo — algumas em forma acelerada — e porque os petrodólares viabilizavam momentaneamente as diferentes estratégias que os países da região estavam seguindo a partir do primeiro choque petroleiro. Nessas condições, e como era de se esperar, a clareza sobre a profundidade da crise seria progressivamente alcançada apenas depois da elevação das taxas de juros pelos Estados Unidos, em 1979, posteriormente ao segundo choque do petróleo.

Na década de 1980, a América Latina já estaria quase toda mergulhada na crise da dívida, e absorvida pela discussão do problema do ajuste, aí incluída a questão inflacionária. As duas posições fundamentais em debate seriam a do ajuste recessivo e a do ajuste com crescimento.

O clima ideológico internacional era de crescente predomínio da ortodoxia liberal. Desfechava-se um forte ataque contra o Estado, por parte do empresariado e dos sindicatos da América Latina, com o argumento de que eram sócios numa atitude "rentista", que impedia o funcionamento eficiente do mercado e, por essa via, obstaculizava o desenvolvimento. A culpa dos males do endividamento seria desse Estado irresponsável e do modelo de industrialização protecionista, incapaz de gerar exportações sem recessão e sem desvalorizações cambiais, porque ineficiente e fechado ao progresso técnico. A história dessas idéias tem uma conhecida trajetória, que o espaço deste artigo não permite detalhar. Ela desemboca no receituário neoliberal apelidado por Williamson de "Consenso de Washington", devido ao entusiástico patrocínio de órgãos como o FMI e o Banco Mundial.

A crise da década de 1980 deslocaria finalmente a um segundo plano a reflexão desenvolvimentista, e o esforço de resistência intelectual passaria ao plano que se impunha historicamente, isto é, o da oposição à modalidade de ajuste exigida pelos bancos credores e pelo FMI. Como é óbvio em condições de inviabilidade de crescimento, o espaço e o interesse pelas discussões de longo prazo eram limitados. A primazia passava às questões imediatas ligadas a dívida, ajuste e estabilização.

O contexto seria examinado por Furtado em três livros: *O Brasil pós-milagre* (1981a), *A nova dependência* (1982) e *Não à recessão e ao desemprego* (1983a), nos quais o autor insiste que a forma correta de ajustar é pela via do desenvolvimento das forças produtivas, do progresso técnico, do investimento e do crescimento. No segundo desses livros, por exemplo, o autor pergunta: "Teremos de renunciar a ter uma política de desenvolvimento, da mesma forma que renunciamos no fim do século passado [XIX] a ter uma política de industrialização? Devemos aceitar a crescente internacionalização dos circuitos monetários e financeiros, com a conseqüente perda de autonomia das decisões? E isso numa fase em que o protecionismo dos países centrais se reafirma? Que conseqüências sociais devemos esperar de uma prolongada redução na criação de emprego?" (p. 64).

Um aspecto curioso da produção de Celso Furtado foi sua relativa indiferença ao debate sobre "inflação inercial" que, como se sabe, teve grande importância durante a década de 1980. Afinal, Furtado foi o autor que difundiu no Brasil a análise estruturalista da inflação e, conseqüentemente, seria natural que se interessasse por uma teorização que, tal como o estruturalismo cepalino, reconhece em fatores "não-monetários" as causas básicas do processo inflacionário. A explicação provavelmente reside no fato de que, quando o debate ganhou intensidade, Furtado estava profundamente dedicado a dois outros temas: a cultura e a autobiografia. É de 1984 seu livro sobre *Cultura e desenvolvimento em época de crise*. O exercício do Ministério da Cultura se estenderia por vários anos durante o governo Sarney e, no terreno da autobiografia, surgia a saborosa trilogia formada por *A fantasia organizada* (1985), *A fantasia desfeita* (1989) e *Os ares do mundo* (1991).

Os eventos da década de 1990 suscitaram no plano do debate econômico o destaque a três temas interligados: estabilização, reformas liberalizantes e globalização. Na discussão, enfrentaram-se desde puristas pró-mercado até partidários de uma oposição radical às reformas. A posição de Furtado é de grande ceticismo quanto às possibilidades de êxito da América Latina no quadro das últimas tendências observadas.

O tema de preferência de Furtado no debate da década de 1990 foi a natureza e os limites da globalização. Na verdade, o autor permaneceu aqui atraído pela discussão à qual havia muitas décadas destinara parte importante de seu esforço intelectual, ou seja, o da inserção internacional da América Latina.

Vale a pena reproduzir um trecho de um texto publicado em abril de 2000 na *Revista da CEPAL*, ou seja, na revista da escola de pensamento que, havia mais de 50 anos, o mestre ajudara a construir. Trata-se de um trecho representativo de sua posição e que, ao mesmo tempo, prenuncia uma temática que talvez venha a ser central na primeira década do novo século: a via brasileira de desenvolvimento não tem que ser uma "terceira via", tem que ser uma via própria, o resultado de um projeto nacional derivado das especificidades do país: "A globalização opera em benefício dos que estão na vanguarda tecnológica e exploram os desníveis do desenvolvimento entre países. Os países com grande potencial de recursos naturais e acentuadas disparidades sociais, como o Brasil, correm o risco de desagregar-se ou deslocar-se a regimes autoritários. Para escapar dessa disjuntiva, há que voltar à idéia do projeto nacional, recuperando para o mercado interno o centro dinâmico da economia. A maior dificuldade reside em reverter o processo da concentração de renda, o que só poderá fazer-se mediante uma grande mobilização social. Em poucas palavras, podemos afirmar que o Brasil só sobreviverá como nação se se transformar numa sociedade mais justa que conserva a sua independência política" (p. 11).

À GUISA DE CONCLUSÃO

Nas páginas anteriores foram esboçadas, resumidamente, as contribuições de Furtado ao pensamento econômico latino-americano e brasileiro. Para concluir, adicionam-se tão-somente dois brevíssimos comentários.

Primeiro: a influência de Furtado na formação de uma consciência crítica no país é deveras impressionante. Sem jamais ter exercido a cátedra no país, Furtado foi uma espécie de patrono intelectual das várias gerações de economistas que se formaram desde a década de 1950. Não é nenhum exagero dizer que é graças a Celso Furtado que a Economia no Brasil é entendida como uma disciplina das Ciências Sociais, e uma disciplina histórica e que, portanto, tem conseguido escapar da influência crescente, quase exclusiva, dos modelismos econométricos, quase sempre de tradição neoclássica e com escassa capacidade de refletir a complexidade do quadro econômico e social brasileiro.

Segundo: a obra de Celso Furtado é extremamente atual. Certamente o que Furtado escreveu nas décadas de 1950 e 60 ajuda em muito a pensar o Brasil de hoje. Lamentavelmente, como ele previa àquela altura, subsistem o subdesenvolvimento, o subemprego, as disparidades sociais, a heterogeneidade tecnológica e uma forma subordinada de inserção internacional. Resta-nos, como consolo, recordar que pior ainda seria se, ademais, não possuíssemos uma visão crítica da nossa situação. Felizmente, Celso Furtado não o permitiu.

7.
INDUSTRIALIZAÇÃO NA VISÃO DE CELSO FURTADO
Wilson Suzigan

O desenvolvimento industrial como caminho para o desenvolvimento econômico e social sempre ocupou lugar de destaque na obra de Furtado, tanto em sua visão histórica da formação econômica do Brasil e da América Latina quanto em sua discussão de temas contemporâneos. Por razões de espaço e de interesse pessoal, este trabalho focaliza o processo histórico de desenvolvimento industrial na visão de Furtado. Para isso, as obras que servirão de referência são três de seus mais influentes livros: *Teoria e política do desenvolvimento econômico*, publicado em 1967 e atualmente em sua 10ª edição (2000e), considerado pelo próprio autor como sua obra mais importante; *Formação econômica do Brasil*, publicado em 1959 e desde então reeditado inúmeras vezes, no Brasil e no exterior, tornando-se o livro mais adotado nos cursos de economia brasileira; e *Formação econômica da América Latina*, publicado em 1969 e uma das mais importantes contribuições ao estudo dos problemas do desenvolvimento latino-americano.

Por sua própria natureza, este trabalho não incorpora o debate acadêmico em torno das contribuições de Furtado, nem as polêmicas quanto a aspectos específicos das obras de referência. O propósito é tão-somente revisitar o pensamento de Furtado quanto ao processo histórico de industrialização de economias subdesenvolvidas, em particular daquelas que se especializaram em produtos primários de exportação.

A organização do trabalho reflete a própria ordenação das fases históricas do processo de industrialização adotada por Furtado, tendo como pano de fundo o desenvolvimento industrial do Brasil e da América Latina. A primeira seção discute a industrialização induzida pelo crescimento e diversificação da procura global resultantes da expansão das exportações primárias, bem como as limitações intrínsecas a esse tipo de industrialização. A segunda seção trata da crise do setor exportador e conseqüentes "tensões estruturais" que levaram a uma segunda fase de industrialização por substituição de importações. A terceira seção discute o esgotamento da substituição de importações e a ação estatal na passagem a uma terceira fase da industrialização, com a ampliação das bases do sistema industrial, que passa a desempenhar o papel de "elemento propulsor do desenvolvimento". Por último, são apresentadas algumas considerações finais.

Industrialização induzida pelas exportações primárias

Na visão de Celso Furtado, o início de um processo de industrialização em economias exportadoras de produtos primários tem como ponto de partida a especialização em um ou em alguns poucos produtos. Essa especialização, combinada com uma procura mundial de matérias-primas em expansão, leva a um aumento da produtividade e da renda da economia, provocando um aumento da procura global e modificação do seu perfil no sentido de um aumento mais que proporcional da procura de produtos manufaturados. É essa diversificação da procura que dá origem a um núcleo de mercado interno de produtos manufaturados. Entretanto, dado que a estrutura produtiva evoluiu no sentido oposto, isto é, especializou-se em produtos primários, a procura de produtos manufaturados tende a ser inicialmente atendida por importações. A possibilidade de esse mercado interno dar origem, subseqüentemente, a um processo de industrialização depende da natureza e da forma de organização da atividade exportadora.

Para avaliar essa possibilidade, Furtado (2000e: 240-1; 1969: 125-30) alerta que é preciso levar em conta uma série de fatores, entre os quais:

- A magnitude do aumento de produtividade média da economia, decorrente da atividade exportadora;
- As "modificações possíveis nas funções de produção em decorrência da inserção do novo setor exportador e significado dessas modificações do ponto de vista da assimilação do progresso técnico";
- A natureza da atividade exportadora, "da qual depende a quantidade relativa da mão-de-obra absorvida" no setor de produtividade elevada e em expansão, "e sua influência no nível do salário médio preexistente e no aperfeiçoamento do fator humano";
- "Modificações na forma de distribuição da renda e seus reflexos no perfil da procura global";
- "Proporção do incremento do produto interno retido no país", uma vez que, se os investimentos realizados na atividade exportadora forem predominantemente estrangeiros, reduz-se a parte do fluxo de renda do setor em expansão que permanece no país;
- "Importância relativa da parte do incremento da renda que reverte para o Estado e forma como este a utiliza";
- "Importância relativa dos investimentos de infra-estrutura induzidos pelo desenvolvimento do setor exportador." Dependendo da natureza da atividade exportadora, varia a exigência em termos de infra-estrutura: rede de transportes mais ou menos extensa; infra-estrutura especializada, não criadora de economias externas para o conjunto da

economia, ou de uso geral e geradora de economias externas; maior ou menor necessidade de geração de energia, e assim por diante;

• Dimensão do setor exportador em expansão, que em geral tem a ver com as próprias dimensões geográfica e demográfica do país, e os "efeitos potenciais de arrasto e de impulsão da nova atividade exportadora, ou seja, sua capacidade para gerar procura de insumos a ser atendida dentro do país e para colocar à disposição de outras atividades internas insumos potenciais".

Assim, supondo que o aumento da produtividade média da economia seja de magnitude significativa por seus impactos sobre a renda e a procura global, pode-se ter dois tipos de desdobramentos, dependendo dos demais fatores mencionados por Furtado. Primeiro, se o tipo de produto exportado não implicar mudanças significativas de funções de produção e assimilação de progresso técnico, nem tiver influência alguma sobre os níveis de salário médio e as qualificações da mão-de-obra; se prevalecer a concentração da renda e/ou se o incremento da renda não permanece no país ou reverte em boa parte para o Estado; se os investimentos em infra-estrutura são muito especializados ou limitados em termos geográficos e, por fim, se o setor exportador é de pequenas dimensões e suas atividades não exercem efeitos de arrasto e de impulsão sobre o resto da economia, então dificilmente haverá condições para uma industrialização induzida pela expansão da nova atividade exportadora. A maior procura de manufaturados gerada por essa expansão será provavelmente orientada para importações. Segundo, se, ao contrário, a nova atividade exportadora engendra mudanças significativas nas funções de produção e induz à assimilação de progresso técnico, absorve grande quantidade de mão-de-obra com elevação do salário médio em proporção ao aumento da produtividade (o que implica mudança na distribuição da renda), retém no país boa parte do incremento da renda, requer a construção de ampla rede de infra-estrutura de uso geral, tem grandes dimensões e afeta o resto da economia, então é bastante provável a ocorrência de uma primeira fase de industrialização induzida pela exportação primária.

Furtado enfatiza que essa industrialização não resulta diretamente do aumento das exportações, mas sim indiretamente dos efeitos potenciais desse aumento sobre a renda interna e a diversificação da procura. Assim, "o processo de diversificação da procura segue na frente do de crescimento da produção industrial [...] Como a diversificação das importações se pode concretizar com mais rapidez que a da estrutura industrial, é natural que numa primeira fase a diversificação da procura seja atendida pelas importações e somente numa segunda pela produção interna" (2000e: 247). Dessa forma, a industrialização começa por ocupar mercados antes supridos por importações, e depois prossegue à medida que cresce e se diversifica a procura de manufaturados, por sua vez induzida pelo incremento da renda decorrente da expansão das exportações primárias.

A intensidade desse tipo de industrialização induzida, segundo Furtado (2000e: 248-9), dependerá também de outros fatores condicionantes, tais como: "a existência de recursos naturais ou de matérias-primas agrícolas de fácil produção, o grau de urbanização já alcançado e a dimensão da população total do país". De modo geral, dois tipos de atividades caracterizam essa primeira fase da industrialização. "O primeiro inclui indústrias diretamente ligadas à produção para exportação: é o caso de refinarias de açúcar, fábricas de óleos vegetais, frigoríficos etc. O segundo grupo de indústrias apóia-se diretamente no crescimento da procura global e na urbanização. Esta última tende a produzir um núcleo principal, o qual concentra um importante contingente populacional em torno de um ponto ou de um centro político. Indústrias que utilizam mão-de-obra de forma intensiva, ou que produzem artigos perecíveis, bem como outras que produzem materiais de construção, aglomeram-se nesse núcleo urbano, o qual se beneficia de serviços públicos, financeiros e outros, inexistentes no resto de país. Trata-se em geral de indústrias com respeito às quais as vantagens de escala contam pouco ou os custos de transporte contam muito."

Esse tipo de industrialização ocorreu antes da Primeira Guerra Mundial nos países latino-americanos de maiores dimensões (Argentina, Brasil, Chile e México), e encerrou-se na década de 1920. A elasticidade de crescimento do setor industrial em função do aumento da renda *per capita* (1,36 no período 1900-1929), segundo Furtado (2000e: 250), "constitui prova de que o desenvolvimento econômico induzido pelas exportações de produtos primários [...] engendra um processo de industrialização". Para Furtado (1969: 124), esse processo de industrialização, ainda em sua primeira fase, poderia ser aprofundado no sentido de diversificação estrutural, pois "o crescimento do mercado interno era uma realidade, ali onde se expandiram as exportações. Ao alcançar esse mercado certas dimensões, uma política protecionista seria o suficiente para provocar um surto industrial, tanto mais que os investimentos industriais se beneficiariam das economias externas proporcionadas pela infra-estrutura já instalada".

Entretanto, essa primeira fase de industrialização tinha, na visão de Furtado (1969: 133), limitações intrínsecas decorrentes de suas próprias características. Consistia essencialmente de "um núcleo de indústrias de bens de consumo corrente — tecidos, produtos de couro, alimentos elaborados, confecções — que se tornavam viáveis em razão do crescimento da renda disponível para consumo sob o impulso da expansão das exportações", e de indústrias de materiais de construção que surgiam em paralelo ao processo de urbanização. Ora, pondera Furtado, "essas indústrias [...] são de escasso poder germinativo". No caso das indústrias de bens de consumo, seu crescimento inicial era rápido "simplesmente porque elas ocupavam o lugar de produtos anteriormente importados". O crescimento da produção industrial vai se tornando débil à medida que vão sendo esgotadas as possibilidades de ocupação do mercado, passando então a ser influenciado sobretudo pelas flutuações da renda gerada pelo setor exportador e seus impactos sobre o mercado interno. Os investimentos visando ao crescimento da produção assumem "a forma de adição de novas unidades de produção, similares às preexistentes, mediante a importação de equipamentos. Não se trata de formação de um sistema de produção industrial, mediante sua crescente diversificação, e sim da adição de unidades similares em certos setores de atividade industrial. A mão-de-obra absorvida, beneficiando-se de uma taxa de salário superior à média do país, constitui um reforço ao mercado interno, da mesma forma que a expansão do setor exportador, ao absorver parte do excedente de mão-de-obra, contribui para a expansão desse mercado. Dessa forma, não existe diferença essencial entre a expansão industrial dessa primeira fase e o crescimento da agricultura de exportação. A diferença estava em que esta última, dependendo de uma demanda exterior ao país, operava como variável exógena, ao passo que os investimentos no setor industrial dependiam do crescimento de um mercado criado pela expansão das exportações. Na verdade, o setor industrial se comportava como um multiplicador de emprego do setor exportador" (Furtado, 1969: 133-4).

Furtado deixa claro, portanto, o modo como a industrialização nessa primeira fase estava atrelada às características e ao desempenho do setor exportador de produtos primários. Para que o setor industrial pudesse superar essa dependência, "seria necessário que ele se diversificasse suficientemente para autogerar demanda. Isto é, se instalassem indústrias de equipamentos e outras, cujo produto fosse absorvido pelo próprio setor industrial e [por] outras atividades produtivas" (1969: 134). Lembra, entretanto, que tanto os investimentos industriais quanto os investimentos em infra-estrutura tinham facilidades de financiamento no exterior para compra de equipamentos e tecnologia. Por isso, a dependência quanto a financiamentos "subordinava a aquisição de equipamentos a fornecedores estrangeiros, reduzindo a atividade industrial ao processamento de matérias-primas locais com equipamentos importados ou ao acabamento de bens de consumo importados semi-elaborados, sempre com base em equipamentos adquiridos no exterior" (*ibidem*). Com isso, ficavam bastante limitados "os requerimentos de assimilação de tecnologia moderna", o que teria repercussões negativas sobre a continuidade do processo de industrialização.

Fica claro, portanto, que para Furtado o processo de industrialização induzido pela expansão das exportações primárias, por sua própria natureza, "já apresentava inequívocos sintomas de esgotamento antes da crise de 1929" (1969: 132). Essa crise, ao desorganizar de vez o setor exportador, muda a natureza do processo de industrialização. "Até então, o desenvolvimento do setor industrial fora um reflexo da expansão das exportações; a partir desse momento, a industrialização seria principalmente induzida pelas tensões estruturais provocadas pelo declínio, ou crescimento insuficiente, do setor exportador."

INDUSTRIALIZAÇÃO POR SUBSTITUIÇÃO DE IMPORTAÇÕES

A forma como a crise de 1929 afetou o processo de industrialização, mudando sua natureza, é analisada por Furtado (2000e: 250-1; 1963: 205-48) a partir da propagação dos efeitos macroeconômicos da crise. Em suas palavras: "As quedas cíclicas do nível da renda gerada pelas exportações teriam que acarretar redução da procura global, baixa dos investimentos industriais etc. Entretanto, a partir de um certo grau de diversificação da estrutura produtiva — decorrência da expansão relativa do setor industrial —, a forma de propagação da depressão originada no setor exportador tende a se modificar. A baixa da renda gerada pelas exportações provoca imediata redução da renda global e contração da receita governamental; essa contração é particularmente grande pelo fato de que nos países subdesenvolvidos o comércio exterior constitui, freqüentemente, a base da arrecadação dos impostos". Além disso, argumenta Furtado que, como há itens rígidos no passivo do balanço de pagamentos e os termos de intercâmbio estão se deteriorando, "a queda da capacidade para importar tende a ser bem maior que a redução direta do valor das exportações. É corrente que haja, em conseqüência da insuficiência da capacidade para importar, desvalorização cambial com o aumento relativo dos preços dos bens importados. Se a isto acrescentamos que o governo procurará financiar parte de seus gastos com expansão monetária, é fácil compreender que se criarão fortes pressões na economia, particularmente naqueles países em que, em razão da inelasticidade de oferta dos produtos de exportação, surge a necessidade de acumular estoques com financiamento interno", este último em substituição, em parte, às fontes internacionais afetadas pela depressão.

Assim, a crise internacional, ao reduzir bruscamente a procura global em termos reais, dá origem a tensões estruturais que, por sua vez, desencadeiam fatores inflacionários — desvalorização cambial, déficit governamental, acumulação de estoques de produtos de exportação — que, "se, por um lado, expandem a renda monetária, por outro elevam os preços relativos dos produtos industriais importados, favorecendo a posição competitiva da produção industrial interna" (2000e: 250-1). Tem início, então, uma segunda fase do processo de industrialização. Este "já não se apóia em uma expansão prévia da procura global. Pelo contrário: são as tensões criadas pela contração da procura global que, provocando redistribuição de renda, elevam a eficácia dos investimentos no setor industrial". Furtado argumenta que essa maior eficácia, proporcionada pela mudança de preços relativos, baseia-se inicialmente na plena utilização da capacidade produtiva já instalada, tirando proveito de uma oferta elástica de mão-de-obra que possibilitava utilizar o equipamento industrial em dois ou três turnos diários. Foram criadas assim condições para que a indústria, em rápido crescimento, passasse a liderar o processo de desenvolvimento.

A produção industrial cresce e se diversifica "para atender uma procura que se tornou insatisfeita em razão do declínio das importações". Entretanto, alerta Furtado, "[o] crescimento dos investimentos industriais representa novo fator de pressão sobre a capacidade de importação contraída. Surgem, assim, novas tensões estruturais que permitem ao processo seguir adiante" (2000e: 252).

Por isso, nessa segunda fase, o processo de industrialização deve avançar liberando capacidade de importação, o que faz com que geralmente esse segundo tipo de industrialização seja acompanhado por redução do coeficiente de importação (1963: 249-55). Entretanto, ao definir a substituição de importações ("processo pelo qual a participação do comércio exterior na formação da renda tende a baixar"), Furtado admite que em "um sentido mais geral [...] existe substituição de importações toda vez que as importações crescem menos do que corresponderia — dada a elasticidade renda da procura dos bens que estavam sendo importados no período base —, sendo a procura adicional satisfeita com produção local. Nesse caso, a substituição de importações pode ocorrer com estabilidade e mesmo com elevação do coeficiente de importações" (2000e: 247, nota 2). Da mesma forma, trabalhando com dados para Argentina, Brasil e México no período 1929-1950, observa que a elasticidade renda de crescimento do setor industrial foi "excepcionalmente elevada. Essa elevada elasticidade constitui uma indicação de que a industrialização do segundo tipo requer modificações estruturais bem mais importantes que a do primeiro tipo" (2000e: 252).

Para que a industrialização por substituição de importações se torne possível, é necessário que o país tenha passado pela primeira fase de industrialização induzida pela expansão das exportações primárias. Mais que isso, é necessário que essa primeira industrialização tenha alcançado "certa importância relativa — uma produção industrial representando 10% do produto global constitui um ponto de referência — a fim de que o processo substitutivo ponha em marcha a segunda fase da industrialização" (*ibidem*).

A dinâmica do processo de substituição de importações é sumariada por Furtado como segue: a partir do aumento da produção industrial de bens de consumo corrente, ao iniciar-se o processo de substituição, verifica-se um aumento correspondente da demanda de bens intermediários e de máquinas e equipamentos em geral. Dada a restrição da capacidade de importar, os preços dos insumos industriais tendem a aumentar, abrindo novas oportunidades de investimentos. Estes, por sua vez, pressionarão ainda mais a capacidade de importar, criando novas tensões estruturais, e o processo avança. Além disso, "o desenvolvimento da produção industrial, ao criar um fluxo de renda adicional, amplia o mercado interno" (1969: 141), criando um círculo virtuoso de crescimento.

Furtado estabelece com clareza que a industrialização por substituição de importações "foi, a rigor, um fenômeno da década de 1930 e do período de guerra, isto é, da fase em que a contração da capacidade para importar permitiu que se utilizasse intensamente um núcleo industrial surgido na fase anterior. Que a industrialização se haja intensificado nesses países [Argentina, Brasil, Chile e México] durante a depressão do setor externo, constitui clara indicação de que esse processo poderia haver ocorrido anteriormente caso tais países se houvessem beneficiado de políticas adequadas. Em outras palavras: a superação da primeira fase da industrialização exigia medidas econômicas visando a modificar a estrutura do núcleo industrial; não tendo sido tomadas [tais medidas] os setores industriais foram levados a uma situação de relativa depressão. A crise, ao criar condições para uma utilização intensiva da capacidade existente e ao ampliar a demanda de produtos intermediários e equipamentos, tornou evidente que o processo de industrialização somente seguiria à criação de indústrias de base. A ação estatal, conduzindo à criação de industrias de base, abriria uma terceira fase no processo de industrialização latino-americano" (1969: 144).

ESGOTAMENTO DA SUBSTITUIÇÃO DE IMPORTAÇÕES E INDUSTRIALIZAÇÃO POR AÇÃO ESTATAL

Há evidência, segundo Furtado (2000e: 252-3), de que já em meados da década de 1950 o processo de substituição de importações apresentava sinais de saturação nos países latino-americanos de industrialização mais avançada. O coeficiente de importações permanecia estável, caía a elasticidade renda do crescimento da produção industrial, e a participação da produção industrial no produto global estabilizava-se em torno de um terço. Isso significa que, "alcançado certo grau de redução relativa das importações, a possibilidade de aumentar a rentabilidade de determinados investimentos industriais mediante elevação dos preços relativos dos produtos importados torna-se muito pequena ou desaparece". Ou seja, a pauta de importações pode ficar reduzida a um pequeno número de itens de difícil compressão, com o agravante de que, no caso de bens de capital, uma elevação dos preços relativos de importação pode afetar negativamente a eficácia dos investimentos na economia com um todo. "Ter-se-á, então, esgotado o processo de substituição de importações, e a industrialização somente poderá prosseguir se a estrutura da economia, e do setor industrial em particular, houver alcançado certo grau de diversificação" (*ibidem*).

Furtado dá a entender que, nos três países latino-americanos mais avançados no processo de industrialização (Argentina, Brasil e México), os governos tinham consciência dos limites da industrialização substitutiva de importações e da necessidade da ação estatal para avançar na diversificação estrutural. E afirma que no "período de pós-guerra, o processo de industrialização nos três países referidos dependeu muito mais da ação estatal visando a concentrar investimentos em setores básicos, da recuperação ocasional do setor exportador e da introdução de capitais e tecnologia estrangeiros, que propriamente da substituição de importações. Contudo, continuou-se a falar em substituição de importações pelo fato de que a produção industrial, orientando-se estritamente para satisfazer a demanda interna, abasteceu mercados antes supridos mediante importações [...] A rigor, os novos mercados foram principalmente criados pela ampliação da demanda global que trouxe consigo a industrialização" (1969: 143-4).

Nessa fase, cabe ao setor industrial "desempenhar, por si mesmo, o papel de elemento propulsor do desenvolvimento". Para isso, "deverá estar estruturado de tal forma que a utilização de sua capacidade produtiva tenha como contrapartida necessária que se alcance um grau adequado de investimentos no conjunto da economia" (2000e: 253). Partindo de parâmetros empiricamente estabelecidos de participação da produção industrial no PIB e da produção de bens de capital na produção industrial, Furtado estima que a taxa adequada de investimentos em relação ao PIB seria de 18%, "sempre que tenha acesso às fontes do progresso técnico. Visto o problema de outro ângulo: para que esse país possa utilizar plenamente sua capacidade produtiva, sua taxa de investimento deverá alcançar 18%. Um crescimento mais intenso do setor externo pode aumentar a eficácia da utilização dos recursos, mas não é em si o elemento propulsor do desenvolvimento. Os investimentos poderão orientar-se no sentido da substituição de importações, aumentando a sua eficácia, sem que nesse processo esteja o elemento propulsor do desenvolvimento. Este passa a originar-se diretamente na diversificação estrutural" (*ibidem*).

Furtado adverte, ainda, que uma redução do coeficiente de importação encontra limites estabelecidos pela base de recursos naturais, pelas dimensões do mercado interno e pela dependência tecnológica que caracteriza economias subdesenvolvidas. E mesmo a estabilização desse coeficiente "implica que as importações estarão crescendo na mesma intensidade que o produto, o que dificilmente se pode conseguir se as exportações conservam sua composição tradicional, isto é, continuam a limitar-se a alguns produtos primários" (2000e: 253-4). Além disso, continua Furtado, "para que as importações cresçam na mesma intensidade que as exportações, os termos de intercâmbio devem estar estáveis e outras partidas sensíveis da balança de pagamentos (custo da tecnologia e lucros enviados ao exterior por empresas controladas por capital estrangeiro) não devem aumentar com mais intensidade que as exportações. Dessa forma, a diferenciação estrutural obtida pela industrialização substitutiva de importações é causa necessária mas não suficiente para alcançar um desenvolvimento estável" (*ibidem*). Nesse ponto, Furtado remete o leitor para um ponto fundamental: "O comportamento das economias subdesenvolvidas não pode ser explicado sem que se tenham em conta as normas que regem sua inserção no sistema econômico internacional" (2000e: 254).

Para Furtado (2000e: 255-61), a industrialização na fase pós-substituição de importações sancionou uma inserção internacional e uma correspondente estrutura produtiva, impostas pelas economias centrais. Partindo do princípio de que a diversificação da procura, tanto quanto o aumento da produtividade, constitui elemento motor do desenvolvimento, argumenta que os países que se especializaram de acordo com suas vantagens comparativas transformaram-se em importadores de novos bens de consumo, e o seu desenvolvimento econômico passou a confundir-se com a importação de padrões de consumo. Isto, segundo Furtado, gerou uma "descontinuidade na 'superfície' da procura", e foi a industrialização "substitutiva de importações"[1] que transferiu essa descontinuidade para a estrutura do aparelho produtivo. A partir daí, a industrialização adquiriu uma conotação de mera "descentralização geográfica de atividades manufatureiras. Ora, essa descentralização não significa industrialização no sentido de autonomia para criar produtos industriais; significa localizar, parcial ou totalmente, na 'periferia', a produção física de artigos que continuam a ser *criados* [ênfase no original] nos centros dominantes" (2000e: 259).

Assim, na "fase da industrialização 'substitutiva', os fluxos reais entre o 'centro' e a 'periferia' já não têm o mesmo papel dinamizador. Esse papel passa a ser desempenhado pela forte penetração de novas técnicas que traz consigo a descentralização geográfica da atividade manufatureira. À diferença do que ocorria na fase de maximização das vantagens comparativas, os investimentos no setor industrial exigem modificações nas funções de produção com rápida elevação do nível tecnológico do conjunto do sistema. Instalado o parque industrial, o quadro se apresentará mais uma vez modificado. O fator dinamizador passa a ser a difusão de novas formas de consumo, imitadas dos países 'centrais'. À diferença das economias desenvolvidas, nas quais o fator dinamizador é um processo con-

---

[1] Entre aspas no original porque, como visto anteriormente, Furtado considera que, a rigor, a substituição de importações esgotou-se em meados da década de 1950.

jugado de adoção e *difusão* [ênfase no original] de novas formas de consumo (privado e/ou público), e de novos processos produtivos, os dois fatores primários interagindo em função das condições do conjunto do sistema, na economia subdesenvolvida, é a importação de formas de consumo em benefício de uma minoria restrita que constitui o principal fator dinâmico" (2000e: 260-1). Enquanto nas economias desenvolvidas a difusão de processos produtivos, aumentando a produtividade, eleva o nível de vida da população (seja por meio do aumento concomitante da taxa de salários, seja pela redução dos preços relativos dos bens de consumo), nas economias subdesenvolvidas "esse processo somente se cumpre em sua plenitude com respeito a uma minoria da população. O resto da população é afetado de forma decrescente, em função de sua integração na economia monetária e no mercado de produtos manufaturados. O peso do excedente estrutural de mão-de-obra faz com que a penetração de técnicas sofisticadas nas atividades ligadas ao conjunto da população acarrete um crescimento mais do que proporcional da renda dos grupos ricos, cujos gastos devem, em conseqüência, aumentar mais do que proporcionalmente para que prossiga o processo de difusão de novas técnicas. Cabe, portanto, concluir que a introdução de novos padrões de consumo entre os grupos ricos constitui o verdadeiro fator primário (ao lado da ação do Estado) do crescimento das economias subdesenvolvidas na fase pós-substituição de importações" (2000e: 261).

Quanto à ação do Estado, no quadro de relações de dominação-dependência, a análise de Furtado é favorável à coordenação centralizada de decisões econômicas, com explicitação de objetivos nacionais e prioridades sociais. Nessas condições, as formas da ação do Estado abrangem: "a) apropriação pelo Estado de parte substancial dos lucros das empresas internacionais e/ou estatização das filiais, no caso de produção primária para os mercados internacionais; b) subordinação de grandes empresas a objetivos precisos de política econômica e efetiva integração na economia nacional dos frutos das inovações tecnológicas; c) previsão e controle das conseqüências sociais da penetração do progresso tecnológico e seleção de técnicas em função de objetivos sociais explícitos; d) controle da comercialização internacional de produtos primários de exportação, o que exige estreita cooperação entre países produtores" (2000e: 265). Para isso é necessário ter consciência da dimensão política da situação de subdesenvolvimento, no âmbito das mencionadas relações de dominação-dependência. Nesse sentido, as idéias de Furtado constituem um verdadeiro pleito em favor de políticas de desenvolvimento industrial.

Observações Finais

As contribuições de Celso Furtado ao estudo do processo de industrialização de países em condições de subdesenvolvimento são amplamente conhecidas e reconhecidas, e já foram suficientemente ressaltadas na literatura. Entretanto, vale a pena repisar alguns pontos. Primeiro, fica claro, pela análise de Furtado, que é necessário considerar uma plêiade de fatores intervenientes no processo de transição de uma economia exportadora de produtos primários para uma economia industrial, notadamente aqueles relacionados com a natureza da atividade exportadora, desde sua forma de organização e potencial de transformação do sistema produtivo e da sociedade até suas dimensões físicas. Segundo, torna-se evidente a referência, na análise do processo histórico de industrialização das economias subdesenvolvidas da América Latina, a três tipos de transformação dessas economias: especialização de acordo com as vantagens comparativas, substituição de importações e importação de padrões de consumo pelos grupos sociais de altas rendas. Esses três tipos de transformação "têm em comum constituírem processos adaptativos diante da evolução estrutural dos centros dominantes. Trata-se, portanto, de uma evolução do próprio processo de dependência" (2000e: 261), que só poderia ser rompido por meio de uma ação mais incisiva do Estado. Terceiro, Furtado tem clara percepção das limitações intrínsecas da primeira fase de industrialização induzida pelas exportações primárias, limitações essas manifestadas principalmente no baixo potencial desse tipo de industrialização para induzir mudanças estruturais no sistema produtivo. Quarto, Furtado estabelece nitidamente o período em que a industrialização pode ser apropriadamente chamada de substituição de importações, o que torna impróprias, para não dizer errôneas, as referências ao processo de desenvolvimento industrial dos países latino-americanos a partir de meados da década de 1950 como industrialização por substituição de importações. Cabe aqui talvez uma observação quanto à ênfase dada por Furtado à mudança dos preços relativos das importações como um dos fatores que, com a crise de 1929, desencadearam as mudanças estruturais que levaram à segunda fase da industrialização. Na verdade, embora essa ênfase seja correta para o momento da transição, a mudança dos preços relativos perde importância nos momentos seguintes e o verdadeiro instrumento de proteção passa a ser a introdução de barreiras não-tarifárias às importações. Quinto, Furtado mostra com clareza como, na terceira fase da industrialização, muda a natureza do desenvolvimento industrial, que passa a ser determinada principalmente pela emulação, entre os grupos de renda mais alta, dos padrões de consumo típicos dos países desenvolvidos. Sexto, Furtado mostra de forma igualmente clara que a ação do Estado é uma forma válida e amplamente utilizada de induzir modificações no perfil da procura (evitando ou atenuando a influência da importação de padrões de consumo) e, por conseqüência, induzir também mudanças na estrutura do sistema produtivo, escapando assim às determinações impostas pelas relações de dominação-dependência.

8.
A UTOPIA DA NAÇÃO: ESPERANÇA E DESALENTO
Leda Maria Paulani

Celso Furtado, o genial economista, autor da *Formação econômica do Brasil*,[1] em uma entrevista recente, afirmou que "Nunca se imaginou que esse aqui fosse um país qualquer. Todos reconheciam também que era um país que viveu muito tempo de facilidades e que se habituou a não levar a sério as estruturas internas e a má distribuição de renda. Agora o Brasil chegou ao extremo [...] O triste é imaginar que um país em construção fosse entregue ao mercado" (*Valor*, 9 de junho de 2000). Furtado tem mesmo razão: nunca se imaginou que este aqui fosse um país qualquer. Outro era, sem dúvida, o futuro que para ele se entrevia, o de um país forte, dono e senhor de seu destino, com economia e cultura próprias e com um lugar ao sol no comando dos rumos mundiais. Um país qualquer, sem autonomia, geopoliticamente sem importância, esse destino tão mixo nunca combinou com a imensidão do território e nunca esteve no horizonte do grandioso imaginário nacional. Paulo Arantes, que de há muito investiga as razões de nossa crônica malformação,[2] lembrou recentemen-

---

[1] Não deve o leitor esquecer que não foi de pouca monta a proeza realizada por Celso Furtado ao conseguir dar sentido à já substantiva massa disponível de fatos e dados sobre a evolução econômica de 450 anos do país. Por maiores que possam ser os méritos da obra anterior, de Roberto Simonsen, essa montanha de informações havia sido utilizada até então em peças meramente descritivas, sem que aí se descobrisse qualquer lógica ou direção. Pois Celso Furtado não só descortinou um sentido para os movimentos historicamente observados, como pôde apontar com precisão o momento mesmo da constituição da "economia nacional". Suas descobertas não foram portanto da ordem do empírico ou do fatual, mas resultaram de um esforço singular de interpretação. A partir da *Formação* passou-se a ver o que antes apenas se enxergava. O santo responsável pelo milagre foi o arsenal keynesiano, que Furtado soube manejar com maestria, o que, de resto, só faz aumentar a proeza, pois, a despeito da base objetiva inequivocamente keynesiana e insuflada ainda mais pelos eflúvios cepalinos, na academia os ortodoxos nunca perderam espaço e estavam sempre dispostos a restaurar a "boa doutrina". Voltaremos à questão.

[2] Não por acaso Paulo Arantes vem retomando as linhas de uma das mais fecundas tradições de reflexão sobre o caráter do país. Materialista e focada nas pistas deixadas pelas manifestações culturais, essa tradição tem em Antonio Candido e Roberto Schwarz dois de seus outros representantes. Deixo aqui registrado desde já meu débito para com essa linha de pensamento e os pensadores que a ela se filiam. Suas idéias, preocupações e produção intelectual conformam o contexto no âmbito do qual se pensa aqui o trabalho de Celso Furtado.

te[3] que o "encontro marcado com o futuro" é um dos mitos fundadores de uma nacionalidade periférica como a brasileira.[4]

Tendo nascido o Brasil sob a égide da expansão dos estados territoriais originários, funcionando por mais de três séculos simplesmente como reserva patrimonial, praça comercial e base de operação de força de trabalho compulsória, é de se perguntar então: a) por que, trazendo essa marca de nascença, é o encontro com o futuro que funda a nacionalidade brasileira; b) que futuro é esse; e c) quem é que o imagina.

Partindo do princípio de que só tem futuro ou, pelo menos, só pode pensar no futuro quem tem liberdade e autodeterminação, a condição *sine qua non* para que um país possa ter futuro é que sua evolução possa ser comandada desde dentro, particularmente no caso de formações como a nossa, nascidas como apêndices. Em outros termos, sem que se possa falar em uma economia e uma cultura efetivamente nacionais, o futuro não está no horizonte. De outro lado, a dar crédito ao mito, é a idéia mesma do encontro com o futuro que funda a Nação.

O nó, portanto, está em que o país periférico, por conta de sua posição naturalmente subordinada, precisa do mito de um destino fadado ao sucesso, para poder construir tal futuro e construir assim efetivamente a própria Nação.[5] Não sendo assim, o país corre o risco de se pôr indefinidamente como país "do futuro" e a Nação em questão, como um eterno vir-a-ser. Que essa pareça ter sido finalmente nossa sorte, particularmente se levamos em conta os desastrosos anos 1990,[6] não muda nada o fato de que, ao longo dos últimos 200 anos, episódica e parcialmente, o país experimentou sua constituição como Nação, vislumbrando seu glorioso destino.

Celso Furtado foi a um só tempo observador histórico, personagem de grande importância e intérprete privilegiado desse enredo e de seu, até agora, melancólico desfecho. As palavras suas que abrem este ensaio traem a amargura de quem compartilhou esse sonho e lutou por ele racionalmente, porque percebia que não

---

[3] Refiro-me ao ensaio inédito "A desordem do progresso" (2001).

[4] Agradeço os comentários e sugestões de Airton Paschoa. Os equívocos são meus.

[5] Por razões que fogem ao escopo deste trabalho investigar, o Brasil talvez tenha sido, dentre os países periféricos, aquele que mais girou (em falso) em torno à idéia da inexorabilidade do sucesso.

[6] Nesse ponto talvez não seja demasiado observar, tomando de empréstimo algumas considerações de Chaui (2000: 9-10), que a idéia do encontro marcado com o futuro parece ter realizado irrepreensivelmente seu papel de mito fundador, bloqueando a percepção da realidade e dificultando sua ação sobre ela, dada a inexorabilidade do sucesso que marcaria nosso destino.

havia restrições objetivas à sua consecução. O território digno de continente, a generosa fertilidade do solo, as riquezas naturais incomensuráveis, o imenso mercado interno potencial, estavam aí mesmo, colocando a construção da Nação ao alcance da mão. Nesse contexto, só pode mesmo ser triste acompanhar, no final do século XX, a "entrega do país ao mercado".

Mas vamos por partes. No que se segue, discutiremos: 1) a natureza da principal descoberta de Furtado (ou, como ele mesmo a chama, a sua "descoberta do Brasil"); e 2) a relação disso com as providências que, segundo nosso autor, permitiriam pôr de pé a Nação brasileira. Daí em diante, retomaremos o questionamento acerca da natureza desse grandioso futuro que se esperava e dos personagens principais por trás dessa imaginação fabulosa. Ao longo de todo esse percurso tentaremos mostrar a importância das descobertas de Furtado, como elas denunciam por si sós as insuperáveis barreiras que se erguem contra a possibilidade de comparecermos ao encontro com o futuro, singularidade essa do pensamento furtadiano que talvez só hoje, em plena etapa rentista do sistema mundial de acumulação, estejamos em condições de avaliar em sua devida importância.

A Descoberta do Brasil[7]

Celso Furtado descobriu o Brasil no final da década de 1940, mais exatamente na segunda metade de 1949, escrevendo um ensaio que viria a ser publicado no número de março de 1950 da *Revista Brasileira de Economia*.[8] Já muito instigado pelas idéias de Raul Prebisch, com quem trabalhava na CEPAL, e sem ligar para a admoestação de Gudin, que teria dito que ele apelava demais para a imaginação em suas análises, de modo que deveria ter sido romancista, não economista, nosso autor estava então obcecado pela idéia de compreender o Brasil, particularmente as causas de seu clamoroso atraso.

Do ponto de vista metodológico, partia do princípio de que não há construção teórica sem uma forte dose de imaginação, de modo que sua tarefa seria investi-la no processo formativo do país, desentranhando desse fluxo histórico

---

[7] O que vem a seguir encontra-se inteiramente embasado em *A fantasia organizada* (1997: 87-361), livro de memórias de Celso Furtado. "Descoberta do Brasil" é o nome do capítulo em que retoma as principais idéias do ensaio que daria origem à *Formação*.

[8] O referido trabalho, que consta na obra autobiográfica do autor como tendo sido o primeiro ensaio de análise econômica por ele escrito (Furtado, 1997: t. I, 381), recebeu o título singelo de "Características gerais da economia brasileira". É divertido observar que, reinando então o espírito hoje hegemônico no mundo da ciência econômica produzida na academia, o texto de Furtado, com um título desses, não mereceria a menor consideração, sendo imediatamente descartado. Felizmente corriam outros tempos. Já para nós...

A Grande Esperança em Celso Furtado

o que ele tinha de singular. Apesar de denominar o resultado de "descoberta", Furtado, segundo ele próprio relata, tinha consciência da natureza de sua empreitada: ele tratava ali de "reinventar" o Brasil. Diz ele: "Pelo fato mesmo de que são irreversíveis e comportam muito de aleatório, os processos históricos somente são compreendidos quando de alguma forma são reinventados [...] Arregacei as mangas e comecei a pensar o Brasil com a desenvoltura de quem reunisse ignorância e intrepidez" (Furtado, 1997: 163).

Como estava interessado "no desenrolar dos acontecimentos no tempo", Furtado substituiu a idéia prebischiana de "periferia", essencialmente sincrônica, pela idéia de "economia colonial", que lhe permitia inserir o país em seu quadro histórico. Vista sob esse prisma, a deterioração dos termos de troca, que coubera a Prebisch diagnosticar como problema maior da América Latina, aparecia inicialmente como corolário natural da vinculação metrópole-colônia, constituindo assim um aspecto particular da tendência geral do capitalismo de concentrar poder econômico.

Furtado percebe, então, que residiam nesse tipo específico de relação com o exterior as causas primordiais da concentração de renda e do crescimento lento do mercado interno, que, por bom tempo, marcaram nossa performance econômica. Ele já vislumbra aí o famoso mecanismo de "socialização das perdas", o qual marcava os períodos de contração cíclica e cuja dinâmica ele vai detalhar na *Formação*,[9] mas são suas observações sobre as fases opostas que aqui nos interessam mais.

Nas fases de prosperidade, observa Furtado, a oferta totalmente elástica de mão-de-obra e a elevada propensão a importar das camadas de renda mais alta encarregavam-se não só de perpetuar a tendência à concentração de renda, mantendo constantes os rendimentos reais das classes inferiores, como impediam o desabrochar de um círculo virtuoso de crescimento impulsionado pelo mercado interno, já que boa parte dos estímulos provenientes do crescimento da demanda efetiva, bem como o efeito multiplicador daí decorrente, acabavam por beneficiar as economias centrais, mesmo depois da independência política. Reproduzia-se assim, período a período, uma pauta de compras e vendas externas em tudo favorável à perpetuação do mecanismo de transferência de renda ao exterior operado pela deterioração dos termos de troca.

---

[9] Como é sabido, o mecanismo em questão funcionava por meio do aumento do volume físico das vendas externas e/ou pelo financiamento dos estoques e, principalmente, por meio da depreciação cambial, de modo que sua operação permitia que os grupos exportadores repartissem com a massa da população, particularmente com os segmentos já integrados à economia de mercado, as perdas que sofriam nas fases de descenso.

Essa primeira descoberta de nosso autor, para além da correção meramente técnica da análise, importa principalmente por tocar na questão fundamental. O que ele está indicando é que, a despeito do rompimento formal do vínculo metrópole-colônia e do conseqüente desmonte do entrave político à constituição de um mercado interno vigoroso, nossa situação de "economia colonial" perdurara por muito tempo, em função também de um entrave, digamos assim, "cultural", radicado no sentimento de inferioridade de nossas elites, sempre deprimidas pelo cotejo com os padrões de vida e de progresso das economias centrais e sempre prontas a compensar sua infelicidade com a importação, diretamente da fonte, de modismos de toda sorte, espirituais e materiais.

Objetivamente essa possibilidade se ancorava na liberdade com que as camadas superiores podiam decidir o destino do excedente, particularmente nos momentos de ascenso cíclico. Em outras palavras, a substantiva elasticidade da oferta de mão-de-obra que sempre existiu por aqui (mesmo depois de encerrada a escravidão negra), reforçada, além do mais, pelo processo de crescimento baseado em ciclos qualitativamente distintos, característico de nossa história econômica, foi permitindo que as elites pudessem "desenvolver" o país sem serem obrigadas a carregar consigo, nesse movimento, a massa da população. Outra fosse a situação, uma parcela significativamente maior da demanda efetiva aumentada das fases de prosperidade reverteria para dentro, elevando o nível de renda e emprego internos, gerando renda monetária, incrementando novamente os estímulos à demanda e assim por diante.

De outro lado, mesmo com esse permanente exército de reserva, o ciclo virtuoso do crescimento endogenamente determinado poderia igualmente ter desabrochado mais cedo se nossas elites fossem efetivamente burguesas, no sentido weberiano do termo, o que, como já se viu, não acontecia, antes o contrário. Assim, os dois elementos percebidos por Furtado (a abundância de mão-de-obra e a propensão a importar das camadas superiores) compuseram um círculo vicioso que por longo tempo aprisionou nossa evolução econômica numa dinâmica determinada completamente de fora, pelo vaivém dos ciclos de exportação. A acanhada manufatura, bem como a futura indústria, não tinham qualquer autonomia de movimento, servindo simplesmente para cobrir os vazios de oferta gerados pelas crises periódicas do setor primário-exportador. É em função do conjunto desse quadro que, a despeito do tamanho do território brasileiro e das riquezas naturais aí existentes (fertilidade do solo incluída), os arranques produzidos nos ascensos cíclicos dos giros em série do modelo exportador nunca foram suficientes, como seria lógico esperar, para alavancar o mercado interno, transformando-o no pólo irradiador da dinâmica econômica do país.

E, sendo comandada de fora, é de fora também, continua a descobrir Furtado, que surgem as condições para que finalmente a economia brasileira passe a ser determinada desde dentro. Como é fácil adivinhar, foi a partir de uma fase de descenso que se constituiu o movimento que, na *Formação*, Furtado vai chamar de "deslocamento do centro dinâmico". É a crise de 1929 e a prolongada recessão advinda que vão não só desmontar o esquema anterior, que protegia os interesses da "economia colonial", perpetuando essa situação, como vão conferir autonomia à indústria, a qual deixa então de ser mero apêndice do setor exportador para ganhar vida própria. É só a partir daí, afirma Furtado, que se pode efetivamente falar em industrialização.

A redução forçada do coeficiente de importações que a crise impôs ao país funcionou como cimento na consolidação do mercado interno. Além disso, como a defesa dos setores exportadores não se desmantelou inteiramente depois da crise, senão que assumiu outras formas, os benefícios daí decorrentes em termos de manutenção dos níveis de renda e emprego, benefícios esses, diga-se de passagem, inconscientemente produzidos, permaneciam agora inteiramente no âmbito da economia doméstica. A partir de então, o país exporta produtos primários, apenas, não demanda efetiva, protege os setores exportadores, não a "economia colonial".

É assim, conclui Furtado, que se forma afinal a economia nacional, pois que, além de ser internamente gerado o dinamismo, a consolidação do mercado interno cola os cacos herdados dos ciclos exportadores anteriores, constituindo um todo economicamente integrado, com a rápida monetização das relações materiais e com a perda sistemática de espaço da economia de subsistência, ainda muito expressiva, mesmo depois do completo domínio do assalariamento nas relações de trabalho. Eis o Brasil que Furtado descobre, com sua economia nacionalmente constituída, com seu centro dinâmico deslocado de fora para dentro do país, e com o vasto território economicamente integrado, graças à geração cada vez mais intensa de renda monetária proporcionada pelo fortalecimento do mercado interno.

É esse esquema básico e esse mesmo método ("aproximar a História da análise econômica, extrair desta perguntas precisas e obter respostas para as mesmas na História"[10]) que Furtado vai utilizar na *Formação*, cuja primeira versão ele escreve em Cambridge, entre novembro de 1957 e fevereiro de 1958.[11]

---

[10] Furtado (1997: 331).

[11] "Um ano depois da tese [o ano é 1949 e a tese é seu trabalho de doutoramento], a qual se limitara a estudar a fase açucareira da economia colonial brasileira, publiquei meu primeiro estudo analítico das transformações da economia brasileira no século atual. Neste ensaio estão os germes do que seria, dez anos depois, meu *Formação econômica do Brasil*" (Furtado, 1997: 21).

Nosso autor, porém, tinha aí o intuito deliberado de demorar-se, de estender sua análise, de considerar a economia colonial desde seus primórdios e, fundamentalmente, de dar sentido à substantiva massa de informações quantitativas já existentes sobre a evolução econômica do país e com a qual havia casualmente se reencontrado por conta da reedição do famoso trabalho de Roberto Simonsen.

O móvel que o guiava, porém, continuava sendo dado pela agenda cepalina. A reconstituição do processo de formação da economia brasileira que ele intentava só faria sentido se iluminasse as causas do atraso econômico do país.[12] E é com esta intenção que Furtado reconta, com riqueza de detalhes e capacidade analítica ímpar, mais de quatro séculos de história econômica brasileira, costurando cada informação, cada dado disponível, no pano de fundo teórico keynesiano, deixando falar os fatos em sua singularidade, mas emprestando-lhes sentido.[13] Como se percebe, nosso autor já andava aí à busca das razões pelas quais funcionava tão desgraçadamente bem nosso mito fundador, empurrando cada vez para o futuro, tirando sempre do alcance da mão a realização das potencialidades objetivamente aqui inscritas, adiando *sine die* a construção efetiva da grande Nação que o Brasil poderia ser.

Chegando aos mesmos resultados que obtivera alguns anos antes, a saber, o da constituição da economia nacional com o deslocamento do centro dinâmico para dentro do país a partir da década de 1930, Furtado concluía a *Formação* observando que era imperioso fortalecer a industrialização (apagar qualquer vestígio porventura existente da "economia colonial") e reduzir as disparidades regionais, para que a recém-conquistada autonomia fincasse raízes, para que se superasse definitivamente o atraso, a dependência e o subdesenvolvimento. Desmontada a armadilha que antes impedia a determinação interna dos rumos econômicos, estavam dadas, pelo menos do ponto de vista material, as bases para a existência da Nação, cuja construção, no entanto, precisava ser concluída. Para

---

[12] Comentando suas preocupações nesse período, afirma Furtado: "O esforço para compreender o atraso brasileiro levou-me a pensar na especificidade do subdesenvolvimento [...] o objetivo final era compreender as razões do atraso de um país que reunia as potencialidades do Brasil" (1997: 22).

[13] A esse respeito diz Francisco de Oliveira: "A história econômica realizada por Furtado é, de certa maneira, uma releitura keynesiana da história brasileira. A teoria de Keynes ajudou Furtado a deslindar, por exemplo, a autonomia do Estado brasileiro para realizar ações intervencionistas a partir da Revolução de 1930, bem como a ampliar o alcance das transformações econômicas do ciclo do café que ajudaram na criação do mercado interno, diferenciando-o dos anteriores ciclos da história econômica nacional: é a teoria keynesiana da demanda como núcleo do processo econômico capitalista que possibilita essa operação interpretativa" (1999: 319).

isso era preciso deixar de lado as idéias convencionais sobre vantagens comparativas, adotar o planejamento como instrumento primordial do Estado na superação do subdesenvolvimento e reforçar as instituições da sociedade civil.

AS PROVIDÊNCIAS PARA A CONSTRUÇÃO DA NAÇÃO BRASILEIRA

Para aquilo que nos interessa, talvez possamos resumir as descobertas de Furtado em quatro pontos: 1) a despeito de não estar o Brasil incluído no rol dos Estados Nacionais cuja constituição fora historicamente exigida pelo processo mesmo de acumulação e de reprodução ampliada do capital, e não obstante a inexistência por aqui de elites verdadeiramente burguesas,[14] o país tinha, ainda assim, uma boa chance de se constituir como Nação, dada a potencialidade de seu mercado interno, espalhado por um vasto e fértil território, guarnecido de substantivas riquezas naturais; 2) tendo se constituído, porém, como "economia colonial", essa potencialidade ficara por longo tempo adormecida e as possibilidades que daí advinham para o desenvolvimento do país não tinham podido se realizar; 3) uma contingência histórica desmontara, no início da década de 1930, a engrenagem que impedia esse fator de operar positivamente no sentido da construção da economia nacional, jogando então no colo do país a possibilidade histórica de se constituir como Nação soberana, já que o centro dinâmico de sua evolução material passara a ser a economia doméstica; 4) para que essa construção se efetivasse, contudo, seria preciso, durante algum tempo, preservar o país das forças cegas do mercado,[15] completar o processo de industrialização, planejar a redução

---

[14] A despeito da referência recorrente na obra de Furtado quanto ao caráter, digamos assim, esbanjador de nossas elites, para aquilo que aqui nos interessa, o déficit de comportamento "verdadeiramente burguês" que se reclama, e que também marca presença nas observações de nosso autor, tem que ver muito mais com o ímpeto civilizatório posto no discurso ideológico das burguesias originárias — a vida metódica, o amor ao trabalho, a honestidade, o apreço pelas regras do jogo, o amor à liberdade, o impulso de construir etc. — do que com a tendência à poupança que derivaria de dita "consciência". No nosso caso, independentemente de serem mais ou menos "protestantes" em termos de consumo, o que de fato importa é que as elites locais estavam mais preocupadas com sua própria condição de inferioridade, que bovarianamente remediavam, trazendo do exterior mimos de toda sorte, do que com a situação efetiva da "civilização" que construíam por aqui, conforto de que desfrutavam, como já observamos, graças às condições objetivas que lhes proporcionava nossa economia colonial, tal como descoberto pelo próprio Furtado. Voltaremos à questão.

[15] Num livro escrito já no início da década de 1990, Celso Furtado diria sobre a mesma questão: "Um sistema econômico nacional não é outra coisa senão a prevalência de critérios políticos que permitem superar a rigidez da lógica econômica na busca do bem-estar coletivo" (*Brasil: a construção interrompida*, Rio de Janeiro, Paz e Terra, 1992: 30).

das desigualdades regionais e de renda, além de fortalecer a sociedade civil no sentido da preservação das instituições democráticas, tudo concorrendo para o crescimento e o efetivo fortalecimento do mercado interno, única forma de garantir que ele não fosse destronado do posto de baliza do desenvolvimento do país.

Nesse ponto, convém observar que as descobertas de Furtado encontram evidente paralelo com outros processos formativos, descobertos por outros clássicos do pensamento nacional, a maioria deles girando em torno da questão da necessidade de superação da existência colonial e confluindo para a conclusão de que — não importa em que plano seja, se no material, se no do ideário — não se pode falar de vida "nacional" antes que seja determinado internamente o impulso em que ela se assenta.[16] Em outras palavras, que a Nação não se constitui apenas pela identidade vernacular, territorial ou econômica; que, em qualquer caso, é preciso que a dinâmica do movimento desses planos seja domesticamente fixada.

Sendo assim, no que diz respeito às bases materiais, o Brasil só poderia ser considerado uma Nação a partir da inversão do pólo dinâmico desencadeada pela crise de 1929, e isso não porque estivesse efetivamente formada a partir de então uma economia verdadeiramente nacional, mas porque se desatara o nó que antes objetivamente impedia que fossem internamente determinados seus rumos. Cabia portanto a nossas elites — é o que indica Celso Furtado — tomar as providências para que esse processo chegasse a bom termo.

No entanto, como mostraria a história, nossas elites, certamente por conta de sua situação desde o início dúbia — internamente elites e externamente pouco mais que funcionários de uma metrópole, que além de tudo entrou rapidamente em decadência —, não se mostrariam à altura dessa tarefa, não obstante terem tido seu papel na "invenção" da Nação brasileira que a independência política produziu. A esse respeito, não custa lembrar que nossa independência passou muito longe de qualquer processo de iniciação política e/ou de ascensão econômica das classes inferiores, o que indica que, de uma certa forma, esta primeira invenção do Brasil foi obra quase exclusiva das próprias elites. A dimen-

---

[16] O parentesco mais próximo parece ser com Antonio Candido (ver sua "Introdução" à *Formação da literatura brasileira: momentos decisivos*, coincidentemente de 1959). Também ele, refletindo sobre a formação de nossa literatura, se refere ao processo histórico de estabelecimento de uma causalidade interna, capaz de forjar nossa independência literária, alcançada, por exemplo, por um Machado de Assis, o qual, sem desprezar empréstimos externos, combinou-os porém com o patrimônio literário acumulado localmente, resultando numa literatura nova e original. Sobre as implicações gerais desse pensamento, Roberto Schwarz e Paulo Arantes têm escrito e discorrido recorrentemente.

são transcendente desse processo, que tem que ver com significados coletivos, com senso de comunidade, com a construção de solidariedades, ficou reduzida assim ao mundo das próprias elites. Ao que tudo indica, a libertação do jugo metropolitano que a imaginação nacional passou a reclamar visava muito mais à afirmação da posição de superioridade dessas elites do que à construção de uma Nação poderosa que rivalizasse com a metrópole e com o centro orgânico do sistema.

O desdobramento desse processo foi produzindo, ou reproduzindo, mesmo depois da abolição do trabalho escravo e mesmo com a "atualização" industrial do país, a mesma situação de perpetuação das desigualdades, de modernização com atraso e de crescimento econômico com ausência ou retrocesso de desenvolvimento social. Celso Furtado, que já descobrira que o nó que antes impedia a determinação interna da dinâmica econômica do país tinha sido apertado, de um lado, pela abundância congênita de mão-de-obra e, de outro, pelo déficit de comportamento burguês de nossas elites, intuía com facilidade que uma economia nacional não suportaria a permanência de uma sociedade assim fracionada. Por isso alertava não só para a necessidade de dar continuidade ao processo de industrialização, mas também para a necessidade de fortalecer a sociedade civil e planejar o crescimento econômico, de modo a reduzir as desigualdades regionais e de renda.

Três décadas depois da *Formação...*

AS PROVIDÊNCIAS PARA IMPEDIR A INTERRUPÇÃO DA CONSTRUÇÃO DA NAÇÃO

Fiel às suas descobertas, Celso Furtado retorna ao Brasil em 1958, depois de quase 10 anos na CEPAL, com o firme propósito de contribuir para reverter o atraso do Nordeste, minorando assim o problema das desigualdades (também as regionais), que, a seu ver, entravava o processo de construção da Nação. Foi de imediato secretário executivo do Grupo de Estudos do Desenvolvimento do Nordeste, criado por Kubitschek, depois superintendente da SUDENE, ministro de Goulart, novamente superintendente da SUDENE, até que o golpe militar de 1964 desfez-lhe a fantasia por tantos anos organizada e o obrigou a retomar o caminho da academia fora do país. Desde então, jamais deixando de acompanhar a evolução econômica do Brasil, Furtado continuou a pesquisar, discutir e escrever sobre os mesmo temas: subdesenvolvimento, atraso, dependência, construção da Nação.

Em 1992, publica um pequeno livro com o sugestivo título de *Brasil: a construção interrompida* e nele premonitoriamente diz: "As páginas reunidas neste pequeno livro refletem todas, em graus diversos, o sentimento de angústia gerado pelas incertezas que pairam sobre o futuro do Brasil [...] A ofensiva que visa a vacinar a nova geração contra todo pensamento social que não seja inspirado na lógica dos mercados [...] já convenceu a grande maioria da inocuidade de toda tentativa de resistência. Interrompida a construção de um sistema econômico nacional, o papel dos líderes atuais seria o de liquidatários do projeto de desenvolvimento que cimentou a unidade do país e nos abriu uma grande opção histórica" (1992: 9). Quem assistiu, apenas dois anos depois, à ascensão da era Fernando Henrique, com sua adesão incondicional e resoluta à agenda "modernizadora" adiantada por Fernando Collor, pôde testemunhar a disposição com que o insigne mandatário se lançou à tarefa que Furtado entrevira para os "líderes atuais".

Mas retomemos o fio. A tese que Furtado já esboçava aí era, basicamente, que as transformações experimentadas pelo capitalismo em nível mundial, particularmente a constituição dos grandes grupos transnacionais, colocava sérios riscos ao projeto de completar a construção da Nação,[17] de modo que a integração com a economia internacional deveria ser feita de modo extremamente cauteloso, preservando-se ao máximo a autonomia do país, sem o que, caminhar-se-ia inexoravelmente para a desarticulação do sistema econômico nacional: "A partir do momento em que o motor do crescimento deixa de ser a formação do mercado interno para ser a integração com a economia internacional, os efeitos de sinergia gerados pela interdependência das distintas regiões do país desaparecem, enfraquecendo consideravelmente os vínculos de solidariedade entre elas. [...] Em um país ainda em formação, como é o Brasil, a predominância da lógica das empresas transnacionais na ordenação das atividades econômicas conduzirá quase necessariamente a tensões inter-regionais, à exacerbação de rivalidades corporativas e à formação de bolsões de miséria, tudo apontando para a inviabilização do país como projeto nacional" (1992: 32-5).[18]

Em outras palavras, Furtado percebia, já no início da década de 1990, que a integração forjada pela internacionalização sem peias do capital poderia, num país periférico como o Brasil, descambar facilmente para a desintegração, dada

---

[17] Em livro de 1999, Furtado vai acrescentar à transnacionalização do capital a subutilização da capacidade produtiva, que marcaria esta última etapa do capitalismo: "O ideal keynesiano de pleno emprego foi abandonado, o que acarretou a degradação do tecido social com aumento da criminalidade e enfraquecimento da coesão comunitária. A tendência à subutilização do capital explica a grande disponibilidade de recursos líquidos para investir no exterior, o que está na raiz da globalização. Com efeito, esta resulta da ação conjugada de dois vetores: o reforço da oferta de recursos para investir no exterior, que se observa nos países de capitalismo avançado, e a orientação dada a esse processo pelas empresas transnacionais" (Furtado, 1999: 14).

[18] Nas páginas finais, Furtado alertava também para o entrave derivado da importância da política monetária americana e de seus nefastos efeitos para a economia do país: "As relações com esse país [os EUA] constituem, portanto, a trava básica da ação governamental no Brasil" (1992: 85).

a fragilidade, por aqui, da idéia de Nação, que, fosse outro o contexto, poderia atuar como força contrária.

Mas, nesse momento, a despeito das nuvens no horizonte e do desalento que traía o título do livro, Celso Furtado parecia ainda nutrir alguma esperança de que pudéssemos comparecer ao encontro marcado, esperança essa que, induzida pelo peculiar caráter das condições objetivas aqui reunidas, nunca abandonou suas reflexões sobre o Brasil.[19] Nosso autor ainda fala aí em "projeto nacional" e se refere ao Brasil como "um país em formação", cujo caminho, é bem verdade, vai ficando mais difícil, exigindo redobrada cautela: "Não ignoramos que o tempo histórico se acelera, e que a contagem desse tempo se faz contra nós. Trata-se de saber se temos um futuro como nação que conta na construção do devenir humano. Ou se prevalecerão as forças que se empenham em interromper nosso processo histórico de formação de um Estado-Nação" (1992: 35). Essa esperança, a despeito da reiteração da condição de subdesenvolvido que Furtado continuava a atribuir ao país, decorria dos mesmos fatores que ele havia levantado quando da *Formação*: "Na fase formativa em que se encontra a economia brasileira, o essencial é a ativação do potencial produtivo interno e a integração dos mercados regionais, principais fatores de dinamização econômica. [...] Em poucas áreas do mundo a relação homem/recursos naturais, inclusive solo e água para agricultura, é tão favorável como entre nós. O que se pode esperar da ordem internacional é que ela não nos prive de autonomia para governar-nos [...]" (1992: 85).

Da esperança, ainda que tênue, nosso autor passa, oito anos depois, à melancolia. Na mesma entrevista ao jornal *Valor*, de junho de 2000, de onde foram retiradas as reflexões suas que abrem o presente ensaio, um Celso Furtado desanimado critica o governo FHC, indicando claramente que não só a roda da história continuou a girar contra nós, como se aceitou despreocupadamente e de bom grado as conseqüências que daí derivaram, de modo que ordem internacional e mandatários domésticos andaram de mãos dadas no movimento de redução acelerada de nossa autonomia. Depois de rir da nota 10 que o presidente do Banco Central (Armínio Fraga) teria dado à economia brasileira e de afirmar ser suicídio o país se subordinar aos interesses estrangeiros, nosso autor finalmente

---

[19] Comentando o espírito menos pessimista de Celso Furtado, quando comparado, por exemplo, a Caio Prado, no que diz respeito à possibilidade de o país efetivamente superar seu legado colonial, diz Roberto Schwarz: "Furtado escreve do ângulo do homem de Estado, e depois dos outros três autores [Gilberto Freyre, Sérgio Buarque e Caio Prado]. Não desconhece o que eles dizem da conformação da sociedade brasileira, cujos efeitos negativos entretanto julga sanáveis, a partir de uma intervenção patriótica e esclarecida dos governantes" (1999: 18).

confessa desalentado que nunca viu, por aqui, nenhuma força capaz de superar o subdesenvolvimento.

Retomemos, então, este último conceito, outra das importantes descobertas de Furtado, porque ele nos vai ser útil para investigar, agora com outros olhos, os enigmas que envolvem o mito de nosso encontro marcado com o futuro, possibilitando nossa reflexão sobre as razões do até agora insuperado atraso nacional.

A SUPERAÇÃO DO SUBDESENVOLVIMENTO: ESPERANÇA E DESALENTO

Se lembrarmos das providências que Furtado indicara serem necessárias para que o país não desperdiçasse a chance histórica, que lhe caíra às mãos com a crise de 29, de se construir efetivamente como nação, veremos que só uma delas, o término[20] do processo de industrialização, acabou por se realizar e mesmo assim de modo atabalhoado, quase por acaso,[21] e certamente tendo levado muito mais tempo do que ele previra. Como se sabe, é só com a conclusão dos projetos do II PND de Geisel, já no início da década de 1980, que se completa a matriz interindustrial do país, constituindo-se plenamente os setores de insumos básicos e de bens de capital. As desigualdades regionais e de renda, contudo, continuaram intocadas e, pior, aprofundaram-se, graças à sem-cerimônia do "esperar o bolo crescer para depois dividir", facilitado pelo fechamento político do regime, enquanto a sociedade civil, ao invés de ter sido fortalecida, sofreu um duro golpe com a prolongada ditadura militar que começara em 1964.

---

[20] Até onde seja pertinente falar em "término", quando o termo que a ele se refere é justamente "processo de industrialização". De qualquer forma, esse sentido preserva-se parcialmente se levarmos em conta que nos referimos aqui à posição das condições necessárias para a reprodução autônoma de um determinado padrão de produção industrial.

[21] Apesar de o II PND ter resultado de uma resposta política e muito bem planejada à crise externa do início da década de 1970, ele foi, por isso mesmo, impulsionado por um evento exterior, mais uma chance que o acaso concedeu ao país. A história não nos desautoriza a pensar que, não fosse o choque do petróleo e a elevação substantiva dos preços internacionais de vários insumos industriais de primeira importância, talvez tivesse o governo militar permanecido muito mais tempo no embalo do crescimento milagroso (que se fazia à custa da capacidade ociosa herdada do período anterior), sem se dar conta dos gargalos estruturais e das caselas vazias que marcavam nossa matriz interindustrial. Quanto ao ímpeto industrializador de Kubitschek, consubstanciado no Plano de Metas, é preciso lembrar que ele, de certo modo, atropelou a forma mais ordenada de desenvolvimento industrial imaginada por Vargas, pois que urgia aproveitar, mesmo que fosse preciso inverter a ordem setorial, o acaso que fazia com que, naquela época, as grandes multinacionais européias e americanas estivessem à caça de oportunidades de investimento no Terceiro Mundo. Essa contingência histórica apresentava ao país uma oportunidade ímpar de chegar rapidamente ao Primeiro Mundo, mergulhando na onda dos eletrodomésticos e do automóvel individual. Não se podia desperdiçá-la.

Portanto, a industrialização, que aparecia no ideário cepalino como condição *sine qua non* da superação do retardo latino-americano, já que se punha como único meio de desarmar a deterioração dos termos de troca que lesava sistematicamente as economias do Terceiro Mundo, não tinha se mostrado suficiente, como bem previra Furtado, para retirar o país do atraso congênito de que padecia. Como veremos, esse resultado põe-se como confirmação de suas descobertas teóricas acerca da natureza disso que chamamos subdesenvolvimento.

Relembrando suas pesquisas sobre o tema, diz nosso autor, num livro de 1998: "Em minhas disquisições teóricas, o problema que mais me apaixonou foi o de encontrar explicação para o fato de que a elevada renda da população brasileira e o avanço considerável de nossa industrialização não se traduziram em redução da heterogeneidade social de nosso país [...] Como explicar nosso subdesenvolvimento se somos uma das economias que mais cresceram no correr do último meio século? A reflexão sobre esse problema levou-me a formular o que chamei de *teoria do subdesenvolvimento*" (*O capitalismo global*, Rio de Janeiro, Paz e Terra, 1998: 58, grifos do autor).

Num de seus livros de memória, Furtado registra o momento exato em que começou a se dar conta da especificidade do subdesenvolvimento. Em 1949-50, mesmo período, pois, em que gestara a interpretação que constituiria o cerne da *Formação*, ele andava às voltas, na companhia de Prebisch, com a questão da medição da produtividade num ambiente em que conviviam tecnologias de variados graus de desenvolvimento. Mais ainda, preocupavam-se os dois economistas com as conseqüências advindas, para países com abundância de mão-de-obra, do desenvolvimento tecnológico acelerado e sempre intensivo em capital que caracterizava as economias centrais. "Esses debates", assinala Furtado, "foram de importância decisiva para mim, pois me permitiram perceber que o subdesenvolvimento configurava um quadro histórico qualitativamente distinto daquele que tínhamos no espírito quando teorizávamos sobre o desenvolvimento. Não se tratava de uma *fase*, e sim de algo diferente, cuja especificidade cumpria captar" (*A fantasia organizada*, 1997: 190, grifos do autor).

O que Furtado captou é que a conformação social dos países qualificados como subdesenvolvidos resulta da forma particular que neles assume a difusão do progresso tecnológico. Para ele, o aumento persistente da produtividade do trabalho humano, que marca o desenvolvimento capitalista, é fruto, de um lado, do avanço das técnicas, e, de outro, do esforço de acumulação. Contudo, esses dois fatores comportam-se autonomamente, pois pode haver elevações na produtividade do trabalho graças tão-somente às economias de escala possibilitadas pela acumulação e/ou aos ganhos propiciados pela intensificação do comércio internacional. Assim, historicamente, torna-se muito mais fácil a difusão contínua dos novos padrões de consumo surgidos nos países que lideram o processo de industrialização, do que a universalização da tecnologia a partir da qual eles vão se tornando possíveis. Essa circunstância teria dado origem a "diferenças qualitativas entre as estruturas econômicas e sociais dos países em que a acumulação e o progresso nas técnicas produtivas avançavam conjuntamente e as daqueles países em que esses avanços privilegiaram o vetor da acumulação em obras improdutivas e bens duráveis de consumo, em geral importados" (*O capitalismo global*, Rio de Janeiro, Paz e Terra, 1998: 59-60).

A partir daí, Furtado vai concluir que a permanência do subdesenvolvimento se deve à ação de fatores de natureza cultural. A adoção, pelas classes dominantes, dos padrões de consumo dos países de nível de acumulação muito superiores aos nossos explicaria a elevada concentração de renda, a persistência da heterogeneidade social e a forma peculiar de inserção desses países no comércio internacional. A variável independente seria, em última instância, o fluxo de inovações nos modos de consumo, irradiado dos países centrais. Assim, nas regiões periféricas, a penetração do progresso capitalista far-se-ia inicialmente pelos padrões de consumo, limitando seus efeitos à "modernização" do estilo de vida de uns poucos segmentos da população (1998: 59-60).

Mesmo nas regiões em que a industrialização se seguiria à difusão dos modos de vida, ela chegaria tardiamente e acabaria reforçando, ao invés de modificar, as estruturas sociais existentes, seja em função de sua reduzida capacidade de absorção de mão-de-obra ante a abundância existente, seja por conta da forte propensão a consumir dos segmentos modernizados da sociedade. Assim, a acumulação que, nas economias centrais, havia levado à escassez de mão-de-obra e às conseqüentes pressões que conduziram à homogeneização social, vai produzindo, nas regiões periféricas, Brasil em destaque, resultados totalmente opostos: intensifica a marginalização social e reforça as estruturas sociais de dominação. (Daí a incansável batalha de Furtado, visando a dar andamento às demais providências, batalha que travou teórica e praticamente na certeza de que, sem a reversão da concentração de renda e o fortalecimento da sociedade civil, a industrialização não seria suficiente para consolidar a economia nacional e para sustentar o mercado interno como seu pólo dinâmico.)

Segundo Celso Furtado, o conceito de "desenvolvimento tecnológico dependente" permite articular os distintos elementos que estão na base desse problema: "O desenvolvimento tecnológico é dependente quando não se limita à introdução de novas técnicas, mas impõe a adoção de padrões de consumo sob a forma de novos produtos finais que correspondem a um grau de acumulação e de sofisticação técnica que só existem na sociedade em questão na forma de enclaves" (1998: 48).

Para Furtado, pois, o desenvolvimento capitalista de tipo subdesenvolvido resulta do desenvolvimento tecnológico dependente, no qual tem primazia a difusão dos padrões de consumo forjados nos países do centro. Contudo, a persistência e o aprofundamento desse tipo de movimento só são possíveis se essa sorte de "progresso capitalista" puder ir sobranceiramente em frente, dando de ombros à ausência de um mínimo de homogeneização social.[22] Como vimos, e esse é mais um dos importantes achados de nosso autor, isso nunca foi problema por aqui, já que as camadas superiores sempre puderam decidir sozinhas que destino dar ao excedente, graças à superoferta de força de trabalho.

E com isto temos o suficiente para avaliar as descobertas de Furtado à luz da investigação das razões e dos personagens por trás do mito fundador de nossa nacionalidade. Para que elas revelem sua indiscutível importância, basta recordar que, diferentemente dos Estados Nacionais, cuja constituição fora historicamente exigida pela ascensão do capitalismo, a invenção do Brasil não surgiu da demanda por homogeneidade social e cultural que advém da sociedade industrial. Ao contrário, ela nasceu, nesse sentido, antes da hora,[23] ditada por imperativos outros e funcionou, entre outras coisas, como remédio para o sentimento crônico de inferioridade que sempre assolou as camadas superiores.

Nada mais funcional, nesse contexto, do que a idéia de um encontro marcado com o futuro, futuro que finalmente traria às elites a tão sonhada equiparação com suas coirmãs do Norte e de além-mar, e que sempre serviu, além do mais, como álibi para justificar a permanência da selvagem desigualdade aqui vigente, esta sem dúvida uma *griffe* genuinamente nacional. O futuro que assim se imaginou não podia ser outro que não o de mera cópia dos padrões de consumo e modos de vida dos países de capitalismo avançado. Além do mais, a difusão dessa cópia nunca poderia se dar de modo universal, pois que colocaria em risco a natureza senhorial da condição de elite das camadas superiores, só ratificada se mantida a condição servil do restante da população.

---

[22] O argumento de Furtado a esse respeito vem do lado da oferta (a eterna abundância de mão-de-obra), mas também pelo lado da demanda encontramos um reforço para a posição confortável das elites: dada nossa substantiva densidade demográfica, por pequena que seja a fração da população que se possa considerar como "incluída", ela sempre será, em termos absolutos, muito mais do que suficiente para dinamizar o mercado e realizar enormes massas de capital.

[23] Sobre isso parece interessante lembrar que, em termos estritamente econômicos, a primeira metade do século XIX foi, para o Brasil, em contraste, a época em que a renda per capita foi a mais baixa do que em qualquer outro período da colônia, além do que os privilégios então concedidos à Inglaterra prestavam ajuda substancial à manutenção da indigência industrial e tecnológica da nova Nação (Furtado, 1959: 106-9).

Daí que a construção da Nação nunca tenha passado, por aqui, pelo desígnio de retirar da subcidadania congênita a maior parte de sua população. O "projeto" nacionalista que chegou a ter vida no país entre as décadas de 1930 e meados da de 1980 não foi de fato um "projeto" de nossas elites, senão um constrangimento objetivo ditado de fora, para o qual elas foram empurradas.

Por isso, mesmo depois de terem sido criadas as condições materiais para a construção efetiva da Nação brasileira, com o deslocamento para dentro de seu centro dinâmico, essa construção acabou por não ocorrer, tendo sido definitivamente atropelada, nas décadas de 1980 e 1990, pelas mudanças em curso no capitalismo mundial. Como bem alertara Furtado, a construção sustentada da Nação demandava justamente que ela fosse por um tempo preservada das forças cegas do mercado, que houvesse um projeto político visando a seu fortalecimento e a potencialização planejada de seu alvissareiro mercado interno, providências que passavam, evidentemente, pela redução das disparidades regionais e de renda. Se pouco se conseguiu disso nos bons tempos de vigência do ideário keynesiano e do "desenvolvimentismo nacionalista", muito menores são agora as chances de que isso venha a ocorrer.

De fato, a situação parece hoje muito mais complicada. As duas décadas perdidas em termos de crescimento econômico, combinadas à transnacionalização do capital, só fizeram aprofundar o caráter de enclave da vida econômica das camadas superiores da população, seu entrincheiramento e completa dessolidarização com os de baixo. Para completar o quadro, a virada desregulamentatória e o vendaval neoliberal vieram permitir, num grau inédito, a desterritorialização e a libertação do capital das amarras nacionais. Tudo somado e considerado o futuro tal como imaginado pelas elites que inventaram o Brasil, a construção da Nação não se faz mais necessária. Por isso elas deram as costas ao país e decidiram, como lamenta Celso Furtado, entregá-lo ao mercado, o que, no atual contexto, significa primordialmente entregá-lo à sanha das polícias monetárias internacionais, avalizadoras do rentismo que marca este momento da história capitalista.

Por algum tempo, ainda que não verdadeiramente construída, a Nação permaneceu ao menos como pressuposição, ainda que servisse tão-somente para a posição do país dual que por aqui foi se constituindo (já que a cada surto de crescimento, a despeito da elevação da renda média, foi ficando mais largo e fundo o fosso que separa classes superiores e inferiores, ricos e pobres, excluídos e incluídos). A "novidade" deste último período, particularmente depois da adoção sem peias da agenda modernizante ditada do centro do sistema, é que, do ponto de vista da acumulação periférica, a Nação não serve mais para nada. Pilotar o Estado continuou a ser necessário, mas apenas como apêndice monótono do

A Grande Esperança em Celso Furtado

objetivo maior de fazer valorizar o capital fictício neste país também fictício, ainda que para isso seja preciso penhorar o futuro de um território com 160 milhões de seres humanos (e insondáveis riquezas naturais). Agora a acumulação pode falar em nome próprio, sem fazer referência à incômoda invenção.

O leitor atento de Celso Furtado certamente não estará espantado com o infeliz desfecho, pois que, considerada a atual etapa da acumulação capitalista, ele se põe precisamente como corolário do argumento furtadiano. Um país onde as elites são pequenas, pouco burguesas, indolentes e almejam apenas a cópia dos modos de vida dos centros desenvolvidos; um país em que elas nunca foram obrigadas a se preocupar com o modo de vida do resto da população, já que mão-de-obra nunca faltou; um país onde o desenvolvimento tecnológico sempre se deu a reboque; um país onde a industrialização se deu aos trancos e empurrada por constrangimentos externos; um país onde o ganho fácil de tipo rentista e especulativo sempre teve a preferência nacional; um país desse, enfim, conforma o quadro perfeito para o viceijo das características e modos de regulação do novo regime de acumulação em curso no plano mundial. A facilidade com que esse discurso (abertura comercial, enxugamento do Estado, privatizações, moeda forte etc. etc.) foi incorporado na fala das elites e o caráter impositivo com que foi difundido na "opinião pública" são indícios indiscutíveis da perfeição desse casamento, com conseqüente abandono do "projeto nacional".

Nesse contexto, não deixa de causar estranheza o imperturbável otimismo de nosso autor quanto às possibilidades de o país vir a completar sua construção como Nação. Como vimos, é só muito recentemente que o desalento dá o tom de suas considerações. Se ele tivesse levado ao pé da letra suas próprias descobertas e as conseqüências que delas derivam, teria sido um pessimista convicto. Mas Furtado não foi só intérprete dessa trama, foi personagem de inegável importância de seu capítulo mais interessante, homem de Estado que lutou como pôde para mudar o rumo das coisas, mesmo plenamente consciente das barreiras que tinham de ser vencidas. Foi assim, a seu modo, fiel às suas descobertas, ditando a agenda que deveria ser cumprida para que o país se libertasse da condição de refém dos acasos da acumulação capitalista mundial, realizando todas as potencialidades aqui objetivamente inscritas. As transformações experimentadas pelo capitalismo no último quartel de século soterraram perversamente essa esperança, pois libertaram as elites da chateação de ter de construir a Nação. Esse curso dos acontecimentos, se mostra a acuidade teórica das descobertas de Celso Furtado, nem por isso o conforta. No fundo, como brasileiro e como homem público de rara grandeza de espírito, ele certamente sempre torceu para que não estivesse tão certo assim.

9.
CELSO FURTADO: AUTO-RETRATO E RETÓRICA
Rosa Maria Vieira

De 1950 a 1964, Celso Furtado desenvolve larga atuação teórico-institucional. Além de integrar a Comissão Econômica para América Latina e Caribe (CEPAL), elaborando as bases da teoria do subdesenvolvimento e do que se convencionou chamar concepção histórico-estruturalista, integra organismos governamentais brasileiros — Grupo Misto BNDE-CEPAL, Grupo de Trabalho de Desenvolvimento do Nordeste (GTDN), Conselho de Desenvolvimento do Nordeste (CODENO), Superintendência para o Desenvolvimento do Nordeste (SUDENE) e Ministério Extraordinário do Planejamento do governo Goulart —, elaborando e coordenando políticas públicas de desenvolvimento regional e nacional.

Em 1964, quando o golpe militar prepara a nova fase da expansão oligopolista no Brasil, sua trajetória sofre inflexão decisiva: politicamente derrotado e banido do país, Celso Furtado, até então misto de administrador público e teórico do subdesenvolvimento periférico, por força das circunstâncias, torna-se um acadêmico, professor em universidades do Chile, EUA e França. Suas formulações, agora mais voltadas à interpretação do que propriamente à ação política, ganham maior apuro e tornam-se conceitualmente mais precisas. Inicia-se aqui a fase em que Celso Furtado, já pessimista quanto às possibilidades de desenvolvimento auto-sustentado na periferia do capitalismo, torna-se um teórico mais rigoroso, mais *"establishment* acadêmico", segundo palavras de Francisco de Oliveira (Oliveira, 1983: 19).

Entre tantas outras publicações, data dessa fase seu "Auto-retrato intelectual", elaborado em Paris e editado no *Internacional Social Sciences Journal* (Paris, UNESCO, vol. XXV, nº 1/2, 1973). Esta será a primeira, mas não a única, incursão autobiográfica do autor. A partir de meados dos anos 1980, Celso Furtado elabora uma trilogia em que, cronista e "personagem do drama", relata sua trajetória pessoal, do segundo pós-guerra aos anos do exílio — *A fantasia organizada* (1985), *A fantasia desfeita* (1989) e *Os ares do mundo* (1991).

Minha proposta para este artigo é analisar o "Auto-retrato intelectual" de Celso Furtado em termos de uma leitura historiográfica de autobiografia. Creio ser este um instigante caminho para a abordagem de um pensador que, até agora objeto quase exclusivo de reflexão da teoria econômica, apresenta-se como um desafio para o historiador. Lembrando Peneff (1990), a autobiografia pode ser um instrumento de documentação histórica. "C'est une source documentaire diffuse et indirecte. Elle aide le chercheur à obtenir des donnés originales jusquelà négligées. Elle se rapproche du témoignage historique en sollicitant des directions non explorées." Uma outra possibilidade criada pela análise é a "de confronter le passé d'un individu avec la reconstruction verbale qu'il en présente". Assim, o estudo das contradições entre o que é contado e o que aconteceu, entre o que um ator fez e o que ele diz, abre fecundas vias de pesquisa. Mais do que propriamente apreender o vivido, a análise do relato autobiográfico pode também nos colocar diante de "attitudes verbales floues et contradictoires, racionalisations *a posteriori* ou plaidoyers" (Peneff, 1990: 6-7).

A partir de algumas formulações de Phillipe Lejeune, em seu empenho de estabelecer as especificidades do gênero autobiográfico, posso vislumbrar uma possível abordagem para o tratamento do "Auto-retrato": o lugar e a função do texto autobiográfico no conjunto da obra do autor, a ordem do relato autobiográfico, que inclui uma orientação governada pelo sentido e pelo desejo de persuasão, e a relação entre o autor e o público a que se destina a narrativa (Catelli, 1986).

A forma, a estrutura interna e a cadeia de argumentações do "Auto-retrato intelectual" são construídas tendo em vista um público específico. Ao contrário do período anterior a 1964, este público não é mais constituído por membros de equipes governamentais latino-americanas ou brasileiras, vinculados a projetos desenvolvimentistas e partidários da industrialização. Não se trata mais, também, de economistas ou técnicos de formação neoclássica e extração liberal, isto é, um segmento resistente às proposições cepalinas, com quem Celso Furtado polemiza ou a quem procura sensibilizar para aspectos de sua proposta de política econômica. O público a que se dirige agora é a comunidade intelectual européia. Afastado da cena política e inserido no meio universitário francês, busca o reconhecimento e a "legalidade acadêmica", depois de décadas de exercício de uma prática teórica essencialmente voltada para a ação em organismos públicos na América Latina.

A estratégia de argumentação estará estruturada em torno de uma dada concepção de intelectual, cujos fundamentos podem ser localizados nas proposições cepalinas — o intelectual reformador, dotado de razão e ciência, em condições de intervir na história através do planejamento, concebido como *técnica social* capaz de "elevar o nível de racionalidade das decisões que comandam complexos processos sociais, evitando-se que surjam processos cumulativos e nãoreversíveis em direções indesejáveis" (Furtado, 1983b: 35). Esta formulação ligase originalmente a uma das temáticas centrais da CEPAL, ou seja, a de que, deixado ao livre jogo das forças de mercado, o mundo capitalista periférico jamais romperia as barreiras do subdesenvolvimento, dada a impossibilidade histórica da industrialização espontânea das áreas atrasadas.

Razão e ciência, nesse discurso, fazem parceria com a idéia de isenção e neutralidade, ao sabor de certa inspiração positivista. Do mesmo modo como no discurso cepalino o conceito de Nação cumpre a função de obliterar as diferenciações sociais e as estratégias de classe em jogo no processo de desenvolvimento periférico, o princípio de neutralidade do arsenal teórico, de que lança mão o intelectual reformador, serve à construção ideológica do pensador acima das classes, instrumento esclarecido do progresso, dotado de racionalidade científica e engajado na luta contra as forças do atraso.

Na elaboração desse texto, Celso Furtado usa um conjunto de argumentos que confluem para a demonstração da neutralidade dos princípios científicos que informam sua *vocação reformadora* rumo ao progresso, ou seja, os compromissos com a ciência, a racionalidade, a indústria e a planificação. Isso corresponde, em termos de retórica, ao que se chama "interação por convergência", processo que tem a finalidade de aumentar o valor de convencimento das formulações de um discurso. Os diversos argumentos sinalizadores da isenção e racionalidade científica, como elementos capazes de assegurar a eficiência transformadora da realidade, reforçam-se mutuamente, porém não de modo claramente explícito no texto. A passagem entre as diversas proposições é muito sutil, como se a articulação dos argumentos fosse uma mera casualidade. A eficiência desse procedimento aumenta com o emprego da chamada "linguagem de convicção", ou seja, afirmações que não são transmitidas como sentimentos arbitrários, hipóteses ou conjecturas subjetivas do autor. As proposições são apresentadas como resultado de conclusões baseadas em premissas incontestáveis (Bianchi & Salviano Jr., 1996). Geralmente, o emprego da terceira pessoa do singular reforça essa intenção, pois confere distanciamento e neutralidade ao texto. Celso Furtado, embora use a primeira pessoa do singular, consegue esse efeito referindo-se a si mesmo unicamente na dimensão de homem público. Os dados de sua vida pessoal, que emergem ao longo do relato, são apenas os que interessam ao desvelamento de suas virtudes públicas, de modo a evidenciar uma biografia de caráter exemplar no trato da *res publica* e da construção do saber científico.

Como ponto de partida para a elaboração do "Auto-retrato", encontramos uma imagem do Nordeste brasileiro, que é a contrapartida de atraso ao progresso que se quer atingir e que justifica formas de intervenção racionalizadoras:

> A "política" absorvia parte importante da vida dos chefes de grandes famílias. Mas essa atividade política só remotamente estava ligada ao que ocorria no país: ela consistia essencialmente em rivali-

dades e conflitos, com apelo corrente à violência, entre famílias e grupos de famílias locais. As incursões de cangaceiros eram freqüentes. As histórias de violências referidas a pessoas conhecidas e não simples mitologia, povoaram a minha infância. [...] Esse mundo dos homens, em que poder e arbitrariedade estavam sempre mais juntos que separados, compunha com a natureza circundante um quadro harmonioso. O clima da região é extremamente peculiar: a chuva chega em quantidade relativamente grande (para uma região semi-árida) e em época precisa, provocando brusca metamorfose do mundo exterior. Mas a vinda da chuva é incerta e entre a abundância e a mais total miséria a distância é mínima, dependendo de um golpe da *fatalidade*. (Furtado, 1983b: 30-1)

A partir dessa visão de Nordeste, onde a história e a natureza confluem criando um quadro de estagnação, incerteza e brutalidade, Celso Furtado busca as determinações remotas e os elementos conformadores de seu comportamento na ação e na atividade intelectual criadora, que ele chama de "idéias-força":

A primeira dessas idéias é a de que a arbitrariedade e a violência tendem a predominar no mundo dos homens. A segunda é a de que a luta contra esse estado de coisas exige algo mais que simples esquemas racionais. A terceira é a de que essa luta é como um rio que passa: traz sempre águas novas, ninguém a ganha propriamente e nenhuma derrota é definitiva. (p. 32)

A vocação reformadora, além dessas determinações, precisava de um enquadramento intelectual que cientificamente modelasse a insurgência contra o fatalismo. Nessa medida, Celso Furtado compõe para seus leitores um caminho conseqüente de formação teórica, cujas origens se localizavam na adolescência, sob o influxo da movimentação intelectual do Brasil pós-1930. O modo como esse processo é reconstruído evidencia que o que está em jogo, agora, é o seu reconhecimento como teórico pela comunidade acadêmica européia. No relato autobiográfico, a larga trajetória como economista e administrador público, na CEPAL e em seu país, aparece num segundo plano, de modo que a coerente gestação do intelectual ganhe relevo. Teoria e ação, que juntas caracterizavam o projeto de Celso Furtado, até meados dos anos 1960, desvinculam-se formalmente para que o foco narrativo incida sobre a gênese do intelectual de ampla formação, marcadamente cosmopolita. Em outras palavras, a reivindicação da legalidade acadêmica teria que, necessariamente, passar pelo enunciado de uma formação universalista. O retrato pretendido é o de um pensador que, embora originalmente compromissado com o nacionalismo desenvolvimentista, é, sobretudo, um cientista/cidadão do mundo.

O núcleo original de influências, anunciado por Celso Furtado, tem três correntes principais: *a positivista* — "A primazia da razão, a idéia de que todo o conhecimento em sua forma superior assume a forma de *conhecimento científico*, a ligação entre conhecimento e progresso" —; *a marxista* — "como subproduto [do] interesse pela História", pois "a idéia de que as formas sociais são históricas, portanto podem ser superadas, permitia ver o mundo com outros olhos". Junto à proposta positivista do conhecimento, como "arma do progresso", a concepção marxista de história possibilitava "superar o círculo fechado do fatalismo e do absurdo, e ao mesmo tempo desembocava sobre uma responsabilidade moral" —; e a sociologia americana — com a qual Celso Furtado tinha entrado em contato "através do livro de Gilberto Freyre, *Casa-grande & senzala* [que] não somente permitia ver muitas coisas com olhos novos, mas também nos atualizava, isto é, nos punha ao dia com o que pensava no mundo intelectual em que se estava criando o conhecimento" (p. 33).

Como se vê, a referência às raízes intelectuais brasileiras circunscreve-se à obra de Gilberto Freyre e, mesmo assim, mediada pela sociologia norte-americana. É esta que confere legitimidade à única influência nacional declarada. Excetuando-se essa remissão a *Casa-grande & senzala* e a genérica alusão ao quadro intelectual do Brasil, após os eventos de 1930, nada mais é assinalado.

Convicção reformadora, isenção científica e formação teórica cosmopolita. A tríade persistirá em múltiplas recombinações e, de modo especial, orientará a narrativa de Celso Furtado quando ela se ocupar do processo de construção do economista. Tratar-se-á nesse caso, sobretudo, da tarefa de demarcar as diferenças de sua formação econômica estruturalista ante o campo neoliberal: a orientação multidisciplinar de cientista social, o recurso à história para o enquadramento das questões econômicas e a defesa da intervenção do Estado para controle das forças cegas do mercado, de modo a colocá-las a serviço do desenvolvimento capitalista periférico. Em suma, as possibilidades de atuação reformadora no mundo subdesenvolvido oferecidas pelas formulações histórico-estruturalistas.

Segundo indicações de Celso Furtado, o estudo de Economia, de modo sistemático, ocorre relativamente tarde, aos 26 anos, quando sua

> forma de ver o mundo, no fundamental, se havia definido. [Assim,] a Economia não chegaria a ser [...] mais que um instrumental, que [...] permitia, com mais eficácia, tratar problemas que me vinham da ob-

servação da história ou da vida dos homens em sociedade. Pouca influência teve na conformação de meu espírito. Nunca pude compreender a existência de um problema estritamente econômico.

O Marx da teorização econômica não exercerá, nesse processo, a alegada influência que teria tido o da Teoria da História. Conforme palavras de Celso Furtado,

> a leitura de O *capital* ocorreu quando os meus conhecimentos de Economia clássica (na versão ricardiana) já eram avançados e quando a moderna macroeconomia (na versão keynesiana) já se havia imposto. Dessas leituras ficaram-me, contudo, algumas idéias que se incorporarão definitivamente à minha forma de ver os processos econômicos. A primeira dessas idéias (reforçada pelas leituras de Schumpeter, feitas um pouco depois) é a da importância decisiva do progresso tecnológico. A outra é que os capitalistas tendem compulsivamente a acumular capital, ou seja, tentarão romper todos os obstáculos que se lhes oponham nesse caminho. Essa idéia permitia afastar o mito do estado estacionário, implícito tanto nos esquemas clássicos como nos neoclássicos. (pp. 36-7)

Totalmente estranha à visão do mundo econômico como um conjunto de automatismos — marca, por excelência, do pensamento neoliberal —, a concepção de Celso Furtado, quanto às decisões econômicas, pressupunha a questão do exercício de poder. E, quanto a isso, teria sido decisiva a influência de Keynes. Segundo Furtado,

> na economia capitalista, os centros de decisão mais importantes desse sistema estão no Estado. Essa idéia de que a economia capitalista não poderia operar sem um certo grau de centralização de decisões, ou seja, sem uma estrutura de poder (todo capitalismo é em certo grau um capitalismo de Estado), derivei-a da leitura de Keynes. (p. 37)

Essas observações, que confluem para a idéia de inoperância dos princípios neoliberais diante dos problemas do subdesenvolvimento e que justificam o recurso teórico ao pensamento de Schumpeter e Keynes, convivem, no entanto, com um notável silêncio: nenhuma referência a Raul Prebisch, o economista argentino idealizador da revolução cepalina e formulador da teorização das relações "centro-periferia" que, sabidamente, influenciou a formação de Celso Furtado e sua leitura do keynesianismo.[1] Escoimar da formação teórica as referências intelectuais que compõem a singularidade do pensamento econômico latino-americano, banir do relato os vínculos mais imediatos com a teoria nacional-desenvolvimentista: procedimentos que evidenciam, talvez, a preocupação com uma releitura da trajetória teórica, de forma a moldar a imagem de pensador cosmopolita, intelectual livre das limitações regionalistas periféricas.

De sua formação universitária, Celso Furtado destaca, no "Auto-retrato", a influência de Karl Mannheim. No texto, essa referência parece cumprir dupla função: deslocar o influxo de Marx, no que diz respeito à problemática da ação humana na sociedade, para plano mais remoto e abrir caminho para a justificação intelectual do planejamento econômico, compatível com o jogo democrático e com a reprodução capitalista. A sociologia do conhecimento de Mannheim é apresentada como "uma forma de ligar a atividade intelectual do homem à história" e o ponto de partida de seu interesse pelas ciências sociais. Porém, "não se tratava de *ler* os livros de Ciências Sociais e sim de buscar neles os meios para atuar" de modo racional, a partir de um planejamento adequado. Esta seria a principal lição do livro *Man and society in age of reconstruction*, de Mannheim, que, segundo Celso Furtado, o aproximara do planejamento como técnica social e nele fixara "a idéia de que o homem *pode* atuar racionalmente sobre a história" (pp. 34-5).

O peso da influência de Mannheim nas concepções de Celso Furtado não anula a do positivismo. Com ele, compõe, na realidade, um quadro de integração e complementaridade. Em dado momento da narrativa, Furtado lembra que, para o positivismo, "grande parte do que concerne ao comportamento dos homens, individual e socialmente, pode ser *objeto* de conhecimento científico não distinto do que temos do mundo exterior ao homem". Reiterando, então, sua anuência ao positivismo, anteriormente já enunciada, reconhece o princípio da "ruptura epistemológica entre o conhecimento científico e o conhecimento ideológico", que, segundo suas palavras, "sempre [lhe] pareceu clara" (p. 34).[2] As-

---

[1] Em contato com a revolução keynesiana desde o início da década de 1940, Raul Prebisch publica, em 1947, *Keynes: uma introdução* (Prebisch, 1991). As formulações keynesianas inspiram em larga medida o texto que, em 1949, dá os contornos da "revolução cepalina", "O desenvolvimento econômico da América Latina e seus principais problemas". Note-se que Furtado, economista integrante dos quadros da CEPAL desde os primeiros momentos, responsabilizou-se pela tradução e divulgação desse trabalho no Brasil, em 1950, através da *Revista Brasileira de Economia*. Veja-se, a propósito, Moraes (1995) e Furtado (1985).

[2] Resta saber como Celso Furtado concilia essa adesão à ruptura entre ciência e ideologia com as alegadas influências marxistas em seu pensamento. O que se verifica é uma espécie

sim, o postulado da ciência neutra alimenta a convicção reformadora do planejador isento que, imbuído da razão técnica, pode não apenas identificar as aspirações nacionais (acima dos interesses particulares), mas também criar as condições para que o progresso e o desenvolvimento se viabilizem.

Aqui podemos vislumbrar a imagem da "*intelligentsia* socialmente desvinculada", de Mannheim: intelectuais que resumem em si todos os interesses que permeiam a vida social e que, acima dos particularismos das classes e dos partidos, podem ser os portadores dos anseios coletivos (Foracchi, 1982). Em outras palavras, planificadores ou técnicos sociais, capazes de uma intervenção racional nas esferas irracionais da vida social, nos moldes sugeridos por Furtado.

É de se esperar que Celso Furtado, como intelectual que se percebe num plano elevado de racionalidade, veja com desconfiança o universo do imponderável jogo político. Com efeito, a certa altura do texto, declara sua inapetência em se

> hipotecar a qualquer organização política, [pois] a idéia de que o poder era fonte de corrupção e violência esteve sempre presente em meu espírito, quando de uma forma ou de outra entrei em contato com políticos. [E, a modo de justificação, recorre às motivações atávicas] — Para vencer essa resistência teria sido necessário iniciar a atividade política muito cedo — [ou ao temor à assolação intelectual] — a idéia de atuar dentro de uma ideologia fechada me parecia intelectualmente esterilizante. (p. 36)

A esta altura, pode-se concluir que, da análise do "Auto-retrato" de Celso Furtado, emergem elementos que colocam em evidência a construção ideológica do intelectual reformador, um dos pontos centrais da teorização que sustenta seu projeto para o Brasil, e, com ela, a proposição de uma forma cientificamente neutra de conhecimento da realidade social — acima dos interesses particulares de classe —, que abre caminho a modos racionais de gerenciamento dos negócios públicos; a possibilidade de uma gestão científica da sociedade, para a qual nenhum político teria a qualificação necessária, por não deter o saber técnico pertinente.

---

de "leitura seletiva" de Marx, de modo a possibilitar sua acomodação aos pressupostos positivistas e reformadores. A teoria da história é expurgada das referências à luta de classes e seus desdobramentos, substituídos por uma genérica alusão ao fazer humano no processo histórico. A fragmentação do princípio de totalidade permite, ainda, que a concepção de história e as formulações econômicas de Marx sejam apartadas, em módulos estanques, de forma que o recurso a uma delas não implique a adesão à outra, abrindo as possibilidades de uma composição eclética no pensamento de Furtado.

Ou seja, a concepção de que a conquista do desenvolvimento implicaria, necessariamente, na submissão da política à técnica ou, em outros termos, na despolitização da realidade social.

Essas concepções que, em meados da década de 1960, ganharam relevo na luta pela implantação de seu projeto desenvolvimentista, ressurgem nesse texto, moldadas pelas injunções do exílio e da inserção acadêmica e inexoravelmente contaminadas pela derrota política e pelo ceticismo. Não por acaso, no parágrafo final de seu "Auto-retrato", Celso Furtado afirma que

> Se tivesse de, em poucas linhas, traçar o retrato típico do intelectual nos nossos países subdesenvolvidos, diria que ele reúne em si 90% de malabarista e 10% de santo. Assim, a probabilidade de que se corrompa, quando já não nasce sem caráter, é de nove em dez. Se escapa à regra será implacavelmente perseguido e, por isso mesmo, uma viravolta inesperada dos acontecimentos poderá transformá-lo em herói nacional. Se persiste em não corromper-se, daí para a fogueira a distância é infinitesimal. De resto, por maior que seja a sua arrogância, nunca entenderá o que lhe terá ocorrido. (p. 41)

10.
O PENSAMENTO POLÍTICO DE CELSO FURTADO: DESENVOLVIMENTO E DEMOCRACIA
Vera Alves Cepêda

Celso Furtado é um autor controverso no debate intelectual brasileiro, oscilando de uma posição intelectual quase hegemônica a uma recusa formal de suas teses. Seus primeiros textos, principalmente depois da publicação de *Formação econômica do Brasil*, tiveram grande impacto no debate econômico do período e influenciaram a produção acadêmica da geração de intelectuais que se formaram entre as décadas de 1960 e 70. Nas décadas de 1980 e 90, Furtado passou à categoria de clássico, como um autor necessário para compreender a realidade das décadas que trataram do desenvolvimentismo e da transição da economia mercantil para a economia industrial. Porém, para boa parte dos economistas que ocupavam as cátedras e as alavancas das políticas públicas, as referências conceituais de Furtado pouco explicavam os desafios da economia naquele momento. Esse ostracismo fica ainda mais acentuado quando explode a globalização, entendida como um processo irreversível de transformação de todas as regras da divisão internacional do trabalho. Diante de um capitalismo que parecia ter descoberto e dominado as molas fundamentais da economia, discussões sobre centro-periferia ou sobre os limites da adesão incondicional a esse modelo pareciam fora de foco ou sem propósito.

Foi preciso o desgaste do *pensamento único* de matriz neoliberal, nos últimos anos, para colocar novamente em evidência questões como o padrão desigual de trocas, os empecilhos à propagação do progresso técnico, obstáculos estruturais ao desenvolvimento e, principalmente, o alcance das políticas econômicas como mecanismos de defesa do espaço da Nação. Esse fenômeno está auxiliando a trazer de novo para a discussão os argumentos e a visão histórica da formação do capitalismo brasileiro desenvolvidos por Furtado em mais de cinco décadas de trabalho engajado e não-cooptado. Para aqueles que procuram pensar a sociedade brasileira mais do que os meios de implementação do capitalismo no Brasil, sem observar os impactos sociais e econômicos de longo prazo, Celso Furtado é não só leitura obrigatória, um clássico, mas uma referência necessária para a compreensão dos liames sociais e econômicos que orientam o campo das alternativas e a construção do nosso futuro.

CELSO FURTADO E O DESENVOLVIMENTISMO

A tarefa de avaliar a importância da produção intelectual de Celso Furtado começa por desatar um nó na percepção do conjunto de sua obra. Furtado é lido e classificado usualmente como economista. Os reflexos profundos e a interdisciplinaridade de suas teses tornaram-nas balizas paradigmáticas para a História e a Sociologia. Poucos, no entanto, o colocam como um autor relevante para a Ciência Política, ou como não tendo sequer uma argumentação que tangencia esse campo. Porém, analisando detidamente os textos produzidos entre o final da década de 1950 e o golpe de 1964 (*Formação econômica do Brasil, Perspectiva da economia brasileira, A pré-revolução brasileira, Dialética do desenvolvimento*), podemos perceber que o papel desempenhado pela questão política acaba aparecendo como prioritário, sendo peça-chave da qual dependia a transformação da economia e da sociedade brasileira. Nesses textos, fica claro que *sem reformas* políticas não haveria qualquer chance para o desenvolvimento e para o progresso. As teses contidas nesses trabalhos colocam a democracia funcionando como um instrumento fundamental na solução dos impasses do subdesenvolvimento, construindo um projeto de sociedade e de Nação.

A preocupação com um projeto para o Brasil está presente como uma marca em todo o pensamento furtadiano, obedecendo ao diálogo que o autor tece com as variações da realidade que o cerca. O movimento de adequação permite classificar o conjunto da obra de Furtado em três momentos distintos: a fase otimista, o pessimismo espantado e a crítica renitente. O primeiro bloco representa os trabalhos e a participação política compreendida desde o início da carreira de Furtado até o golpe de 1964. Sua principal característica era o sentimento de esperança, que partia do reconhecimento claro dos limites impostos pela herança colonial ao pleno desenvolvimento nacional,[1] mas que enxergava nas décadas de 1950 e 60 uma fissura estrutural capaz de permitir o salto para a modernização.

A segunda fase inicia-se com a cassação política e vai até a década de 1970, e tem um sabor de amargura. O sentimento de derrota nasce da constatação de que venceu a pior alternativa histórica desenhada no início da década de 1960 — um regime político fechado. Mais adiante, esse sabor amargo vai ser ainda

---

[1] Para a análise da mudança social e das concepções mais diretamente políticas os textos utilizados foram: *Dialética do desenvolvimento* (1964) e *A pré-revolução brasileira* (1962). Já para tratar da questão do desenvolvimento como única alternativa de modernização de toda a estrutura nacional, os textos usados foram *A economia brasileira* (1954), *Formação econômica do Brasil* (1995, 23ª ed.), *Teoria e política do desenvolvimento econômico* (1959b; 1971, 4ª ed.) e *Perspectivas da economia brasileira* (1958).

mais acentuado pela rachadura aberta na teoria formulada por Furtado na véspera do golpe, de que regimes fechados levariam inevitavelmente ao estrangulamento econômico.[2] Esse diagnóstico não ocorreu como o previsto, e, anos mais tarde, Furtado revê suas posições, introduzindo o conceito de modernização do subdesenvolvimento. Os trabalhos posteriores à década de 1970 avaliam que o crescimento da economia brasileira durante o regime militar conduziu à *modernização do subdesenvolvimento*. Ou seja, houve adoção de *certos aspectos* do capitalismo contemporâneo, como novos padrões de consumo, urbanização e surgimento de novos segmentos produtivos, mas, nos aspectos fundamentais, permaneceram defasados os padrões tecnológicos e a modernização da produção (aumento da produtividade e técnicas de capital intensivo). Sem transformações profundas, distantes dos padrões de modernidade, ficaram as questões dos direitos sociais, da participação política, da função social do Estado e o problema da democracia. O corte imposto pelo modelo de desenvolvimento do regime militar criaria um obstáculo ainda maior para uma verdadeira superação do subdesenvolvimento, servindo ao contrário para perpetuá-lo.

A década de 1980 inaugura a era das reminiscências. Celso Furtado organiza seu passado e ajusta as contas com a memória, a sua e da geração desenvolvimentista. Terminada a tarefa documental de um dos momentos de maior importância para a história brasileira, respira fundo, e parte novamente para o ataque frontal — retoma os temas das décadas de 1950 e 60 e os ajusta ante os desafios e a aparência de progresso unânime apresentados pelo capitalismo globalizado.

Olhando em retrospectiva, podemos notar que os trabalhos produzidos até a década de 1960 são aqueles que provocaram um maior impacto no pensamento social brasileiro e que constituem a espinha dorsal de toda continuidade do raciocínio furtadiano. Ganharam roupagens novas consoante à transformação da realidade à sua volta, mas mantinham aceso o fogo das teses iniciais. É por conta dessa continuidade que, para entender Furtado hoje, é necessário retomar o fio das reflexões que se forjaram nessa época, observando não só as características já amplamente reconhecidas de sua obra, mas procurando experimentar novos padrões de análise que nos revelem novas facetas de um autor tão complexo.

---

[2] A análise desenvolvida por Furtado em *Dialética do desenvolvimento* é um exame atento e acurado sobre as possibilidades políticas que o autor pressente no conturbado ambiente da época. É nele que o autor aprofunda as diferenças entre regimes abertos (democráticos) e regimes fechados (de direita ou esquerda) na superação do subdesenvolvimento.

MUDANÇAS ESTRUTURAIS E O DESENVOLVIMENTISMO

A década de 1950 foi marcada, na maior parte dela, por debates intelectuais que passaram de alguma forma pela *ideologia* do desenvolvimentismo. Há, assim, um consenso sobre o momento de transição e de ruptura com a renitente herança do passado colonial. Essa discussão não surge do nada, como *raio em céu azul*. Expressa, ao contrário, um profundo revolver de questões candentes, amadurecendo lentamente desde a Proclamação da República. De um lado, a metamorfose econômica, que ganha impulso com a crise cafeeira da década de 1930, e o paulatino fortalecimento industrial geravam mudanças no quadro político, forçando a formulação de um projeto social capaz de alçar o país à modernidade. De outro, encontramos a influência de um debate mundial aberto sobre a crise dos paradigmas liberais e o papel regulador do Estado, a discussão sobre a pobreza e o subdesenvolvimento. Nesse campo, rediscute-se o movimento evolutivo do capitalismo como um processo único, passível de ser assimilado sob as regras do livre mercado e de forma idêntica para qualquer realidade.

Do ponto de vista econômico, podemos destacar as transformações vigentes dentro das fronteiras do país, como resultados da aceleração do processo de substituição de importações e o aprofundamento do modelo de produção industrial. Nesse período é visível, através do fôlego imprimido à economia pelo crescimento industrial, que o país não possuía necessária e exclusivamente uma *vocação rural*, como afirmavam os liberais sustentados pela teoria das vantagens comparativas.

As décadas de 1940 e 50 assinalam o momento em que toma forma a ideologia do capitalismo industrial, que vinha desarticulada e desamarrada desde o final do Império. Podemos perceber o crescimento do projeto de desenvolvimento industrial no país desde os debates do final do século XIX, acelerando-se a partir das políticas de fomento do governo getulista pós-1930, e explodindo de forma clara na década de 1940, em duas formulações teóricas famosas: o debate Gudin *versus* Simonsen,[3] e o *Manifesto dos periféricos de 1949*.[4] Esses dois fa-

---

[3] Este é um dos mais importantes e geniais debates econômicos ocorridos no Brasil, por explicitar claramente dois modelos de desenvolvimento possíveis. De um lado, Eugênio Gudin, de linhagem liberal, defendia a tese das vantagens comparativas com unhas e dentes, afirmando que a industrialização não era possível em países de vocação agrícola — como o Brasil. Já Roberto Simonsen, eclético pensador e homem de ação, admirador do pensamento de List, percebia que, sem a passagem da fase de capitalismo mercantil para a fase industrial, o processo de desenvolvimento capitalista no país estaria impossibilitado.

[4] O manifesto formulado por Raul Prebisch é que garante a regularização definitiva da CEPAL e que daria o primeiro empurrão na criação de uma teoria específica sobre o desenvol-

tos são importantes porque as manifestações originais de defesa do segmento industrial eram absolutamente corporativistas (em geral segmentos ligados à produção industrial defendendo a introdução de práticas protecionistas). A partir de 1930 temos um novo arranjo, no qual o desenvolvimento industrial era abraçado pelo Estado getulista, que elege a industrialização (por motivos diversos) como prioritária. Ainda assim, a fragilidade do setor impedia a sua imposição e disseminação como um discurso hegemônico para a sociedade brasileira. A celeuma entre Gudin e Simonsen, a criação da CEPAL e a centralidade da questão desenvolvimentista na década de 1950 produzem um corpo teórico que fundamenta o projeto industrial. Agora se elabora a visão de um processo, um elo entre passado, presente e futuro, amparado por uma sólida análise científica, que coloca o processo industrial como corolário do desenvolvimento nacional.

Na posterior reconstituição furtadiana dessa fase, duas ordens de fatores se destacam na explicação da conversão da industrialização no ponto nevrálgico do debate intelectual. A primeira é o reconhecimento do capitalismo como a única *fórmula do progresso*, e, com as mudanças mundiais oriundas da Primeira e Segunda Revoluções Industriais, a aceitação de que capitalismo avançado significava indústria. Converge para isso a identificação entre força política e força econômica. Um Estado fraco seria sinônimo de economia fraca, e uma economia fraca impediria a constituição de um Estado forte (ou, para Furtado, nem sequer autônomo). A Alemanha bismarckiana é um exemplo claro dessa nova concepção, pois foi através da centralização política e da intervenção do Estado na economia que se produziu um salto de qualidade gigantesco, fazendo daquele país um dos protagonistas da Segunda Revolução Industrial. Esse exemplo ganhou visibilidade com os trabalhos do economista alemão Georg List, fervoroso defensor das vantagens da indústria sobre a atividade agrícola.

No Brasil, também o fortalecimento da Nação vai ser atrelado à questão econômica. Em sua raiz, o conceito de Nação é entendido como uma estrutura dotada de autodeterminação, possuindo um elevado grau de autonomia, o que passa, necessariamente, pelo controle de sua inserção econômica no mercado mundial. Um país "forte" não pode estar à mercê das decisões externas, como historicamente esteve no período colonial, tanto pela submissão à metrópole (dependência política *strictu senso*), como na subseqüente submissão às oscilações de mercado que tão duramente influenciavam o sistema nacional. Cabe lembrar

---

vimento econômico dos países latino-americanos, com características distintas do capitalismo genético inglês, e que apontava também as desvantagens na posição dos países periféricos dentro do comércio mundial.

que o modelo colonial é marcado pela aguda dependência do mercado internacional, característica da economia agrário-exportadora. É no mercado internacional que a produção brasileira se realiza; portanto, onde se formam os preços dos produtos e o estímulo ou não a produzir localmente. A alta especialização do modelo nos faz simultaneamente exportador de poucos gêneros e importador de tudo aquilo que não fabricamos aqui (envolvendo não só manufaturas, mas principalmente bens de produção e bens de capital). Ao obedecer ao padrão de inserção na divisão internacional do comércio, herdado da colônia, impede-se a autonomia decisória e, em última instância, os princípios básicos da Nação.

Embora Furtado não chegue a enunciar a ruptura real existente entre a lógica mercadológica e a lógica societária, reconhece que a dimensão social deve se sobrepor à cega obediência aos padrões de ganho. É a partir dos interesses gerais que as conseqüências perversas do mercado podem ser dominadas. A mais cabal prova dessa percepção é a crítica da teoria das vantagens comparativas (ou desvantagens reiterativas, como assinalado por Francisco de Oliveira). Sob esse aspecto, a defesa exclusiva da dinâmica econômica (de curto prazo) acaba por estrangular as possibilidades de desenvolvimento (a longo prazo), e é por esse motivo que Furtado condena com tanto vigor a tese da vocação rural. Ganhar com a atividade mercantil-exportadora pode ser mais fácil, mas sem a industrialização e modernização da economia essa opção pode reapresentar os velhos problemas dos ciclos econômicos da colônia — expandir, lucrar, não disseminar dinâmica, entrar em crise e deixar como legado uma massa de economia de subsistência.

A industrialização sem controle e planejamento pode, porém, oferecer riscos se não semelhantes, pelo menos tão graves. A alocação de recursos e investimentos ao obedecer à busca de lucros rápidos, mesmo no contexto industrial, é geradora de desequilíbrios[5] que levam a economia a crises inflacionárias. Como Keynes, Furtado admite que o capitalista pode ser um bom juiz de seu interesse privado, mas é incapaz de vislumbrar a economia em termos dinâmicos, afetando suas oportunidades futuras. O capitalista obedece à relação custo benefício, mas essa autonomia decisória (tão cara ao pensamento liberal) representa perigo para um

---

[5] Esse argumento aparece de forma refinada em *Teoria e política do desenvolvimento econômico*. Como a dinâmica econômica da década de 1950 apresenta inúmeros pontos de estrangulamento, a livre decisão do capitalista, a qualquer aquecimento da demanda, será investir naqueles setores que apresentem maior rendimento de curto prazo. Nesse caso, aumentam por sua vez a pressão por insumos e máquinas, exatamente os segmentos a descoberto no circuito da produção nacional. O resultado é desastroso. Aumenta-se a importação (desequilibrando a balança comercial e exportando divisas) e impulsiona-se o processo inflacionário interno.

modelo econômico sujeito a crises de superprodução/subconsumo. Pior ainda para o quadro de economias com defasagens estruturais sérias. Como alternativa, entra em cena a capacidade coordenadora do Estado, que, não sendo um agente econômico, é capaz de pensar todos os segmentos e projetar alternativas de longo prazo, pois não se submete ao mesmo princípio racional do capitalista.

O segundo fator tem origem externa. Furtado percebe, assimila e articula de uma maneira nova as influências da readaptação engendradas pelo capitalismo no período posterior à Segunda Guerra Mundial. São elementos importantes nesse quadro a falência do ideário liberal e seu Estado absenteísta, a valorização do planejamento econômico e a consolidação de uma corrente teórica, que coloca a democracia econômica como a grande saída para o agudo conflito engendrado entre as classes sociais. Ao anterior conflito, acrescenta-se um novo e complexo componente, o capitalismo que norteava as disputas até a década de 1940 estava morto, e era imperativo entender a psicologia dos causadores dessa morte: o keynesianismo, as crises cíclicas de crescimento/recessão, a nova hegemonia do compromisso fordista e a pressão dos movimentos operários europeus pela distribuição da riqueza social.

Do primeiro grupo podemos inferir as bases para o papel da indústria no modelo de desenvolvimento defendido por Furtado, e do segundo grupo devemos reter os meios e os objetivos de seu modelo de desenvolvimento, e, por extensão, de sociedade e de Nação.

A Perspectiva do desenvolvimento industrial e progresso nacional na década de 1950

Nas décadas de 1950 e 60, Furtado afirma que, a partir das mudanças ocorridas dentro do sistema econômico nacional, há, em primeiro lugar, um real crescimento e desenvolvimento econômico de base industrial e que na sua expansão precisava recrutar todas as atenções do país: proteção, planificação e incentivo do Estado em relação ao setor industrial; geração de políticas econômicas que estimulassem mudanças de hábitos de consumo; superação da arcaica ocupação fundiária; mudanças na distribuição da riqueza como meio de aquecer e expandir o mercado interno; diminuição das desigualdades regionais, entre outros itens. Esse panorama é a reafirmação da "lenta revolução", anteriormente assinalada por Sérgio Buarque de Holanda e o surgimento das expectativas de uma "revolução burguesa" no país. Em Furtado, na última parte de *Formação econômica* e na totalidade de *Perspectiva da economia brasileira*, há uma definição clara do amadurecimento das relações produtivas alcançadas pelo país entre as décadas de 1920 e 40, bem como os novos desafios gerados para a o término desse processo.

Em segundo lugar, o crescimento da atividade industrial permitiu uma diversificação da estrutura de classes minando a cristalização bipolar característica da atividade agrário-exportadora (oposição entre o setor mercantil exportador e "os outros"). O surgimento e a consolidação de novas classes e segmentos de classe permitiram colocar sobre novas bases o projeto de sociedade. Foi nesse contexto que a burguesia nacional (não a latifundiária, mas a ligada ao capitalismo industrial) pôde iniciar a construção mais clara de um projeto político e econômico que expressasse seus interesses.

Mas por que nas décadas de 1940 e 50 e não antes? Porque é nesse período que há, gestado pelo desenvolvimento da atividade industrial, um deslocamento dos centros de decisão para dentro do país, ao mesmo tempo em que se apresentam com clareza os limites à lógica do livre mercado (e da versão global da teoria das vantagens comparativas) enquanto mecanismos que permitissem ao país sair dos marcos duramente alcançados da Primeira Revolução Industrial brasileira (fase de substituição de importações de manufaturas) para um estágio mais avançado e consoante aos paradigmas de produção vigentes em termos mundiais.

A consciência da convergência de duas linhas de força — a aleatoriedade do desenvolvimento industrial (no sentido de não ser conscientemente planejado) e os constrangimentos concretos à sua realização — é que teria, para Furtado, impulsionado a discussão sobre o binômio desenvolvimento/subdesenvolvimento:

> O movimento político de 1930 permitiu renovar as cúpulas dirigentes, afastando os grupos mais diretamente ligados à economia de exportação. Novos elementos dirigentes, vindos de áreas menos ligadas aos mercados externos, como era o Rio Grande do Sul, deram início a uma política que, se bem não obedecesse a qualquer diretriz conscientemente estabelecida, fundava-se numa percepção mais direta da realidade e era menos condicionada por esquemas ideológicos que prevaleciam entre os dirigentes das regiões cafeicultoras. (Furtado, 1964: 115)

Os fatores oriundos da esfera econômica acabam produzindo um conflito ideológico que se traduz numa forte disputa pelo controle e direcionamento do aparelho de Estado. A interpretação desse fenômeno (a interação economia/política) é clara na argumentação de Furtado. O processo de ruptura ocorre quando o desenvolvimento das atividades industriais colide frontalmente com a anterior inserção do país na divisão internacional do comércio, já que a indústria dirige-se (e este é o principal traço da tese da substituição de importações) para o mercado interno. Nos dois casos, é radicalmente distinto o poder de deliberação e controle dos setores produtores sobre o conjunto e o destino da produção.

O termo usado por Furtado para definir as alternativas que se abrem à economia *nacional* é "internalização dos centros de decisão". A importância desse fato é de tal magnitude que pode dar resposta a um persistente problema da formação brasileira, *cimentar a nacionalidade.*

No debate da década de 1950, revelam-se também influências internacionais muito fortes. A perspectiva de determinação entre desenvolvimento econômico e o desenvolvimento do conjunto da estrutura social normalmente aparece como produto da análise cepalina, quando é um fenômeno que emerge da conjuntura do pós-guerra, fruto da enorme gama de transformações do processo de acumulação capitalista durante as crises cíclicas (acumuladas desde a Grande Depressão de 1873-86 até a crise de 1929). A novidade é a adoção do consumo, priorizando a renda auferida pelos trabalhadores, como centro do processo de expansão sem traumas do capital. São expressões desse novo consenso os instrumentos da teoria keynesiana, o fordismo norte-americano, e o compromisso social-democrata. A essa lista somemos a contribuição do planejamento como mola central do desenvolvimento econômico e que acentua o papel da lógica do Estado sobre a lógica do mercado, via planejamento soviético, a idéia de planejamento racional (Mannheim), ou de planejamento como raiz do futuro e da *pax* social (Myrdal).

A discussão brasileira, embora bastante particular, é profundamente influenciada por essa nova ordem mundial, em que o Estado e o planejamento são colocados como *pied-fort* para o desenvolvimento econômico. Tanto é que, quando olhamos a distribuição das escolas de pensamento econômico, que atuaram no debate da década de 1950, a maioria absoluta delas fazia eco ao reconhecimento do papel fundamental da ação reguladora estatal.[6] Esse grande acordo gerado nas sociedades economicamente mais desenvolvidas, que valoriza a ação coordenadora ou corretiva do Estado, agiu como um catalisador, criando um espaço de aceitação e legitimação das teses do planejamento desenvolvimentista. Os novos *ares do mundo* auxiliaram tanto a produção conceitual de Celso Furtado, quanto permitiram o alto grau de adesão conseguido. Embora essa influência tenha sido assimilada por Furtado sob uma ótica particular, transmudando-se

---

[6] Esse amplo e heterodoxo leque vai dos intelectuais de esquerda (que desejam a aceleração da revolução burguesa), passando pelo centro (tomado aqui como a produção intelectual do ISEB, e os desenvolvimentistas que procuravam limitar a intervenção do Estado — em especial a corrente liderada por Roberto Campos). Permeiam ainda esse campo teórico as correntes mais progressistas dos desenvolvimentistas, encabeçadas pela linhagem cepalina e por Furtado. De fora e contrário à intervenção estatal, apenas o bloco liberal (ou o grupo dos monetaristas) liderado por Gudin. O quadro traçado é tomado de empréstimo a Ricardo Bielschowsky em *Pensamento econômico brasileiro: o ciclo ideológico do desenvolvimentismo* (1988).

A Grande Esperança em Celso Furtado

numa contribuição inovadora e singular (afinal suas teses constituem uma outra interpretação da dinâmica capitalista, formulando projetos diferenciados para as distintas estruturas socioeconômicas dos países periféricos), a força de seus argumentos repousa, em parte, na afinidade estabelecida com essas novas correntes do pensamento mundial.

As diferenças e o posicionamento de Furtado ocorrem exatamente no entendimento que o autor tem sobre o processo de evolução do capitalismo em condições estruturais desiguais. Os países que originaram o modelo da social-democracia precisaram aumentar o tamanho e diversificar as funções do Estado como meio de manutenção dos índices de crescimento e como mecanismo de defesa dos desarranjos inerentes e cíclicos do capitalismo avançado. Há como que uma publicização das decisões econômicas, portanto um aumento de interpenetração da esfera pública sobre a esfera privada (via regulação de direitos trabalhistas, leis assistenciais, salário indireto etc.). Já nos países subdesenvolvidos (usando a perspectiva furtadiana), o aumento da ação do Estado não tinha o cunho providencial, mas fora essencialmente incorporado como ferramenta de desenvolvimento. As diferenças entre os dois modelos são enormes, começando pelo grau de amadurecimento do capitalismo industrial e financeiro, do nível tecnológico e da magnitude da renda média dos trabalhadores (toda a diferença entre uma estrutura socioeconômica moderna e outra arcaica).

O caráter providencial não era preponderante porque, segundo a visão geral, a repartição da riqueza seria um fenômeno posterior à implantação do modelo industrial.[7] Tanto é assim, que o regime militar preconizava a ação do Estado, muito embora tenha sido responsável pelo aprofundamento da desigualdade social e do empobrecimento das camadas populares. É nesse sentido que se torna necessário analisar melhor qual é exatamente o papel do planejamento, do Estado e da burocracia estatal, porque numa primeira leitura os projetos políticos aparecem como *indistintos* (colocando lado a lado, por exemplo, a tese keynesiana e o New Deal americano, o projeto furtadiano e o planejamento à Campos e Delfim Netto), ou permite o desvio conceitual de considerar *toda a ação reguladora do Estado intrinsecamente perversa* como na atual e superficial crítica de cunho neoliberal.

---

[7] Como a grande promessa do capitalismo pelo viés do pensamento liberal, de que o estoque de riquezas é primeiro produzido e depois dividido. A formulação encontra-se em Adam Smith (vícios privados, benefícios públicos), lastreada pela convicção de que a origem do desenvolvimento econômico é a produção.

Mudança social e desenvolvimento econômico

Furtado encara o papel do Estado e da maior participação política dos segmentos populares como uma forma superior e inevitável de organização das relações socioeconômicas na sociedade moderna. Os conceitos que fundamentam essa afirmação se encontram na primeira parte do texto *Dialética do desenvolvimento*, e formam uma teoria da mudança social. O caminho percorrido passa da análise da história enquanto um sistema (relações de determinação entre o todo e as partes) dotado da capacidade de movimento e transformação. A exemplo dos argumentos do materialismo histórico, Furtado afirma que as relações econômicas é que dão o impulso inicial da transformação, produzindo por extensão novas relações institucionais (novamente percebe-se a influência marxista com a tese da bipartição infra-estrutura/superestrutura). No entanto, Furtado detecta que as relações econômicas, principalmente com as inovações científicas, têm mudado com muito mais rapidez que a superestrutura social, criando uma pressão por transformações. A técnica assumiria o papel genético de transformação, possibilitando descortinar uma ordem de mudança na evolução histórica:

> As inovações tecnológicas põem em marcha uma série de reações que passam a reproduzir-se *ad infinitum*: causam um aumento na produtividade média do sistema que por sua vez causa maior disponibilidade de bens e serviços, que por sua vez causa maior impulso ao desenvolvimento científico, que por sua vez causa novos avanços tecnológicos. (Furtado, 1964: 22)

O movimento constante dessas transformações cumulativas (chamado por Furtado de modelo dinâmico) resulta inevitavelmente em conflitos sociais, já que nenhum grupo que ocupe posições privilegiadas em uma dada estrutura de poder gostará de cedê-lo, mesmo por força das pressões históricas, sem resistência. O outro lado do conflito é que a existência da propriedade privada dos meios de produção na mão de alguns grupos torna o conflito permanente — em relação aos setores que foram privados desse tipo de posse. Há então dois tipos de conflito: um em relação ao passado, às estruturas que vão caducando diante da marcha da história, e o outro permanente, atual, mantido pelas próprias características do capitalismo. O curioso é que na tese de Furtado o primeiro tipo de conflito é negativo e o segundo positivo. O anacronismo das estruturas pode retardar, desfigurar ou impedir o desenvolvimento das forças produtivas, devendo imperativamente ser resolvido. Já o conflito entre as classes pela distribuição dos ganhos de produtividade força a constante renovação tecnológica — o que faz com que o sistema capitalista possa repassar parte dos ganhos sem drástica diminuição do ritmo de acumulação. O segredo desse processo está no aumento de produtividade que pode conviver com a constante pressão distributivista do conflito de classes sem entrar em colapso[8]: neste caso, o conflito é permanente e tem um papel fundamental na dinâmica de reprodução capitalista.

A economia capitalista desenvolvida de nossa época se configura como um sistema econômico-social com uma relativa aptidão para manter-se em equilíbrio dinâmico. O avanço da ciência, que se apresenta como função exponencial do próprio desenvolvimento econômico, assegura um permanente avanço da tecnologia. A formação de capital segue assim por um canal previamente aberto, tropeçando apenas com obstáculos institucionais decorrentes dos ajustamentos insuficientes ou atrasados do marco institucional que disciplina os distintos fluxos econômicos. Os principais desses obstáculos refletem a persistência de formas anacrônicas de distribuição da renda, que se traduzem em insuficiente vigor na demanda final para consumo ou investimento. (Furtado, 1964: 32)

Da afirmação acima, seria importante reter algumas considerações. A primeira diz respeito à adoção, por Furtado, do mito do progresso (conceito que será repensado na década de 1970). Há em sua visão um "caminho sem tropeços" para a expansão exponencial das forças produtivas do capitalismo. Em segundo lugar, para desgosto dos que afirmam a filiação de Furtado aos interesses da burguesia industrial, a distribuição de renda é defendida como princípio fundamental do equilíbrio dinâmico do capitalismo, colocando ênfase não na acumulação, mas na distribuição de riquezas. Em terceiro lugar, para desgosto dos que afirmam o economicismo de Furtado, as questões políticas têm um peso determinante no desenvolvimento econômico; possibilitando reduzir e eliminar a influência política dos setores mais atrasados da sociedade, ao mesmo tempo checam a eficiência dos projetos de modernização do país, já que a participação exige ganhos para as classes trabalhadoras que só poderiam ser satisfeitos com o desenvolvimento econômico.

Obviamente, as críticas ao conjunto da obra de Celso Furtado não são de

---

[8] É bom frisar que a tendência à repartição não é voluntária, mas corresponde à experiência acumulada com as desastrosas crises de superprodução e ao aprendizado da manutenção dos níveis de demanda em patamares compatíveis com o volume de produção. Por outro lado, o medo das soluções radicais tornou o capitalista mais maleável às negociações com as classes trabalhadoras.

maneira nenhuma gratuitas. O problema é que, no afã de debaterem suas teses, alguns autores acabam por perder de vista muito da importante contribuição legada por Furtado em termos da defesa de um projeto que possui muito de progressista até mesmo para os dias de hoje. As críticas mais pertinentes ao trabalho de Furtado referem-se a três postulados importantes: a) a superação do subdesenvolvimento passaria por mudanças sociais e políticas radicais, derrubando em sua passagem todos os grupos de poder anacrônicos, regionais e latifundiários — que se mantiveram no arco de alianças forjado pós-1964; b) da condição necessária do aumento da renda dos trabalhadores como motor do desenvolvimento da produção capitalista — quando o que se viu na realidade foi o crescimento econômico sem o "desenvolvimento" ou expansão da renda, como preconizado por Furtado; c) a afirmação de que o caminho para sair do subdesenvolvimento passaria pela flexibilização do marco institucional e pela democratização da sociedade — quando tivemos nada menos que duas décadas de ditadura com crescimento econômico, acompanhando os ventos autoritários que varreram toda a América Latina.

Dada a quantidade de conseqüências não previstas nas teses formuladas no início da década de 1960, algumas de suas premissas deviam estar equivocadas: o papel das classes (e seus posicionamentos na luta política), a função modernizadora atribuída à burguesia industrial e à ação imparcial dos técnicos. Nesse caso, as críticas de Francisco de Oliveira (*Crítica à razão dualista* e *Condições institucionais do planejamento*), de Simon Schwartzman (*Bases do autoritarismo brasileiro*), de Wanderley G. Santos (*Ordem burguesa e liberalismo político*), de Guido Mantega (*A economia política brasileira*) e de A. Boron (*Estado, capitalismo e democracia na América Latina*) são pertinentes. Porém não são suficientes quando se avalia o legado e o impacto deixado na teoria social brasileira.

O que considero inadequadas são as críticas que colocam Furtado como um pensador autoritário, como um defensor da supremacia do *técnico sobre o político*. Isso parece desmerecer todo o esforço teórico de estabelecer caminhos mais progressistas e com maior responsabilidade social para o país. Afinal, uma das contribuições mais significativas de Celso Furtado foi ter retirado "o Estado da boca da direita". A lógica de seu raciocínio coloca — ao contrário de autores como Oliveira Vianna e Alberto Torres, do caldo ideológico getulista e dos argumentos do autoritarismo militar — a esfera pública atrelada ao projeto de democratização e do aumento do bem-estar da população. Não custa lembrar que a presença do Estado, na maioria dos textos produzidos no Brasil desde o início do século XX, tinha uma clara conotação antidemocrática e conservadora, perpetuando o chamado pacto das elites. Os textos furtadianos refletem uma valorização extremada da democracia e da preservação das regras do jogo democrático. Nos trabalhos imediatamente anteriores ao golpe de 1964, procura ansiosamente evitar uma saída radical para o impasse político do período. Contra o conservadorismo de direita, critica as oligarquias regionais, o populismo, as elites dissipadoras. Furtado não era, no entanto, um revolucionário, mantendo-se no campo do reformismo político. Mas, no caso da forte herança autoritária brasileira, alguém que falasse do lugar da social-democracia (que me parece ser a predileção política de Furtado) já era muita coisa.

A hipótese desenvolvida neste artigo é que a teoria da mudança social sustenta um projeto de capitalismo democrático. O papel da mudança social já foi sinalizado como fundamental para o desenvolvimento social como um todo, não só no aspecto econômico. Como a mudança se processa criando conflitos inevitáveis, a coesão social e a perspectiva de progresso dependerão de um mecanismo democrático que mantenha o conflito dentro de limites institucionais e tirando dele a força necessária para a evolução econômica e o confronto com as estruturas anacrônicas. Enganam-se aqueles que pressupõem que a importância dada ao Estado por Celso Furtado, por sua capacidade de planejamento, intervenção e ordenamento nas estruturas econômicas e sociais, seja autoritário. A adoção de conceitos como legitimidade e eficácia serviriam como balizas e medidas para toda a ação desenvolvida pelo poder público. Obviamente, Furtado estava contando com o princípio da maioria numérica como contrapeso ao poder econômico concentrado em elites regionais, setoriais, partidárias ou cartoriais, com maior acesso às disputas internas do aparelho de Estado.

De forma muito semelhante a análises mais recentes, Furtado afirmava que a própria existência da participação política no jogo democrático habilitaria os trabalhadores a terem acesso às negociações sobre o trabalho (do qual se alienaram na forma privada no despojamento de todas as suas ferramentas) a partir da intervenção na arena pública:

> A democracia política proporciona aos trabalhadores a oportunidade de defenderem alguns de seus interesses. [...] Embora como produtores imediatos os trabalhadores não tenham direito legal ao produto, como cidadãos podem obter tal direito via sistema político. [...] Os capitalistas têm condições de buscar a realização de seus interesses no decorrer da atividade cotidiana dentro do sistema de produção. Eles "votam" continuamente na alocação de recursos da sociedade quando decidem investir ou não, empregar ou dispensar trabalhadores. [...] Os trabalhadores, em contraste, só podem reivindicar seus direitos coletivamente de forma indireta. [...] Por conseguinte, a participação é necessária para a efetivação dos interesses dos trabalhadores. (Przeworsky, 1989: 24)

A teoria da mudança social descrita na primeira parte de *Dialética do desenvolvimento* não se aplica, no entanto, ao conjunto das sociedades modernas. Os países subdesenvolvidos oferecem sérios obstáculos para a introdução dessa dinâmica. Não são atrasados porque não adentraram à modernidade, e sim porque adentraram "com o pé esquerdo", tarde e em posição subalterna.[9] Os principais entraves existentes nas economias subdesenvolvidas é a exiguidade da inovação tecnológica e a abundância na oferta de trabalhadores. Como o exército industrial de reserva é muito grande, não há pressões por elevação de salários e nem por políticas de distribuição de renda. A grande oferta de mão-de-obra e os baixos salários *acomodam os capitalistas*, que não são obrigados a incorporar novas tecnologias, nem a aumentar o rendimento do trabalho com base nas técnicas de capital intensivo. Há um raciocínio cíclico impedindo o desenvolvimento de se processar.

A estagnação econômica mantém no poder os velhos setores atrasados da sociedade que não sofrem transformações significativas. Este será um dos problemas centrais de Furtado nos textos produzidos entre as décadas de 1950 e 60. Como os obstáculos ao desenvolvimento só podem ser removidos pela ação do Estado, este fica refém da cristalização dos interesses retrógrados. O primeiro empecilho é que o Estado *necessário* ao projeto desenvolvimentista não pode existir sob esse arranjo institucional. Ou então existe em termos, com políticas desencontradas e esparsas, que são incapazes de atingir o ponto nevrálgico das mudanças, sofrendo sérias limitações nas suas ações. Em segundo lugar, o controle ou limitação da ação corretiva do Estado ante os interesses reforça o perfil econômico do subemprego, do pequeno mercado consumidor, da industrialização problemática, da falta de investimento, do pequeno escopo tecnológico, do dualismo econômico (e sua ampla camada de subsistência), portanto mantendo os trabalhadores em número muito maior que o nível de produtividade da economia. O resultado é um círculo vicioso — exército industrial de reserva; mão-de-obra barata; nenhuma distribuição de renda; nenhum incentivo ao investimento tecnológico; baixa produtividade; reforço do subdesenvolvimento. E voltamos ao ciclo infernal que caracteriza o subdesenvolvimento.

---

[9] A sofisticação analítica do caso brasileiro (capitalismo bastardo, subdesenvolvido de grau superior) só será formulada alguns anos depois da edição de *Dialética*, no texto *Teoria e política do desenvolvimento econômico*, de 1971, mas já se encontra esboçada nos textos do final da década de 1950.

MODERNIZAÇÃO, CRISE E DEMOCRACIA

Para o caso brasileiro, havia ainda uma bifurcação perigosa: a "profunda desumanidade" do subdesenvolvimento, de um lado, e o padrão de desenvolvimento com exclusão que vinha se formando do outro. A questão da justiça social aparece em Furtado, sustentada por dois argumentos que aparecem dissecados em *A pré-revolução brasileira* e *Dialética do desenvolvimento*. O *argumento econômico*, segundo o qual a pobreza resulta em diminuição da capacidade de expansão endógena do capitalismo, e o *argumento político*, de que a exclusão fomenta soluções radicais. Diante da possibilidade de ruptura, Furtado pesa as alternativas políticas para os desafios do desenvolvimento social e econômico. A alternativa no campo da esquerda pecaria por suprimir a liberdade, mas não necessariamente impediria o crescimento econômico. Já no campo da direita, cristalizariam os interesses anacrônicos de alguns setores sociais, impedindo tanto a liberdade democrática quanto o próprio desenvolvimento. Nesse gradiente, Furtado afasta-se brutalmente da direita, optando por uma via intermediária não diruptiva, o que por sua vez o afasta também da proposta marxista, inclinando-o ao centro do espaço político. Abraça definitivamente o marco institucional e a democracia como a melhor forma de conduzir o projeto de desenvolvimento e a consolidação da Nação.

O desenvolvimento é, para Furtado, a única possibilidade de garantir a humanização da vida da maioria dos brasileiros. Está em jogo, para ele, mais do que o problema de o país atingir os patamares de riqueza baseados em índices formais. Sua preocupação é com a transformação global da sociedade, com incorporação de padrões institucionais, culturais e econômicos que nos aproximem da concepção de modernidade.

A teoria do desenvolvimento furtadiano pressupõe um confronto com a estrutura de poder existente na sociedade brasileira, que permanece em boa dose ainda nas mãos do setor mais conservador da sociedade — as oligarquias agrário-exportadoras. O peso inibidor desse setor para o pleno desenvolvimento das forças sociais é denunciado por Furtado como conservador e retrógrado, sendo um obstáculo tanto do ponto de vista econômico quanto político e social. Grande parte dos desajustes por que passa a sociedade brasileira durante o século XX é derivada da cristalização desses privilégios, transformando a heterogeneidade econômica num dualismo político, sendo o anacronismo a verdadeira ameaça à estabilidade social. Como intérprete de sua época, Furtado percebe que o anacronismo forja um setor radicalizado, que luta para escapar do limbo econômico e político, convertendo-se num ator social reprimido (que não possui garantias sociais, e colidindo de frente com os principais agentes conservadores do período, os latifundiários, que controlam com mão de ferro os redutos eleitorais das regiões interioranas) capaz de romper o precário equilíbrio nacional: os camponeses.

A parcela da sociedade que não pode reivindicar a proteção das leis e do Estado é excluída de qualquer política baseada na permuta ou no consenso. Há assim uma tendência desses setores a serem mais facilmente cooptados pelas soluções extremistas. A manutenção dos interesses exclusivistas das classes agrárias pode fornecer um subsídio para a definição de alternativas de confronto social:

> À causa do anacronismo da estrutura agrária, esse desenvolvimento provocou, em muitas partes, um aumento relativo da renda da terra, premiando grupos parasitários. Por outro lado, na ausência de uma política consciente que preservasse à ação do Estado o seu caráter social, improvisou-se, em nome do desenvolvimento, uma estrutura de subsídios que muitas vezes premiou de preferência os investimentos supérfluos, ou aqueles que vinham permitir, dada a sua tendência monopolística, uma concentração maior de riqueza em mãos de grupos privilegiados. (Furtado, 1962: 15)

A oposição entre interesses agrários como conservadores, de um lado, e a indústria como progressista de outro, tem uma longa trajetória dentro da história brasileira. No entanto, o grau de disputa entre os dois modelos nunca havia ido tão longe. Nesse momento, Furtado eleva-se como uma voz que defende a democracia vinculando-a ao processo de resolução de um passado colonial emperrado, renitente, incômodo.

É a partir do aumento da participação política das massas — via sindicatos, pressionando por distribuição da riqueza, empurrando a opinião pública no combate aos interesses regionais e ou oligárquicos, ou pela pressão existente na relação mediada pelo voto (demandas *versus* responsividade do Estado) — que se construirá a modernidade brasileira. Sem essa via, mantém-se incólume a prática predatória do trabalho, permitindo ao capitalista (de qualquer setor) a obtenção de ganhos através dos baixos salários. Como conseqüência, impede-se a instalação das forças fundamentais do capitalismo maduro. Mantém intacto também o dualismo, a separação entre um Brasil moderno (pelo menos nas formas de consumo) e um Brasil arcaico, o que resulta na dissolução da utopia da unidade nacional.

Independentemente dos projetos finais envolvidos, Furtado adotava, de saída, uma formulação avançada e consoante às grandes transformações do século XX: a democracia do Estado do Bem-Estar. A democracia aparecia em Furtado como o meio mais apropriado para canalizar as tensões geradas pelo processo de desenvolvimentos da economia e da sociedade brasileira, portanto como forma de superar o subdesenvolvimento e de realizar o velho sonho de constituir de fato a Nação Brasileira.

Pode-se sugerir que o projeto de sociedade construído por Celso Furtado seria a versão brasileira do "capitalismo bonzinho" de Gunnar Myrdal. Mas não se pode ignorar a importância histórica do grande compromisso ideológico que surge no pós-guerra nos países capitalistas ocidentais, que construiu uma visão de mundo que suavizava as tensões entre capital e trabalho, aumentando a interseção entre as regras capitalistas e o *telos* da sociedade. Hoje, diante do quadro agudo de exclusão social e cisão dos nexos comunitários, voltar a pensar mercado e sociedade como ordens distintas da ação humana pode nos ajudar a compreender o que nos reserva o futuro.

11.
A "ANGÚSTIA DA INFLUÊNCIA" EM SMITH, HIRSCHMAN E FURTADO
José Marcio Rego

Os triunfos de qualquer investigador são os de suas doutrinas. Que ele possa convencer a seus contemporâneos e sucessores de considerarem-na cuidadosamente. Quando Ricardo ou John Stuart Mill adotaram uma teoria de Smith, isto não queria dizer necessariamente que a aceitaram sem qualificações, senão que seus trabalhos e pensamentos estavam dirigidos pela formulação de Smith. As falhas de Smith foram então aquelas teorias que seus sucessores ignoraram ou rejeitaram. Um êxito ou triunfo é uma proposição em economia que se converte em parte do sistema operativo (num paradigma, para usar a expressão de Kuhn) dos economistas contemporâneos e de seus sucessores.

Segundo Marx:

> Steuart permaneceu relegado ao esquecimento como um "cão morto"... mesmo o historiador mais recente da Currency, Mac Laren, converte Adam Smith em inventor da teoria de Steuart e Ricardo no criador da teoria de Hume. Enquanto Ricardo aperfeiçoava a teoria de Hume, Adam Smith anotava os resultados das pesquisas de Steuart como coisas de que havia esquecido. Adam Smith aplicou à riqueza espiritual seu adágio escocês, segundo o qual "quando se ganha um pouco, torna-se geralmente fácil fazê-lo aumentar, a dificuldade porém está em ganhar este pouco inicial", e é por isto que toma um cuidado mesquinho em esconder as fontes de onde retirou o pouco do qual fez efetivamente muito. Mais uma vez prefere dissimular uma questão, pois uma formulação mais aguda obrigá-lo-ia a acertar contas com seus predecessores.

Já segundo Francisco de Oliveira:

> [...] Os nossos dois grandes, pais da pátria, eram dois poços de vaidade. Eles disputavam entre si. O Celso Furtado sempre teve um tratamento mais frio. Acho isso uma pena. Eu acho que o Celso não foi generoso nessa disputa. Ele reconhecia pouco o trabalho de Rangel — é uma injustiça, evidentemente. O Rangel, por outro lado, podia

fazer críticas ao Celso, mas certamente ele reconhecia a obra de Celso antes de mais nada. Ambos eram grandes vaidosos. Eles achavam que tinham inventado a roda. Inventaram a roda da Economia brasileira. Mas são dois grandes personagens, Celso e Rangel.

No recente colóquio que houve sobre a obra de Celso Furtado, na França, eu disse que ele não havia nunca citado Caio Prado, o que, evidentemente, era uma falha, pois ele devia conhecer a obra de Caio Prado. Ele engoliu seco e agüentou o tranco. Quer dizer, eu posso dizer essas coisas. Eu acho que ele nunca reconheceu o trabalho de Rangel.

Os dois disputavam realmente a hegemonia do pensamento da moçada da época. Celso com mais poderes institucionais porque, não é à toa, era a CEPAL que carregava o pensamento de Celso e vice-versa. Como a CEPAL formou os quadros do Estado latino-americano durante três décadas, então, na luta, Celso tinha armas muito mais poderosas do que o Rangel. O Rangel tinha só o BNDE. Ele não era professor de nenhuma faculdade.[1]

Não é o caso aqui de determinar as dívidas de Smith com Steuart, ou (o que interessaria mais de perto) as de Celso Furtado com, entre outros, Caio Prado Jr., Capistrano de Abreu, Nelson Werneck Sodré ou com outros de seus predecessores; basta dizer que são grandes, como é grande a nossa dívida para com Furtado. Pode-se dizer de Furtado o que Newton disse de si mesmo: "Se enxerguei mais longe é por estar sobre ombros de gigante". Interessa-nos dar resposta à atitude de Smith em relação a Steuart como relata Marx, bem como à atitude de Furtado com relação a seus predecessores. A questão é muito mais complexa do que meramente acusarmos Smith e Furtado de terem sido desonestos intelectualmente.

Smith teve um triunfo tremendamente importante: colocou no centro da economia a análise sistemática do comportamento dos indivíduos que perseguem seus próprios interesses em condições de concorrência. Essa teoria foi a "jóia da coroa" da *Investigação sobre as causas das riqueza das nações*, e se converteu no fundamento da teoria de alocação de recursos até hoje. A proposição de que os recursos buscam seus empregos mais vantajosos, de modo que, em equilíbrio, as taxas de rendimento de um recurso em diferentes empregos sejam iguais é uma das proposições substantivas mais importantes de toda a economia.

---

[1] Mantega e Rego (1999: 97).

Já Furtado, além de ter sido o mais importante teórico latino-americano do subdesenvolvimento, é o autor do clássico *Formação econômica do Brasil*. Esse livro foi certamente importante porque, além de ser a primeira grande obra de história econômica brasileira, faz uma mistura de métodos analíticos e de elementos teóricos, que constituem uma das características mais marcantes do pensamento econômico no Brasil naquela época. Nele estão presentes desde o pensamento keynesiano mais à esquerda, até o materialismo histórico, com a luta de classes, permeados pela teoria do desenvolvimento e do subdesenvolvimento.

FURTADO TEÓRICO DO SUBDESENVOLVIMENTO E DA DEPENDÊNCIA

As teorias de subdesenvolvimento podem ser divididas em duas grandes vertentes. A primeira delas, a da superexploração imperialista (ou do colonialismo mercantil, que privilegia as formas de colonização — povoamento ou exploração — como determinantes para se explicar a questão do desenvolvimento) e a apropriação pelas metrópoles do excedente gerado nas colônias via imperialismo (superexploração). As origens dessas explicações estão em Marx e Lenin, com contribuições importantes na América Latina, tais como as de Caio Prado Jr. e André Gunder Frank (com a tese sobre o desenvolvimento do subdesenvolvimento). Depois temos a teoria centro-periferia, de Prebisch e toda a escola cepalina, associada ao estruturalismo latino-americano, da qual as contribuições de Furtado e Conceição Tavares, e a teoria da dependência, de Fernando Henrique Cardoso e Enzo Faletto, são derivações importantes.

O paradigma estruturalista (Prebisch e Furtado) entende o subdesenvolvimento como um fenômeno relacionado às estruturas produtivas da periferia — indústria não-integrada, agricultura dual e comércio exterior reproduzindo tais assimetrias. Bresser-Pereira (1985) chama exatamente de interpretação da superexploração imperialista a abordagem neomarxista que trata o desenvolvimento econômico e social dos países subdesenvolvidos como se fosse condicionado por forças externas (dominação desses países por outros mais poderosos). Isso os leva a dar ênfase à esfera da circulação, explicando o subdesenvolvimento em termos de relações de dominação na troca. Argumentam que um "excedente" é extraído de países subdesenvolvidos por países capitalistas adiantados, empobrecendo os primeiros, que deixam de se desenvolver porque perdem acesso a seus excedentes. Esse excedente é apropriado pelos países capitalistas adiantados e neles investido, convertendo-se num dos primeiros elementos para o seu rápido desenvolvimento econômico. A interpretação da superexploração imperialista afirma que a dicotomia extração/apropriação de excedente tanto causa como perpetua as desigualdades entre os países. Historicamente, o saque e a expoliação das colônias por parte dos países "metropolitanos" foi a causa inicial do desenvolvimento destes e da estagnação das colônias; e essa mesma dinâmica explicaria a persistência do subdesenvolvimento. Gunder Frank (1966) enfatiza que a extração do excedente foi a causa da divisão inicial do mundo em países ricos e pobres. No período colonial, destaca este autor, a extração do excedente assumiu principalmente a forma direta de produtos (via saque e expoliação), e, no mundo moderno, a forma de repatriação de lucros. Um dos problemas dessa análise é considerar a extração do excedente no contexto de países, com quase nenhuma referência a classes sociais. Essa análise não se ocupa também de identificar como o produto excedente é produzido e inicialmente apropriado, considerando basicamente como é trocado. Acabam, assim, dando maior ênfase à exploração entre países do que na exploração do proletariado, e condicionam a riqueza dos países centrais à pobreza dos países subdesenvolvidos.

Autores como Arghiri Emmanuel e Samir Amin consideram o papel das classes na apropriação do produto excedente, e no essencial concordam com Gunder Frank ao acharem que o subdesenvolvimento é condicionado por forças externas e que as suas causas estão nas relações de troca. Gunder Frank e Amin admitem que a burguesia local nas economias do Terceiro Mundo é relativamente fraca e que o Estado é relativamente forte e autônomo em relação à burguesia local. Frank afirma que o importante é a relação do Estado com a burguesia imperialista da metrópole, e não com a burguesia local. Também Amin considera a dificuldade enfrentada pelas burguesias locais para imporem sua hegemonia o "elo fraco da cadeia imperialista". Contudo, Amin não nos diz muito a respeito da natureza das relações entre as classes na periferia, nem quanto ao modo como as classes dominantes estabelecem e mantêm sua hegemonia, mesmo quando são fracas. Amin argumenta que a burguesia dominante, embora incapaz de construir uma coesão nacional, se beneficiaria da separação dos diferentes grupos étnicos que constituem as sociedades periféricas. Embora isso possa valer para as nações da África e da Ásia, geralmente não se aplica à América Latina. Em sua análise das teorias neomarxistas, que faz no bojo de uma reflexão sobre as principais interpretações sobre o Brasil, Bresser-Pereira destaca que essa abordagem contém uma proposta de construir uma nova interpretação para a América Latina, a partir do conceito leninista de imperialismo, e do conceito trotskista de perda de dinamismo do capitalismo central. Para essa interpretação, como enfatiza Bresser-Pereira: "o imperialismo extrai praticamente todo o excedente dos países subdesenvolvidos. É o obstáculo fundamental a qualquer processo real de desenvolvimento. A burguesia local, por sua vez, está integralmente subordinada ao imperialismo. Como este explora os trabalhadores locais através do comércio internacional e das empresas multinacionais, não resta outra alternativa à burguesia local para poder se apropriar também ela do excedente senão superexplorá-los" (1985: 31).

Um dos principais esforços dos autores vinculados à abordagem que ficou conhecida como "Teoria da Dependência" foi o de reconsiderar os problemas do desenvolvimento econômico a partir de uma perspectiva de interpretação que insistiu na natureza política dos processos de transformação econômica. A CEPAL já havia registrado a significativa limitação da utilização de esquemas teóricos relativos ao desenvolvimento econômico e à formação das sociedades capitalistas dos países hoje desenvolvidos para a compreensão da situação dos países latino-americanos. A intensificação desse esforço de compreensão leva à "valorização do conceito de dependência, como instrumento teórico para acentuar tanto os aspectos econômicos do subdesenvolvimento quanto os processos políticos de dominação de uns países por outros, de umas classes sobre as outras, num contexto de dependência nacional" (Cardoso e Faletto, 1970). Destacavam não existir uma relação metafísica de dependência entre uma Nação e outra, um Estado e outro. Essas relações se tornavam possíveis por intermédio de uma rede de interesses e de coações que ligam uns grupos sociais aos outros, umas classes às outras. Sendo assim, era preciso determinar interpretativamente a forma que essas relações assumiam em cada situação de dependência, mostrando como Estado, classe e produção se relacionavam. A teoria da dependência (ou "interpretação da nova dependência", se adotarmos a classificação de Bresser) é uma tentativa de reinterpretação teórica que surge da crise da abordagem cepalina. "Desde fins dos anos 1950 a própria CEPAL se encontrava em fase de autocrítica. As idéias sobre o desenvolvimento elaboradas em sua grande fase criativa (1949-1954) continuavam válidas, mas eram reconhecidamente insuficientes na abordagem de uma nova problemática que se fazia visível nos países que mais êxito haviam alcançado em seus esforços de industrialização. Era indubitável que a CEPAL elaborara uma teoria da industrialização periférica, ou retardada. No centro dessa teoria, estava a idéia de que a progressiva diferenciação dos sistemas produtivos permitida pela industrialização conduziria ao crescimento auto-sustentado. Criado um setor produtor de bens de capital e assegurados os meios de financiamento — o que em boa parte competia ao Estado —, o crescimento se daria apoiando-se na expansão do mercado interno. Naquele momento, a aplicação dessas idéias tropeçava em dificuldades em mais de um país" (Celso Furtado, 1991: 27-8).

A "ANGÚSTIA DA INFLUÊNCIA"

Harold Bloom,[2] no excelente livro *A angústia da influência*, um clássico da teoria literária, apresenta uma teoria da autoria (poética) através de uma descri-

---

[2] Harold Bloom em entrevista à *Folha de S. Paulo* registra: "Jorge Luis Borges foi um dos meus pontos de partida. Borges sempre escreve parábolas sobre a angústia da influência,

ção da influência autoral, ou história das relações interautorais. "Um dos objetivos dessa teoria é de natureza corretiva: acabar com a idealização de nossas versões oficiais de como um autor ajuda a formar outro" (Bloom, 1991: 33). A história da poesia, segundo a tese desse livro, é considerada indistiguível da influência poética, já que os autores fortes fazem a história deslendo-se uns dos outros, de maneira a abrir um espaço próprio de fabulação. Registra Bloom: "Meu interesse único, aqui, são os autores fortes, grandes figuras com persistência para combater seus precursores fortes até a morte. Talentos mais fracos são presas de idealizações: a imaginação capaz se apropria de tudo para si. Mas nada vem do nada e a apropriação envolve, portanto, imensas angústias de débito" (Bloom, 1991: 33). Bloom traça, então, cinco movimentos revisionários no ciclo vital do autor forte: *Clinamen, Kenosis, Demonização, Askesis* e *Apophrades*, que reproduzimos abaixo, na íntegra:

1) *Clinamen*, que é a desleitura ou desapropriação, propriamente dita; a palavra vem de Lucrécio, onde significa um "desvio" dos átomos, que torna possível qualquer mudança no universo. Um autor se desvia ao ler seus precursores de tal forma a executar um *clinamen* com relação a eles. Isso aparece como um movimento corretivo em seu próprio texto, sugerindo que os textos precursores foram acurados até certo ponto, mas deveriam, então, terem se desviado, precisamente na direção em que se move o novo texto.

2) *Kenosis*, que é um mecanismo de ruptura semelhante aos mecanismos de defesa empregados pela psique contra as compulsões de repetição; *kenosis*, portanto, é um movimento na direção de uma descontinuidade com relação ao precursores. A palavra vem do apóstolo São Paulo, onde significa a "humilhização", ou esvaziamento de Jesus por si mesmo, quando aceita a redução da estatura divina à humana. O autor posterior, aparentemente esvaziando-se de sua própria inspiração, sua divindade fabulatória, supostamente se torna humilde, como se estivesse deixando de ser autor, mas a vazante é executada de tal forma

---

como quando diz sobre Shakespeare que ele era todos e nenhum. Não sei se não foi mais da leitura de Borges que de qualquer outro que tirei essa idéia. Só me dei conta disso quando escrevi *A Map of Misreading* e *Kabbalah and Criticism*... Como lido com a minha própria 'angústia da influência' em relação aos meus precursores?

Continuo escrevendo. É a única maneira de lidar com isso. Acho que Borges, por exemplo, dissimulou essa angústia. A razão pela qual só escreveu histórias intrincadas, que são variações interpretativas de escritores precedentes, é que ele não queria confrontar o seu próprio 'romance familiar'... Ele não queria confrontar nem suas próprias idéias sobre a influência. No meu caso, a razão pela qual eu dirigi as minhas energias literárias para a crítica e não para a poesia vem do fato de que aceito a angústia da influência e sei que não posso escapar dela".

em relação a textos-de-vazante precursores que os precursores também se vêem esvaziados.

3) *Demonização*, ou um movimento na direção de um Contra-Sublime próprio, como reação ao Sublime dos precursores; a palavra vem da tradição neoplatônica em geral, onde um ente intermediário [o *daimon*], nem divino, nem humano, se incorpora ao adepto para auxiliá-lo. O autor posterior se apresenta aberto ao que acredita ser uma potência nos textos-ascendentes que não pertence, de fato, a estes, mas sim a uma extensão ôntica imediatamente além dos precursores. É isto o que faz, então, em seu texto, ao postar-se com relação aos textos-ascendentes de tal forma que, ao generalizá-los, despreza o que existia de único nos trabalhos dos precursores.

4) *Askesis*, ou um movimento de autopurgação que ambiciona alcançar um estado de isolamento; a palavra, comum como é [cf. "ascese"], pode ser encontrada particularmente na prática de xamanistas pré-socráticos, como Empédocles. O autor mais recente não passa aqui, como numa *kenosis*, por um movimento revisionário de esvaziamento, mas sim de diminuição; renuncia a uma parcela de suas virtudes humanas e imaginativas, de maneira a se separar de todos, incluindo os precursores, e o faz, no texto, ao postar-se com relação aos textos-ascendentes de tal forma que estes também devem sofrer uma *askesis*; as virtudes dos precursores também se vêem truncadas.

5) *Apophrades*, ou o retorno dos mortos; a palavra vem dos dias infaustos, dias de má-sorte, quando os mortos de Atenas voltavam a habitar a casa onde haviam vivido. O autor mais recente, em sua própria fase final, já sob o peso de uma solidão de imaginação que é quase um solipsismo, sustenta seu próprio texto de tal forma aberto à obra dos precursores que, inicialmente, poderíamos pensar ter-se completado a volta ao círculo, nos transportando de volta aos dias sufocantes de seu aprendizado, antes que sua força tivesse começado a se fazer sentir nas razões revisionárias. Mas o texto, agora, é *sustentado* em aberto, enquanto outrora *fora*, de fato, aberto, e o efeito estranhíssimo [*unheimlich*] é que o sucesso do novo texto faz com que este nos apareça, agora, não como obra dos ascendentes, mas como se o segundo autor houvesse, ele mesmo, escrito as obras característica de seus precursores.

A "ANGÚSTIA DA INFLUÊNCIA" EM ALBERT HIRSCHMAN

A "Teoria da Dependência Reafirmada" foi o título da sessão plenária do Encontro da Associação de Estudos Latino-Americanos (LASA) realizado em Atlanta, EUA, em março de 1976. Em seus comentários como presidente da mesa, Albert Hirschman apresentou alguns dos conferencistas tais como Fernando Henrique Cardoso e Oswaldo Sunkel, apontando-os como os "pais" dessa teoria. A seguir Hirschman apresentou-se a si próprio como "o avô freqüentemente ignorado da teoria, devido ao que havia escrito em 1945 no livro *National Power and the Structure of Foreign Trade*. Fiquei, claro, muito feliz quando o Professor Caporaso, na introdução que fez a esse assunto, apoiou minha reivindicação" (Hirschman, 1979).

O pano de fundo histórico desse livro de Hirschman foi o bem-sucedido esforço da Alemanha de Hitler para aumentar seu comércio e suas influências políticas sobre o Leste e o Sudeste europeu durante a década de 1930. Segundo Hirschman, os nazistas não haviam pervertido o sistema econômico internacional, mas apenas tinham capitalizado uma de suas potencialidades ou efeitos colaterais; pois "elementos do poder e desequilíbrio são potencialmente inerentes mesmo em relações comerciais como as que ocorrem sempre, como, por exemplo, entre países grandes e pequenos, ricos e pobres, industriais e agrícolas — relações que poderiam estar em perfeita concordância com os princípios ensinados pela Teoria do Comércio Internacional" (p. 40). Ao forjar uma ligação entre a economia internacional e a política, Hirschman enfocou principalmente o conceito econômico de "ganhos do comércio", mostrando como esse ganho pode levar à dependência o país que recebe o ganho em relação ao país que o concede. Procedendo ao longo das hipóteses da teoria clássica, Hirschman supõe que ambos os países ganham, mas enfatiza que em um grande número de constelações esses ganhos são assimétricos: um dado volume de comércio entre os países A (rico e grande) e B (pequeno e pobre) pode ser mais importante para B que para A. As importações que A faz de B podem representar digamos 80% das exportações totais de B, mas somar apenas 3% das importações totais de A. Ressaltando bastante a importância de assimetrias e disparidades como essa, Hirschman imagina vários instrumentos estatísticos para medi-las.

Já em seu último livro, Hirschman (1995: 87) registra como, em *National Power and the Structure of Foreign Trade* (1945)

as relações de influência, dependência e dominação emergem diretamente daquelas transações comerciais entre nações soberanas que vinham de longa data sendo caracterizadas como "mutuamente benéficas" pela teoria do comércio internacional. Mesmo que se concordasse com a clássica teoria dos ganhos econômicos com o comércio, poderia ser demonstrado que os efeitos *políticos* do comércio exterior tendiam a ser *assimétricos* e a favorecer, pelo menos de início, os países maiores e mais ricos. Essa constatação fundamental foi uma razão de meu livro ter sido "redescoberto" na década de 1960, quando diversos autores — como Fernando Henrique Cardoso, Osvaldo Sunkel e

André Gunder Frank — desenvolveram a chamada teoria da dependência. *Na verdade, nunca me senti à vontade sendo tomado por "precursor" desse grupo, cuja análise econômica e política com freqüência julguei muito sombria.* [Grifos nossos. É curioso confrontar com intervenção na LASA registrada no início] Em 1977 (in "Beyond asymmetry: critical notes on myself as a young man and on some other friends", *International Organization*, 32: 45-50, inverno de 1978, reimpresso em *Essays on trespassing*: 27-33) surgiu-me a oportunidade de explicar minha atitude para com a escola da dependência e decidi fazê-lo criticando minha própria tese de um quarto de século atrás. Procurei mostrar que a própria situação de dependência que um país pequeno e pobre talvez experimente de início, como resultado de seu comércio com um país grande e rico, pode originar diversas contra-tendências, econômicas e políticas, que a seu tempo reduzirão essa dependência. Por exemplo, quando o comércio entre um país grande e poderoso e um país pequeno contribui inicialmente para a subordinação deste último, essa situação levará a uma reação que tem alguma chance de êxito devido ao que denomino "disparidade de atenção": o país grande é incapaz de voltar a atenção — e é improvável que o faça — para suas relações com um pequeno parceiro comercial com a mesma concentração de esforços que está ao alcance e é característica deste ("o pais [dependente] provavelmente procurará escapar à dominação mais ativamente e com mais energia do que o país dominante se esforçará para impedir essa libertação"). (Hirschman, 1995: 88)

Já Celso Furtado, que foi um dos precursores da reflexão sobre dependência e adepto da abordagem cepalina, aceita plenamente a teoria da dependência.

Para nós que vivíamos dentro da teoria de centro-periferia, a dependência era um fato que decorria da estrutura do sistema. Escrevi um livro sobre dependência em 1956. Agora, a visão que os sociólogos tiveram com o Fernando Henrique e Faletto foi mais de olhar dentro da própria sociedade, como é que ela se solda e como ela se forma, a dependência. O fenômeno da dependência todos conheciam, a própria teoria do semi-colonialismo era uma teoria da dependência, que os marxistas desenvolviam. Agora, ligar isso à estrutura interna da sociedade foi uma contribuição dos sociólogos. Na verdade, o fenômeno, a situação de dependência era aceita por uns como uma coisa natural, mas todo mundo partia do fato de que isso existia. Gudin, por exemplo, que era o homem da extrema direita, do liberalismo mais descabelado, criou a teoria da economia reflexa, que no fundo é economia dependente. Economia reflexa, que reflete tudo o que vem de fora, é uma forma de dependência maior. Portanto, o nome de dependência em si não tem muita importância, o que importa de verdade são os ingredientes do processo, e o que os sociólogos trouxeram foi um estudo da estrutura de poder interna, que está ligada à forma de dependência que surge com a industrialização. Você industrializou, você avançou, criou uma Economia mais complexa e em realidade, digamos assim, não superou a dependência, ela assumiu outra forma. Porque a sua estrutura social se fez a serviço dos interesses da dependência. A verdade verdadeira é que quando você internacionaliza uma economia subdesenvolvida, você aprofunda a raiz da dependência.

Bresser-Pereira que, assim como Furtado, é um dos precursores da reflexão sobre dependência, com trabalhos escritos muito antes da publicação do *Dependência e desenvolvimento na América Latina*, registra a importância dessa abordagem.

Nos anos 50 domina no Brasil a teoria do imperialismo e o pessoal do ISEB, com Ignácio Rangel como principal economista, e a CEPAL onde o principal economista seria Celso Furtado, que ainda viam o subdesenvolvimento brasileiro como causado em grande parte pelo imperialismo, que impedia de nos industrializarmos. Mas fica claro, durante a segunda metade dos anos 50, que isso é falso. No final dos anos 50 escrevi uma carta, depois um artigo, mostrando quais eram os fatos novos que mudavam a natureza da relação do Brasil e da América Latina com o primeiro mundo. Deixava de ser uma mera relação de nação ou países imperializados, mas passava a ser uma relação que nós chamamos de uma nova dependência. Aliás, eu estou profundamente envolvido no surgimento da teoria da nova dependência.

Ainda Bresser-Pereira:

Esse tipo de preocupação vai dominar na segunda metade dos anos 60 os economistas e sociólogos que vão para o Chile. O melhor livro que sai a respeito desse assunto é o livro do Fernando Henrique e do Faletto. Um problema fundamental, que estava correlacionado, era explicar a retomada do desenvolvimento brasileiro, depois das chamadas teorias da estagnação que tinham dominado os anos 60. Eu não creio inclusive que eu tenha lido esta obra exatamente na época que ela saiu, li alguns anos depois. Eu estava muito ativamente, por outro lado, trabalhando na mesma área. Eu não fui para o Chile nos anos sessenta, fiquei aqui no Brasil, mas estava vendo toda a análise da estagnação da América Latina, especialmente no livro do Celso Furtado, e comecei a perceber que essa análise não batia com a realidade.

Para Bresser-Pereira o livro de Fernando Henrique Cardoso e Enzo Faletto,

estava na base do repensar a América Latina, que não era necessariamente explorada pelo imperialismo, mas que tinha o seu desenvolvimento distorcido, especialmente em termos de concentração de renda, em função do papel preponderante que tinham as empresas multinacionais e os padrões de consumo do exterior reproduzidos no Brasil e na América Latina para as classes média e alta.

À GUISA DE CONCLUSÃO

Uma filosofia da composição é necessariamente uma genealogia da imaginação, um estudo da única culpa que conta para o autor: a culpa do débito. Nietzsche é o verdadeiro psicólogo dessa culpa, que pode bem estar situada no cerne de sua preocupação com a vontade — não tanto a vontade de potência quanto uma contravontade que surge nele, em busca não da força, mas daquele desprendimento também procurado por seu mestre Schopenhauer. Para Nietzsche, todo costume (incluindo, supostamente, a tradição teórica e poética) "é uma seqüência de processos de apropriação, incluindo as resistências que se verificam em cada caso e as tentativas de transformação relativa ou defensiva, bem como os resultados de bem sucedidos contra-ataques". Na *Genealogia da moral*, a patologia da "consciência pesada" é diagnosticada inicialmente como um mal necessário, e mais tarde como uma fase na criação humana. O "poema severo" de Vico, que relata a origem da imaginação, parece suave quando comparado à terrível visão nietzscheana das "relações entre os homens e seus antepassados".

De uma certa forma em concordância com Nietzsche, a tese de Harold Bloom é clara: "minha tese, aqui, que aliás me desagrada, é a de que em sua *askesis* purificadora o autor forte só tem consciência de si mesmo e daquele Outro que deve, afinal, destruir: *seu precursor*, que a esta altura bem pode ser uma figura imaginária ou composta, mas que continua a ser formada por textos, textos reais do passado, que não se deixam esquecer. Porque *clinamen* se esforça para corrigir ou complementar os mortos, *kenosis* e *demonização* laboram para reprimir a memória dos mortos, mas a *askesis* é o embate propriamente dito, uma luta-até-a-morte com os precursores" (Bloom, 1991: 162). Essa *askesis* purificadora paradoxalmente pode voltar-se contra o próprio autor ou para uma figura imaginária que cria de si:

> Quando Smith sentiu que estava chegando o seu fim, mostrou grande ansiedade por destruir todos os seus papéis, e encontrando-se demasiado frágil para destruir sozinho, rogou repetidamente a seus amigos Black e Hutton que os destruíssem por ele. Black e Hutton sempre adiavam o cumprimento da petição de Smith, com a esperança de que recuperasse sua saúde ou quiçá mudasse de idéia. Porém, finalmente, uma semana antes de sua morte solicitou a presença deles e lhes pediu que ali à sua vista queimassem dezesseis volumes de manuscritos que lhes indicou. Eles o fizeram sem saber nem perguntar o que continha. (Rae, 1945: 434)

O pressuposto de nossa breve reflexão sobre a "angústia da influência" em Adam Smith e Celso Furtado partiu da assertiva de Marx citada anteriormente e da de Szmrecsányi, que é específico em relação a Furtado:

> Na leitura da *Formação econômica do Brasil* [...] logo nos deparamos com dois problemas. Um, que se refere principalmente à história do Brasil mas tem também uma conotação historiográfica mais geral: diz respeito à origem dos conhecimentos históricos de Celso Furtado, tão parcialmente indicada pelas poucas fontes nacionais e portuguesas que ele cita no seu texto e/ou nas suas notas de rodapé [...] Na verdade, o livro em questão possui até alguns *mistérios*, os quais freqüentemente têm instigado seus leitores apesar — ou talvez por causa — dos três avisos que figuram na sua *Introdução*. Dizem estes que: o trabalho não passa de um "esboço do processo histórico de formação da economia brasileira"; por esse motivo, há uma omissão quase total de referências à "bibliografia histórica brasileira".

E se ela fosse somente oriunda de uma certa má vontade específicas de (respectivamente) Marx e Szmrecsányi em relação a Adam Smith e Celso Furtado? Respondemos essa pergunta com George Stigler:

> Se um jovem economista realmente mergulhar na história da economia, aprenderá que todas as inovações propostas são, de início,

conduzidas de uma maneira altamente imperfeita, e que só gradualmente os grandes defeitos são corrigidos. Também aprenderá que os responsáveis por uma nova teoria exageram seus méritos, assim como as deficiências do conhecimento anterior que vêm procurando suplantar. Nunca ouvi falar de exceções importantes a essa norma agressiva de autopromoção. Por exemplo, Adam Smith *cuidadosamente* ignorou o interessante tratado de economia de Sir James Steuart, que apareceu com nove anos de antecedência ao seu trabalho. (O desprezo é o caminho mais rápido para o esquecimento.) A única exceção conspícua à regra do excesso de apreço pelas próprias idéias foi John Stuart Mill cuja retidão era, de tão vasta, lamentável. Ele próprio menosprezou sua própria contribuição — e foi recompensado, por um século, com uma desmerecida reputação de falta de criatividade. Tanta modéstia e respeito pela sabedoria recebida seriam predicados bastante dúbios para um inovador científico. (Stigler, 1982: 213)

12.
A ARGENTINA E A GLOBALIZAÇÃO
Aldo Ferrer

Conheci Celso Furtado pessoalmente em Nova York (em 1951 ou 52) numa visita que ele fez como economista da CEPAL à sede da Secretaria das Nações Unidas, onde atuava como um jovem profissional em treinamento para a carreira de funcionário internacional. Nessa época conhecia parte da obra de Furtado e havia me atraído seu enfoque histórico e global do desenvolvimento latino-americano.

Um tempo depois, seu livro *Formação econômica do Brasil* induziu-me a preparar um estudo sobre o desenvolvimento econômico da Argentina em suas diversas etapas e no contexto das transformações do sistema internacional.

Meu livro *La economia argentina* (Fondo de Cultura Económica, México, 1963) ressalta essa inspiração intelectual da obra de Furtado. Com o tempo, os contatos tornaram-se freqüentes, na Argentina, no Brasil, em outras partes da América Latina e em Paris. O respeito intelectual do início enriqueceu-se então com a amizade e o afeto pessoal por Celso Furtado, cuja personalidade e cuja obra ocupam lugar importantíssimo na história e na realidade contemporânea de nossos países.

Honra-me, pois, o convite para contribuir com um ensaio para o livro em homenagem a mais um aniversário de nosso querido e respeitado amigo. Meu último trabalho, pouco extenso, sobre a situação argentina no contexto mundial, que agora se chama globalização, segue o mesmo enfoque dos meus trabalhos anteriores, e, portanto, situa-se na abordagem da realidade de uma perspectiva histórica e contextual, que tanto deve ao pensamento de Celso Furtado. Um tratamento mais amplo do mesmo assunto aparece em meu livro *El capitalismo argentino* (Fondo de Cultura Económica, Buenos Aires, 1998).

Na Argentina, coexistem atualmente indicadores positivos de crescimento econômico e estabilidade de preços com o aumento do desemprego, da pobreza, e da exclusão social. O Mercosul, por sua vez, está enfrentando dificuldades e incertezas crescentes.

Existe um fio condutor para explicar essas tendências. Isto é: a qualidade das respostas aos desafios e oportunidades da globalização.

Esta abordagem foi desenvolvida em estudos anteriores e destaca o fato de que a existência de uma ordem global afronta cada país com desafios de cuja resolução dependem o desenvolvimento ou o atraso.[1] Definitivamente, a história econômica e a análise da atualidade de cada país podem ser abordadas através da qualidade, das boas ou más respostas à globalização. Isto requer levar em conta a complexa trama de circunstâncias históricas, econômicas, sociais e políticas que, em definitivo, configuram a trajetória de cada país e sua inserção na ordem mundial. Esta visão é pertinente também à análise de um processo de integração regional como o Mercosul.

Se a Argentina e o Mercosul têm hoje um comportamento insatisfatório, isto é resultado, por essa tal perspectiva, das péssimas respostas aos desafios da globalização. O problema não é de agora no país[2] e, certamente, no resto da América Latina.[3] Só que atualmente as forças globalizadoras são tão intensas, que os erros são pagos a um preço muito mais alto que em outras épocas.

Permitam-me uma breve referência pessoal. No início da década de 1980, em plena crise da dívida, publiquei um livro chamado *Vivir con lo nuestro*.[4] O trabalho estabelecia que diante da crise de endividamento era indispensável colocar a casa em ordem, procurar estabelecer o equilíbrio dos pagamentos internacionais e, sobre essas bases, abrir uma negociação com os credores que permitisse cumprir os compromissos externos sem ceder nos interesses fundamentais do país. O contraste desse enfoque com o pensamento hegemônico, quer dizer, com a visão fundamentalista da globalização,[5] ainda ressoa. Praticamente, em todas as apresentações públicas daquelas idéias, em conferências e debates, alguém pergunta como é essa história de "vivir con el nuestro" (viver com o nosso), que viabilidade possui na ordem global. Isto provavelmente revela que sobrevive a suspeita de que o rumo seguido, como antípoda daquele enfoque, definitivamente, não deu bons resultados.

Antes de passar uma breve revista pelo comportamento da Argentina diante da globalização, convém identificar certos elementos da ordem global relevantes aos efeitos desta análise.

---

[1] A. Ferrer, *Historia de la globalización: orígenes del orden económico mundial*. Buenos Aires, Fondo de Cultura Económica, 1996. *Historia de la globalización II: la revolución industrial y el segundo orden mundial*. Buenos Aires, Fondo de Cultura Económica, 2000.

[2] A. Ferrer, *El capitalismo argentino*. Buenos Aires, Fondo de Cultura Económica, 1998.

[3] A. Ferrer, *De Cristóbal Colón a Internet: América Latina y la globalización*. Buenos Aires, Fondo de Cultura Económica, 1999.

[4] A. Ferrer, *Vivir con lo nuestro*. Buenos Aires, El Cid Editor, 1983.

[5] A. Ferrer, *Hechos e ficciones de la globalización*. Buenos Aires, Fondo de Cultura Económica, 1997.

A Globalização: movimento internacional de capitais

O extraordinário crescimento dos movimentos internacionais de capitais na segunda metade do século XX influi nos investimentos e suas fontes de financiamento. As correntes financeiras cresceram muitas vezes mais que as variáveis reais da economia mundial: produção, emprego, investimentos e comércio. Com relação a este último, por exemplo, os empréstimos internacionais líquidos representavam 8% em 1964, e atualmente mais de 100%.

A imensa maioria dos fundos concentra-se em atividades especulativas que decidem taxas de juros, taxas de câmbio e variações nas cotações da bolsa. O desregramento das transações financeiras e a transformação dos mercados impulsionada pela revolução informática criaram um mega-mercado de escala mundial que opera, considerando as diferenças de horário dos principais mercados, praticamente 24 horas por dia, sete dias por semana.

Esse aumento das correntes financeiras não teve como reflexo um incremento da acumulação de capital produtivo e social na economia mundial. A taxa de investimento real se mantém na ordem de 20% a 25%. Em sua maior parte, o mercado financeiro internacional é um sistema endógeno de transações sobre ativos e passivos. Sua influência sobre o processo real de acumulação de capital encontra-se nos seus efeitos indiretos sobre o comportamento da demanda dos consumidores (o efeito riqueza provocado pela mudança nas cotações das ações e títulos), a taxa de juros e as políticas macroeconômicas dos estados.

Por sua vez, o crescimento dos investimentos privados diretos também foi muito importante. Na atualidade, 60 mil corporações transnacionais, contam com 500 mil filiais fora do seus países de origem. Os ativos das filiais alcançam mais de US$ 4 bilhões. Por sua vez, a participação das mesmas no produto mundial é da ordem de 8%. A mesma porcentagem se registra a respeito da relação entre os investimentos das filiais e a acumulação de capital na economia mundial.[6]

Em resumo, em média, a poupança interna dos países financia mais de 90% da formação real de capital. Na Argentina e na América Latina, registra-se uma relação semelhante.

Um desafio que a globalização financeira e a expansão das corporações transnacionais propõem consiste em compatibilizar a participação nesses processos globais com as regras do jogo que contribuam para a mobilização do crescimento interno (das empresas, do setor público e privado), que é, como se viu, a fonte fundamental do financiamento do investimento.

---

[6] UNCTAD, *World investiment report 1999*. Genebra, 1999.

NOVOS PADRÕES DE PRODUÇÃO

O aumento do comércio internacional e do investimento privado direto, mas sobretudo a difusão da informação e processamento de dados e imagens a uma escala planetária, geraram um novo entorno produtivo fortemente influenciado pelo cenário global.[7]

Esses fatos registram o impacto do desenvolvimento da microeletrônica e suas múltiplas aplicações na organização da produção e dos mercados, no desenvolvimento de novos bens de capital e produtos de consumo massivo. Por sua vez, a biotecnologia e os novos materiais multiplicaram e diversificaram a oferta de bens e serviços.

Um resultado notável das novas tecnologias é a flexibilização da organização da produção, tanto pela incorporação de equipamentos capazes de produzir eficientemente séries curtas de produção como pela versatilidade de habilidades da força de trabalho.

Em múltiplas atividades, as economias de escala desapareceram. Desse modo, abriu-se uma nova fronteira para empresas de médio e pequeno porte que operam na divisa tecnológica, com alta eficiência e competitividade. Essas unidades produtivas contam atualmente com o mesmo nível informático e de equipamento das grandes corporações. Por sua vez, os vínculos entre os quadros de pessoal e a direção de tais firmas costumam ser mais versáteis para assimilar as relações industriais emergentes das novas tecnologias. A formação de redes, aglomerados e distritos industriais entre firmas médias e pequenas e entre estas e os grandes conglomerados, fortaleceram o acesso ao mercado e o financiamento que era, tradicionalmente, um dos pontos de estrangulamento no desenvolvimento das unidades de produção de menor tamanho relativo. Esses processos acumulativos no tecido produtivo são o componente principal do que se costuma denominar atualmente a nova economia e fonte de incremento da produtividade, dos lucros e do investimento.

Desse modo, a acumulação de capital e de capacidades tecnológicas, organizacionais e de mercado, operante desde a difusão da Revolução Industrial no século XIX, adquire atualmente uma renovada importância[8].

O processo de acumulação se registra não só ao nível da firma, mas nas redes associativas entre empresas de diversos tamanhos, nos distritos industriais, nos

---

[7] B. Kosakoff, A. López, "Los cambios tecnológicos y organizacionales en las pequeñas empresas: repensando el estilo de desarollo argentino", *Revista de la Escuela de Economía y Negocios*, Universidad Nacional de San Martín, abril 2000.

[8] OECD, *Technology and the economy: the key relationships*. Paris, 1992.

conglomerados de empresas e em outras vias de veiculação entre firmas. Isso inclui processos simultâneos de sub-contratação, terceirização e outras formas de vinculação em que a agregação de valor compromete a participação de diversas firmas. Dali surgem novas relações com fornecedores e clientes, produção sob encomenda e racionalização de inventários, que contribuem para aumentar a eficiência e competitividade das firmas.

Muitas dessas mudanças costumam vincular-se à chamada sociedade do conhecimento, em que os ativos intangíveis (pesquisa e desenvolvimento, patentes, licenças, capacitação etc.) adquirem uma importância significativa. A telemática, isto é, a convergência entre a informática e as telecomunicações, está intimamente associada a essa nova economia fundada no conhecimento.

Dimensão endógena e cenário global

Essas transformações se apresentam em um contexto no qual convergem a abertura à ordem global e a formação interna de capacidades tecnológicas e de mercado. O êxito está ligado à atitude de cada sociedade de incorporar os sinais da ordem global para impulsionar o processo endógeno de acumulação de capital e enriquecimento do tecido produtivo. A resolução das tensões entre o contexto mundial e o meio interno constitui, no final, a chave do desenvolvimento.

Não se soluciona a questão apenas atendendo o mercado global. As exportações representam aproximadamente 20% do produto mundial. O que quer dizer que, em média, a demanda interna dos países absorve 80% da oferta. Na Argentina, no Brasil e em outros países da América Latina, a proporção é ainda maior. De outro lado, a proporção da produção mundial internacionalizada, que se pode medir pelo comércio intrafirma das empresas transacionais, representa menos de 10% do produto da economia mundial.

O mercado interno é, assim, parte fundamental da demanda e do emprego (em média entre 8 e 9 de cada 10 trabalhadores está ocupado em produções para o mercado doméstico). Os novos padrões de produção precisam de uma abordagem integrada do acesso ao mercado interno e à ordem internacional. Isto é, requer eixos de organização de recursos que respondam às demandas de uma economia aberta porém integrada interiormente e fundada em sinergias acumulativas de investimento, conhecimentos e capacidades organizacionais.

Como é sabido, a globalização acrescenta a significação da dinâmica endógena do desenvolvimento econômico e social. A experiência histórica revela que o êxito dos países reflete sua capacidade de participar intensamente das transações internacionais sobre a base da integração interna e a que foi posta em andamento nos processos endógenos de acumulação. Sobre essa questão, atualmente existem poucas novidades.

Convém observar que a mudança técnica reforça os conteúdos endógenos do desenvolvimento. A perda do peso relativo dos produtos primários na produção e comércio mundiais reduz a significação da divisão do trabalho fundada no intercâmbio daqueles produtos dos países periféricos por manufaturados elaborados nos centros. Na antiga estrutura produtiva da periferia, era possível incorporar a tecnologia na atividade primária e participar em alguma medida das correntes expansivas do comércio mundial. Essa possibilidade desapareceu. A única via de inserção dinâmica na ordem global é através da especialização intraindustrial que requer a existência de uma estrutura produtiva complexa. Isso requer, pelo contrário, o andamento dos processos acumulativos a que se fez referência anteriormente. Na ordem mundial contemporânea, a dimensão endógena do desenvolvimento é mais importante que em qualquer outro momento do passado.

AS POLÍTICAS PÚBLICAS

O peso do mercado interno e da economia doméstica e o significado da dimensão endógena para o desenvolvimento revelam o quanto são infundadas as suposições da visão fundamentalista da globalização. Com efeito, não é verdade que a maior parte das transações tem lugar no mercado mundial, que o grosso da produção se encontre transnacionalizada, que a acumulação de capital seja hoje decidida pelos agentes transnacionais, nem que, conseqüentemente, tenham desaparecido as fronteiras e a capacidade de cada país de decidir seu próprio destino. O Estado e as políticas públicas tampouco se dissiparam.

Na realidade, no cenário atual, a qualidade das respostas à globalização depende da eficiência das políticas públicas e da sua capacidade de mobilizar o potencial interno disponível para associá-lo de maneira eqüitativa, simétrica, não subordinada, à ordem global. Um bom exemplo é o desenvolvimento dos tecidos produtivos nas economias avançadas e a importância decisiva das pequenas e médias empresas. Os fatos lembrados antes, a esse respeito, só foram possíveis pela coexistência da iniciativa dos agentes privados no modelo de políticas ativas de promoção da tecnologia, da organização, do financiamento e do comércio. Para isso foram necessárias as políticas em si mesmas e estados capazes de mobilizar recursos com um grau suficiente de autonomia para perseguir seus próprios objetivos.

A ARGENTINA: UM APARENTE PARADOXO

Mais uma vez, no decorrer da década de 1990, a economia argentina foi o cenário de fatos paradoxais. O período registra uma taxa de crescimento do PIB próxima a 5% anual e um acúmulo do produto por habitante da ordem de 30%.

Na verdade um comportamento notável, considerando a prolongada estagnação prévia. Ao mesmo tempo, a alta inflação instalada desde fins da década de 1940 e o seu ápice na hiper de 1989/90 foram substituídas pela estabilidade dos preços. Esses indicadores de crescimento registraram duas interrupções no transcurso da década de 1990: 1995 e 1998/99. Em ambos os casos, aparentemente, como conseqüência inevitável do contágio de turbulências financeiras internacionais.

Outros acontecimentos significativos são a ampliação da fronteira de recursos naturais agropecuários, energéticos e de mineração e as melhorias experimentadas no serviços públicos privatizados (telecomunicações, energia elétrica, gás, rede viária etc.), as redes comerciais administradas por grandes operadoras e os serviços bancários. As filiais de empresas estrangeiras no setor manufatureiro e alguns conglomerados de capital nacional impulsionaram uma profunda transformação na produção de insumos básicos (alumínio, aço, petroquímica, refinarias de petróleo), alimentos, automotores e diversas manufaturas de consumo massivo. Em todos esses ramos, registra-se uma forte concentração da produção em poucas firmas, incremento da dotação de capital, incorporação de tecnologia de nível internacional e notáveis aumentos da produtividade.

Esses fatos estão intimamente associados às mudanças ocorridas no cenário mundial e aos rumos da política econômica do governo do presidente Menem. A respeito dos primeiros, cabe observar a mudança de sinal da transferência de recursos para a América Latina. Na chamada década perdida, de 1980, em plena crise da dívida externa, registrou-se uma transferência líquida de recursos da região para o resto do mundo de US$ 220 bilhões. Na seguinte, a partir de 1991, ocorreu um aumento substancial do investimento privado direto e dos empréstimos financeiros, gerando uma transferência líquida para a região de US$ 170 bilhões. Isso permitiu financiar o déficit da conta corrente dos países latino-americanos e aumentar as reservas internacionais das autoridades monetárias.

Em relação às mudanças da política econômica argentina, desde o início de sua gestão, em meados de 1989, o presidente Menem pôs em marcha uma estratégia de abertura, privatizações, desregulamentação dos mercados e incentivo ao investimento estrangeiro privado direto e ao financiamento externo. A convertibilidade e a fixação da taxa de câmbio no início de 1991 assentaram a nova estratégia num contexto de estabilidade de preços. Um conjunto de circunstâncias foi muito favorável à evolução do modelo.

Como no resto da América Latina, a transferência líquida de recursos do exterior (entradas de capitais menos pagamentos de juros e lucros) transformou-se de negativa em positiva: de menos de US$ 35 bilhões na década de 1980 a mais de US$ 55 bilhões entre 1992 e 1999. Ao mesmo tempo, a estabilidade dos preços teve um efeito positivo sobre a opinião pública, a demanda interna e a arrecadação tributária. Os recursos fiscais também aumentaram em US$ 20 bilhões pela venda das empresas públicas. Tudo isso viabilizou a expansão do gasto público, a demanda privada de consumo e investimento, a produção e o emprego.

O cenário de crescimento, estabilidade e transformações foi acompanhado, sem dúvida, pelo mal-estar social e a percepção da incerteza sobre o futuro. Vejamos uma das causas desse paradoxo.

O desemprego somado às ocupações informais de baixa produtividade atinge atualmente dimensões sem precedentes. O mesmo acontece com a proporção da população em situação de pobreza. As remunerações médias na atividade manufatureira estão praticamente estacionadas desde a década de 1990 e declinaram para a maior parte da força de trabalho no conjunto da economia. A distribuição da riqueza e a renda pioraram nos últimos anos. A Argentina, que não se caracterizava por registrar os piores índices de concentração de renda dentro da América Latina, está se aproximando daqueles países em pior situação nesse sentido.

Os avanços de alguns setores foram acompanhados pela concentração nas economias regionais e numa profusão de pequenas e médias empresas. Desse modo, as mudanças estruturais registradas nos anos mais recentes tendem à formação de um sistema econômico e de um mercado de trabalho fraturados. Em um segmento prevalecem atividades de alta produtividade e crescimento. Em outro, baixas dotações de capital e tecnologia e níveis menores de produção por pessoa empregada.

O primeiro gera ao redor de 1/3 do PIB e 20% do emprego total e inclui diversas áreas industriais, serviços públicos, privatizados (particularmente naqueles de rápida mudança tecnológica como as telecomunicações), as grandes redes de comercialização, a exploração da nova fronteira de recursos naturais, as empresas agropecuárias mais eficientes e serviços nos quais tenha penetrado a tecnologia informática. Essas atividades incrementaram a proporção de seus insumos importados, desorganizando encadeamentos prévios com a produção interna de bens e serviços (inclusive a oferta do sistema nacional de ciência e tecnologia) e, em conjunto (excluindo a exportação de produtos primários), registra um forte déficit em seu balanço operacional em divisas. Essas atividades caracterizam-se por uma baixa capacidade de geração de emprego, maior capacitação relativa de sua força de trabalho e salários médios substancialmente superiores à media da economia. As áreas produtoras de bens e serviços não-comercializáveis, como no caso dos serviços públicos, registram benefícios adicionais pela melhora de seus preços relativos.

As outras atividades geram em torno de 2/3 do PIB e 80% do emprego. Essas abarcam o universo de pequenas e médias empresas, a maior parte das produções das economias regionais e boa parte do setor público nacional, provincial e municipal pós-privatizações. Nessas áreas estão incorporadas as empresas e trabalhadores informais, com baixos níveis de produtividade e salários. Tais atividades produzem quase exclusivamente para o mercado interno e se abastecem essencialmente de bens e serviços de produção nacional. Os encadeamentos desses setores tradicionais com a área moderna da economia debilitaram-se desde meados da década de 1970 e, particularmente, na de 1990. A menor taxa de crescimento dessas atividades foi agravada, no caso das produtoras de bens comercializáveis, pela abertura do mercado interno e o movimento dos preços relativos. Estes registram o efeito do tipo de câmbio fixo e o aumento dos custos internos não-transferíveis aos preços de venda. Tais circunstâncias provocaram a quebra e desaparecimento de numerosas empresas, particularmente nos ramos metalúrgica, mecânica, têxtil e vestuário. Outras, como as que operam no varejo, não suportaram a concorrência das redes de supermercados.

Essa dualidade do sistema produtivo e do mercado de trabalho, coincide com a perda de competitividade e o crescente endividamento externo. Como veremos a seguir, a Argentina é o país mais endividado da América Latina (depois da Nicarágua). Os serviços da dívida geram uma demanda crescente de divisas e os da dívida pública representam proporções cada vez maiores do gasto público consolidado. A perda da competitividade reflete-se no persistente déficit da balança comercial, que não se consegue eliminar mesmo com a forte contração da demanda interna.

A economia argentina está subordinada a um gigantesco e crescente déficit em seus pagamentos internacionais. Ao efeito já comentado da dívida e do desequilíbrio operacional em divisas das filiais de empresas transnacionais, deve-se acrescentar a perda de competitividade produzida pela deterioração do tecido produtivo e a supervalorização cambial. Desse modo, registra-se uma reprimarização das exportações argentinas (predomínio de *commodities* e energéticos) e um incremento da brecha no conteúdo tecnológico do comércio exterior. Enquanto as exportações suportam a debilidade relativa da demanda internacional e a instabilidade dos preços dos produtos primários, as importações registram o incremento do coeficiente importado dos setores de maior crescimento da economia (incluindo os liderados pelo investimento estrangeiro).

Verifica-se, assim, o fato de que, ainda em plena recessão da atividade econômica interna, a balança comercial continua registrando déficit. Em 1999, o PIB caiu em 3,5%, mas a balança comercial registrou um déficit próximo aos US$ 5 bilhões equivalentes a 4% do PIB.

As condições que foram inicialmente tão favoráveis ao modelo mudaram. Já não restam ativos públicos vendáveis, a situação fiscal piora pela estagnação da arrecadação tributária e o peso crescente dos serviços da dívida, a taxa de câmbio internacional está aumentando e a estabilidade de preços esgotou seu efeito positivo sobre a demanda interna.

RESPOSTAS À GLOBALIZAÇÃO

Como em outros lugares, atualmente prevalecem na Argentina as reformas orientadas no sentido de abrir a economia, privatizar os serviços públicos, eliminar as regulações e transmitir sinais amistosos para os mercados. Estas reformas deviam produzir um emprego mais eficiente dos recursos disponíveis, promover a concorrência, aumentar a produção e o emprego. Tratava-se de responder aos desafios e oportunidades da globalização, com normas propícias ao bom funcionamento dos mercados, que permitiria uma relação equilibrada e dinâmica com a ordem mundial.

Como vimos, os resultados não foram os esperados. Na realidade a nova estratégia incorreu em três disparates fatais: provocou uma dívida excessiva, incorporou indiscriminadamente vultosos investimentos privados diretos e renunciou à condução da política econômica. Detenhamo-nos brevemente em cada um desses três pontos.

Dívida externa

O golpe de Estado de 1976 coincidiu com o auge do movimento internacional de capitais e a penetração das entidades financeiras transnacionais nos mercados periféricos. A partir de então, a dívida externa cresceu sem parar. Na década de 1990 aumentou 150% e atinge na atualidade US$ 145 bilhões. Em relação ao valor das exportações, a Argentina registra o pior indicador de endividamento da América Latina (salvo a Nicarágua): 5,3 vezes frente a 2,2 da média da região. Os juros adquiridos sobre a dívida externa representam mais de 40% do valor das exportações em comparação com o 17% da média da região. O efeito do endividamento externo sobre as finanças do Estado é também notável. Os serviços da dívida pública externa representam atualmente o 20% do gasto fiscal consolidado, proporção quatro vezes maior que no início da década de 1990.

Investimento privado direto

No transcorrer da década de 1990, entraram US$ 50 bilhões. Cerca de 80% desses investimentos destinaram-se à compra de ativos existentes correspondentes às empresas públicas privatizadas e firmas industriais e redes comerciais de capital local. Atualmente, a economia argentina registra um dos maiores índices de estrangeirização do mundo: a maior parte da infra-estutura, as grandes empresas comerciais, o sistema bancário, as redes comerciais e os serviços de informação e comunicações são propriedade de não-residentes. A relação entre as utilidades pagas e as exportações é superior a 10% frente a pouco mais de 6% registrado no conjunto da América Latina.

Em sua maior parte, as filiais de empresas estrangeiras produzem para o mercado interno, mas realizam transferências ao exterior de insumos, bens de capital e pagamentos de benefícios e lucros. O balanço operacional em divisas das empresas estrangeiras radicadas na Argentina representa cerca de 1/3 do déficit do balanço de pagamentos em conta corrente.

Regime cambial

A instalação de um regime de convertibilidade com tipo de câmbio fixo a partir de 1991 respondeu inicialmente à necessidade inadiável de erradicar a inflação e restabelecer a ordem no funcionamento dos mercados. A paridade inicial estava supervalorizada em torno de 30%. Até que se atingiu a convergência dos preços internos com os internacionais, a defasagem aumentou em 50%. Desde o início, como havia ocorrido antes com a reforma financeira de 1977, a competitividade internacional da produção argentina de bens e serviços comercializáveis deteriorou-se. A abertura comercial com supervalorização cambial constituiu uma combinação explosiva.

A permanência do regime levou a uma supervalorização crônica e praticamente à dolarização da economia argentina. A moeda norte-americana circula como meio de pagamento interno em paridade com o peso. Aproximadamente 2/3 dos passivos e ativos financeiros estão denominados em dólares. Em tais condições, a oferta monetária está determinada pela evolução das reservas do Banco Central, a taxa de câmbio reflete o risco país e o déficit fiscal está limitado pelo acesso ao crédito internacional.

As conseqüências

Este conjunto de disparates não constitui uma simples soma de erros de avaliação. Pelo contrário, foi funcional a interesses setoriais associados à especulação financeira, à apropriação de ativos públicos subvalorizados e a corrupção infiltrada nos tomadores de decisões sobre questões de interesse vital para o país.

Seja como for, as conseqüências foram péssimas na ordem interna e, a respeito da globalização, instalaram uma subordinação sem precedentes aos acontecimentos externos. Observemos brevemente algumas dessas conseqüências.

A POLÍTICA ECONÔMICA

A dependência do financiamento externo reduziu a política econômica argentina a administrar a dívida e tratar de reduzir o risco país. Quer dizer, o objetivo central da política é influir nas expectativas dos mercados financeiros internacionais. Essa percepção doméstica do sentido da política econômica é reforçada pelas condicionalidades dos credores instrumentada através dos acordos com os organismos de Bretton Woods. Mais que em outros momentos do passado, a evolução da atividade econômica está essencialmente determinada por fatores exógenos. Em primeiro lugar, a reposta dos mercados financeiros internacionais e, em menor medida, pela evolução dos preços dos *commodities* exportados pelo país.

A política econômica carece de instrumentos para administrar a conjuntura devido ao endividamento e, sobretudo, à rigidez da política cambial. O tipo de câmbio fixo que foi bem-sucedido para a eliminação da hiperinflação implica, de fato, uma situação muito próxima à dolarização plena. A política monetária e fiscal está de mãos atadas pelo regime cambial. Este se sustenta pela resignação de uma opinião pública que tem pânico de regressar ao transbordamento inflacionário. A mesma estabilidade e o ajuste dependem de fatores exógenos que impõem um alto custo de contração e deterioração social, cada vez que se produz a menor incerteza sobre a permanência da paridade do peso.

A política econômica está limitada a transmitir sinais amistosos aos mercados financeiros internacionais. Supõe-se que assim baixaria a taxa de câmbio, aumentaria o investimento e o emprego. Trata-se de uma expressão de desejos raramente confirmada pela realidade.

Definitivamente, os critérios dos credores e as condicionalidades do ajuste estrutural propiciado pelo FMI e pelo Banco Mundial configuram um quadro de subordinação permanente e restrições exógenas. A política econômica argentina é atualmente residual e opera dentro de estreitas margens de manobra. Resulta, assim, em alta medida impotente para mobilizar recursos e remediar a deterioração que sustentam as economias regionais, as pequenas e médias empresas e a situação social.

É também impotente para enfrentar as turbulências dos mercados financeiros internacionais. Frente a qualquer mudança de expectativas (como aconteceu em 1995 durante o chamado "efeito tequila" e em 1997/98 pela insolvência da Rússia e a crise de vários países asiáticos), o risco de contágio é enorme. Desse modo, a única resposta possível é a recessão, o desemprego e o agravamento da situação social. Por sua vez, as modificações da taxa de câmbio internacional, ou a mudança na qualificação do país e seu destino, introduz um elemento de instabilidade no orçamento e nos pagamentos internacionais não-administráveis com os instrumentos disponíveis, quer dizer, sem política cambial, fiscal ou monetária. O mesmo ocorre com relação à modificação da paridade do dólar e o euro, que afeta a capacidade competitiva do país nos diferentes mercados nos quais opera.

A ligação com o dólar impede que o tipo de câmbio do peso compense essas mudanças no contexto externo.

Um fato notável da situação argentina é que os serviços públicos privatizados (eletricidade, água, gás, telefones, pedágio) têm tarifas ajustáveis pela inflação dos Estados Unidos. Nos últimos quatro anos, os preços norte-americanos ao consumidor subiram 9%, enquanto na Argentina permaneceram estáveis. Desse modo, mesmo quando os preços domésticos não sobem ou baixam, as tarifas aumentam. Esse comportamento de um segmento da economia essencial na determinação do nível geral de preços, somado à enorme e incerta incidência dos serviços da dívida, determina que os salários resultem como a única variável de ajuste para sustentar a convertibilidade e a paridade do peso um a um com o dólar. Desse modo, na atualidade, a Argentina é, provavelmente, o único país do mundo no qual a redução dos salários nominais é um instrumento da política econômica.

O TECIDO PRODUTIVO

As reformas inspiradas no Consenso de Washington somadas ao endividamento externo, a incorporação massiva de investimentos privados diretos e a convertibilidade, provocam uma mudança drástica nas regras do jogo. Não é que o Estado tenha permanecido à margem dos acontecimentos mencionados. Pelo contrário, a estratégia seguida promoveu a concentração do capital e da riqueza e castigou as produções regionais e as empresas que não conseguiram adaptar-se (ou não tiveram tempo de fazê-lo) ao novo contexto. O resultado foi a dualidade que caracteriza atualmente a economia e o mercado de trabalho.

Essa dualidade foi aumentada pela entrada massiva de investimentos privados diretos e um extraordinário processo de transferência da titularidade de ativos a filiais de empresas estrangeiras. O grosso desses investimentos não se materializou na instalação de novas empresas e na ampliação da capacidade produtiva, senão, majoritariamente, na compra de empresas, ativos e redes de comercialização preexistentes no país, como no caso dos serviços públicos, de diversas firmas industriais e dos bancos. Uma das conseqüências desses fatos foi a forte redução das equipes de treinamento e o aumento da produção por homem empregado.

A estrangeirização e os laços entre matrizes e filiais, somados à abertura do conjunto do setor moderno, estabelece laços mais profundos entre as atividades dinâmicas e o mercado mundial do que com relação à economia interna. Da perspectiva de muitas empresas, a Argentina é hoje essencialmente um mercado para a venda de bens e serviços provindos do exterior ou, quando são produzidos localmente, com uma crescente participação de insumos importados. O problema não se situa na abertura, a não ser que abarque essencialmente as importações, sem efeito sobre a competitividade em outros mercados e as exportações.

Nas economias desenvolvidas e nos países mais bem-sucedidos de industrialização recente, existem redes, e distritos industriais reveladores da integração do sistema. Na Argentina, ao contrário, observa-se uma desagregação do tecido produtivo e a fratura entre seus principais agentes. Desapareceram os encadeamentos internos e surgiram novos laços com o contexto externo. Estes não atuam como elementos de transmissão entre as mudanças nos mercados mundiais e a realidade interna, mas, melhor, como agentes de desarticulação e fratura.

Isso não se observa no comportamento das filiais de empresas transnacionais e inclusive em conglomerados de capital nacional. Seus vínculos com o espaço interior debilitaram-se contribuindo com a dualidade do sistema. Por sua vez, as mudanças na composição da demanda de derivados da concentração de emprego e da abertura orientam a parte principal do gasto aos setores favorecidos pela estratégia adotada.

Essas respostas à globalização frustram o potencial de desenvolvimento das médias e pequenas empresas, inclusive as intensivas no uso de tecnologia. Assim, desaparecem do cenário unidades produtivas que, dadas as tendências predominantes na mudança tecnológica, deveriam ter um amplo horizonte de crescimento em direção ao espaço interno e o mercado mundial. As possibilidades da chamada sociedade do conhecimento ficam então reduzidas aos setores concentrados. Para a maior parte do sistema não é suficiente o acesso à informática e à Internet, se as regras do jogo não contribuem para a capitalização e o desenvolvimento das firmas.

As fragilidades do contexto explicam o escasso efeito que têm as políticas ativas para promover o desenvolvimento das pequenas e médias empresas e economias regionais. Uma das causas obedece à escassa magnitude dos recursos destinados a tais fins devido à contínua necessidade de reduzir o gasto, aumentar a carga impositiva e transmitir sinais amistosos aos mercados financeiros internacionais.

Ciência e tecnologia

As tendências assinaladas debilitaram os vínculos entre a produção de bens e serviços e o sistema nacional de ciência e tecnologia. O incremento das importações e a inclinação das filiais das empresas transnacionais de abastecer-se de bens de capital e tecnologia em seus países de origem, diminuíram a demanda de tecnologia, maquinários e equipamentos produzidos internamente. Tais comportamentos difundiram-se nas firmas de capital nacional que agora, em maior medida que no passado, incorporam tecnologias e bens de capital importados.

Desse modo, os problemas do sistema científico-tecnológico não dependem somente da escassez de recursos, por outro lado compreensível, dadas as restrições orçamentárias. Influem de maneira decisiva as transformações produzidas na economia e as orientações das políticas públicas que debilitaram os laços entre a produção e o sistema de ciência e tecnologia.[9] Esses fatos refletem-se, por exemplo, na deterioração da produção local de bens de capital, o desmantelamento de departamentos de investigação e desenvolvimento em numerosas empresas e a substituição dos processos de adaptação de tecnologia pela simples importação de equipamentos e processos-chave.

POUPANÇA E INVESTIMENTO

Até a crise da dívida dos anos 80, a taxa de câmbio na Argentina era da ordem de 20% a 22%. A poupança interna financiava praticamente a totalidade do investimento de capital. O endividamento externo e a abertura indiscriminada ao investimento privado direto transtornou essa situação na década de 90, a dívida externa cresceu em 85 bilhões de dólares e entraram cerca de 50 bilhões de investimentos privados diretos. O que significa uma entrada associada de capital estrangeiro de 135 bilhões de dólares. Quase até fins da década, a taxa de câmbio recuperou níveis da ordem 22%, mas, agora, a poupança interna financia só 80% da acumulação de capital.

Segundo um fato observado pela CEPAL em vários países da América Latina, a abertura à entrada de capitais estrangeiros costuma ser acompanhada pela diminuição da poupança interna. No caso argentino, a taxa poupança interna/PIB, é 30% inferior à que prevalecia antes da crise da dívida.

Assim, deteriorou-se a acumulação de capital. Além do mais, a transferência dos setores mais dinâmicos e rentáveis da economia a filiais de empresas estrangeiras (como no caso dos serviços de telecomunicações, diversas empresas industriais e as redes comerciais) determina que a dotação de recursos reflita as prioridades de suas matrizes antes dos objetivos próprios do país. A direção do processo de acumulação está, basicamente, exogenamente determinada.

ORGANIZAÇÃO DO SISTEMA

Resumindo, as péssimas respostas da Argentina frente aos desafios e oportunidades da globalização resultam em que a economia está organizada em torno de eixos transnacionais: os critérios dos mercados financeiros, as políticas das

---

[9] A. Ferrer, "Ciencia, tecnología y desarollo". *Archivos del Presente*, Buenos Aires, jan.-fev.-mar. 2000.

filiais e as condicionalidades das organizações de Bretton Woods. O país perdeu grande parte da sua capacidade de conduzir sua política e a organização dos seus recursos.

Provavelmente o pior não seja a existência de restrições reais, mas sim a conformidade de interesses econômicos influentes e setores de opinião sobre a inevitabilidade desses fatos e seu caráter irreversível. Trata-se de uma visão fundamentalista da globalização, segundo a qual este não será o melhor, mas o único dos mundos possíveis.

Esse cenário é incompatível com o desenvolvimento sustentável, o progresso social e a participação nas correntes de tecnologia e comércio mundiais e o estabelecimento de uma relação simétrica de via dupla com a ordem global. Desse modo, o país é arrastado pela corrente de acontecimentos totalmente fora do seu controle. Veremos mais adiante as repercussões desses fatos sobre o Mercosul.

Essas questões transcendem o espaço econômico para abarcar a viabilidade do exercício da democracia e a soberania na Argentina. Detenhamo-nos brevemente sobre esse ponto.

DEMOCRACIA E SOBERANIA

As crescentes restrições à condução da política econômica e o predomínio da visão fundamentalista da globalização modificam as regras de funcionamento do sistema democrático e o exercício da soberania.

A soberania, entendida aqui como a capacidade de decidir o próprio destino na ordem global, requer que os atores sociais e políticos do país tenham poder decisório suficiente para definir as relações com o resto do mundo. Vale dizer, para organizar os mercados e os recursos conforme critérios que, levando em conta os meios disponíveis e as restrições existentes, persigam a construção de um projeto nacional.

A democracia, conforme os princípios fundamentais estabelecidos pelos grandes pensadores políticos dos séculos XVII e XVIII, John Locke e Charles Montesquieu, e incorporados à ordem constitucional argentina, sugere que o poder reside no povo. Por sua vez, a divisão de poderes (executivo, legislativo e judiciário) impõe os equilíbrios necessários para evitar a instalação de uma autoridade despótica. Nesse modelo, o povo elege seus governantes para promover o interesse comum.

Esses requisitos da existência de um regime democrático e soberano foram alterados na atualidade. Como vimos, a economia argentina está organizada em torno de eixos transnacionais em vez de em regras do jogo destinadas a construir o próprio destino na ordem global. Influir na percepção dos mercados é o objetivo dominante da política econômica seja qual for sua conseqüência sobre o desenvolvimento econômico e social e os equilíbrios macroeconômicos.

No plano político, difundiu-se o conceito de governabilidade da democracia. Esta consiste em um comportamento dos órgãos do Estado compatível com os critérios dos mercados. Se aquele difere destes, a democracia é ingovernável. Esse enfoque violenta os fundamentos da democracia e a divisão de poderes. Na nova situação, definitivamente, o poder não está no povo. A eleição periódica dos representantes da vontade dos cidadãos é em grande parte um fato simbólico frente à realidade dos mercados que votam todos os dias e decidem o rumo dos acontecimentos. Para que a democracia seja governável, os três poderes (executivo, legislativo e judiciário) devem satisfazer os critérios dos operadores da economia e das finanças.

Essas transformações alteram também a teoria do conflito. Segundo esta, a solução de um desacordo entre partes requer que cada uma defina seus interesses e que seus representantes os defendam. Na situação atual, isso não se verifica, pois uma das partes negocia com os critérios da outra e, frequentemente, é representada por pessoas associadas a interesses da outra parte.

Esses fatos contribuem para explicar a deterioração da credibilidade da política e do próprio regime democrático como o espaço natural para defender a identidade e o próprio destino na ordem global.

13.
UM REPUBLICANO EXEMPLAR
Francisco de Oliveira

Neste momento em que a crise da universidade se mostra quase obscenamente, é de fundamental importância que rendamos, sem "paulistocentrismos", a mais importante universidade brasileira renda seu preito de gratidão a Celso Furtado pela sua obra e seu exemplo. Esta é uma oportunidade ímpar para tornarmos público aquilo que o respeito humano, no mais das vezes, nos impede de falar. Acabamos de participar, muitos dos que estamos aqui, do seminário que a instituição que Celso Furtado criou preparou para homenageá-lo, discutindo o futuro do Nordeste. Poucos homens públicos podem se orgulhar de obra semelhante e poucos homens públicos podem ter assistido em vida ao sentimento de perda que o Nordeste experimenta desde que a ousada experiência de planejamento foi condenada e castrada pela ditadura militar de 1964.[1]

É consensual destacar-se o papel e a posição de Celso Furtado na história brasileira dos últimos 50 anos. Para marcar esse lugar, bastaria conferir a importância de *Formação econômica do Brasil*, seu livro clássico, que comparece em todas as listas da melhor produção científica nacional das ciências humanas no século XX, ao lado das obras daqueles que, parafraseando Antonio Candido, são os "demiurgos do Brasil". Ainda que redundante, é necessário fazê-lo, nestes tempos em que doutrinas e políticas, ao arrepio da formulação dos problemas brasileiros pelos seus demiurgos, são implementadas, a ferro e fogo, atentando contra algumas das bases da formação nacional. A obra de Celso Furtado deve servir-nos como resistência e proposição, nesta difícil quadra.

Nos últimos 50 anos, de alguma maneira, o debate sobre a economia e a sociedade brasileira estruturou-se em torno da interpretação do Brasil elaborada por Celso Furtado, a partir da herança de um Capistrano de Abreu, um Roberto Simonsen, um Caio Prado Jr., um Gilberto Freyre, dialogando, em posição diametralmente oposta, com os clássicos do autoritarismo, como Oliveira Vianna e Alberto Torres, para citar apenas dois. Nesse sentido, ele se inscreve, outra vez com Antonio Candido, numa formação de largo fôlego. Mesmo quando adver-

---

[1] Saudação a Celso Furtado no seminário em sua homenagem realizado na Universidade de São Paulo, Faculdade de Economia e Administração, maio 2000.

A Grande Esperança em Celso Furtado

sários dela, tal como se deu com as políticas na ditadura militar, sob a hegemonia dos novos autoritários, como Eugênio Gudin, Delfim Netto, Roberto Campos e Octavio Bulhões, ou agora, com os neoliberais dependentistas-derrotistas como Pedro Malan, Gustavo Franco e a escola da PUC-RJ, é a ela que estão se referindo, é com ela que estão debatendo, é a ela que pretendem derrotar. Poucas obras na história passam pela difícil prova de tornarem-se referência para movimentos políticos, formatando políticas e influenciando as gerações. No sentido gramsciano, poucas são as obras que se transformam em representações da realidade. A obra de Celso Furtado certamente passou por esse teste, saindo-se galhardamente. A influência não ficou dentro do Brasil ou mesmo da América Latina: suas obras estão traduzidas em pelo menos 15 dos principais idiomas do mundo, faladas por mais de 50% da população mundial. Seria apenas exótico, se não revelasse esse poder, saber que *Formação econômica do Brasil* foi traduzida para o parsi, a língua iraniana, e para o árabe.

Este seminário se faz exatamente quando o tema central de Celso Furtado, a autonomia das decisões fundada no pacto federativo-nacional-democrático, se reapresenta com urgência, face ao rotundo fracasso das políticas que optaram pela via da reiteração da dependência. O debate sobre o desenvolvimento ressurge com força, e a obra de Furtado continuará a ser fonte de inspiração e ponto de partida. Este seminário é, pois, da maior atualidade.

Não é coincidência que este seminário se realize exatamente quando o pacto federativo se vê crescentemente ameaçado pela ostensiva guerra fiscal, que se dá sob o pretexto da globalização, revelando a renúncia das elites e das burguesias ao projeto nacional. Deve servir de alerta para que São Paulo não se enrede nessa guerra suja, esquecendo-se da economia política da federação, da qual se beneficiou extraordinariamente desde que o café se tornou o motor central do processo de acumulação de capital e desenvolvimento econômico. É preciso dizer de forma forte, sem receio da ira dos adeptos do mito da locomotiva puxando os vagões vazios: a dívida de São Paulo é de caráter político-moral, a de nunca ter usado seu poder e sua influência econômica e política para varrer de uma vez por todas com os estigmas do patrimonialismo anti-cidadão. Agora, sob um disfarce pós-moderno, no bojo das políticas neoliberais, repetem-se, com ferocidade frenética, práticas que foram apanágio das oligarquias mais retrógradas.

Nenhuma ocasião melhor para isso, senão a homenagem ao talvez único clássico do pensamento social brasileiro que colocou a questão da federação no centro de suas preocupações teórico-práticas, propondo, no fim da década de 1950, a refundação do pacto federativo, mudando-lhe a escala e os recortes, para uma espécie de federação regionalizada. Essa era a natureza da SUDENE, de que foi seu criador e primeiro dirigente. Em lugar de propor simplesmente mudar a representação na câmara de deputados, para favorecer os estados mais populosos, tese simplista que freqüentemente percorre os discursos em São Paulo, ousou propor a mudança na forma da articulação federativa e uma gestão compartilhada dos recursos nacionais entre a União e os estados, propondo, também, uma nova representação que não substituía aquela inspirada nos princípios democráticos, mas acrescentava-lhe a dimensão regional, para remar contra a tendência de desfiguração da federação pelas enormes pressões do próprio desenvolvimento. É bom aprender de novo essa lição, quando a globalização e as escolhas que negam a especificidade do subdesenvolvimento conduzem a políticas que já estavam fadadas ao fracasso na medida em que se formulavam a-históricas, como se o subdesenvolvimento fosse um elo na cadeia que leva ao desenvolvimento. Estão a mostrar seus resultados: de novo, a ameaça do desmantelamento total da federação, de outro a permanência da troca desigual, atestando de um lado a pertinência teórica da formulação da relação centro-periferia, e de outro a vacuidade do entendimento de que as novas condições da globalização haviam tornado caducas as especificidades históricas, e no além de todos os desastres, a subordinação que não deixa espaço para iniciativas, impedindo os governantes de governarem, transformando-os, mesmo se essas não são as intenções, em algozes de seus próprios povos.

As diferenças de concepções não são superficiais. Valorizar o nacional não é nem populismo, nem xenofobismo. Pois o espaço nacional é ainda a forma onde se pode construir um processo democrático, colocando a possibilidade concreta de intervenção do povo e das classes sociais dominadas ao alcance de suas possibilidades civis e políticas. Pensar num espaço internacional ou globalizado como virtualidade democrática seria delírio se não fosse escárnio. Portanto, quando se postula a questão do Estado Nacional o que está em jogo é a soberania do povo. Como travar um diálogo com possibilidades reais num espaço global, se nem sequer o governo norte-americano consegue enquadrar a Microsoft? Essa é a diferença principal: a concepção de Furtado não é nacionalista, nem populista: trata-se de uma concepção democrática, ao lutar por um espaço onde é possível, nada estando assegurado, a interlocução entre sujeitos sociopolíticos-econômicos de pesos tão fantasticamente diferentes. Seguindo as matrizes teóricas de Weber e Manheim, Furtado na verdade desloca a centralidade para a política; o que é surpreendente num autor que é lido como economista: a nova função do Estado no capitalismo contemporâneo, com ênfase na periferia, em Celso Furtado repousou sempre na razão democrática. Muito ao contrário dos que o mandaram para o exílio e cassaram-lhe os direitos políticos nas décadas da ditadura militar, ou dos que hoje tentam esconder no ovo da serpente do totalitarismo neoliberal o medo do poder do povo.

A Grande Esperança em Celso Furtado

Tive a honra e o privilégio de trabalhar sob sua liderança e seu exemplo, professor Celso Furtado, beneficiando-me não apenas de sua competência, mas, sobretudo, de seu raro sentido de homem público e republicano, num país onde as elites são plagadas pela peste do patrimonialismo mais nefasto. A criação da SUDENE, por si só, representou na verdade a chegada da modernidade ao Nordeste. Haveria um sem número de exemplos a que me reportar no sentido da experiência vivida, que ajudou a formar gerações. Mas contenho-me porque suas lições nunca foram movidas pela vaidade dos sepulcros caiados e dos falsos varões. Sua austera postura e seu pudor republicanos não se prestam a caricatos trejeitos heroicizantes. Dou, pois, um único testemunho pessoal. Estava ao seu lado no dia em que se consumou o golpe militar de 1964. Retirados do Palácio do Governo de Pernambuco, onde tentávamos ajudar na resistência ao golpe, e em solidariedade ao governo legitimamente constituído, fomos intimados a nos apresentar no quartel general do IV Exército em Recife. Ao entrarmos, a natureza do golpe confirmava-se: um corredor polonês de membros da oligarquia nordestina e de altas patentes militares, juntos numa orgia desembestada e frenética de vinganças e ódios de classe. No gabinete do então comandante daquele corpo de Exército, assisti a uma cena e conversação inesquecíveis: o general Justino Alves Bastos, desculpando-se, disse a Celso Furtado que gostaria de ter contado com sua cooperação no difícil transe — não foi esse o termo daquele obtuso soldado — da nova ordem, a que o Exército fora "obrigado" pela desmoralização do governo Jango Goulart. E ouvi a resposta, sem bravatas, na tensa calma daquela tarde: —"Eu sou um servidor federal, general. O Exército assuma a responsabilidade pelo que fez, destituindo um governo legitimamente eleito. Não me peça para coonestar nem cooperar com isto, pois repugna aos meus princípios republicanos". Com essa lição de anti-conciliação, com essa radicalidade, como assinalaria outra vez Antonio Candido, logo quem estivera na FEB, oficial da reserva do Exército: essa postura tranqüila, anti-heróica, era a assinatura de sua própria cassação, logo no primeiro ato institucional. Mas permaneceu sua lição. Obrigado, professor Celso Furtado. A república que lutamos por construir lhe agradece.

14.
FURTADO E O ESTRUTURALISMO[1]
Joseph Love

A julgar pela divulgação de seus trabalhos, resta pouca dúvida de que Celso Furtado seja o cientista social brasileiro mais influente de todo o século XX. Na América Latina, onde os livros, em geral, são publicados em tiragens de 1.000 a 2.000 exemplares, as obras de Furtado, em 1972, já haviam *vendido* cerca de 200 mil exemplares em espanhol e português. As vendas de suas obras, em todo o mundo, atingiram um milhão de exemplares em 1990, sendo que a metade deles foi publicada na América Latina.[2] Ele foi o primeiro, o mais original e o mais prolífico dos autores estruturalistas brasileiros. Além disso, pode-se dizer que foi o primeiro dos analistas latino-americanos da dependência, e também o primeiro a afirmar, especificamente, que desenvolvimento e subdesenvolvimento fazem parte do mesmo processo de expansão da economia capitalista internacional.

Como muitos de seus primeiros trabalhos foram elaborados em associação direta ou indireta com a CEPAL e com Raul Prebisch, a obra de Furtado se constitui no mais importante elo entre a escola estruturalista em escala continental e a escola nacional brasileira, fundada por ele. Na verdade, é difícil separar algumas das contribuições iniciais de Furtado das de Prebisch e, na década de 1970, os pontos de vista de ambos voltaram a convergir, dessa vez para enfocar os padrões de consumo das camadas superiores da sociedade latino-americana como sendo a força motora das economias daquela região, vistas como não-acumuladoras e dependentes. Ao longo de suas carreiras, ambos acreditaram que o Estado era a força propulsora do desenvolvimento econômico e que poderia fornecer a liderança de que não eram capazes os sinais do mercado, que, nas economias atrasadas, eram fracos ou distorcidos pelo monopólio. Tal como Prebisch, Furtado era funcionário público de profissão e, ao longo de sua carreira, esteve associado, intermitentemente, a órgãos públicos de seu país e a organismos internacionais. Também como Prebisch, Furtado era um "político não-partidário",

---

[1] Este artigo foi publicado no livro de Joseph Love, *A construção do Terceiro Mundo: teorias do subdesenvolvimento na Romênia e no Brasil*, Rio de Janeiro, Paz e Terra, 1998. Os organizadores deste livro decidiram republicá-lo devido à alta qualidade da sua análise histórica sobre Celso Furtado.

[2] Furtado (1973b: 38).

A Grande Esperança em Celso Furtado

para usar as palavras do economista brasileiro Francisco de Oliveira.[3] Embora talvez faltasse a Furtado a afiada habilidade diplomática do expansivo Prebisch, sua grande cabeça emprestava-lhe o semblante de um pensador profundo.

Furtado, da mesma forma que Prebisch, vinha de uma região remota de seu país de origem, a "Periferia da Periferia" — e, para o brasileiro, a terra natal continuaria, por toda a vida, como um dos pontos focais de seus escritos e de sua ação. Furtado viveu, até a idade de 20 anos, no atrasado Nordeste brasileiro, tendo passado a infância em contato com o árido e violento sertão do pequeno estado da Paraíba, onde seu pai era juiz. Como Prebisch, quase 20 anos mais velho, Furtado faria seus estudos universitários não na província, mas na capital federal. Chegou ao Rio de Janeiro em 1940, para matricular-se na Universidade do Brasil. Àquela época, a Economia ainda não era uma especialização reconhecida no Brasil, e Furtado optou pelo currículo tradicional de Direito.[4] O jovem, no entanto, entrou em contato com o economista francês Maurice Byé, discípulo de François Perroux. Byé lecionava no Rio à época da derrota da França pela Alemanha, em junho de 1940, tendo permanecido no Brasil até 1942.[5] Ainda na universidade, Furtado transferiu-se do curso de Direito para o de Administração e, com 23 anos, ingressou no serviço público brasileiro. Pouco depois, alistou-se na Força Expedicionária Brasileira enviada à Europa, onde serviu como oficial na campanha da Itália.[6]

Após a guerra, Furtado foi para Paris, onde deu início a seus estudos de Economia em 1946, trabalhando com Byé, seu orientador de tese, e com François Perroux. Nessa época, Furtado era ainda um autodidata em Economia.[7] Ele havia chegado a essa disciplina ao longo de um tortuoso trajeto intelectual — de Direito para organização e administração, de organização para planejamento, e de planejamento para Economia. Mais tarde, escreveria: "Eu via o planejamento como uma técnica social de primeira importância, capaz de aumentar o grau de racionalidade das decisões que regiam processos sociais complexos, evitando a mobilização de processos cumulativos e irreversíveis em direções indesejáveis".[8]

---

[3] Oliveira (1983a: 14). Furtado não pertencia a nenhum partido político, segundo *A fantasia desfeita* (1989: 96).

[4] Furtado (1973b: 28-30, 32).

[5] Furtado (1985: 18, 27).

[6] Furtado (1973b: 30, 32).

[7] Furtado (1985: 14).

[8] Furtado (1973b: 32).

Seu pendor para o planejamento e seu aprendizado com Byé e Perroux fizeram com que Furtado entrasse em contato com o estruturalismo de Perroux, então em processo de formação (e com seu corporativismo, que já então saía de cena),[9] antes de Prebisch ter construído sua versão inicial das relações Centro-Periferia. Mas Furtado, mais do que Prebisch, interessava-se também por história econômica. Em 1948, Furtado apresentou uma dissertação na Faculté de Droit, em Paris, sobre a economia brasileira durante o período colonial.[10]

Furtado retornou então a sua terra natal, onde foi contratado pelo Ministério da Fazenda para ajudar a produzir a *Conjuntura Econômica*, uma das duas novas revistas associadas à Fundação Getúlio Vargas,[11] para a qual havia contribuído quando ainda na Europa. Graças a uma apresentação feita por Octavio Bulhões, que juntamente com Eugênio Gudin havia sido um dos co-fundadores da FGV, Furtado, em fins de 1948, ingressou na equipe da Comissão Econômica das Nações Unidas para a América Latina, à qual permaneceria vinculado por uma década. Em Santiago, Furtado conheceu Ernst Wagemann, que havia chegado da Alemanha em 1949 para dirigir o Instituto de Economia da Universidade do Chile. Furtado já conhecia o trabalho de Wagemann, uma vez que a *Conjuntura Econômica* havia se baseado na análise dos ciclos econômicos daquele autor germano-chileno.[12] Mas muito mais importante para o desenvolvimento da economia de Furtado foi o trabalho de John Maynard Keynes. Embora Furtado tivesse estudado Keynes na França, o economista inglês teve pouca influência sobre a tese de doutorado do brasileiro, e é possível que o contato importante de Furtado com Keynes tenha se dado por intermédio de Prebisch. Este último mo chegou a Santiago em fevereiro de 1949 — depois de Furtado —, já tendo porém publicado sua *Introdução a Keynes* dois anos antes. De qualquer forma, a influência de Keynes sobre Furtado fica evidente no primeiro ensaio produzido por este último na CEPAL, "Características gerais da economia brasileira", escrito em 1949 e publicado no ano seguinte.[13]

---

[9] Ver a apologética defesa do corporativismo, de autoria de Perroux (1950: 198). Byé, também, era versado nas teorias corporativistas, que ele havia examinado, o *Siécle* de M. Manoilescu inclusive, em seu *Congrès* (1937: 143-5).

[10] Furtado (1948).

[11] Juntamente com a *Revista Brasileira de Economia*.

[12] Furtado (1985: 46-7, 99-100).

[13] Furtado (1950).

A Grande Esperança em Celso Furtado

Furtado trabalhou sob a direção de Prebisch, o qual, em 1949, publicou a versão espanhola de seu "manifesto" — *O desenvolvimento econômico da América Latina e seus principais problemas* — e logo se tornou um dos principais colaboradores do economista argentino. Furtado preparou os dados, embora recuse o crédito pela análise que os acompanha,[14] relativos à seção brasileira do famoso *Levantamento econômico da América Latina, 1949*. Prebisch e Furtado trabalharam em uníssono, com o fim de angariar o apoio do governo brasileiro para a CEPAL. Getúlio Vargas, em 1951, seu primeiro ano como presidente eleito pelo povo, apoiou-os em sua intenção de transformar a CEPAL em agência permanente das Nações Unidas, apoio esse que foi de importância decisiva.[15] Os dois economistas cortejaram também os industriais, participando de debates na Confederação Nacional das Indústrias (CNI), em 1950. Tanto essa organização quanto muitos industriais, individualmente, deram boa acolhida à tese de Prebisch.[16] Naquele mesmo ano, a revista *Estudos Econômicos*, da CNI, publicou um artigo expondo e implicitamente endossando a posição da CEPAL e, em 1953, a Confederação das Indústrias deu apoio financeiro a uma sessão ordinária da GERAL realizada no Brasil.[17] Uma revista posterior da CNI, *Desenvolvimento e Conjuntura*, fundada em 1957, endossou, em seu primeiro editorial, as interpretações e propostas da CEPAL.[18] De modo geral, a liderança industrial, no Brasil de Furtado, aceitou a intervenção estatal e a ideologia "desenvolvimentista" associada ao estruturalismo com mais facilidade que seus pares na Argentina de Prebisch.[19]

Nos primeiros anos da década de 1950, grande parte da energia de Furtado era dedicada aos projetos da GERAL, de cujos trabalhos não constavam créditos individuais. Furtado, porém, encontrou tempo para escrever diversos artigos em seu próprio nome, artigos esses que faziam antever o futuro de sua obra.

---

[14] Entrevista com Furtado em 31 de março de 1990.

[15] Furtado (1985); Margariños (1991: 140).

[16] Furtado (1985:106). Ver as notas seguintes quanto a outros documentos.

[17] Confederação Nacional das Indústrias (1950); Sikkink (1991: 155); Sikkink (1988: 406).

[18] Ver *Desenvolvimento e Conjuntura* 1, nº 1, julho de 1957: 5-15 (inclusive o argumento da CEPAL sobre a deterioração dos termos de troca, a tese de que a inflação é muitas vezes causada por estrangulamentos, e a necessidade de planejamento ou programação governamental). Os números posteriores publicados no período em exame (até 1960) eram, de modo geral, favoráveis à CEPAL.

[19] Sikkink (1991: 154-7). Uma discussão completa das relações entre as associações industriais e o Estado, relativa ao período 1930-61, pode ser encontrada em Leopoldi (1984).

Embora permanecendo como funcionário da ONU até 1958, Furtado, durante a maior parte daquela década, morou em outros lugares que não Santiago. Em 1953, voltou para o Brasil, onde dirigiu um projeto patrocinado pela CEPAL e pelo Banco Nacional de Desenvolvimento Econômico brasileiro, o BNDE. A principal tarefa desse grupo misto consistia em introduzir o planejamento no processo econômico, e tanto Prebisch como Furtado defenderam as técnicas da "programação" em uma reunião da CEPAL realizada em Petrópolis, no Brasil, naquele mesmo ano. Enquanto isso, Furtado tornava-se famoso no âmbito do movimento "desenvolvimentista" em virtude de sua colaboração com o Instituto Superior de Estudos Brasileiros, onde um grupo interdisciplinar de intelectuais vinha tentando forjar um novo nacionalismo econômico para o Brasil. Em 1955 Furtado foi à Europa e de lá ao México, com a tarefa de executar, para a GERAL, um estudo sobre a economia daquele país, e depois à Venezuela, com propósito semelhante.

A convite de Nicholas Kaldor, Furtado recebeu uma bolsa da Fundação Rockefeller para trabalhar no King's College, em Cambridge, onde Keynes reinara e onde lecionavam outros luminares da macroeconomia como Kaldor, Richard Kahn (o inventor do multiplicador keynesiano) e Joan Robinson (a teórica do oligopólio). Furtado deixou as Nações Unidas após dez anos de serviço e, em Cambridge, escreveu o mais célebre de seus livros, *Formação econômica do Brasil*.[20] Esse ensaio, entre outros, rapidamente conquistou um lugar, como um estudo clássico da economia e da sociedade brasileiras, tendo, além disso, aberto um debate a respeito da natureza e do ritmo da industrialização brasileira que até hoje não foi concluído. Voltando para seu país em 1958, Furtado tornou-se um dos diretores do BNDE, assumindo especial responsabilidade pelo Nordeste, região assolada pela pobreza e pelas secas e, além disso, sua terra natal.[21] Ainda no início do mesmo ano, foi convidado para uma sessão de *brainstorming* com o presidente Juscelino Kubitschek, então no comando de uma onda sem precedentes de expansão econômica. Furtado convenceu o presidente a montar um programa de desenvolvimento específico para o Nordeste,[22] e esse esforço levou à criação de uma autarquia regional permanente, a Superintendência para o De-

---

[20] *Formação econômica do Brasil* (1959), publicado em inglês como *Economic Growth of Brazil* (1963). O título em inglês é levemente enganoso, uma vez que o termo formação indica os aspectos qualitativos do desenvolvimento e não apenas o crescimento quantitativo.

[21] Ele era também membro de um Grupo de Trabalho para o Desenvolvimento do Nordeste, em colaboração com o BNDE.

[22] Furtado (1989: 44-5).

A Grande Esperança em Celso Furtado

senvolvimento do Nordeste (SUDENE). Furtado estava também entre aqueles que conseguiram persuadir Kubitschek a não adotar as medidas recessionistas recomendadas pelo Fundo Monetário Internacional, destinadas a conter a inflação.[23]

Na virada da década, o Nordeste era um foco de agitação política e da organização de sindicatos rurais, cuja importância era exagerada pela mídia internacional, que associava o porta-voz das Ligas Camponesas, Francisco Julião, à Revolução Cubana. O próprio Furtado era freqüentemente rotulado de comunista, tendo sido investigado pelo Conselho de Segurança Nacional brasileiro.[24] Após a SUDENE ter sido aprovada pelo Congresso Nacional, em fins de 1959, Kubitschek nomeou Furtado seu primeiro diretor. Ele foi reconduzido ao cargo pelos presidentes Jânio Quadros (1961) e João Goulart (1961-64). No governo de Quadros, o cargo de Furtado foi elevado a nível ministerial e ele logo entraria em choque com os recém-formulados planos de desenvolvimento da Aliança para o Progresso, cujos dirigentes norte-americanos tinham um outro conjunto de prioridades com relação ao Nordeste.[25] Apesar de suas intensas atividades administrativas e políticas, Furtado publicou, em 1961, um de seus principais trabalhos, *Desenvolvimento e subdesenvolvimento*, que viria a se constituir na ponte entre o estruturalismo e a teoria da dependência.

Em 1963, Furtado deu início à sua defesa da reforma agrária, que considerava necessária para o progresso do Nordeste.[26] Viu-se envolvido em uma situação cada vez mais polarizada quando um político (supostamente) radical, Miguel Arraes, tornou-se governador de Pernambuco, o estado mais importante do Nordeste, à medida que o governo de Goulart pendia cada vez mais para a esquerda. Nessa época, as forças direitistas começaram a conspirar contra o presidente e o regime. Nesse ínterim, Furtado havia sido nomeado ministro extraordinário para o Planejamento e, em 1962, elaborou um plano trienal de desenvolvimento, mais lembrado pelas ortodoxas medidas antiinflacionárias de curto prazo nele contidas do que por suas propostas estruturalistas a longo prazo. Quando veio o golpe de Estado que derrubou Goulart, ao fim de março de 1964, Furtado foi imedia-

---

[23] *Ibidem*, pp. 70-3. Para uma discussão sobre outras pessoas e grupos que tentaram influenciar Kubitschek, ver Skidmore (1967: 178-82).

[24] Ele foi rotulado de comunista, por exemplo, por Gilberto Freyre, o ilustre, embora nessa época reacionário ensaísta social, e por Carlos Lacerda, governador do estado da Guanabara (o antigo Distrito Federal, onde se situava o Rio de Janeiro, substituído por Brasília, em 1960, como a capital federal). Furtado (1989: 68-9, 133).

[25] *Ibidem*, p. 130.

[26] *Ibidem*, p. 147.

tamente demitido de seu cargo na SUDENE. Sob a ditadura militar do marechal Humberto Castelo Branco, ele logo veio a perder também seus direitos políticos.

Furtado partiu então para seu longo exílio. Em 1964 trabalhou no Chile por um breve período, onde deu uma notável contribuição para o surgimento da análise da dependência. Após um ano em Yale, voltou, como professor, à sua *alma mater*, a Universidade de Paris, no ano de 1965. Continuou nesse cargo desde então, apesar de prolongadas permanências no Brasil, a partir de 1975. Em Paris, Furtado escreveu *Subdesenvolvimento e estagnação na América Latina*,[27] em 1966, onde afirmava que as economias da região dirigiam-se para uma situação de entorpecimento permanente, devido à exaustão da industrialização de substituição de importações, baseada nos restritos mercados nacionais, situação essa que, por sua vez, devia-se à má distribuição da renda nos países latino-americanos. Essa análise logo veio a mostrar-se equivocada para o caso brasileiro, devido ao rápido desenvolvimento apresentado pelo país no período 1968-73, mas Furtado continuou a escrever prolificamente sobre outros temas. Ele sofisticou sua análise da dependência aplicando-a a um contexto regional em *Formação econômica da América Latina*. Em 1985, quando o Brasil retornou a um regime civil e constitucional, o presidente José Sarney nomeou Furtado embaixador brasileiro na Comunidade Econômica Européia. Ele voltou ao Brasil para servir como ministro da Cultura, de 1986 a 1988. Durante toda a década de 1980, Furtado continuou pedindo apoio e verbas públicas para o desenvolvimento de seu amado e sofrido Nordeste.

Esse breve esboço da carreira de Furtado é suficiente para demonstrar que seu engajamento na política e na formulação das diretrizes nacionais não impediu uma fecunda produção acadêmica, nosso interesse maior. Os três grandes temas do estruturalismo latino-americano — a tendência ao desemprego verificada na Periferia, devida à heterogeneidade estrutural (tecnológica); o desequilíbrio no setor externo e a deterioração dos termos de troca foram desenvolvidos com grande criatividade por Furtado em seus primeiros trabalhos.[28]

Logo em seguida à publicação do trabalho de Prebisch, "O desenvolvimento econômico na América Latina e seus principais problemas" (1949), que Furtado traduziu para o português naquele mesmo ano, o brasileiro rapidamente extraiu da análise de Prebisch outras conclusões sobre os ciclos econômicos e os altos coeficientes de importação. Furtado afirmou que, no Brasil, verificava-se uma tendência à concentração de renda durante o movimento ascendente do ciclo,

---

[27] Furtado (1966).

[28] Palma (1987: 52).

A Grande Esperança em Celso Furtado

devida, em parte, a uma oferta de mão-de-obra altamente elástica, que mantinha os salários em níveis muito baixos. Desse modo, Furtado antecipou-se em quatro anos à célebre análise de W. Arthur Lewis sobre uma oferta de mão-de-obra infinitamente elástica como sendo a fonte da rigidez salarial dos países subdesenvolvidos. Além disso, o brasileiro lançou a hipótese de que boa parte do efeito do multiplicador keynesiano "vazava" para o exterior, dada a alta propensão a importar dos grupos exportadores.[29] Essa análise novamente apontava para a importância de uma política de industrialização.[30]

Uma das idéias mais conhecidas de Celso Furtado, que combina as análises econômica e social, foi apresentada nesse mesmo ensaio de 1950. "A socialização das perdas" tratava da interação entre as alterações nas exportações, nas taxas de câmbio e nas importações.[31] Furtado, assim como Prebisch, tinha grande interesse pelos efeitos dos ciclos econômicos sobre a Periferia, que o brasileiro preferia chamar de "estrutura colonial".[32] Mas, diferentemente do argentino, Furtado tratou não das conseqüências diferenciadas dos movimentos cíclicos para o Centro e para a Periferia, mas dos diferentes efeitos do ciclo sobre os grupos econômicos desta última. Furtado centrou-se na Grande Depressão, quando os

---

[29] Furtado (1950: 11); Lewis (1954).

[30] Nesse ensaio, Furtado também empregou os termos de troca para avaliar o total do poder aquisitivo do país no exterior, uma noção que a CEPAL chamava agora de "capacidade de importar" (o preço unitário das exportações multiplicado pela quantidade vendida), um indicador importante do estado da economia, e o numerador do coeficiente que mais tarde viria a ser conhecido como os "termos de troca em renda". (Os termos de troca em renda são definidos como o preço unitário de um determinado bem multiplicado pelo número de unidades exportadas, dividido pelo preço unitário das importações.) Em *Fantasia organizada*, Furtado reivindica o crédito de ter sido o pioneiro no uso da idéia da capacidade de importar (p. 70); mas ela também pode ser encontrada em *UN: ECLA Economic Survey*, 1949, 1951 (orig. esp. 1950), um estudo dirigido por Prebisch e publicado em espanhol no mesmo ano que "Características...", de Furtado. Pode-se supor que Furtado tenha dado importantes contribuições ao produto da CEPAL.

[31] Furtado (1950: 10). Novamente, o conceito, embora não a expressão, está presente, apesar de não desenvolvido, em termos de classes, no *Economic Survey* da CEPAL, atribuído a Prebisch (1949), publicado quase que simultaneamente (p. 60). É claro que a idéia poderia ser de Furtado, uma vez que ele colaborou na elaboração do volume, sendo o responsável pela seção relativa ao Brasil. O germe da idéia talvez possa ser encontrado na observação feita por Prebisch, em Genebra, em 1932, de que "a depreciação da moeda amenizou os efeitos sobre o mercado interno [na Argentina] da queda mundial de preços". Prebisch (1932: 3).

[32] Furtado (1950: 11).

interesses cafeeiros induziram o governo a desvalorizar drasticamente a moeda brasileira. Assim, o colapso dos preços do café, em moedas fortes, para os fazendeiros, foi parcialmente compensado por uma queda consideravelmente menor de suas receitas em mil-réis brasileiros, sendo o restante das perdas repassado aos consumidores nacionais sob a forma de preços mais altos para os produtos importados. De 1929 a 1931, o preço do café, em dólares, caiu em 60%. Mas a maior quantidade de exportações, somada à queda da taxa de câmbio, fez com que o valor interno das exportações de café fosse, em 1931, apenas 14% menor do que havia sido em 1929.[33] Além do mais, a Grande Depressão acarretou um esforço, não planejado mas eficaz, por parte do governo, de sustentar a demanda agregada, e a economia brasileira então, na visão de Furtado, deu uma guinada decisiva em direção ao crescimento com base na industrialização voltada para o mercado interno, mais que para as exportações.[34] Prebisch havia observado antes que as nações economicamente mais adiantadas da América Latina haviam feito seus maiores progressos em direção à industrialização nas épocas em que a economia mundial atravessava crises, mas foi Furtado quem cunhou o termo — desenvolvimento por "choques externos".[35]

Dois anos mais tarde, em 1952, Furtado escreveu um ensaio onde respondia às teses sobre desenvolvimento defendidas por uma das maiores autoridades da época, Ragnar Nurkse, um estoniano que havia estudado em Viena e na Inglaterra. Em suas palestras de 1951 no Instituto de Economia Brasileira,[36] fundado por Gudin, Nurkse, que antes fora economista da Liga das Nações e que então lecionava na Universidade de Columbia, propôs sua famosa "doutrina do crescimento equilibrado", publicada em 1953 como *Problemas da formação de*

---

[33] *Ibidem*, p. 24.

[34] *Ibidem*, pp. 27-8. De novo Furtado deve ter-se inspirado em Prebisch, em *Economic Survey* (1949), no qual este último escreveu que a Argentina mantinha a demanda agregada no setor agrícola, durante a Depressão, por meio da compra das colheitas pelo governo (pp. 171-2).

[35] Furtado (1950: 28) escreveu: "O choque causado pela crise externa (1929) deu [...] à economia brasileira a oportunidade de desenvolver seu mercado interno". No *Economic Survey*, 1949, também publicado em 1950 (em espanhol), Prebisch afirmou que, na Argentina, a crise de 1890 deu início à industrialização, e que a Primeira Guerra Mundial produziu novas indústrias, "que se desenvolveram com mais vigor durante a Grande Depressão e a guerra que se seguiu" (p. 97).

[36] Jacob Viner havia estado no instituto no ano anterior, dando palestras que foram publicadas como *International Trade and Economic Development*, 1952, associando Manoilescu a Prebisch.

capital nos países subdesenvolvidos. Nurkse afirmava que o desenvolvimento econômico era bloqueado por uma série de círculos viciosos, e que um grande esforço coordenado pelo Estado seria necessário para superá-los. Por exemplo, a baixa renda real era um reflexo da baixa produtividade, devida, principalmente, à falta de capital. Essa última, por sua vez, era conseqüência de uma baixa capacidade de poupança, resultante das baixas rendas reais. Furtado concluiu que a doutrina de Nurkse tomava como ponto de partida *A teoria do desenvolvimento econômico*, de Schumpeter, mas que Nurkse havia invertido a tese do teórico austríaco, substituindo o "fluxo circular" deste último pela "estagnação automática".[37] O próprio Furtado refletia a influência de Schumpeter quando escreveu: "O processo de desenvolvimento se realiza seja através de combinações novas dos fatores existentes, ao nível da técnica conhecida, seja através da introdução de inovações técnicas".[38]

Para Nurkse, as oportunidades de investimento nos países subdesenvolvidos eram limitadas por um mercado interno de pequenas dimensões, mas, para Furtado, um problema igualmente importante era a ausência de expansão do mercado externo, uma implicação da doutrina, ou do fato presumível, da deterioração dos termos de troca para os exportadores de produtos primários no comércio mundial.[39] Para Furtado, "o que se busca com o desenvolvimento econômico é aumentar a produtividade física média do trabalho", e fazê-lo para além do setor exportador, onde essa produtividade, em geral, era mais alta que em qualquer outro setor, nas etapas iniciais do subdesenvolvimento. Tal como Nurkse e outros economistas da época, Furtado acreditava que a produtividade física da mão-de-obra podia, "de modo geral", ser explicada pela acumulação do capital.[40] Essa acumulação era difícil de ser alcançada no setor exportador, onde os benefícios do aumento na produtividade física da mão-de-obra poderiam, de uma hora para outra, ser transferidos para o exterior, em razão de uma queda nos preços das *commodities*. O setor exportador era também importante pelo lado da demanda, principalmente quando a renda concentrava-se em mãos de um pequeno grupo. Esse grupo (classe?) emulava os padrões de consumo dos habitantes dos países desenvolvidos e a demanda poderia não se diversificar, devido

---

[37] Furtado (1952 [1958: 127]).

[38] *Ibidem*, p. 129. Furtado (1961 [1964: 44-52]) mais tarde viria a discutir a teoria do crescimento de Schumpeter.

[39] Furtado (1952: 11).

[40] *Ibidem*, pp. 127, 130.

a uma distribuição altamente distorcida da renda nacional.[41] Uma colocação semelhante havia sido feita por Nurkse, com base numa extrapolação da interpretação de James Duesenberry sobre a "função de consumo" de Keynes. O economista de Harvard havia estabelecido que, de um período a outro, a porcentagem da renda gasta com consumo nos Estados Unidos dependia não da renda absoluta, mas da posição dos consumidores na pirâmide da renda. A função de consumo, portanto, permanecia estável ao longo do tempo para um determinado estrato dos recipientes de renda. Esse fato podia ser explicado por um "efeito de demonstração" exercido pelos grupos mais ricos sobre os menos afluentes. Nurkse extrapolou o conceito de Duesenberry para explicar não o comportamento de "distribuição por tamanho" (*grosso modo*, por classe), de uma geração para outra nos países desenvolvidos, mas sim a emulação dos padrões de consumo desses últimos países por parte das classes altas dos países subdesenvolvidos. Furtado endossou essa extrapolação. Segundo ele, "não são incentivos para investir o que falta em nossa economia. Faltam sim estímulos para poupar", problema esse exacerbado "dados os fortes estímulos para consumir que nos vêm das economias mais avançadas".[42] As noções de padrões de crescimento "impelidos pela demanda" e "distorcidos pela demanda" mais tarde viriam a ocupar um lugar central na visão de Furtado sobre o subdesenvolvimento. Aquela época, tanto Furtado quanto Nurkse acreditavam no poder das políticas fiscais de plasmar o desenvolvimento econômico e, para o primeiro deles, isso implicaria alguma forma (não-especificada) de poupança compulsória. Furtado afirmava que o Estado poderia assegurar uma taxa adequada de poupança e de investimentos com maior eficácia do que o setor privado, este último voltado para o consumo visível.[43]

Celso Furtado, funcionário público de carreira, via no planejamento econômico as vantagens proclamadas por Rosenstein-Rodan e Nurkse, ou seja, que devido à indivisibilidade dos investimentos de grande escala e ao potencial de economias externas não atingíveis pelas empresas privadas, um esforço de desenvolvimento dirigido pelo Estado seria necessário. Os investidores privados maximizariam o produto marginal líquido privado, e não o social. Nos países subdesenvolvidos, onde os mercados não funcionavam adequadamente, o mecanismo de preços não se constituía numa orientação confiável para os investimentos. Nesses países, a utilização dos fatores de produção (tal como expressa,

---

[41] *Ibidem*, pp. 132-3.

[42] *Ibidem*, pp. 134, 138, 144.

[43] *Ibidem*, p. 144; Bielschowsky (1985: 203).

A Grande Esperança em Celso Furtado

por exemplo, nos salários) apresentava grandes variações de um setor para outro. Furtado acreditava firmemente que o ritmo do desenvolvimento poderia ser acelerado se os investimentos fossem realizados "segundo um plano amplo e coordenado".[44]

A partir de 1955, Furtado e Prebisch trabalharam em prol da aceitação, pelos meios oficiais brasileiros, da "programação", a versão cepalina do planejamento. A programação da CEPAL usava técnicas semelhantes à análise de insumo-produto de Vassily Leontief — partir de uma determinada taxa de crescimento a ser alcançada pela economia e estimar as mudanças estruturais, bem como os insumos específicos, necessários para atingir essa meta. Fazendo eco a Pigou, Manoilescu e Rosenstein-Rodan, embora citando Keynes, Furtado mais tarde repetiria que o interesse do empresário e o interesse da coletividade nem sempre coincidem. O investimento estatal teria que se centrar nos "pontos de estrangulamento" (gargalos) e nos "pontos de germinação" (pólos de crescimento), o que poderia diminuir o desequilíbrio setorial, característica básica do subdesenvolvimento.[45] Mas o planejamento é uma questão de grau, e a comissão BNDE/CEPAL de Furtado, em 1957, defendia uma forma ampla, proposta essa que contrastava com a versão de planejamento mais limitada e voltada para os pontos de estrangulamento, defendida, à mesma época, por Roberto de Oliveira Campos, dirigente do BNDE e figura de grande influência no governo de Kubitschek.[46]

Seja como for, Kubitschek estava atento e, embora Campos tivesse maior influência na formulação do Plano de Metas do governo, o presidente (1956-61), em grande medida, assumiu a análise cepalina do subdesenvolvimento. Em sua primeira mensagem ao Congresso, Kubitschek ressaltou o papel vital desempenhado pelo governo no desenvolvimento econômico e nos investimentos estru-

---

[44] Furtado (1952: [1958: 139]). Furtado deve ser um dos economistas que Harry Johnson tinha em mente quando mencionou uma fé equivocada, derivada de Keynes, na acumulação de capital sob a forma de investimento planejado pelo governo como a chave para o desenvolvimento econômico; essa formulação subestima a importância, posteriormente descoberta, do capital humano. Johnson (1978: 231).

[45] Furtado (1958b: 39, 42-4). Conferir com a ênfase similar dada, à mesma época, por Albert Hirschman (1958). Em sua análise desse livro, Furtado criticou o economista americano nascido na Alemanha por, em grande medida, ignorar o trabalho da CEPAL, especialmente no tocante à inflação e ao desequilíbrio externo. Mas fica claro que Hirschman seguiu seu próprio caminho até chegar a conclusões similares, cuja origem pode ser discernida em suas primeiras análises estruturalistas. Ver Furtado, crítica de Hirschman (1959: 65); e Hirschman, *National Power...*, 1945.

[46] Bielschowsky (1985: 217).

turais, fazendo menção específica à CEPAL e ao BNDE como participantes do processo de planejamento, e endossando a "programação". Kubitschek tornou manifesta sua aprovação das teses da CEPAL sobre a deterioração dos termos de troca para os produtores primários, com os conseqüentes e persistentes problemas de balança de pagamentos. Na opinião do presidente, esse problema poderia ser sanado por meio da promoção, por parte do governo, da substituição de importações e de novas exportações. A industrialização criaria as condições tanto para essa substituição como para a diversificação das exportações, e a indústria, além disso, absorveria o excesso de mão-de-obra agrícola. A industrialização, para Kubitschek, era uma "condição essencial" para o "rápido desenvolvimento econômico" do Brasil.[47] Furtado mais tarde afirmaria, em um de seus textos, que o Programa de Metas do governo havia sido diretamente inspirado pela CEPAL, e um estudioso do pensamento econômico brasileiro dá ao próprio Furtado o crédito pela introdução da programação no país.[48]

Se o governo, de alguma maneira, era capaz de planejar o desenvolvimento, por que não conseguia ele estancar o perene e aparentemente mais simples problema da inflação? Desde sua estréia como teórico estruturalista, em 1950, Furtado interessava-se pela inflação, como característica persistente da economia brasileira. Juntamente com a questão dos termos de troca, o tópico mais discutido, em nível continental, entre os estruturalistas e seus adversários, era a tese sobre a inflação daqueles e, aliás, o termo "estruturalista" foi usado pela primeira vez, em fins da década de 1950, com referência ao tratamento dado à questão por aquela escola. A idéia básica era que as características estruturais das economias latino-americanas geravam pressões inflacionárias prolongadas ou de longo prazo (por exemplo, devido à inelasticidade da oferta da produção agrícola, causada pela ineficiência dos latifúndios, ou à elevação dos preços das importações, resultante do secular declínio dos termos de troca), sem relação com a incompetência ou irresponsabilidade das políticas monetárias, ou somadas a estes últimos fatores.[49]

---

[47] Kubitschek (1956: 47-8, 54, 275, 278, 362).

[48] Furtado (1969 [1970: 208]); Bielschowsky (1985: 182). Quanto aos pontos de vista de Roberto Campos sobre as primeiras iniciativas de planejamento, ver Campos (1994: cap. 5).

[49] No Chile, onde a análise foi aplicada pela primeira vez, a estagnação do setor exportador, preponderantemente mineral, era também reconhecida como uma causa estrutural: repetidas desvalorizações visando a aumentar os ganhos com as exportações elevavam automaticamente os preços das importações. Uma causa correlata, nessa visão do problema, era a deterioração dos termos de troca, impulsionados pela demanda por produtos importados, que subia mais rapidamente que a demanda pelas exportações. Um outro fator, também relacionado ao problema do comércio externo, eram as mudanças no sistema fiscal: à medida que as ex-

Essa tese não era um constructo de autoria exclusivamente latino-americana. Em sentido amplo, o "estruturalismo", que recebeu seu nome no contexto da análise da inflação, devia algo à "doutrina da falha de mercado", que veio a resultar no keynesianismo, na Grã-Bretanha da década de 1930.[50] E houve também a influência mais direta do economista polonês Michal Kalecki, que havia trabalhado em Oxford nos anos 1930 e 40, e que publicou um artigo sobre inflação na revista mexicana *Trimestre Económico*, em 1954. A influência desse artigo sobre a escola estruturalista foi reconhecida pelos autores latino-americanos que mais contribuíram para essa tese, o mexicano Juan Noyola-Vázquez e o chileno Osvaldo Sunkel. Kalecki ressaltou, nos padrões inflacionários dos países subdesenvolvidos, a "inelasticidade da oferta dos produtos agrícolas e as tendências monopolistas da indústria". A inflação era causada por "desproporções básicas nas relações de produção", não podendo "ser evitada por meios puramente financeiros [monetários]", afirmou Kalecki.[51]

Embora a contribuição de Furtado não tenha sido de importância básica para a forma final da tese estruturalista, tal como apresentada pelo chileno Os-

---

portações entravam em estagnação, tendia a aumentar o peso relativo das receitas provenientes dos impostos regressivos, no nível interno, reduzindo a carga fiscal para as classes mais altas, já com forte tendência a importar. Em menor grau, os economistas da CEPAL observaram também, como causa da inflação, os monopólios e oligopólios industriais do país, protegidos pelas altas tarifas, empresas essas que tinham a capacidade de efetuar rápidos aumentos de preços. Ver Noyola (1956: 603-18); Sunkel (1958 [1960: 107-31]); Rodríguez (1981: cap. 6). No Chile, como Sunkel observou, a agricultura era um problema "estrutural", uma vez que essa atividade não respondia de forma adequada ao aumento de preços, com o aumento de sua produção. Na Argentina de Perón, ao contrário, poder-se-ia esperar a estagnação da agricultura devido ao controle do governo sobre os preços e o câmbio.

[50] Arndt (1985: 151-2).

[51] Kalecki (1976: 50, 62). Sobre Noyola e Sunkel admitirem a influência de Kalecki, ver Arndt (1987: 126). É claro que, para os latino-americanos, essa não era a história completa, uma vez que tinha ainda que ser explicado o fato de o Chile haver passado por grandes pressões inflacionárias, enquanto o mesmo não acontecera com o México. Noyola havia ressaltado o fato de que o Chile tinha "mecanismos de propagação" fortes, ao contrário do México. Este último país possuía um grande excedente de mão-de-obra, que tendia a comprimir o nível salarial, ao passo que o Chile tinha uma classe trabalhadora bem organizada, que pretendia proteger sua participação na renda nacional. H. W. Arndt enfatiza que a contribuição de Kalecki para a análise estruturalista da inflação foi reforçada pelo trabalho de vários dos economistas que anteriormente haviam estado associados a ele no Oxford Institute of Statistics, Thomas Balogh, Nicholas Kaldor e Dudley Seers, dos quais os dois primeiros eram húngaros de nascimento; todos eles trabalharam na CEPAL em fins da década de 1950 e inícios da de 60. Ver Noyola (1956: 605, 608-12); e Arndt (1985: 151-2, 156).

valdo Sunkel em 1958,[52] o brasileiro foi um dos primeiros economistas latino-americanos a se referir à inflação como distorções estruturais. Já em 1950, quatro anos antes do revolucionário ensaio de Kalecki, Furtado havia apontado para a deterioração dos termos de troca como uma das causas da inflação, devido a seu efeito sobre os preços dos bens importados.[53] Além disso, em 1952, ele havia afirmado que a inflação, no Brasil, não era basicamente um problema monetário, mas o resultado da "disparidade entre o crescimento da renda e a capacidade de importar", ou seja, um desequilíbrio estrutural nos pagamentos internacionais do país.[54] Além disso, escreveu Furtado, quando a taxa de crescimento econômico é alta, a demanda por bens de capital aumenta mais rapidamente que a renda nacional, e esse fenômeno, juntamente com a tendência à estagnação dos mercados internacionais para as exportações (tradicionais) brasileiras, causa a deterioração dos termos de troca.[55] Era portanto "indispensável [...] modificar a estrutura da produção de modo a aumentar as exportações ou encontrar substi-

---

[52] Sunkel distinguia entre as diversas características "estruturais" da inflação e as causas "exógenas" ou adventícias (por exemplo, desastres naturais, mudanças no mercado internacional), e ainda as causas "cumulativas" — medidas tomadas pelo governo e por grupos privados no sentido de elevar os salários e os preços, em um clima de expectativa inflacionária. Ver Sunkel (1958 [1960: 110]). A noção de fatores cumulativos guardava semelhança com o que, no Brasil, era conhecido, na década de 1980, como "inflação inercial". É importante reconhecer que a tese estruturalista não negava que a explicação tradicional "monetarista" da inflação tivesse alguma validade — por exemplo, que algumas inelasticidades da oferta eram causadas por distorções nas taxas de câmbio.

[53] Furtado (1950: 7).

[54] Furtado (1952 [1958: 143]). O *Economic Survey*, 1949, da CEPAL, havia apontado o hiato entre o crescimento da renda real brasileira e o de sua capacidade de importar, entre 1925-29 e 1945-49, resultando em "uma tendência constante ao desequilíbrio na balança de pagamentos" (p. 196). O estudo notava que esse desajustamento criava pressões inflacionárias; mas, no que era visto como um processo de causação mútua, a CEPAL (isto é, Prebisch) acreditava que "em última análise, o desequilíbrio [externo] deriva do processo inflacionário". A inflação acarretava uma transferência de renda dos assalariados para os que obtinham lucros; como resultado, estes últimos investiam mais, e o efeito aumentava a demanda por bens de capital, contribuindo para o desequilíbrio externo (p. 261).

[55] Furtado (1952 [1958: 143]). Quando escreveu esse ensaio Furtado provavelmente não tinha conhecimento da tese de licenciado do economista mexicano Noyola, publicada dois anos antes. Noyola, que logo viria a ser o economista que mais contribuições daria para a tese estruturalista da inflação (ver nota 51 acima), havia apresentado um argumento semelhante ao de Furtado, quanto à relação entre exportações, importações de capital e renda nacional (Noyola, 1949: 55). Noyola, entretanto, não tratou da inflação nesse seu trabalho inicial.

tutos para as importações".[56] Apesar de a atenção internacional concentrar-se, em grande medida, no debate sobre inflação que se desenrolava no Chile, no Brasil, já em 1955, Furtado tomou parte em um debate com Dênio Nogueira, no qual as posições "estruturalista" e "monetarista" foram definidas. Nogueira e outros monetaristas que vieram depois enfatizavam a necessidade de uma administração monetária e fiscal adequada, defendida pela ortodoxia.[57] Três anos mais tarde, Furtado tomou outro rumo, passando a ver a diversificação da demanda que, no processo de crescimento brasileiro, se dava em ritmo mais rápido que a diversificação da oferta de produtos industrializados, como "a causa básica da inflação crônica". O comércio internacional teria sido uma solução óbvia, mas Furtado preferiu centrar-se na diversificação da produção. Ele acreditava que a inflação poderia ser superada por meio do desenvolvimento, o qual seria possível graças ao planejamento, que tornaria mais flexível e elástica a oferta de mercadorias.[58]

Quando Furtado foi incumbido de elaborar um plano trienal de desenvolvimento, em 1962, a inflação, uma questão política candente, foi uma de suas maiores preocupações. O plano compreendia características tanto estruturalistas quanto monetaristas, correspondendo, basicamente, ao longo e ao curto prazo. O rol de medidas monetaristas incluía o equilíbrio orçamentário obtido com impostos mais altos e menores desembolsos. Furtado esperava também desenvolver um mercado de capitais eficiente, objetivo defendido por ambas as escolas. Em um resumo do plano, a "estrutura agrária deficiente" foi citada como uma das causas do rápido aumento dos preços dos alimentos.[59] Embora o plano trienal tivesse como um de seus objetivos redistribuir, bem como aumentar a renda e remover os obstáculos ao crescimento (principalmente na agricultura), seus efeitos imediatos foram recessivos. Goulart foi deposto e Furtado, exilado, antes de qualquer reforma estrutural poder ser implementada.[60]

Se Furtado não estava entre os formuladores da posição estruturalista final sobre a inflação, em Santiago do Chile, ele liderou o esforço de historicizar o estruturalismo.[61] É verdade que o "Desenvolvimento econômico de 1949", de

---

[56] Furtado (1952 [1958: 143-4]).

[57] Bielschowsky (1985: 551).

[58] Furtado (1958: 97); Bielschowsky (1985: 207-8, 211).

[59] Furtado (1962b: 56, 149).

[60] Bielschowsky (1985: 212).

[61] Furtado considera esta como uma de suas principais contribuições ao estruturalismo. Carta de Furtado ao autor, Paris, 22 de dezembro de 1982.

Prebisch, havia tratado de forma breve a história econômica da América Latina como um todo, de 1880 até meados do século XX, tendo examinado separadamente os quatro países mais industrializados, Argentina, Chile, Brasil e México. Sob alguns aspectos, esse trabalho serviu como modelo para os estudos de caso por país, que seriam executados entre 1959 e 1963 — por Furtado sobre o Brasil, por Aníbal Pinto sobre o Chile, por Aldo Ferrer sobre a Argentina e, mais tarde, por Osvaldo Sunkel e Pedro Paz sobre a região como um todo, e também, por René Villareal sobre o México.[62] Mas o interesse de Prebisch centrava-se no ciclo econômico, e não no desenvolvimento histórico a longo prazo.

O livro *Formação econômica do Brasil*, de Furtado, derivou, principalmente, de seu interesse pré-cepalino em definir as características do Brasil colonial. Embora "A economia colonial brasileira", sua tese de 1948 para a Universidade de Paris, anterior a seu ingresso na CEPAL, não contenha muita análise econômica formal de qualquer natureza, *A economia brasileira* (1954) e *Uma economia dependente* (1956), este último um trabalho mais curto, são tratamentos estruturalistas da história econômica do Brasil.[63] Esses ensaios históricos, datando do começo de sua carreira, fornecem provas de que a contribuição de Furtado precedeu a de Pinto, embora os estudos "clássicos" de ambos tenham sido lançados em 1959 — *Chile: um caso de desenvolvimento frustrado*[64] e *Formação econômica do Brasil*. Este último trabalho abrangia toda a história brasileira, e as seções correspondentes ao período colonial e ao século XIX comparam e contrastam as estruturas das economias brasileira e americana, mostrando como a monocultura e os latifúndios brasileiros impediram as altas taxas de poupança e de investimentos características da economia americana. Centrando-se na distribuição de renda e nas dimensões do mercado interno, Furtado fornece um dos primeiros usos da moderna análise da renda em um arcabouço histórico, demonstrando a frágil relação entre a renda e o investimento, em uma economia de base escravista.[65] O trabalho inteiro é escrito do ponto de vista de um economista do desenvolvimento, ressaltando a heterogeneidade das tecnologias e das funções de produção (incluindo o vasto setor de subsistência) da economia brasileira.

---

[62] Furtado (1959a); Pinto Santa Cruz (1959); Ferrer (1963); Sunkel e Paz (1970). Posteriormente, um trabalho estruturalista mais especializado foi publicado no México por Villareal (1976). Villareal afirma, entretanto, que o estruturalismo explica de forma mais adequada o desequilíbrio externo mexicano no período 1939-58 do que no período 1959-70.

[63] Furtado (1948, 1954, 1956).

[64] Pinto (1959).

[65] Baer (1974: 115).

Voltando-se para o problema dos ciclos econômicos brasileiros, examinados antes por João Lúcio de Azevedo (que escreveu sobre o Império português), Roberto Simonsen e John Normano,[66] Furtado via uma tenaz resiliência na fraca monetização da economia escravista, no sentido de que a estagnação ou o declínio das exportações podiam ser sustentados, à medida que a população livre, mas de vocação agrária, deslocava-se mais para o interior do território: a economia de subsistência absorvia o excesso da oferta de mão-de-obra, após a exaustão dos sucessivos surtos de prosperidade exportadora. Por exemplo, quando o ciclo do açúcar entrou em declínio no século XVII, a economia pecuária que lhe era auxiliar tornou-se cada vez mais voltada para a subsistência, e a produtividade média da mão-de-obra, conseqüentemente, caiu.[67] Essa "involução" econômica, nas palavras de Furtado, consistia no oposto do desenvolvimento, porque cada um dos surtos de exportação, até o café (pau-brasil, açúcar, ouro e — simultaneamente ao café, a borracha) levou ao retrocesso, não a um crescimento sustentado.[68]

As aparentes aberrações da política financeira brasileira, no período após a independência, poderiam ser explicadas, em parte, pelo fato de que a estrutura das "economias dependentes" era diferente da das economias industriais. Em tempos de Depressão, as primeiras sofriam com a queda vertiginosa dos preços das exportações, com a deterioração dos termos de troca, com a redução do influxo de capital, somados às rígidas exigências do pagamento do serviço da dívida externa. Ao tentar manter o padrão-ouro, os estadistas brasileiros não chegaram a entender a natureza de seu dilema, vendo a incapacidade de seu país de ater-se ao padrão como o resultado de má administração, e não como um problema que tinha causas mais profundas.[69]

Furtado acreditava que as diferenças entre o crescimento e a diversificação da estrutura produtiva das economias brasileira e norte-americana, na primeira metade do século XIX, não tinham como sua causa principal o maior grau de

---

[66] Azevedo (1929 [1947]); Simonsen (1937); e Normano (1935).

[67] Furtado (1959a [1963: 69-71]); Bielschowski (1985: 243).

[68] Sobre a "involução", ver Furtado (1959a [1963: 71]). Pode ser que Andre Gunder Frank tenha tomado emprestado o termo "involução" de Furtado, embora mudando seu sentido de modo a enfatizar a ruptura com a economia internacional, situação essa, em sua opinião, na qual algum crescimento seria ainda possível. A acepção de Frank estava mais próxima do "crescimento para dentro", de Prebisch, do que da "involução" de Furtado. Ver Frank (1969: 174-7 e capítulo 12).

[69] Furtado (1959a [1963: 174-7]).

proteção tarifária dos Estados Unidos, mas as diferenças de estrutura social e de distribuição de renda e, portanto, de tamanho do mercado interno. Furtado calculava que as taxas de câmbio brasileiras, perenemente em queda, ofereciam mais proteção para as indústrias nacionais do que as tarifas elevadas.[70] Porém, mais importante ainda, o Brasil sofria de um mercado interno de pequenas dimensões, de falta de tecnologia moderna, de iniciativa empresarial e de capital, e de sua pouca capacidade de importar.[71] Para Furtado, o mercado brasileiro datava do último quartel do século XIX, quando começou a surgir uma classe trabalhadora moderna. Só a partir de fins da década de 1880, quando a mão-de-obra imigrante substituiu o trabalho escravo nos cafezais de São Paulo, o Brasil passou a ter um mercado interno significativo. Na opinião de Furtado, os salários pagos pelo setor cafeeiro permitiram a criação do "núcleo de uma economia de mercado", com seu conseqüente efeito multiplicador.[72]

A grande mudança no tamanho relativo do mercado, entretanto, ocorreu após a crise de 1929, na qual a economia cafeeira, que havia chegado a representar 70% do valor das exportações do país, entrou em colapso. Segundo a estimativa de Furtado, a guinada decisiva em direção a uma economia com base no estímulo da demanda interna começou a se formar nos primeiros anos da década de 1930. O economista americano Werner Baer observou que a análise de Furtado relativa aos acontecimentos da Grande Depressão ocupa apenas 7% do texto de *Formação econômica do Brasil*, sendo porém o tema, entre os tratados naquele livro, que, de longe, mais gerou controvérsias acadêmicas.[73] Já vimos que o tratamento antes dado por Furtado a essa questão, o embrião de sua tese, data de seu trabalho "Características gerais...", de 1950.[74] Furtado compartilhava da opinião de Prebisch e da GERAL, expressa no "Desenvolvimento econômico de 1949", de que a industrialização havia ocorrido, historicamente, nos períodos de crise das maiores economias latino-americanas.

Ao desenvolver sua análise de 1950, Furtado sublinhou o rápido crescimento industrial brasileiro durante a Grande Depressão, causado, em parte, pela "socialização dos prejuízos" dos cafeicultores, graças à desvalorização cambial, pro-

---

[70] *Ibidem*, pp. 107-8.

[71] Bielschowsky (1985: 241).

[72] Furtado (1959a [1963: 167]).

[73] Baer (1974: 119).

[74] A tese também aparece em aproximações e esboços posteriores do trabalho que viria a se transformar no *Economic Growth* [*Formação*], de 1959, ou seja, *A economia brasileira* (1954: 132-43), e *Uma economia dependente* (1956: 32, 57-66).

A Grande Esperança em Celso Furtado

cesso esse que ajudou a sustentar a demanda interna por meio da manutenção do nível de emprego e do poder de compra do setor cafeeiro, o que veio a permitir o surgimento de uma significativa demanda interna por bens industrializados quando os produtos estrangeiros tornaram-se inacessíveis em razão da escassez de divisas. A acumulação de estoques de emergência e a destruição de café devidas ao excesso de oferta foram financiadas pela expansão do crédito, o que, por sua vez, exacerbou o desequilíbrio externo e acarretou novas desvalorizações cambiais, além de mais socialização das perdas.[75]

Furtado via as políticas expansionistas fiscais e monetárias relativas ao café como uma forma inconsciente de keynesianismo, uma vez que a riqueza destruída na forma de grãos de café era consideravelmente menor do que a criada pela manutenção do emprego.[76] Furtado então observou que a produção de bens de capital no Brasil, em 1932, era maior em 60% que a de 1929. Além do mais, os investimentos líquidos, a preços constantes, em 1935, eram maiores que os de 1929, e o nível de renda agregada desse último ano havia sido recuperado, apesar de as importações de bens de capital representarem apenas metade da cifra para 1929.[77] A economia, portanto, estava passando por profundas mudanças estruturais. Os pontos de vista de Furtado sobre a industrialização brasileira durante a Depressão desencadearam um longo debate.[78] Em sua exposição, parece ficar claro que Furtado foi grandemente influenciado por seus antecedentes keynesianos, especialmente no tocante à intervenção do governo para manter a demanda e à importância do mercado interno para a dinamização da produção e da renda.[79] Entretanto, a opinião que hoje prevalece quanto ao Brasil e às outras grandes economias da América Latina é a de que as guerras mundiais e a Depressão foram menos importantes para a produção do "crescimento para dentro", para usar as palavras de Prebisch, do que acreditavam alguns dos contemporâneos desses acontecimentos e, mais tarde, os economistas da CEPAL.[80] Hoje, acredita-se que o investimento na indústria (em sua capacidade) cresceu simultanea-

---

[75] Furtado (1959a [1963: 205-6]).

[76] *Ibidem*, p. 211.

[77] *Ibidem*, pp. 218-9.

[78] Para um melhor resumo dos argumentos de Furtado e do debate que se seguiu no Brasil, ver Suzigan (1986: 21-73).

[79] Bielschowsky (1985: 191).

[80] Para estudos de caso de países latino-americanos, o Brasil inclusive, ver os ensaios em Thorp (1984).

mente com os ganhos provenientes das exportações do período de 1900 a 1945, ao passo que a produção (mas não a capacidade) tendeu a crescer durante os "choques", quando as importações tiveram que ser reduzidas. A capacidade não poderia ter crescido de forma significativa durante a Depressão devido à falta de divisas para a aquisição de bens de capital e insumos, nem durante as guerras mundiais, devido à impossibilidade de obter bens de capital e combustíveis das potências beligerantes.[81]

Além de seus esforços de historicização, Furtado explorou o potencial do estruturalismo em uma outra direção, como também o fez Hans Singer, o co-formulador da tese Prebisch-Singer. Trata-se do problema já então conhecido como o "colonialismo interno". Tal como o economista romeno Manoilescu, os dois economistas da ONU, Furtado e Singer, construíram suas análises da década de 1950 em torno das trocas desiguais entre os centros industriais e as periferias agrícolas.[82] Centrar-me-ei na versão de Furtado, publicada primeiro e em forma mais acabada, apesar de o trabalho de Singer ter sido completado antes.

Assim como a Romênia e a Europa centro-oriental como um todo formaram o *locus* das primeiras idéias a respeito do atraso econômico, não é de surpreender que, após 1945, quando o subdesenvolvimento/desenvolvimento tornou-se uma subdisciplina reconhecida da economia, a idéia das disparidades regionais de crescimento tenha surgido, no Brasil, como um dos principais tópicos desenvolvimentistas. Essa nação conta com quase metade da área do continente sul-americano e é caracterizada pelas tremendas diferenças de riqueza entre as

---

[81] Durante a Segunda Guerra Mundial, o crescimento brasileiro talvez fosse menos prejudicado devido à existência de um pequeno setor de bens de capital. Para uma discussão da literatura revisionista sobre o Brasil e outros países da América Latina, ver Suzigan (1986) e Love (1980: 57-9), e Cardoso e Brignoli (1979: 197 [resumindo a literatura sobre o México, Argentina, Brasil e Chile], 199). Ver também os ensaios em Thorp (1984).

[82] O trabalho de Singer circulou em forma mimeografada em 1953, mas só foi publicado (em português) nove anos mais tarde. Uma versão sucinta em língua inglesa foi publicada em 1964. Ver H. Singer (1964). Consta de suas memórias, Singer (1984: 178), que Singer completou esse trabalho em 1953, e dados constantes do prefácio datado, 1954 da versão portuguesa de seu estudo (1962, p. 22), corroboram esse fato. Pelo menos dois economistas brasileiros, Rômulo de Almeida e Roberto de Oliveira Campos, também participaram dessa análise, antes de Furtado. Ver Bielschowsky (1985: 225, 582). Sobre o trabalho de Furtado, ver CODENO (1959). Quanto a Furtado ser o principal autor dessa declaração, ver Furtado (1959b: 35). Para as abordagens posteriores desse problema, ver Baer (1964: 268-85); Albuquerque e Cavalcanti (1976); Merrick e Graham (1979: 118-45); e Equipe PIMES (1984).

regiões e também entre as áreas urbanas e rurais. Dentre os 24 países para os quais o economista americano Jeffrey Williamson, na década de 1960, elaborou estimativas de desigualdade regional, o Brasil apresentava as maiores disparidades,[83] em razão, principalmente, das diferenças de riqueza e renda *per capita* entre a dinâmica região Centro-Sul, que engloba São Paulo e o Rio de Janeiro, e o atrasado Nordeste. O Brasil e o Chile foram também os dois estudos de caso originalmente usados por Andre Gunder Frank em seu trabalho sobre o vínculo existente entre o colonialismo interno e as trocas desiguais em nível internacional.[84]

Os modelos internacionais do processo comercial utilizados por Singer e Furtado foram os da Comissão Econômica para América Latina (desenvolvidos por Prebisch em 1949) e o de Singer, muito semelhante ao da CEPAL, mas formulado independentemente e publicado um ano depois.[85] Segundo Prebisch e Singer, no nível internacional, as trocas desiguais derivam-se da diferença entre as produtividades do Centro industrial e da Periferia agrícola no mercado mundial, somada à diferença entre os sistemas institucionais vigentes nos mercados de capital e de trabalho. O progresso tecnológico na indústria manufatureira, de qualquer forma, evidenciava-se pela elevação das rendas nos países desenvolvidos, enquanto esse mesmo progresso, na produção de alimentos e de matérias-primas, nos países subdesenvolvidos, manifestava-se pela queda dos preços desses produtos em relação aos dos produtos industrializados. A explicação para esses efeitos opostos do progresso tecnológico poderia ser encontrada na disparidade das elasticidades de renda da demanda para os produtos primários e para os bens industrializados.

Em suma, essa análise apontava para as características negativas da economia periférica: desemprego estrutural, resultante da incapacidade dos setores tradicionais de exportação de crescer, absorvendo assim o excesso da população rural; desequilíbrio externo, devido à maior propensão a importar bens industrializados que a exportar os produtos agrícolas tradicionais; e a deterioração dos

---

[83] Williamson (1968: 110-5), Conferir a observação de que "o grau de disparidade [nas rendas regionais brasileiras] em 1970 era igual ao de 1940, quando o Brasil apresentava uma das piores desigualdades regionais entre todas as nações do mundo". Katzman (1977: 211).

[84] Frank (1969). Frank pode ter chegado ao vínculo existente entre o subdesenvolvimento internacional e o interno como resultado de suas leituras dos ensaios de Pablo González Casanova e Rodolfo Stavenhagen, publicados na revista da UNESCO, América Latina, em 1963. O próprio Frank veio a publicar nessa revista pouco tempo depois, e dá a González Casanova o crédito de ter inspirado suas idéias sobre o colonialismo interno. Frank (1975: 73).

[85] UN: ECLA [de autoria de Prebisch], *Economic Development. Principal Problems*, elaborado em *UN: ECLA Economic Survey* (1949); Singer (1950: 437-85).

termos de troca — fatores esses que, em sua totalidade, poderiam ser corrigidos ou mitigados por uma política de industrialização bem executada.[86]

Furtado abordou a questão do colonialismo interno em fins da década de 1950, quando se envolveu mais profundamente com os problemas do Nordeste, exatamente na época em que o Centro-Sul brasileiro vinha se expandindo com grande rapidez. Sua análise foi inspirada no modelo de Prebisch, mas não diretamente extrapolada a partir dele. Tal como Prebisch, Furtado partia do pressuposto da existência de falhas de mercado — particularmente nos preços administrados dos bens industriais — e de uma "oferta ilimitada" de mão-de-obra na região atrasada, ao nível salarial praticado no setor industrial.[87] (É desnecessário acrescentar que a maior parte dos estudiosos do desenvolvimento econômico considera esses pressupostos como realistas.) Mas o modelo do brasileiro era mais complexo que o de Prebisch, uma vez que se propunha medir a deterioração dos termos de troca entre os preços internacionais para os produtos agrícolas vendidos no exterior pelo Nordeste brasileiro e os preços internos dos bens industrializados que essa região tinha que comprar do Centro-Sul. Furtado não chegou a afirmar de forma explícita, como fez Prebisch, que os termos de troca nos quais ele estava interessado sofriam de uma deterioração secular, mas isso podia ser inferido de sua análise.

A análise centrava-se na relação entre o Nordeste agrário e dominado pelos latifúndios que, em 1956, apresentou uma renda *per capita* anual de menos de US$ 100, e o Centro-Sul, onde as rendas eram mais de três vezes superiores na dinâmica economia industrial organizada em torno das cidades de São Paulo e do Rio de Janeiro. O hiato entre o Nordeste e o Centro-Sul, em termos de renda *per capita*, era maior que o verificado entre essa última região e a Europa ocidental.[88] Além do mais, a distribuição de renda no Nordeste era altamente distorcida, tornando a situação ainda mais desesperadora para as massas. Em-

---

[86] Uma tentativa de explicar as relações de dominação e subordinação no comércio internacional foi feita por François Perroux. Sua análise enfocava também as diferentes elasticidades da demanda dos Estados Unidos e "do resto do mundo", perspectiva essa similar à de Prebisch e Singer. Perroux afirmava também que o efeito de dominação existia internamente aos países e, como Manoilescu, acreditava que a intervenção do Estado era necessária para contrabalançar esses monopólios. Ele logo viria a desenvolver o conceito de "pólos de crescimento", idéia que aproximou suas posições das tradições da teoria do lugar central e da ciência regional. Ver Perroux (1948); Perroux (1950: 198, 203); e Perroux (1970: 93-103).

[87] O conceito de "oferta ilimitada" de mão-de-obra agrícola foi desenvolvido por W. Arthur Lewis.

[88] CODENO, pp. 7, 14.

A Grande Esperança em Celso Furtado

bora o Nordeste, assolado por secas, houvesse acusado crescimento econômico nas décadas anteriores, seu crescimento era mais lento que o do Centro-Sul, de modo que o hiato entre as rendas das duas regiões vinha se alargando. Furtado calculava que a relação entre as taxas de crescimento da região retardatária e da região líder era da ordem de um para dois, nos 10 anos que se seguiram a 1948.[89]

Furtado, assim como Manoilescu, analisou o Nordeste em termos de um comércio triangular entre a região atrasada, o setor externo e a área desenvolvida (no caso tratado por Furtado, uma região, e não as áreas urbanas como tais).[90] Tal como Manoilescu, Furtado via o Estado como um elemento essencial nesse processo. O Nordeste brasileiro apresentava superávit em sua balança comercial externa, mas déficit em sua balança de pagamentos com seu parceiro comercial interno, o Centro-Sul. Devido à política nacional de industrialização e substituição de importações, o governo federal vinha subsidiando os industriais e penalizando os exportadores agrícolas. Esse apoio assumiu a forma de taxas de câmbio diferenciais para os importadores de bens de capital de interesse das manufaturas e para os importadores que usariam essas divisas para outros fins. Uma política correlata, o confisco cambial, também afetou de forma adversa o Nordeste. O governo "confiscava" parte dos ganhos dos exportadores de produtos tradicionais (plantadores de açúcar e cacau, no Nordeste, e de café a algodão, no Centro-Sul), por meio da manutenção de uma taxa de câmbio supervalorizada — o que, de fato, redundava na arrecadação de um imposto.[91] O fato de o governo federal oferecer aos exportadores taxas de câmbio menos vantajosas que as oferecidas aos importadores representou não apenas uma transferência setorial de renda, mas também uma transferência regional, devido às dimensões do setor exportador em relação à renda real (nacional) no Nordeste, em comparação com a do Centro-Sul.[92] Além disso, à medida que o desenvolvimento avançava, as economias de escala e as economias externas do eixo industrial Rio-São Paulo tornavam ainda maiores as já então grandes vantagens industriais desta região com relação ao Nordeste. E, por fim, o governo incentivava o desenvolvimento industrial financiando a ini-

---

[89] *Ibidem*, p. 7.

[90] CODENO, p. 22.

[91] Essa era uma maneira de contornar a Constituição do país, que proibia o governo federal de tributar as exportações. Furtado (1959b: 49).

[92] É claro que qualquer política protecionista, em qualquer país, teria efeitos diferentes sobre as regiões com diferentes dotações de fatores, de modo que a formulação de um protecionismo completamente neutro em relação às regiões seria virtualmente impossível.

ciativa privada. As políticas do governo federal, portanto, concebidas para incentivar a industrialização, acabaram por exercer um efeito inequalizante na distribuição regional da renda do país. Furtado calculou que, no período entre 1948 e 1956, o Nordeste transferia anualmente US$ 24 milhões para o Centro-Sul, embora uma cifra mais precisa talvez fique em torno de US$ 15 a 17 milhões por ano.[93] Devido às tarifas protecionistas brasileiras e às políticas cambiais correspondentes, o Nordeste não se encontrava em condições de buscar no exterior um fornecimento alternativo para sua demanda por manufaturas. Ele oferecia ao Centro-Sul um mercado cativo, e seus ganhos em divisas conferiam-lhe poder de compra naquela região. Mas os termos de troca então entravam em cena: de modo geral, de 1948 a 1956, os anos estudados por Furtado, os preços dos produtos industriais do Centro-Sul subiram mais rapidamente do que a taxa de câmbio caiu, ou seja, a taxa à qual os exportadores nordestinos ganhavam mais cruzeiros por unidade de moeda estrangeira.[94] O modelo de Furtado, embora baseado nos monopólios nos mercados de fatores e produtos, era, em certo sentido, mais dependente das distorções institucionais e estruturais do que o modelo original de Prebisch, em razão da intervenção governamental nos mercados cambiais e de *commodities*. Entretanto, alguns elementos do modelo original permaneceram, uma vez que ainda estavam presentes as forças da inflação de custos, sob a forma de produtos industriais de alto nível salarial vendidos em mercados oligopolistas.[95]

No entanto, em parte devido a disposições constitucionais, o governo federal fazia, de fato, uma transferência líquida de suas próprias receitas fiscais (isto é, independentemente das políticas cambiais e tarifárias) para o Nordeste,

---

[93] CODENO, pp. 8, 29. Descobri que ocorreu um erro na transcrição dos dados usados para se chegar à cifra de US$ 24 milhões. Além disso, um procedimento incorreto foi seguido no cálculo daquela soma, ou seja, uma transferência positiva de renda do Centro-Sul para o Nordeste, em 1952, foi simplesmente omitida, em vez de subtraída do fluxo líquido de recursos. Levando em conta esses itens, e usando as diversas séries alternadas fornecidas por Política, calculo que a transferência líquida de renda para o Centro-Sul foi da ordem de US$ 15 a 17 milhões por ano, para 1948-56. Na década de 1960, os fluxos de transferência de renda favoreceram o Nordeste (segundo Albuquerque e Cavalcanti, 1976: 49-50). Em 1995, Baer levou em conta os achados desses últimos, mas calculou que a tendência a longo prazo, nas políticas governamentais e nos fluxos de comércio, favoreciam o Centro-Sul em detrimento do Nordeste, como Furtado havia afirmado. Ver nota 103.

[94] CODENO, pp. 27-8.

[95] O elemento oligopolista teria estado presente, decerto, embora em menor grau, mesmo se o Nordeste pudesse optar por comprar no exterior e não apenas em São Paulo.

a maior parte da qual sob a forma de verbas contra as secas.[96] No entanto, essa injeção de verbas no Nordeste era mais do que neutralizada pelo desinvestimento do setor privado na região, à medida que os proprietários do capital procuravam melhores taxas de retorno no Centro-Sul.[97] Na opinião de Furtado, portanto, o capital privado era mais importante na formação real de capital que os gastos públicos. De qualquer forma, as transferências governamentais de receita, sob a forma de auxílio, eram em grande parte consumidas e não investidas.[98] Além disso, a ajuda federal à região era parcialmente anulada pela tributação regressiva do Nordeste. Isto é, o Nordeste pagava mais impostos, em relação a seu nível de renda *per capita*, do que o Centro-Sul.[99] Portanto, pela mesma medida, ele contribuía mais do que deveria para os cofres federais. Após efetuar uma soma algébrica dos fluxos, Furtado concluiu que a situação do Nordeste era de que o governo federal, no final das contas, colocava dinheiro na região (sem contrabalançar as conseqüências de suas políticas fiscais e tarifárias). A situação, portanto, diferia da que se dera na Romênia, onde, segundo Manoilescu, tanto os padrões de comércio quanto o fisco transferiam dinheiro na mesma direção — para as cidades.

Como Manoilescu, Furtado propôs a industrialização como solução.[100] A industrialização defendida pelo brasileiro, porém, deveria se dar nas zonas urbanas da região deprimida, ao passo que Manoilescu queria que o setor urbano, que era então o "explorador", acelerasse o ritmo de seu próprio desenvolvimento industrial, processo esse que acabaria por elevar o valor da mão-de-obra rural, diminuindo as desigualdades de renda entre a cidade e o campo. Furtado também ressaltava a necessidade de desenvolvimento agrícola, devido a que o custo dos bens de salário, ou seja, dos gêneros alimentícios, na maior cidade do Nordeste, Recife, era maior que o de São Paulo. Portanto, se o diferencial de salários entre São Paulo e Recife diminuísse, a fim de fazer frente ao maior custo de vida

---

[96] CODENO, pp. 30, 47.

[97] *Ibidem*, p. 30. Em *Economic Growth*, publicado em português no mesmo ano (1959), Furtado acrescentou que, devido ao fato de o fluxo de mão-de-obra da região pobre para a rica reduzir o nível salarial desta última, os lucros, na região rica, tendem a aumentar, atraindo mais capital das regiões pobres. A concentração de investimentos também levou a economias externas na área rica, novamente elevando a rentabilidade dos investimentos nessa área, em detrimento da região pobre (pp. 266-7).

[98] CODENO, pp. 47-8.

[99] *Ibidem*, pp. 10, 46.

[100] CODENO, p. 49.

dessa última cidade, haveria poucos incentivos para o capital privado investir no Nordeste.[101]

Sem defender especificamente a reforma agrária (por razões políticas?), Furtado pediu a reestruturação da produção agrícola nordestina, como uma "condição preliminar para a industrialização".[102]

A reforma agrária, entretanto, ainda está por acontecer, e nos anos que se seguiram à análise de Furtado, as estratégias de desenvolvimento continuaram a favorecer o Centro-Sul. Utilizando-se de estudos posteriores sobre a desigualdade regional, Werner Baer avaliou os efeitos a longo prazo das políticas oficiais. Baer concluiu que, apesar de o governo federal continuar tentando compensar a concentração regional de renda, o efeito geral dos programas de desenvolvimento, nas três décadas que se seguiram à análise de Furtado, continuou a favorecer o Centro-Sul industrial em detrimento do Nordeste agrário.[103] No Brasil, portanto, as desigualdades regionais e, conseqüentemente, o colonialismo interno, permanecem, nos anos finais do século XX, como questões nacionais de primeira importância.

Em seus dois estudos regionais de 1959 examinados acima, Furtado já havia percebido a relação que ele, Osvaldo Sunkel, Fernando Henrique Cardoso e Andre Gunder Frank viriam a desenvolver em meados da década de 1960: a de

---

[101] *Ibidem*, p. 59; Furtado (1959b: 37). Em 1957, observou Furtado, o custo absoluto dos alimentos em Recife era 25% superior ao de São Paulo, e grande parte dos gêneros alimentícios eram importados do Sul. CODENO, p. 60.

[102] CODENO, p. 61. O modelo de colonialismo interno de Hans Singer era semelhante ao de Furtado; em sua forma publicada (em inglês), o de Singer, entretanto, é bem mais sucinto. Ambos os economistas ressaltavam os "termos de troca" entre os preços (ponderados) que o Nordeste recebia por suas vendas externas e os de suas compras internas, o grosso das quais provenientes do Centro-Sul. Singer verificou que os termos de troca do Nordeste (tal como definidos) haviam apresentado uma queda de 39% a 42% entre 1948 e 1952, dependendo de qual índice de preços no atacado era empregado no cálculo; a renda regional, portanto, decresceu de 4% a 4,5%. Singer tinha outro argumento: acreditava que a política de hipervalorização, que resultava em uma discrepância entre o valor externo e interno da unidade de moeda brasileira, havia também diminuído a quantidade das exportações, reduzindo ainda mais a renda regional. Singer, como Furtado, afirmava que o Nordeste, injustamente, arcava com uma carga fiscal maior em relação a sua renda que o restante do país. Singer (1964: 263-5).

[103] Baer, *A economia brasileira*, 4ª ed., 1996, cap. 12. Seguindo Gustavo Maia Gomes, Baer observa que o Nordeste cresceu mais rapidamente que o país como um todo na recessão de inícios dos anos 1980, mas vê essa proeza como resultado temporário de subsídios governamentais e de emprego público — as transferências de receita tendo tido pouco impacto na capacidade produtiva da região (p. 298).

que existia uma relação estrutural e perversa entre o crescimento das economias (e regiões) capitalistas desenvolvidas e o crescimento dos países (e regiões) subdesenvolvidos: "[Existe] uma tendência de as economias industriais, em razão de sua forma de crescer, inibirem o crescimento das economias primárias — esse mesmo fenômeno está ocorrendo dentro do nosso país".[104] É de importância para a história da análise da dependência que a primeira colocação publicada de Furtado sobre o suposto vínculo entre o desenvolvimento e o subdesenvolvimento tenha surgido no contexto do colonialismo interno, e não no nível internacional.[105]

A análise de Furtado do colonialismo interno parecia contradizer as conclusões da economia neoclássica. Cinco anos após os estudos de 1959 do economista brasileiro, Jeffrey Williamson elaborou um modelo explicitamente neoclássico do desenvolvimento regional, que viria a influenciar fortemente os estudos sobre desenvolvimento. Segundo Williamson, nas etapas iniciais do crescimento econômico, as disparidades de renda entre as regiões de vanguarda e retaguarda costumam se intensificar, devido aos efeitos desequilibradores do crescimento. Por exemplo, a migração da mão-de-obra especializada e os fluxos de capital para a região desenvolvida ocorrem nas primeiras etapas do crescimento porque lá tanto os salários quanto as taxas de juros são maiores, e as instituições financeiras são mais desenvolvidas, em razão dos mercados maiores e de uma melhor infra-estrutura — por exemplo, redes de transportes e comunicações regionais. Além disso, o governo central pode manipular os termos de troca externos, por meio de políticas comerciais, em favor da região industrial mais desenvolvida (como se deu no Brasil). Os efeitos multiplicadores previstos pela teoria neoclássica, em termos de multiplicadores de renda e de mudanças tecnológicas e sociais, podem ser minimizados a curto e a médio prazos devido a uma falta de integração econômica entre a região avançada e a atrasada. Mas Williamson lançou a hipótese de que as diferenças de renda e crescimento entre as regiões tendem a desaparecer a longo prazo, à medida que os mercados regionais ligam-se entre si e que a migração de mão-de-obra para a região desenvolvida torna-se menos seletiva. Ele sugere um processo que consiste de três etapas, no qual as diferenças regionais primeiro aumentam, depois se estabilizam, para finalmente decrescer, em um padrão de "U invertido". A hipótese de Williamson, ao que ele afirma, encontra

---

[104] Ver Furtado (1959b: 13).

[105] No ano anterior, Furtado havia feito a conexão entre o desenvolvimento e o subdesenvolvimento em nível internacional, em uma tese acadêmica, mas *Desenvolvimento e subdesenvolvimento* só foi publicado em 1961.

fundamentação na história da Suécia, da França e dos Estados Unidos, onde o processo, iniciando-se em 1840, abrangeu 120 anos.[106]

As descobertas de Furtado não eliminam a possibilidade de que Williamson e a escola neoclássica estejam certos. A hipótese do "U invertido", de desigualdade regional crescente, desigualdade estável e desigualdade em declínio, ao longo de um período de mais de um século, não pode ser refutada porque o horizonte de tempo é demasiadamente longo para os países subdesenvolvidos, onde a industrialização e a disponibilidade de dados relevantes são, em grande medida, fenômenos do século XX. Entretanto, uma vez que a hipótese não é passível de ser testada no contexto do subdesenvolvimento (para o qual Williamson a elaborou), ela não atende ao bem conhecido critério de falsificabilidade de Karl Popper: as proposições científicas são significativas apenas na medida em que sejam especificadas as condições as quais, se atendidas em um processo de teste, poderão demonstrar a falsidade dessas proposições.[107] Furtado rejeitaria a abordagem de Williamson devido ao que ele percebe como sendo a diferença fundamental entre as experiências dos países subdesenvolvidos, caracterizados por níveis heterogêneos de produtividade — a própria definição de subdesenvolvimento, para os estruturalistas —, heterogeneidade desconhecida no Ocidente ao início da Revolução Industrial. De qualquer forma, dadas as diferenças estruturais hoje existentes entre os países altamente desenvolvidos e os subdesenvolvidos, um período de tempo de um século ou mais oferece uma ampla margem para a intervenção de variáveis cujo papel no desenvolvimento do Ocidente foi diferente do verificado nos países subdesenvolvidos ao início do processo de modernização. Em particular, o processo de modernização-industrialização começou na Europa ocidental com níveis de crescimento populacional que equivaliam à metade dos níveis registrados nos países subdesenvolvidos na mesma "etapa" da industrialização. Desse modo, a "oferta ilimitada de mão-de-obra", e a heterogeneidade de produtividades lançam dúvidas sobre o valor de prognóstico do padrão do "U invertido" do crescimento regional de Williamson — ou, pelo menos, sobre a possibilidade de que as grandes desigualdades regionais de renda possam ser eliminadas no período de 120 anos que, nos Estados Unidos, foi necessário para tanto.[108]

---

[106] Williamson (1968: 102-6, 126-9).

[107] Popper (1959).

[108] Mesmo no contexto do mundo desenvolvido, Feinstein havia contestado a validade do método, dos dados e das conclusões da curva do "U invertido" para o caso britânico, sobre a qual Williamson escreveu um livro. Feinstein (1988).

Ao final do capítulo 8 de *A construção do Terceiro Mundo: teorizando o subdesenvolvimento na Romênia e no Brasil* (1998), vemos que a recente pesquisa de John Spraos e outros, sobre a velhíssima questão da deterioração dos termos de troca, parece, com as qualificações apropriadas, vindicar a análise de 1949-50 de Prebisch e Singer, valendo tanto para a versão mais simples do escambo líquido quanto para a forma mais sofisticada proposta por Spraos, que leva em conta a geração de emprego e o aumento da produtividade.[109] É óbvio que, se Spraos conseguiu revitalizar uma versão metamorfoseada da hipótese Prebisch-Singer, sua mensuração mais complexa deve ter implicações também em termos do colonialismo interno. Todos os elementos essenciais da desigualdade no comércio internacional estão, em princípio, presentes nos países subdesenvolvidos. Nesses países, como Manoilescu já havia observado, as rendas *per capita* apresentam maiores disparidades entre a cidade e o campo do que as verificadas nos países desenvolvidos e, como Furtado ressaltou, as rendas regionais apresentam às vezes disparidade maior que a existente entre as cifras médias para os países "desenvolvidos" e para as regiões desenvolvidas dos países "subdesenvolvidos".

Medidas nacionais para as produtividades e níveis de emprego regionais — conceitos que apresentam dificuldades quase insuperáveis de mensuração quando aplicados comparativamente a diferentes países — deveriam ser mais manejáveis, em termos empíricos, que as medidas internacionais, devido às convenções contábeis serem uniformes dentro de um mesmo país. Além do mais, o número de mercadorias a serem ponderadas seria menor. Por fim, uma vez que os preços dos bens e serviços seriam expressos em uma moeda única, evitar-se-iam os espinhosos problemas da mensuração em nível internacional, inclusive os relativos às distorções produzidas pelos bens não-transacionáveis nas comparações internacionais de riqueza e renda *per capita*. É óbvio que, para os casos em que o comércio externo afeta de forma significativa as diferenças de crescimento regional — provavelmente a maioria deles —, o método de Spraos, em nível internacional, teria que ser também adotado. E as qualificações apontadas por Grilli e Yang, de que uma análise dos termos de troca para um determinado país deve incluir dados específicos para cada setor; de que termos de troca em declínio podem indicar ganhos de produtividade e de que os termos de troca em renda[110] podem ser positivos perante termos de troca em escambo líquido negativos — teriam que ser

---

[109] Esta última forma, entretanto, ainda não foi estabelecida em base secular.

[110] Ver definição na nota 30.

levadas em conta.[111] Conseqüentemente, o exercício completo seria mais difícil que as comparações internacionais, uma vez que estas estariam incluídas naquele, embora as operações internas adicionais sejam menos problemáticas. Como resultado, apesar de poder estar correta a opinião do sociólogo Robert Hind, de que os modelos de colonialismo interno, até o presente, foram insatisfatórios, é possível que a abordagem pioneira de Furtado e Singer tenha futuro, não apenas nos países caracterizados por uma "divisão cultural do trabalho", focalizados pelo sociólogo americano Michael Hechter, mas também em países com uma relativa homogeneidade étnica, como o Brasil.[112]

O final da década de 1950 e o início da de 1960 foram um tempo extremamente produtivo para Furtado, como teórico do desenvolvimento. Ele não apenas escreveu *Formação econômica do Brasil*, e desenvolveu uma tese sobre o colonialismo interno *avant la lettre*,[113] como também produziu os ensaios que viriam a constituir seu livro *Desenvolvimento e subdesenvolvimento*,[114] que talvez tenha se tornado mais influente que qualquer outro de seus trabalhos, com exceção de *Formação econômica do Brasil*.[115] Vale observar que, fora um ano dedicado à pesquisa, em Cambridge, em 1957-58, Furtado, durante todo esse período, esteve intensamente envolvido com seu trabalho para a CEPAL, no Brasil e em outros países latino-americanos, após o que ocupou diversos cargos na alta administração do governo brasileiro, de 1958 a 1964.

---

[111] Grilli e Yang (1988: 7, 25-6). Os termos de troca em escambo são a razão entre a média ponderada do preço das exportações de um país (ou região) e a média ponderada do preço das importações.

[112] Hind (1984: 559); Hechter (1975). Obviamente, há limites para a dispersão regional das atividades industriais. Em algum ponto, as considerações sobre eficiência (relacionadas a economias de escala e economias externas à empresa) teriam que ser contrapostas às considerações relativas à eqüidade entre as regiões.

[113] O termo "colonialismo interno" ficou famoso em meados da década de 1960, quando foi introduzido na literatura latino-americana pelo sociólogo mexicano Pablo González Casanova. Para maiores informações sobre a história do conceito e da expressão, ver Love (1989).

[114] Furtado (1961 [1964]).

[115] Outro livro a alcançar grande influência em todo o continente foi *Economic Development of Latin America*, um ensaio sobre a história econômica da região em termos estruturalistas, que mais ou menos seguia o modelo de *Economic Growth of Brazil*. Grande parte do estudo, que abrange toda a região, é dedicada à análise de temas contemporâneos, organizados por tópico, incluindo a dependência. O livro sobre a América Latina, conseqüentemente, é mais difuso que o sobre o Brasil.

A Grande Esperança em Celso Furtado

Em um dos ensaios de *Desenvolvimento e subdesenvolvimento* (coletânea publicada em 1961), Furtado passou em revista as principais teorias sobre o crescimento, partindo dos economistas clássicos britânicos. Furtado pretendia recuperar o uso do conceito clássico de excedente econômico — a parcela do produto social que ultrapassa o nível exigido para a manutenção e reprodução dos membros de uma sociedade e de seus bens e serviços, ou seja, a receita total menos os custos totais.[116] Nesse mesmo ensaio, Furtado criticou a economia neoclássica por sua ênfase no equilíbrio (oposto a crescimento), ressaltando também os traços ideológicos daquela escola. Por exemplo, a idéia de excedente, entre 1870 e 1890, foi descartada da síntese neoclássica. Para a escola neoclássica, "o produto social passou a ser concebido em termos de 'custos dos fatores' [terra, mão-de-obra e capital], deixando a poupança de ser a conseqüência da existência de um excedente, para ser o resultado de um ato de contenção, ou de abstinência".[117]

Em retrospectiva, pode-se dizer que esse conjunto de ensaios coloca Furtado em posição de reivindicar o crédito de ter sido o primeiro analista da dependência. Sua referência de passagem ao problema, em *A operação Nordeste* (1959), foi explícita, mas em *Desenvolvimento e subdesenvolvimento*, ele descreveu como a economia industrial européia, no século XIX, havia penetrado e transformado as economias pré-capitalistas. As economias subdesenvolvidas consistiam em "estruturas híbridas", e não simplesmente em economias não-desenvolvidas, que começavam a trilhar o caminho já traçado pela Europa. Conseqüentemente, o subdesenvolvimento era um "processo histórico autônomo, e não uma etapa pela qual tenham, necessariamente, passado as economias que já alcançaram um grau superior de desenvolvimento".[118]

O estruturalismo foi uma das duas principais contribuições latino-americanas para a teoria do desenvolvimento, sendo a outra a análise da dependência. O estruturalismo de Furtado forneceu um caminho heterodoxo, embora não marxista, para a dependência. Mas havia também um caminho marxista — derivado, em grande medida, do trabalho de Caio Prado Jr.

---

[116] Esse excedente não é a mais-valia de Marx. Sua fonte principal não é a exploração da mão-de-obra, mas o progresso tecnológico, como também pensava Prebisch. Furtado (1961), "Historic Process".

[117] *Ibidem*, p. 79. Conferir com a crítica em Meek (1967: 208-9).

[118] Furtado (1961), "Elements of a Theory of Underdevelopment".

15.
O PROCESSO HISTÓRICO DO DESENVOLVIMENTO[1]
Celso Furtado

Do ponto de vista econômico, desenvolvimento é, basicamente, aumento do fluxo de renda real, isto é, incremento da quantidade de bens e serviços, por unidade de tempo, à disposição de determinada coletividade. Trata-se, portanto, de conceito relacionado com elementos quantificáveis. O problema da valorização qualitativa se supõe resolvido pelo sistema de preços vigorante. Um bem ou um serviço vale mais que outro estritamente porque seu preço é maior durante o período considerado. Se esse preço relativo se modifica, a importância daquele bem ou serviço também se modificará no cômputo da renda real. Essa forma de abordar a realidade social tem sido objeto de múltiplas críticas, inclusive por parte dos próprios economistas. Mesmo que se ignorem os fatores culturais que em cada sociedade condicionam a procura e, portanto, influenciam a formação dos preços, cabe considerar os problemas ligados à distribuição da renda e às imperfeições do mercado, de relevância na formação dos preços. Esses problemas são particularmente importantes quando pretendemos comparar os produtos de duas comunidades. Vejamos um exemplo: se calcularmos o produto social da Grã-Bretanha tomando como base os preços relativos que prevaleciam nos Estados Unidos, veremos que o produto *per capita* da Grã-Bretanha alcançava, em 1950, 63% do dos Estados Unidos. Entretanto, se o cálculo for feito com base nos preços relativos da própria Grã-Bretanha, o produto *per capita* desse país em vez de 63% alcançará 53% do dos Estados Unidos.

Esse tipo de problema não nos preocupará aqui diretamente. Admitiremos que os bens e serviços que são ou podem ser objeto de transação apresentam um denominador comum — o preço. Aceito esse ponto de partida, o processo econômico assume a forma do fluxo permanente de uma massa homogênea. Dizemos homogênea porque os componentes dessa massa, na realidade muitas vezes tão diferentes como uma lição de violino de uma receita médica, são factíveis de agregação.

---

[1] Este é o capítulo 3 do livro *Desenvolvimento e subdesenvolvimento* (Rio de Janeiro: Fundo de Cultura, 1961). Os organizadores decidiram inclui-lo aqui porque esse livro jamais foi republicado. Em *Teoria e política do desenvolvimento econômico* (1967), que o substituiu, esse capítulo não aparece de forma completa.

O objeto central da Análise Econômica consiste no estudo do fluxo da renda social. Podemos observá-lo e medi-lo de diversos ângulos, o que deve ser tido em conta para evitar conflitos verbais. Cabe referir, desde logo, que o fluxo de renda está sujeito a complexas flutuações independentes de modificações na capacidade produtiva do sistema, problema que aqui não nos preocupará diretamente. Contudo, o seu crescimento a longo prazo só é factível se aumenta aquela capacidade produtiva. É este o problema que aqui nos preocupará: a identificação dos fatores que condicionam o aumento da capacidade produtiva e os efeitos desse aumento sobre o comportamento do fluxo de renda.

O EXCEDENTE DE PRODUÇÃO

O conceito de "excedente de produção" foi amplamente utilizado pelos clássicos, sob as designações de *net produce* ou *surplus of produce*, para significar a diferença entre o produto bruto e "as necessidades da vida de todos aqueles ligados à produção".[2] Em face do juízo valorativo que Marx atribuiu a essa expressão, dela derivando o conceito de "taxa de exploração", os neoclássicos deixaram-na totalmente de lado. O produto social passou a ser concebido em termos de "custo de fatores", deixando a poupança de ser da existência de um "excedente" para ser o resultado de um ato de contenção ou abstinência. Do ponto vista da teoria do desenvolvimento, na qual o processo de acumulação assume grande importância, é conveniente voltar ao conceito clássico de excedente, deixando-se de lado, na medida do possível, qualquer vinculação do mesmo a juízos de valor.

É uma simples evidência que a acumulação reflete, basicamente, o fato de que qualquer sistema produtivo é capaz de proporcionar um produto maior do que aquele que seria necessário para manter a totalidade da população nas condições em que vivem os grupos de mais baixo nível de renda. Por outro lado, se o fruto de um aumento ocasional da produção fosse totalmente absorvido pelo consumo, melhorariam momentaneamente as condições de vida da população, sem que nenhuma alteração sofresse a capacidade produtiva. Entretanto, em todas as sociedades formaram-se grupos minoritários que, por uma forma ou outra, souberam apropriar-se do excedente de produção, permanente ou ocasional, do conjunto da coletividade. Este fato, extremamente simples e de observação universal, está na base do processo acumulativo.

Nas sociedades primitivas, a criação de um excedente de produção era, via de regra, fenômeno eventual: resultava da ação de fatores descontínuos e exógenos, como condições climáticas excepcionais, descoberta de melhores terras, imposição

---

[2] John Stuart Mill, *Principles*, p. 163.

externa de uma linha de comércio etc. Se o fruto desse aumento de produção se distribuísse uniformemente com o conjunto da coletividade, logo seria consumido, sendo de efeito pouco persistente. A apropriação por um grupo reduzido vinha facilitar a acumulação. Esse fenômeno se observa com maior clareza nas etapas mais avançadas da organização social, quando os recursos acumulados podem facilmente ser transformados em fatores de produção. Com efeito, o essencial no processo acumulativo não é a retenção de uma parte do produto por um grupo minoritário e sim a transformação do excedente em capacidade produtiva.

Aparentemente, a acumulação baseou-se, inicialmente, na escravidão, isto é, na apropriação compulsória, total ou parcial, por um grupo, do excedente de produção criado por outro. Aos níveis mais primitivos da técnica produtiva, parece ter sido essa a forma mais prática de obrigar um grupo social a reduzir o seu consumo abaixo do nível de sua produção. À medida que a produtividade se foi elevando, fez-se possível aplicar outros métodos, pois a margem que havia para cortar era maior. Mas foram os recursos apropriados por meio da escravidão que constituíram o ponto de partida do processo acumulativo. É verdade que, na maioria dos casos, esses recursos eram utilizados para aumentar a capacidade produtiva. Na maioria das vezes serviam apenas para elevar o nível do consumo de grupos parasitários. Entretanto, mesmo assim, desempenharam um papel positivo no processo de crescimento, pois a elevação do nível de consumo possibilitou e muitas vezes exigiu a diversificação deste. A busca dessa diversificação constitui a base das atividades comerciais, às quais se deve a primeira revolução nos processos econômicos.

Uma vez encontrada a possibilidade de diversificar o consumo, através do comércio, estava dado o passo decisivo para o processo de aumento da produtividade. A alavanca mestra do processo acumulativo já não estará na compressão do consumo de alguns grupos à custa de reduzi-los à escravidão, e sim na apropriação do fruto do aumento de produtividade decorrente do aproveitamento mais racional dos recursos possibilitado pelo comércio. Estabelecidas as correntes comerciais, surgirão grupos e comunidades que se dedicarão totalmente a esse tipo de atividade. Essa especialização facilitará a concentração da riqueza, pois, por uma série de razões fáceis de perceber, os benefícios do aumento de produtividade tendiam a concentrar-se em mãos dos comerciantes. E essa riqueza concentrada, assumindo a forma de capital de giro e instrumentos de transporte em mãos dos intermediários, abria as portas a novas expansões do comércio.

Esquema do processo de desenvolvimento

Com os elementos indicados já podemos reconstituir as linhas gerais do mecanismo do desenvolvimento das comunidades pré-industriais. Primeiramente, aparecem os fatores exógenos provocando a criação ocasional ou permanente de um excedente de produção. O excedente permanente, conforme vimos, acompanhava o sistema de escravidão. Em segundo lugar, está a apropriação desse excedente por grupos minoritários, o que provoca elevação do nível de consumo desses grupos e a conseqüente necessidade de diversificar o mesmo. Em terceiro lugar, estão os padrões mais altos do consumo dos grupos minoritários abrindo a possibilidade e mesmo criando a necessidade do intercâmbio com outras comunidades. Em quarto lugar, está o intercâmbio, que possibilita a especialização geográfica e a maior divisão do trabalho, com conseqüente aumento de produtividade nas comunidades que dele participam. Em quinto lugar, está a concentração da riqueza, possibilitada pelo intercâmbio. Finalmente, surge a possibilidade de incorporar ao processo produtivo os recursos acumulados pelos comerciantes, pois era este o meio pelo qual os intermediários podiam aumentar a corrente de comércio, incrementando suas rendas. Ao transformar-se o excedente de produção em fonte de renda, o processo acumulativo tenderá a automatizar-se.

Esse esquema simplificado permite-nos captar o essencial do processo econômico. Do lado da produção, aparece a criação do excedente; do da distribuição, a apropriação desse excedente por um grupo minoritário; e, do lado da acumulação, a possibilidade de incrementar a produtividade com a incorporação do excedente ao processo produtivo. Se observamos esse processo no tempo, vemos que a terceira fase reencontra a primeira; o incremento de produtividade, causado pela incorporação de novo capital, dá lugar à criação de um novo excedente, o qual, apropriado pelo grupo minoritário, se transformará em novo capital etc. Os pontos estratégicos desse processo são a possibilidade de incrementar a produtividade e a apropriação por grupos minoritários do fruto desse incremento. Esses dois fatores é que, em última instância, possibilitam o crescimento. Em verdade, se os recursos incorporados ao processo produtivo não causassem aumento real de produtividade, a acumulação não determinaria nenhum crescimento, limitando-se a transferir no tempo o ato de consumo. Por outro lado, se o fruto de um aumento, ocasional ou permanente, de produtividade fosse distribuído com o conjunto da população, o resultado seria apenas uma elevação ocasional ou permanente do nível de consumo, passando a economia de uma posição estacionária a outra, sem que se originasse um processo de crescimento.

O esquema que vimos de apresentar se refere a fases preliminares do desenvolvimento. Nessas fases, tanto os bens que se consomem como aqueles que são acumulados têm, fundamentalmente, a mesma natureza, podendo, portanto, ser intercambiados. É por essa razão que a apropriação por grupos minoritários é indispensável para evitar que o consumo absorva a totalidade do produto. Entretanto, à medida que a produção vai alcançando certa complexidade, os bens adequados a reincorporar-se ao processo produtivo tendem a diferenciar-se dos bens correntes de consumo. Assim, o negociante que faz comércio marítimo necessita transformar os recursos que acumula em barcos e outros instrumentos de trabalho. A fim de atender a essa procura que cada vez se diversifica, o aparelho produtivo deverá adquirir o necessário grau de especialização.

Em uma economia que haja alcançado certo grau de desenvolvimento, a produção apresenta uma estrutura tal que a acumulação se torna um processo quase automático. Destarte, para que o aparelho produtivo funcione normalmente é indispensável que também a procura apresente certa composição. Ora, a composição da procura está determinada pela distribuição da renda, isto é, pela forma como os distintos grupos se apropriam do produto. Cabe, portanto, concluir que a estrutura da produção, a parcela da produção que se destina à acumulação e a distribuição da renda têm todas as mesmas causas fundamentais. Estas assentam no sistema institucional que se articula em torno do processo de apropriação do excedente.

O DESENVOLVIMENTO COMO EXPANSÃO DO UNIVERSO ECONÔMICO

Para compreender o processo de crescimento é indispensável formar-se inicialmente uma idéia do tipo de universo econômico dentro do qual ele tem lugar. Consideremos, por exemplo, um país como a Grã-Bretanha do século XVIII. Grande parte de seu território estava coberto de pequenas unidades econômicas praticamente isoladas umas das outras. Outra parte desse território estava ocupada por unidades econômicas que, em graus diversos, se integravam num sistema econômico nacional. Se fizéssemos um mapa com essas unidades econômicas, encontraríamos todas as combinações possíveis, desde a comunidade totalmente autônoma até aquela totalmente dependente das demais unidades do sistema. E não pararia aí: as unidades em que é maior o grau de integração na economia nacional estão, demais, articuladas com economias estrangeiras em distintos graus de interdependência. Defrontaríamos, portanto, um universo econômico fundamentalmente heterogêneo.

Que significa, em última instância, essa heterogeneidade? Que o desenvolvimento econômico é um processo acentuadamente desigual: surge em uns pontos, propaga-se com menor ou maior facilidade a outros, toma vigor em determinados lugares, aborta noutros etc. Nem é nem poderia ser um processo uniforme, pois a constelação de recursos e fatores que se apresenta em cada parte é obviamente diversa.

Se o universo econômico apresentasse em todos os seus segmentos o mesmo grau de desenvolvimento, a aplicação de novos recursos ao processo produtivo só seria possível mediante inovações tecnológicas. Teríamos para o todo situação idêntica à de uma pequena comunidade isolada que, em razão dos rendimentos decrescentes na agricultura, não pode absorver novos capitais sem introduzir novas técnicas. Entretanto, se o universo está constituído, não por uma pequena comunidade, e sim por uma grande cadeia de comunidades distintas em função dos recursos naturais e do grau de acumulação alcançado, o problema da absorção de novos capitais se apresentará de outra forma. Sempre que, em uma das comunidades do universo, tenha início um processo acumulativo e ocorra declínio na produtividade física das novas inversões, os recursos poderão ser transferidos para outra comunidade em que o capital seja relativamente mais escasso. Esse aspecto do processo aparece, com maior clareza se temos em conta que a atividade que mais atraía os novos capitais, na época referida, era o comércio. A existência de um universo econômico heterogêneo significa, em última instância, que os mesmos bens podem ser obtidos com graus diversos de esforço em diferentes regiões. Em tais condições, transportar bens de um lugar para outro é a forma mais rápida e segura de criar valor. Os recursos acumulados numa comunidade, ao transformar-se em capital comercial, por um lado escapam aos rendimentos decrescentes, e, por outro, tendem a beneficiar o conjunto do universo econômico.

Se atentarmos para o processo em seu conjunto, veremos o capital acumulado concentrar-se nos canais comerciais e estes engrossarem e se ramificarem, trazendo um número cada vez maior de comunidades ao sistema geral. Por outro lado, veremos a possibilidade de intercâmbio intensificar a utilização dos recursos dentro de cada coletividade. Destarte, o desenvolvimento em seus primeiros estágios é, principalmente, um processo de expansão geográfica do universo econômico. A apropriação do excedente por grupos minoritários possibilita a acumulação e, por intermédio desta, a elevação dos níveis de consumo. O desejo de diversificação do consumo induz à aquisição de bens a maiores distâncias. O surgimento de grupos e comunidades especializados nas transações comerciais passa, então, a desempenhar um papel altamente estimulante do desenvolvimento. A ampla apropriação de excedente, que realizam esses grupos, possibilita a acumulação dos recursos requeridos pelas atividades comerciais em expansão. Por outro lado, o espírito de lucro, rapidamente aguçado pelas atividades comerciais, induz a uma expansão permanente do universo econômico. Ali onde existia uma comunidade isolada auto-suficiente, procurarão chegar os mercadores na ânsia dos grandes lucros que possibilitam as primícias de um comércio. Estabelecido este, aumenta a produtividade na comunidade recém-integrada no sistema, o que engendra novos lucros para os grupos que abrigam as linhas de comércio. Haverá, portanto, mais recursos para seguir adiante com a expansão comercial.

Em um sistema econômico desse tipo, o elemento dinâmico está constituído pelo grupo comerciante. Este cria feitorias, desenvolve os meios de transporte, aproxima comunidades isoladas, difunde inovações, propaga novos métodos de produção etc. É por esta razão que o grosso dos benefícios resultantes da maior produtividade concentra-se em suas mãos. Desfrutando uma situação de exclusividade total ou parcial para comprar e vender, esse grupo manipula os preços de forma a alcançar os maiores lucros. O impacto sobre o sistema produtivo não pode deixar de ser fecundo. A acumulação de recursos em mãos dos comerciantes permite a estes financiar a abertura de novas linhas de produção, a colonização de melhores terras etc. A especialização produtiva cria a possibilidade de melhorar os métodos de trabalho; por outro lado, essas melhoras podem ser difundidas, criando-se um corpo de conhecimentos empíricos que, introduzidos nas comunidades mais primitivas, teriam de provocar acentuados aumentos de produtividade.

O crescimento numa economia comercial, é, em última instância, um problema de abertura de mercados. Abertos estes, sua simples manutenção significa a geração de um fluxo permanente de lucros para os controladores do comércio. Tais lucros poderão ser utilizados na construção de novos barcos, no financiamento de novas empresas etc. Neste caso, o universo econômico continuará a expandir-se. Entretanto, inexistindo a possibilidade de abertura de novos mercados, os lucros terão de ser acumulados sob a forma de tesouros ou aplicados em obras improdutivas.

Mas não foi principalmente em tesouros que se transformaram as grandes massas de riqueza acumuladas pelas economias pré-industriais. Absorveram-nas o financiamento de guerras e o de obras improdutivas. Se se tem em conta o baixo nível de produtividade que prevalecia nas economias comerciais, surpreende o volume dos recursos acumulados em obras improdutivas. Das pirâmides do Egito às catedrais medievais, passando pela muralha da China, é enorme o número de obras que devem haver absorvido parcelas substanciais da capacidade produtiva de povos inteiros durante longos períodos.

A APROPRIAÇÃO E O PAPEL SOCIAL DOS GRUPOS DOMINANTES

A forma de utilização do excedente de produção e a posição social do grupo que dele se apropria constituem elementos básicos do processo social que engendra o desenvolvimento. Consideremos mais atentamente este problema em sua apresentação mais simples: caso de uma comunidade que reduz outra à escravidão e passa a exigir dela, periodicamente, certo tributo. O fruto desse tributo reverterá, muito provavelmente, em benefício da minoria dirigente do grupo dominante. Teremos, em conseqüência dessa transferência de renda, uma melhora nos padrões de consumo e, provavelmente, um programa de inversões em obras improdutivas ou em guerras. Com o excedente de população criado, isto é, com a mão-de-obra escrava ou com pessoas alimentadas com o fruto dos tributos, far-se-ão melhores residências, monumentos, jardins suspensos etc. Alternativamente, com essa mão-de-obra liberada a comunidade dominante poderá formar um exército e tratar de obrigar outras comunidades a subministrar-lhe tributo, aumentando, por esta forma, ainda mais a sua renda. Poderá também construir muralhas de defesa, incrementando por esse meio o seu poderio.

Foi esse o processo pelo qual se formaram os antigos impérios. A expansão destes estava limitada tão-somente pelas dificuldades de transporte e comunicação e pelo poder militar de outras comunidades. Sempre que uma comunidade lograva escravizar outra, tornava-se suficientemente forte para tentar escravizar uma terceira, e assim por diante. A guerra era uma forma natural de utilização do excedente de produção. O desenvolvimento, nesse caso, assumia a forma da aglutinação temporária de uma constelação de comunidades. A concentração, em mãos de um mesmo grupo do excedente de produção de todas essas comunidades, permitia o desenvolvimento da vida urbana na comunidade dominante, grandes inversões improdutivas nessa comunidade, o aparecimento de um número crescente de pessoas dedicadas a tarefas não-manuais, a formação de elites intelectuais etc.

É importante assinalar, entretanto, que essa cúpula dominante podia estar dissociada da faixa econômica do processo social, inexistindo qualquer conexão entre as preocupações das elites dirigentes e problemas diretamente ligados ao sistema econômico. Em tais casos, a estabilidade dos impérios se fundava na capacidade de organização e direção de suas elites dirigentes. Quando estas logravam desenvolver uma técnica eficiente de comunicações e uma bem organizada superestrutura administrativa — como o fizeram os romanos — a sua obra era duradoura. Concluída a expansão militar, tinha início um período de desenvolvimento comercial, fomentado pelas condições de segurança e pela melhoria nos meios de transporte que quase sempre acompanhava o estabelecimento de uma infra-estrutura militar. Os tributos que afluíam à metrópole constituíam a fonte de financiamento de programas de obras improdutivas. Contudo, como a massa de tributos não podia crescer, permanentemente, os investimentos em obras improdutivas tendiam a alcançar um ponto de saturação, aumentando os gastos de manutenção e reposição das mesmas até absorver a totalidade dos recursos destinados à inversão.

As possibilidades de crescimento através de pura extorsão de tributos são, obviamente, limitadas. Entretanto, a aglutinação política provocada pela conquista militar teve sempre outros efeitos mais importantes do ponto de vista do desenvolvimento. Pondo em contato comunidades antes isoladas, estabelecendo comunicações regulares entre regiões distantes, abrindo estradas e nelas organizando a segurança coletiva, a estrutura política estava criando condições altamente favoráveis ao desenvolvimento das atividades comerciais. Ora, com a expansão dessas atividades, desenvolvia-se outra forma mais complexa de apropriação do excedente através do lucro comercial. Essa modificação é de importância fundamental, pois o lucro reverte em benefício de um grupo integrado no processo econômico.

É fácil figurar-se que os dois sistemas de apropriação referidos terão coexistido um pouco por toda parte. Se observarmos uma cidade grega, por exemplo, vemos nela mesma e em sua periferia rural o sistema de apropriação com base na escravidão. Ao lado deste, logo identificaremos o sistema de apropriação com base no lucro comercial, auferido principalmente no intercâmbio com as colônias. O segundo sistema enxertara-se no primeiro, e quase nunca os dois lograram integrar-se totalmente. O conflito entre as elites ligadas aos dois sistemas de apropriação referidos — elites essas necessariamente portadoras de complexos ideológicos diversos — está na base da grande instabilidade política das cidades gregas, particularmente daquelas em que as atividades comerciais mais se desenvolveram, como foi o caso de Atenas.

A característica mais ostensiva das economias comerciais, em confronto com as economias escravistas puras, está no sistema de apropriação, através do intercâmbio. Daí resulta que a classe beneficiária intervém como elemento dinâmico no processo econômico. Demais, ao contrário do que ocorre no regime de apropriação direta, a abertura da corrente comercial causa um aumento de produtividade. É o fruto desse aumento de produtividade que reverte, total ou parcialmente, em benefício do comerciante. Por conseguinte, nesse caso a apropriação não é um simples fenômeno de transferência de renda: coexiste com um aumento de produtividade e, portanto, com criação de nova renda. Por último, deve-se ter em conta que, enquanto o tributo é conseqüência do poder da classe ou comunidade dominante, o lucro comercial constitui a fonte do prestígio e do poder da classe comerciante. Assim, quanto maior o poder, maior seria a massa de tributo conseguida. Daí as inversões em expedições guerreiras. No caso do comércio, quanto maior o lucro, maior seria o prestígio e o poder. Daí o desejo de expandir cada vez mais esse comércio.

A ASSIMETRIA DO RETROCESSO ECONÔMICO

Consideremos agora o seguinte problema: que ocorria a um sistema econômico escravista-comercial como eram os da antiguidade, quando entrava em colapso a estrutura que o sustentava? O mais das vezes, a destruição de uma ordem política era sucedida pela instituição de uma nova. Em outras palavras: o predomínio de uma comunidade ou povo cedia lugar ao de outro. Entretanto, nem sempre foi assim. A exceção mais extraordinária a essa regra está constituída pelo colapso do Império Romano do Ocidente. A destruição da enorme maquinaria administrativo-militar que constituía esse império teve conseqüências profundas para a economia da imensa área que ocupava. O desaparecimento das populações urbanas que se haviam formado em torno dos núcleos administrativos e militares privou os campos de mercado para seus excedentes de produção. Os tributos, por um lado, e o comércio, por outro, haviam induzido a uma utilização mais intensiva da terra e da mão-de-obra escrava ou livre. Nessa época, como hoje, era o desenvolvimento urbano que determinava o progresso nas técnicas agrícolas. Desarticulado do sistema administrativo-militar, desapareceram as condições de segurança que possibilitavam o comércio; por outro lado, desaparecidos os tributos, terminava a principal fonte de renda das populações urbanas, que viviam de subsídios ou da prestação de serviços. Em conseqüência, as cidades tenderam a despovoar-se e mesmo a desaparecer. Em Roma, por exemplo, foi tão grande o despovoamento que apenas o bairro central estava habitado no século VI.

Temos aí bem configurado um caso de involução de um sistema econômico. Por toda parte se reduzem as transações, aumenta relativamente a produção destinada a auto-consumo, baixa a produtividade, atrofia-se a renda social. Este caso de retrocesso econômico ilustra o fato amplamente observado e de grande significado: o desenvolvimento não é um processo perfeitamente reversível. O retrocesso não traduz um movimento simétrico ao do progresso ou crescimento. Se não levarmos em conta essa assimetria, dificilmente poderemos explicar grande número de casos históricos de interesse do ponto de vista do desenvolvimento da economia moderna.

Com a desaparição do Império Romano, houve um atrofiamento da Europa Ocidental, e não um retorno dessa economia a seu estado anterior. Uma economia atrofiada possui um nível técnico superior àquele que normalmente corresponderia a seu nível de renda e a sua constelação de recursos naturais. Em outras palavras: a redução da produção *per capita*, motivada pela desarticulação do sistema econômico, não traz consigo uma reversão às formas primitivas de produção, isto é, não implica um abandono total das técnicas mais avançadas.

A compreensão desse fenômeno é de grande importância para a explicação do tipo de organização econômico-social que surgiu na Europa a partir do século VIII e que chamamos de feudalismo. Segundo a opinião corrente, a economia do feudo era um sistema fechado ou quase fechado. Mas não estava aí sua principal característica, e sim no fato de que era uma economia fechada de nível relativamente elevado de consumo. As comunidades primitivas de dimensões idênticas e que, como o feudo, eram economias fechadas, ou seja, de auto-consumo, apresentavam, via de regra, um nível médio de consumo mais baixo que o das comunidades feudais européias. Os barões feudais conseguiram, com recursos locais, não só construir castelos, como também armar os seus homens para a guerra e manter um número quase sempre elevado de pessoas ociosas em torno de si. O excedente de produção que chegava às mãos do senhor feudal, mesmo dos pequenos, era relativamente grande se se tem em conta que tinha esse excedente origem na apropriação direta de parte do fruto da produção de uma pequena comunidade. Ora, isto só foi possível porque era relativamente elevado o nível da técnica que prevalecia dentro do feudo.

Esse nível técnico, em verdade, era sobrevivência de um sistema econômico que desaparecera. A economia feudal representava, portanto, uma forma regressiva de organização social, com técnica em decadência, mas, ainda assim, de nível relativamente superior. Esse fenômeno poderia servir-nos para explicar a substituição da escravidão pela servidão. A escravidão traduz o uso mais intensivo possível de mão-de-obra. Com o avanço da técnica, a pressão sobre o fator mão-de-obra se vai reduzindo e, em conseqüência, vão melhorando os regimes de organização do trabalho.

Na etapa que estamos considerando, de maneira geral, não houve avanço tecnológico, mas ocorreu fenômeno de conseqüências semelhantes: ao reduzir-se a procura externa, isto é, ao fechar-se a economia e constituir-se o feudo, resultou que a técnica era suficientemente elevada para que se realizasse a produção consumível com muito menor pressão sobre a mão-de-obra. Em conseqüência, o antigo escravo que trabalhava dentro de rígida disciplina e sob férreo controle, no latifúndio romano, insensivelmente transformou-se em servo orientado apenas por uma rotina baseada na tradição.

Poder-se-ia indagar por que não foi mantido o nível médio de produtividade e com intensificação do processo acumulativo dentro do feudo. A razão é simples: o que se produzia não podia ser acumulado; eram bens perecíveis. Sem intercâmbio, de nada valia aumentar a produção agropecuária. A única forma viável de acumulação estava na construção, e esta chegou a proporções formidáveis com os castelos medievais. Outro fenômeno que se poderia classificar de acumulação foi o aparecimento de grandes séquitos em torno dos senhores feudais. Se o excedente produzido no feudo quase sempre não podia ser acumulado, pelo menos servia para alimentar um grande número de comensais. Em verdade, o número de pessoas que viviam de subsídios é surpreendentemente grande, consideradas as dimensões do universo econômico feudal.

A Grande Esperança em Celso Furtado

OS FATORES EXÓGENOS NO DESENVOLVIMENTO
DA ECONOMIA COMERCIAL EUROPÉIA

Tido em conta o fenômeno de incubação de um nível técnico superior, que foi o feudalismo europeu, mais facilmente pode-se compreender a rapidez com que se retomou na Europa o processo de desenvolvimento a partir do século XI.

Para que o desenvolvimento ocorresse como um processo endógeno, na Europa feudal, teria sido necessário que, inicialmente, progredisse a integração política. Que um grupo se impusesse progressivamente a outros, dando lugar à formação de unidades econômicas maiores, nas quais o comércio pudesse encontrar, espontaneamente, condições propícias a seu surgimento e intensificação. Fatores de diversas ordens, e que escapam ao alcance da Análise Econômica, impediram que essa integração política se realizasse, ou que tivesse estabilidade ou que alcançasse profundidade no organismo social. As ligações que se formavam através de vínculos pessoais não tinham penetração suficiente para permitir a aglutinação de um sistema econômico, pois não exigiam a articulação de um sistema administrativo e um de segurança integrados. Na verdade, tais ligações refletiam a incapacidade do poder central para governar, pois eram delegações desse poder.

É fácil compreender que, numa sociedade de tipo da feudal, qualquer tentativa de unificação pela força encontra sérios obstáculos, pois a numerosa classe ociosa faz da guerra a sua ocupação favorita. Aquela comunidade cujo poder se torna ameaçador para as demais, logo chama contra si a aliança de outras. Qualquer composição política passa a ser, portanto, necessariamente instável.

Não obstante isso, o desenvolvimento começou, a partir dos séculos X ou XI, e avançou rapidamente. Não foi, entretanto, um processo endógeno: foi imposto de fora para dentro. Começou, conforme agudamente observou o historiador Henri Pirenne[3], como uma conseqüência da modificação fundamental que a eclosão do maometanismo trouxe às linhas do comércio bizantino. A imensa metrópole comercial que era Bizâncio viu-se, subitamente, privada de suas fontes de abastecimento em quase todo o litoral sul e oriental do Mediterrâneo, em razão das invasões árabes. Voltaram-se, então, os bizantinos com grande empenho para as costas da Itália. Esse contato, como é sabido, deu lugar ao surgimento de poderosas economias comerciais na costa italiana. A propagação dessas correntes de comércio, nos séculos seguintes, por todo o continente europeu, tem sido amplamente estudada. Formou-se no litoral da Europa verdadeira cadeia de

---

[3] Veja-se entre outras obras do autor sua *História de Europa*, edição de Fondo de Cultura Económica, México.

entrepostos comerciais e, através do leito dos grandes rios, todo o continente foi como que contaminado pela atividades dos mercadores. Tem-se aí um caso típico de expansão do universo econômico sob a pressão de correntes comerciais, que encontram grande receptividade, em razão da existência de um excedente virtual de produção, isto é, das características mesmas da economia feudal européia anteriormente referidas. Esta economia comportou-se como se estivesse preparada para receber as correntes de comércio, as quais vinham possibilitar melhor utilização dos recursos já existentes e uma diversificação do consumo, sem exigir maiores modificações no sistema produtivo.

Destarte, as correntes comerciais constituíram um fenômeno exógeno no mundo feudal. É essa uma comprovação de grande importância, pois nos dá a chave para esclarecer uma série de problemas. Desde logo, cabe observar que os dirigentes das atividades comerciais iriam constituir uma classe nova — a burguesia, isto é, os habitantes das cidades — classe essa totalmente dissociada das elites dominantes no mundo feudal. Essa duplicidade de elites, movidas por interesses totalmente distintos, representando constelações de valores diversos — uma fundando o seu poder na propriedade da terra, outra no lucro comercial —, terá profunda influência no desenvolvimento da sociedade européia. Na Itália esse fenômeno aparece com transparência quando estudamos comparativamente as histórias de Florença e Veneza.

Na primeira dessas cidades — como observa o professor Luzzatto[4] —, as duas elites jamais chegaram a formar um todo integrado. A velha classe latifundiária conservou força e poder ao lado da nova elite burguesa, e essa duplicidade não foi estranha à acidentada história política florentina. Em Veneza a burguesia comercial encontrou o terreno praticamente desimpedido e dominou com exclusividade. Veneza foi, certamente, a expressão mais completa de uma civilização comercial desde a época dos fenícios.

Entretanto, se em cidades como Veneza e Gênova o comércio levou à criação de unidades econômicas independentes de tipo urbano, o mesmo não ocorreria em outras partes da Europa. As cidades italianas, que se desenvolveram com o comércio, eram quase estritamente entrepostos: provocavam e financiavam o comércio entre outras regiões para apropriar-se de parte do aumento de produtividade possibilitado por esse comércio. Em Veneza, por exemplo, só tinham certos direitos de cidadania aqueles comerciantes chamados *de extra*, isto é, que participavam no comércio externo.

---

[4] Gino Luzzatto, "Small and Great Merchants in the Italian Cities in the Renaissance", *Enterprise and Secular Change*, American Economic Association Series.

Nas regiões em que o grosso do comércio era de natureza interna, isto é, nas regiões que intercambiavam os produtos de sua periferia rural por outros de comunidades vizinhas ou distantes, logo se fez sentir a inconveniência do regime político atomizado, característico no mundo feudal. Ocorre, então, na Europa, fenômeno inverso ao da formação do Império Romano. Neste, a integração política provocou o comércio e o desenvolvimento. Na Europa, o comércio e a interdependência entre regiões vizinhas provocarão a integração política. O feudalismo havia sido a forma mais prática de manter a segurança coletiva após o colapso do poder romano. Num mundo estacionário, como era o feudal, as relações sociais se desenvolviam dentro de um campo perfeitamente delimitado, reduzindo-se, portanto, ao mínimo a necessidade de governo, ou seja, de um poder capaz de criar normas adequadas a situações novas.

Ao se desenvolverem as correntes comerciais e ao se multiplicarem os núcleos da nova sociedade burguesa, o problema da segurança deixará de ser de natureza local. Por outro lado, em uma sociedade em rápida mudança o campo da ação política se amplia, pois o instrumental coercitivo e de controle necessita de permanente readaptação. Os Estados nacionais surgirão na Europa, destarte, não como uma aglutinação das unidades feudais, e sim como uma armadura para proteger e regulamentar a nova sociedade de base urbana que se estava formando. É este um dado a ser tido em conta para explicar a rapidez com que se desenvolve a economia comercial européia. Ao contrário do que ocorrera na Grécia, onde as elites comerciais permaneceram em choque com os grupos escravistas que detinham o poder político, na Europa a classe dominante pôde, quando conveniente, aliar-se ao poder real contra o feudal, isto é, pôde tomar partido nas guerras entre os senhores feudais e precipitar a ruína do regime político dominante.

OS DOIS SISTEMAS DE ORGANIZAÇÃO DA PRODUÇÃO NA ECONOMIA URBANA COMERCIAL

O advento da economia industrial européia é, de todos os pontos de vista, um fenômeno cuja compreensão apresenta extraordinária importância. Do ângulo da teoria do desenvolvimento econômico, esse fenômeno se configura como verdadeiramente transcendental, pois se logramos bem compreendê-lo estaremos capacitados para penetrar a fundo na análise do sistema econômico atual, identificar as diferenças fundamentais que apresenta esse sistema em seus diversos graus de desenvolvimento, e perscrutar as potencialidades que o mesmo apresenta como instrumento propulsor do progresso econômico. A transformação da economia comercial européia em economia preponderantemente industrial ocupou cerca de três séculos da história moderna: do XVI a fins do XVIII. Entretanto, para bem compreender o mecanismo dessa lenta metamorfose teremos que, mais uma vez, analisar a economia comercial que se formou, por um processo de enxerto, na economia feudal preexistente.

Vimos que a economia comercial européia, pelo fato mesmo de que resultou de um processo exógeno, não provocou, desde o início, transformações estruturais na economia feudal. Ao contrário do que provavelmente ocorreria, se o ponto de partida tivesse sido uma transformação interna da economia feudal, o desenvolvimento do comércio como processo exógeno fez surgir uma nova economia separada da preexistente, inclusive geograficamente. Contrapôs-se, dessa forma, à velha economia agropecuária de subsistência, a nova economia comercial urbana. Não se trata, entretanto, de uma contraposição por oposição total de interesses. Pelo contrário. A economia urbana assentava sua base nos excedentes de produção da economia agropecuária. Ela veio criar, ao senhor feudal, a possibilidade de diversificar o seu consumo utilizando aquele excedente virtual de produção a que nos referimos anteriormente. E não foi por outra razão que os senhores feudais acolheram, protegeram e outorgaram privilégios aos núcleos nascentes da nova economia. Assim, o advento das linhas de comércio provocou o desenvolvimento da atividade agropecuária, vale dizer, o aumento da produtividade nos campos. É surpreendente como já no século XII certas regiões da Europa se haviam especializado na produção de vinho, outras na produção de lã, outras na de trigo, outras na de linho etc.

É interessante observar o papel típico de entrepostos que desempenhavam as cidades nascentes. Seria um erro supor que a nova economia veio para substituir a antiga, pois o seu verdadeiro papel foi o de obrigar esta última a transformar-se. Ali, onde antes existia uma economia rural fechada, aparecia um sistema que dedicava parte de sua produção ao mercado externo, deste recebendo — através do entreposto urbano — uma série de produtos que de outra forma não teriam sido acessíveis. Em conseqüência, a produção agropecuária não só teve de aumentar para dar origem ao excedente exigido pelo pagamento dos novos produtos, vindos de outras regiões agrícolas ou do Oriente, como teve de crescer para alimentar a população urbana. Com efeito, no preço pago pelos produtos importados nas zonas rurais estava incluído o valor do serviço que prestava o comerciante como intermediário, isto é, estava incluída a remuneração ou renda da classe comercial. Destarte, a remuneração do comerciante — base da renda da população urbana — tinha sua origem no aumento de produtividade do setor agropecuário. É necessário não esquecer que, por essa época, a população urbana muito provavelmente não representava mais de 10% da massa demográfica.

A renda da população urbana, entretanto, não estava constituída de maneira exclusiva pelos lucros que auferiam os comerciantes em suas transações com as zonas rurais. Parte desses lucros, é verdade, era despendida com produtos que

A Grande Esperança em Celso Furtado

vinham do campo ou do exterior, mas outra parte, certamente a maior, era despendida dentro da cidade com bens e serviços ali produzidos. A produção urbana compreendia o fabrico do pão e outros alimentos, o de calçado, vestimentas, cerâmica, móveis e uma infinidade de outros objetos de uso corrente. Por outro lado, parte da renda auferida pelos trabalhadores urbanos era despendida com produção rural. A técnica dos artesãos urbanos não seria muito distinta da que se conhecia dentro nos feudos e que havia sido preservada dos tempos do Império Romano. Essa produção artesanal constituía uma espécie de apêndice da economia comercial, para a qual a cidade funcionava como entreposto. Ao crescerem os lucros comerciais e ao aumentarem os gastos dos comerciantes dentro da cidade, expandia-se a massa de renda em mãos dos artesãos e de outros grupos que viviam de prestar serviços à população urbana. Eram portanto os grandes comerciantes ligados aos negócios externos que constituíam, com suas empresas, a peça central ou o elemento motor da economia urbana. Conforme fosse o nível dos lucros desses comerciantes, variaria para mais ou para menos a renda de todos os demais grupos. Em tais condições, o problema da distribuição da renda, isto é, o problema dos preços relativos tendia a tornar-se extremamente importante. Dado determinado nível de lucros dos comerciantes *de extra*, ou seja, dos comerciantes que tinham transações fora da cidade, também estava dado o nível da renda global da coletividade. O problema que se apresentava era saber como se distribuiria essa renda. Sempre que um grupo conseguisse aumentar os preços daquilo que produzia para vender, com relação ao nível médio dos preços, lograria aumentar sua participação na renda global.

Não se creia que as observações acima feitas são meras deduções abstratas. Já no século XII assumiam grandes proporções, nas cidades, os conflitos provocados pelo açambarcamento de víveres, pelos aumentos arbitrários de preços etc. Daí que desde muito cedo as operações comerciais a varejo, isto é, aquelas operações que interessavam ao abastecimento urbano, tenham sido minuciosamente regulamentadas. Não deixa de causar certa perplexidade que nessas economias fundamentalmente comerciais tenha prevalecido o princípio segundo o qual os intermediários entre o produtor e o consumidor deveriam ser excluídos. Era estritamente proibido comprar gêneros alimentícios aos camponeses fora da zona urbana. Tais gêneros deviam ser levados ao mercado e, em horas prefixadas, postos à venda. Ninguém podia comprar mais do que aquilo de que necessitava para o seu uso. Essa estrita regulamentação destinava-se a criar as condições de um mercado perfeito, isto é, de um mercado atomizado do lado do comprador e do lado do vendedor. A livre concorrência, para não degenerar rapidamente em formas imperfeitas de mercado, exige, mais que qualquer outro regime, total regulamentação e estrito controle. O regime de *laissez-faire* não cria mercados perfeitos, pois dá oportunidade ao mais forte de liquidar os mais fracos ou reduzi-los a um comportamento subordinado. A concorrência perfeita, na forma em que existiu nos mercados de gêneros alimentícios das cidades medievais, não é propícia ao desenvolvimento da economia capitalista, pois reduz os lucros ao mínimo. É no regime do *laissez-faire* que as margens de lucro crescem suficientemente para acelerar a capitalização.

Apresenta um grande interesse observar a duplicidade do sistema econômico que prevaleceu nas cidades medievais. Por um lado, temos o regime de *laissez-faire* imperando no comércio externo. Por outro, temos a regulamentação estrita — seja sob a forma de concorrência perfeita, seja sob a forma de corporações — imperando nas atividades internas das cidades. Reunimos propositadamente a concorrência perfeita e as corporações, pois estes dois sistemas tiveram fundamentalmente, em sua origem, o mesmo objetivo: reduzir ao mínimo as margens de lucro. Não é difícil compreender os fundamentos últimos da política que estava por trás desses dois sistemas de organização da produção e da circulação, se se tem em conta que as cidades eram governadas pelos grandes comerciantes. Estes tinham todo o interesse em evitar o encarecimento dos gêneros e outros artigos de consumo dentro da cidade. Com os tipos de regulamentação referidos, conseguia a classe dirigente dois objetivos: evitar adulterações ou, como já se dizia nessa época, práticas desleais de comércio, e coibiam-se a especulação e as grandes margens de lucro.

O regime das corporações de ofício, como é sabido, não foi imposto pelos governos das cidades. As corporações surgiram espontaneamente e foram regulamentadas *a posteriori*. Esse regime constituiu, em verdade, um compromisso entre os artesãos e a classe comerciante dominante. Ao iniciar-se o desenvolvimento das cidades, o número de artesãos devia ser escasso. Mas, ao alcançarem estas certo desenvolvimento e estacionarem, o número relativo de artesãos tendeu a aumentar. É necessário não esquecer que, nos séculos XIII e XIV, uma má colheita, uma peste, uma guerra local eram suficientes para provocar grandes transtornos à atividade econômica. Em razão de tais calamidades, muitas regiões sofriam bruscos retrocessos e parte de sua população urbana emigrava, o que determinava afluência de artesãos às cidades mais prósperas, muitas vezes em quantidades excessivas. Aqueles que nelas já se encontravam procuravam naturalmente proteger-se. As organizações resultantes foram finalmente regulamentadas e serviram a dois objetivos: ao da classe artesanal, que era proteger-se contra os intrusos, e ao da classe dirigente, que era manter a qualidade do produto e regulamentar os preços. Os artesãos satisfaziam-se com lucros moderados e, em compensação, recebiam a exclusividade do mercado.

Percebem-se melhor os compromissos que estavam por trás do regime das corporações, à luz do que se disse sobre a importância do problema da distribuição da renda na economia das cidades. O nível global da renda, determinado pelos lucros que os azares proporcionavam à grande classe comerciante, era a variável independente. Se os comerciantes reduzissem os seus gastos, os artesãos reduziriam as suas rendas e, por conseguinte, também reduziriam os seus gastos, provocando novas reduções de renda. A contração dos gastos dos comerciantes provocaria, destarte, em determinado período de tempo, uma redução total de renda que seria maior ou menor, de acordo com a magnitude do multiplicador. Mas voltemos ao ponto central: dado o nível da renda global, cabia distribuí-la com os distintos grupos da coletividade. Os preços relativos — ou seja, os termos do intercâmbio interno constituíam, portanto, o grande problema dessas comunidades. Se observamos o sistema econômico medieval por este lado, vemos que as corporações não somente eram um compromisso entre cada grupo artesanal e a classe dirigente como também eram um compromisso dos distintos grupos artesanais entre si. Aceitava-se o *status quo* na distribuição da renda e já ninguém tinha o direito a reclamar. Cada classe, por seu lado, se encarregava de ratear entre os seus membros a quota que lhe cabia.

O funcionamento interno de uma economia urbana medieval típica, observado à luz dos elementos que vimos de apresentar, apresenta grandes semelhanças com o da economia feudal. É bem verdade que a economia urbana está integrada numa corrente de comércio e que o feudo é principalmente uma economia fechada. Mas, do ponto de vista de seu funcionamento interno, as duas economias têm semelhanças fundamentais. No feudo a distribuição da renda faz-se partindo do nível da colheita — que aqui seria a variável independente — de acordo com uma tradição estabelecida, a qual tende a beneficiar o grupo proprietário da terra. Na cidade, dado o nível da renda global, a distribuição é feita igualmente de acordo com uma série de normas rígidas que tendem a beneficiar o grupo comerciante dirigente e que representam um compromisso entre os grupos artesanais. Nos dois casos, tem-se um sistema de organização da produção totalmente destituído de impulso próprio de crescimento. É sob esse ponto de vista que a economia urbana medieval se assemelha muito mais à economia feudal que à economia industrial. Contudo, ao contrário do que ocorre com a economia feudal, a urbana medieval está dotada de um fator dinâmico: a grande classe comerciante. Esta se desenvolveu, conforme assinalamos, como intermediária do intercâmbio entre regiões produtoras de artigos primários, e entre estas últimas e regiões produtoras de artigos mais elaborados. Com o desenvolvimento da vida urbana e a diversificação do consumo entre os grupos dirigentes nos campos, certos produtos manufaturados — muito especialmente os tecidos de qualidade — passaram a ter uma procura crescente. De início, o comércio de tecidos se limitava a produtos de elevados preços, principalmente importados do Oriente. Com o aumento do consumo, os comerciantes logo perceberam a vantagem de incentivar diretamente a produção dos mesmos. Já no século XII a produção de tecidos para exportação se realiza em muitas cidades em escala considerável, sendo controlada por comerciantes que a financiam e fornecem as matérias-primas. Esse tipo de produção urbana para exportação aparece inicialmente na Itália e, no século XIII, toma grande impulso no norte da França e nos Países Baixos. Os tecidos dessa procedência passaram a ser exportados em grande escala, inclusive para o Oriente, por intermédio dos comerciantes genoveses.

A manufatura urbana de exportação, por motivos fáceis de perceber, se diferencia totalmente do artesanato corporativo. Enquanto este último estava organizado para atender a uma procura regular e relativamente estável, a manufatura de exportação dependia de uma série de fatores aleatórios ligados ao mercado externo. Ora, no mercado externo predominava a concorrência estilo *laissez-faire*. As quantidades nele colocadas podiam ser grandes ou pequenas, conforme as condições que prevaleciam em cada momento particular. A perda de um barco, à causa de pirataria ou mau tempo, tinha como conseqüência prejuízos totais para um comerciante e possíveis lucros extraordinários para outros. Confrontamo-nos, assim, com essa situação extremamente curiosa, que prevalece na Idade Média e no começo dos tempos modernos: dentro das comunidades urbanas, a produção tende a organizar-se em forma a que todos os imprevistos sejam eliminados; entre essas mesmas comunidades urbanas, o comércio se realiza em condições totalmente aleatórias e de aventura. É este segundo comércio que, com seu dinamismo e instabilidade, provocará rupturas sucessivas e cada vez mais profundas no arcabouço geral do sistema.

A TENSÃO NAS LINHAS DE COMÉRCIO E A IMPORTÂNCIA CRESCENTE DO PROBLEMA DOS CUSTOS

A partir do século XIV as grandes linhas de comércio começaram a apresentar sintomas de saturação. O deslocamento da fronteira comercial havia alcançado os extremos da Europa e o universo econômico teve de contrair-se sob a pressão das invasões otomanas. A concorrência intensifica-se e a tensão dentro do sistema aumenta. Essa situação favorecerá a unificação política dos Estados nacionais europeus. Assim como os artesãos se haviam organizado para defender-se dentro do perímetro urbano, a grande burguesia, que favoreceu a unificação política, irá organizar-se para defender-se dentro das fronteiras nacionais. Na Inglaterra, já na primeira metade do século XIV, o governo real tenta proibir a importação de tecidos. Também nesse mesmo século o governo inglês tenta reservar para os barcos nacionais o comércio nas costas do país. A Inglaterra

A Grande Esperança em Celso Furtado

foi, assim, o primeiro país europeu a formular e aplicar uma política decididamente protecionista, assim como mais tarde será o primeiro país a praticar uma política decididamente livre-cambista. A política protecionista inglesa provoca fortes reações, particularmente nos Países Baixos, onde se proíbe a importação de tecidos ingleses.

Essa tensão crescente no comércio europeu, acarretada por uma concorrência cada vez maior, teria necessariamente que repercutir no regime de organização da produção, passando os custos a ter significação crescente. Para lutar contra tarifas aduaneiras é necessário reduzir custos; para concorrer com empresas locais protegidas e cada vez mais bem organizadas, ainda é mais necessário reduzir custos. Passa-se, assim, insensivelmente, de um sistema econômico em que a margem de lucro é extremamente elevada ou os prejuízos são totais, para outro em que prevalece maior segurança nas transações e maior regularidade nas operações e, ao mesmo tempo, em que as margens de lucro são menores.

A importância relativa do custo de produção na formação dos lucros decorre do tipo de operação comercial. No comércio primitivo, as relações do custo de produção com o preço de venda de uma mercadoria eram remotas. Consideremos, por exemplo, o caso de uma mercadoria, como o açúcar, que vinha do Oriente em pequenas quantidades para ser vendida na Europa ocidental. O custo de produção desse artigo, ou melhor, o preço pago ao seu produtor, provavelmente não representaria 5% do seu preço de venda ao consumidor final. Esse preço destinava-se quase exclusivamente a pagar os intermediários que corriam os riscos de transportar o produto, através de regiões inseguras, durante meses, a cobrir impostos de peagem e a formar os lucros do comerciante. O custo de produção, destarte, não guardava nenhuma relação com os preços de venda. O que interessava ao comerciante era a segurança no transporte, pois a perda de uma carga representava enorme prejuízo. Daí as inversões feitas para armar navios, proteger caravanas com grupos armados etc. Tais inversões eram enormemente mais produtivas que quaisquer possíveis reduções nos custos de produção.

Os termos desse problema começaram a modificar-se com a intensificação da concorrência na Europa. Para um comerciante flamengo que financia a produção de tecidos de lã com o objetivo de exportá-los para a Inglaterra, o custo de produção começa a ser um fator de significação. Esse comerciante importa a lã e as tintas e contrata a produção com um mestre-tecelão-comerciante, como se dizia na época. O mestre, por sua vez, subcontrata a domicílio. Com a intensificação da concorrência, o comerciante financiador começa a preocupar-se com os custos para manter-se no comércio. O mestre-tecelão, que neste caso atua como organizador da produção, trata, então, por todas as formas, de reduzir os seus custos, pois a alternativa é perder o trabalho. Começam em conseqüência a surgir as organizações coletivas de produção ou "fábricas", cujo objetivo é intensificar o uso dos instrumentos de trabalho e facilitar o controle da matéria-prima, do número de horas de trabalho etc. Por outro lado, procura-se usar mão-de-obra feminina e infantil, também com o objetivo de reduzir os custos. Essas transformações na forma de organização da produção suscitaram enorme resistência em diversos setores. Foram necessários três séculos de ajustes e reajustes, de torções e distorções, para que a metamorfose se realizasse totalmente. A maior resistência oferecida foi no campo das corporações, que gozavam de uma série de privilégios e trataram por todas as formas de impedir dentro das zonas urbanas a produção à base de "trabalho livre" — como então se dizia — organizada pelos mestres-comerciantes. Estes, entretanto, procuraram organizar a produção em zonas rurais ou buscaram aquelas cidades onde não se tinham organizado corporações, ou encontraram outros meios para contornar as dificuldades.

O importante a reter em tudo isso é que surgira um novo sistema de organização da produção em que o custo de produção desempenhava papel fundamental. Uma das primeiras conseqüências da consolidação desse sistema foi a corrida contra o salário real dos artesãos transformados em operários. A um nível de técnica primitiva, o principal item dos custos de operação é a folha de salários. Era necessário reduzir essa folha de salários e com esse fim foram empregados todos os métodos. As condições de trabalho, na segunda metade do século XVIII — quando houve o desbaratamento final das corporações — e começos do século XIX, em nada são superiores às que haviam prevalecido no Império Romano. A pressão sobre a força de trabalho chegou ao máximo e, sem que se tenham alterado em nada as relações jurídicas que prevaleciam na sociedade, o regime de trabalho assumiu características de dureza que não haviam sido conhecidas na Europa em todo o milênio anterior. Contudo, a redução na folha de salários é apenas um dos meios de comprimir os custos de produção. Cedo se deram conta os empresários de que existe um limite de subsistência. Mas também perceberam sem tardança que, modificando os métodos de produção, dividindo melhor o trabalho, introduzindo instrumentos mais adequados, poder-se-ia ir bem mais longe que simplesmente cortando nos salários. Aparentemente, os aumentos da produtividade, que se conseguiram já no século XVIII com uma divisão mais racional do trabalho, foram estupendos. Adam Smith, que publicou a sua *Riqueza das Nações* em 1776, atribui todo aumento de produtividade a melhoras na divisão do trabalho.

Não nos cabe entrar em detalhes sobre as complexas e profundas transformações do sistema econômico europeu a partir do século XVIII. Mas queremos chamar a atenção para este fenômeno de extraordinária importância: a ascendência progressiva da técnica de produção do ponto focal do sistema econômico. Recapitulemos os marcos mais relevantes do processo: o estacionamento da fronteira econômica na Europa provoca intensificação da concorrência; esta leva a tensões crescentes, que aceleram a aglutinação do sistema político, a formação de economias nacionais e provoca o surgimento da política mercantilista de proteção das burguesias nacionais; para manter suas linhas de comércio, particularmente as de exportações de tecidos entre regiões vizinhas, os comerciantes exigem dos mestres-artesãos, organizadores da produção, custos mais e mais baixos; surge, em conseqüência, uma classe de artesãos-empresários cuja subsistência depende de permanente vigilância com respeito aos custos de produção; a política de redução de custos leva à organização de grandes unidades de produção — as fábricas — e a uma enorme pressão sobre os salários reais; por outro lado, essa política de redução de custos induz a progressivos aperfeiçoamentos na técnica de produção. Abre-se, assim, um caminho de possibilidades extraordinárias.

A Técnica de Produção como Ponto Focal do Novo Sistema Econômico

Não nos deteremos a observar a multiplicidade de aspectos desse problema fascinante que foi a eclosão de uma economia industrial. Anotaremos apenas alguns pontos que são de particular interesse para compreender o caráter altamente dinâmico dessa economia. O primeiro desses pontos diz respeito à grande valorização da pesquisa empírica. Sendo a produção industrial um simples meio de transformar e adaptar recursos naturais, mediante processos baseados em princípios derivados da observação do mundo físico, compreende-se que o desejo de aperfeiçoar as técnicas de produção tenha exigido um conhecimento crescente dos recursos naturais e do mundo físico. Não há dúvida que o desejo de compreender e explicar o mundo físico e metafísico tem sido comum a todas as culturas. Entretanto, foi somente na economia industrial que esse impulso fundamental do espírito humano se incorporou ao elemento motor do sistema econômico. É fácil compreender a força explosiva que resultaria da conjugação desses dois impulsos básicos do homem: o desejo de riqueza e poder, e a aspiração de compreender e explicar o mundo em que vivemos. A total dissociação desses dois elementos, no mundo grego, causou-a o fato de que a elite comerciante permaneceu como que enxertada no organismo social, onde continuou prevalecendo o complexo ideológico da elite agrícola-escravista. Mas não teria sido suficiente o predomínio da elite comercial para que se lograsse aquela combinação extraordinária que só no século XVIII se cristalizará. O desenvolvimento das economias comerciais buscava a linha de menor resistência, oferecida pelo deslocamento da fronteira econômica. Os fenícios chegaram à Inglaterra e os portugueses avançaram até a Índia. Contudo, a densidade econômica dos universos respectivos era demasiadamente fraca para que os problemas ligados à organização da produção chegassem a ter uma significação fundamental.

O segundo ponto para o qual queremos chamar a atenção é o das novas oportunidades de inversão que surgem com a economia industrial. Melhorar os métodos de produção pressupõe, evidentemente, um conhecimento progressivo do mundo físico e conseqüente valorização das Ciências Naturais. Mas não é somente isso. Significa, também, incorporar recursos ao processo produtivo. Os métodos de produção se tornarão, como se dirá no século XIX, cada vez mais capitalísticos, isto é, mais baseados no uso de equipamentos e outras formas de capital. Ora, isto teria conseqüências profundas para a organização do sistema econômico, pois, para colocar reprodutivamente os recursos que estão permanentemente afluindo a suas mãos, o empresário já não necessitará de uma fronteira em expansão, ou seja de abrir novas linhas de comércio. Poderá aplicar os seus capitais em profundidade, dentro da própria fronteira econômica já estabelecida. A aplicação desses capitais significará incremento de produtividade, aumento da renda global e, portanto, expansão do mercado interno. Reduzindo os seus custos sem cortar na folha de salários, o empresário poderá baratear os seus produtos sem reduzir, concomitantemente, a renda dos seus operários. Dessa forma, os lucros que afluem às mãos da classe empresária industrial serão aplicados, de maneira crescente, no próprio sistema industrial.

Se atentamos para os elementos essenciais do sistema econômico que amadureceu no século XIX, vemos, por um lado, o empresário industrial que coloca os seus produtos em um mercado onde os preços se formam independentemente de sua vontade: os preços de venda do produto final são, para o empresário individual, um dado; partindo desses preços ele trata de organizar a produção. Por outro lado, vemos esse mesmo empresário organizando sua produção à base de fatores e recursos que ele adquire nos distintos mercados a níveis de preços que igualmente independem de sua vontade. Entre esses dois mercados — o dos produtos finais e o dos fatores de produção — move-se o empresário industrial. Sua preocupação central consiste, destarte, em tirar o máximo de partido dos fatores que adquire, isto é, consiste em organizar a produção da forma mais eficiente possível. É, portanto, na organização e na técnica de produção que está o elemento focal do novo sistema econômico. E não é somente isso: inovar nas técnicas de produção significa, via de regra, abrir oportunidade ao capital — que sob a forma de lucro está afluindo às mãos do empresário — de reincorporar-se ao sistema produtivo. A eficiência produtiva e o avanço da técnica constituem, portanto, no novo sistema econômico, a fonte do lucro do empresário e a oportunidade de aplicar remuneradoramente esses lucros. Cabe, assim, à tecnologia desempenhar o papel de fator dinâmico central na economia industrial. E, como a tecnologia não é outra coisa senão a aplicação ao sistema produtivo do conhecimento científico do mundo físico, pode-se afirmar que a economia industrial só encontra limites de expansão na própria capacidade do homem para penetrar no conhecimento do mundo em que vive.

Imanência do crescimento e da instabilidade na economia industrial de livre-empresa

Observamos nas seções anteriores que os custos de produção constituem o problema básico em uma economia industrial. Dissemos, demais, que as preocupações com os custos colocaram a técnica produtiva no primeiro plano e que o processo de desenvolvimento, em razão disso, tendeu a transformar-se em processo de avanço da tecnologia. Por último, indicamos que esse avanço da tecnologia abriu oportunidade aos capitais, em permanente acumulação, de reincorporar-se ao processo produtivo. Dessas observações depreende-se que a economia industrial ao contrário do que ocorria com economias comerciais, não necessita de uma fronteira geográfica em expansão — para crescer. O seu desenvolvimento opera-se basicamente em profundidade, isto é, traduz a intensificação da capitalização no processo produtivo. Demais, o crescimento, na economia industrial, é imanente ao sistema e não contingente, como ocorre com a economia comercial. Não seria possível conceber uma economia industrial senão crescendo, pois as peças fundamentais de seus mecanismos só tomam corpo e se individualizam através do crescimento. Uma teoria da economia industrial tem necessariamente que trazer dentro de si uma explicação do crescimento econômico.

Vejamos mais atentamente esse problema. Na economia comercial, o nível de renda está determinado, conforme vimos, pelos lucros da grande classe comerciante. Consideremos o caso dos comerciantes genoveses que compravam tecidos no norte da França e nos Países Baixos para vendê-los nos portos do Levante. Os lucros auferidos por esses comerciantes eram, em grande parte, despendidos dentro da cidade de Gênova e afluíam às mãos dos artesãos e prestadores de serviços locais, os quais realizavam outros gastos nos mercados da cidade, inclusive comprando alimentos que provinham das zonas rurais circunvizinhas, e assim por diante. Entretanto, os grandes comerciantes não consumiam a totalidade dos seus lucros. Conforme já observamos, a forma como se distribui a renda numa economia comercial impede que essa renda seja totalmente consumida. Apenas um parte da grande massa de renda que aflui às mãos do comerciante transformar-se-á em gastos correntes seus, isto é, será consumida. Outra parte terá que ser reinvertida. O comerciante poderá expandir os seus negócios: mandar construir barcos, comprar maiores quantidades de matérias-primas para entregar aos artesãos etc. Entretanto, é possível que a corrente de comércio esteja saturada, que a concorrência esteja aumentando e que o nosso comerciante não consiga reinverter reprodutivamente os seus lucros. Neste caso, ele poderá aplicá-los em inversões improdutivas: mansões de luxo, jóias, objetos de adorno, donativos a organizações religiosas, dotes para as filhas etc. Em último caso, o comerciante poderá acumular a sua riqueza, transformando-a em tesouro. É necessário ter em conta que o lucro do comerciante, no caso referido, é um lucro monetizado. Feitas as operações de compra e venda, o resíduo que permanece em suas mãos toma a forma de metais preciosos, que podem ser acumulados e esperar indefinidamente. Foi por essa razão que as grandes cidades comerciantes logo se transformaram em centros creditícios, passando muitas casas comerciais a atuar como casas bancárias. Mas o que nos interessa frisar é que, independentemente da aplicação que desse o comerciante ao incremento da massa de renda que afluía a suas mãos, o sistema econômico continuaria a operar normalmente. Esse fato é de grande importância para compreender o funcionamento das economias comerciais. Estas, em sua primeira etapa, se desenvolviam com rapidez; logrado um ponto máximo de crescimento, estacionavam e aí permaneciam até que algum fator exógeno viesse romper o equilíbrio.

Se partimos desse quadro da economia comercial para observar o mecanismo da economia industrial, logo perceberemos a profunda diferença que existe entre os dois sistemas. Na economia industrial, o lucro guarda sua natureza fundamental de resíduo. Pagos os serviços dos diversos fatores de produção, o empresário trata de vender o seu produto pelo preço mais elevado possível. Conforme seja esse preço de venda, o lucro — que é residual — será maior ou menor. Mas o que neste caso importa ter em conta é o fato de que o lucro se incorpora ao preço do produto. Se consideramos uma economia industrial em seu conjunto, vemos que no valor de cada artigo que se vende estão compreendidos os pagamentos a todos os fatores que participaram da produção do mesmo. O preço de um metro de tecido é, fundamentalmente, a soma das remunerações do trabalho (salários), do capital (juros, aluguel, renda da terra etc.) e do empresário, que são os lucros. Ao pagar por antecipado aos operários e aos rentistas, o empresário realiza uma operação de crédito, pois está adiantando parte do valor de um metro de tecido que será vendido no futuro. Por outro lado, quando vende um metro de tecido, o empresário recebe não somente os pagamentos que já fez como também um pagamento adicional que dá origem aos lucros. Ora, esse pagamento adicional constitui uma operação de crédito ao inverso: é uma massa de renda que está incorporada ao valor do metro de tecido vendido e que permanece líquida nas mãos do empresário. Em outras palavras: o lucro que chega às mãos do empresário é a contrapartida do valor de outros bens que estão sendo produzidos e ainda não foram vendidos. Na verdade, se o valor de todos os bens vendidos, durante um período produtivo, é igual à soma do pagamento a todos os fatores de produção, é óbvio que se um empresário vende um bem e retém em suas mãos em forma líquida, após a venda, parte do valor desse bem, outros bens, em conseqüência dessa retenção, não poderão ser vendidos.

Se observamos o processo de formação e utilização da renda sob esse aspecto, comprovamos a diferença profunda que existe entre uma economia industrial e as economias comerciais. Nestas últimas, a renda dos grandes comerciantes podia ser conservada, em parte, líquida e entesourada indefinidamente. Formando-se fora do sistema econômico — constituído pela coletividade urbana — aquela renda não tinha nenhuma contrapartida de bens em produção dentro daquele sistema. Na economia industrial, a renda do empresário, igualmente como a do assalariado e qualquer outra, tem que ser reintroduzida no circuito econômico para que este não se interrompa. Se um empresário retém os seus lucros em forma líquida, outros empresários não poderão vender a totalidade de sua produção. É por esta razão que, no sistema industrial, a produção já está organizada de acordo com o que se supõe será a forma por que se utilizará a renda, tidas em conta as possibilidades de intercâmbio externo. Para funcionar sem dificuldades, o sistema não somente exige que seja utilizada a totalidade da renda, mas, também, que essa renda seja utilizada mais ou menos de determinada forma. Está aí a causa da grande instabilidade das economias industriais.

Mas voltemos ao nosso ponto central. Vimos que a economia industrial tem como característica básica o fato de que, nela, o empresário procura reinverter os seus lucros aperfeiçoando os métodos de produção. Entretanto, se se tem em conta o que vem de ser dito, comprovamos que não é menos específico do sistema industrial o fato de que o empresário não pode negar-se a reinverter os seus lucros, isto é, a aplicar aquela parte de sua renda que não chega a consumir. O empresário industrial, como na famosa lenda medieval, é portador de uma mão demoníaca que o capacita para resolver todos os seus problemas. Mas ai dele se não consegue passar adiante essa mão, isto é, se não reintroduz no circuito econômico a massa de lucros que lhe cabe. Se retém líquidos esses lucros[5], deixará sem comprador parte da produção de outros empresários. Estes, por sua vez, tratarão de defender-se, reduzindo o seu volume de negócios, isto é, reduzindo a renda

---

[5] O sistema bancário se desenvolveu para servir de intermediário entre pessoas que acumulam recursos líquidos e aquelas que têm espírito de empresa e desejam aplicar recursos. A observação se refere, portanto, ao conjunto de uma economia.

de outros grupos. Mais mercadorias ficarão sem comprador, o que provocará a ruína de grande número de empresários. Dessa forma, ao contrário das economias comerciais que podiam estabilizar-se secularmente, a economia industrial está condenada a crescer ou a decrescer.

Numa economia de livre-empresa, na qual prevalece necessariamente certo tipo de distribuição da renda, forma-se permanentemente uma grande massa de renda que não se destina ao consumo. Essa massa de renda, conforme vimos, não pode ser subtraída ao circuito econômico sem causar profundos transtornos a este. O grande problema, por conseguinte, consiste em invertê-la, razão pela qual o aparelho produtivo se vai capacitando para produzir aqueles bens exigidos pelo processo de inversão.[6] A estrutura do sistema produtivo reflete, portanto, a forma de utilização da renda, e esta última, numa economia de livre-empresa, está determinada pela maneira como se distribui essa mesma renda. Destarte, os problemas de desenvolvimento têm que ser considerados concomitantemente como problemas de produção e de distribuição.

Observada desse ângulo a economia industrial de livre-empresa, vemos que, para utilizar plenamente sua capacidade produtiva, ela necessita transformar permanentemente em capital uma grande massa de renda. Em outras palavras, para funcionar normalmente, esse sistema necessita crescer, isto é, aumentar continuadamente sua capacidade produtiva. Não foi por outra razão que afirmamos ser o crescimento imanente a esse tipo de economia. Dessa necessidade orgânica de crescer resulta, obviamente, a grande instabilidade do sistema econômico industrial de livre-empresa. Para orientar-se na elaboração de seus planos de inversão, os empresários dispõem de meios muito imprecisos, razão pela qual colocam, via de regra, demasiados recursos num setor e insuficientes noutros. Para contornar dificuldades desse tipo, desenvolveram-se os mercados de capitais, os quais possibilitam um recrutamento mais amplo da classe empresária e proporcionam informações mais sistemáticas sobre as perspectivas dos negócios. Para que o desenvolvimento da economia industrial de livre-empresa se fizesse sem altos e baixos, seria necessário que os empresários pudessem prever exatamente o comportamento futuro dos consumidores e, além disso, que se pusessem de acordo para não sobreinverter em um setor e subinverter noutros. E não está tudo aí. Também seria necessário que as indústrias de bens de capital

---

[6] O comércio exterior dá maior elasticidade à estrutura da oferta, facilitando os ajustamentos entre oferta e procura através do processo de crescimento de ambas acarretado pelo desenvolvimento. O raciocínio exposto se aplica com rigor se consideramos o conjunto das economias nacionais, ou uma economia fechada.

pudessem subministrar exatamente os equipamentos requeridos para que a produção crescesse dentro do esquema acordado entre os empresários. Essas observações são suficientes para demonstrar que, por sua própria natureza, uma economia de livre-empresa não pode desenvolver-se linearmente. A forma normal de crescimento dessa economia se caracteriza pela sucessão de fases de grande acumulação de capital e fases de descapitalização. Essa ampla pulsação do sistema econômico, a qual os economistas desde o século passado chamam de ciclo, é a manifestação externa do processo de crescimento da economia industrial de livre-empresa.

BIBLIOGRAFIA

ALBUQUERQUE, Roberto Cavalcanti de e Clóvis Vasconcelos CAVALCANTI (1976) *Desenvolvimento regional no Brasil*. Brasília: IPEA. [Instituto de Planejamento.]

ANDREFF, Wladimir (1996) *Les multinationales globales*. Paris: La Découvérte.

ARANTES, Paulo E. (2000) *Nação e reflexão*. [Inédito.]

_____ (2001) *A desordem do progresso: visões do laboratório brasileiro da mundialização*. Inédito.

ARANTES, Otília B.F. e Paulo E. ARANTES (1997) *Sentido da formação*. Rio de Janeiro: Paz e Terra.

AGARWALA, Amar Narain e Sankatha Prasad SINGH (orgs.) (1958) *The Economics of Underdevelopment*. Oxford: Oxford University Press.

ARIDA, Pérsio (1984) "A história do pensamento econômico como teoria e retórica". In: REGO, José Marcio (org.) *Retórica na economia*. São Paulo: Editora 34, 1996 [texto originalmente publicado em 1983 e revisado em 1984].

ARNDT, Heinz Wolfgang (1985) "The Origins of Structuralism". *World Development* 13, nº 2, fev., 1985, pp. 151-9.

_____ (1987) *Economic Development: the History of an Idea*. Chicago: University of Chicago Press.

AZEVEDO, João Lúcio de (1929) *Épocas de Portugal econômico: esboços de história*. Lisboa. [2ª ed., 1947.]

BAER, Werner (1964) "Regional Inequality and Economic Growth in Brazil". *Economic Development and Cultural Change* 12, pp. 268-85.

_____ (1969) "Furtado on Development: A Review Essay". *The Journal of Developing Areas* 3(2), jan., pp. 270-80.

_____ (1974) "Furtado Revisited". *Luso-Brazilian Review* 2(1), verão de 1974, pp. 114-21.

_____ (1996) *A economia brasileira*. São Paulo: Nobel, 4ª ed. [Trad. Edite Sciulli.]

A Grande Esperança em Celso Furtado

BANCO MUNDIAL (1995) *Informe sobre el desarrollo mundial. El mundo del trabajo en una economia integrada.* Washington: World Bank.

_____ (1997) *Informe sobre el desarrollo mundial. El Estado en un mundo en transformación.* Washington: World Bank.

_____ (1999) "Entering the 21st Century". *World Development Report 1999/2000.* Washington: World Bank.

BASTIDE, Roger (1963) "L'Acculturation formelle". *Revista América Latina* 6(3).

BEST, Michael H. (1990) *The New Competition.* Cambridge: Polity Press.

BIANCHI, Ana Maria e Cleofas SALVIANO JR. (1996) "Prebisch, a CEPAL e seu discurso: um exercício de retórica". In: REGO, José Marcio (org.) *Retórica na economia.* São Paulo: Editora 34.

BIELSCHOWSKY, Ricardo (1985) "Brazilian Economic Thought in the Ideological Cycle of Developmentalism (1930-64)". Universidade de Leicester. [Tese de Doutorado.]

_____ (1988) *Pensamento econômico brasileiro: o ciclo ideológico do desenvolvimentismo.* Rio de Janeiro: IPEA.

_____ (org.) (2000) *Cinqüenta anos de pensamento na CEPAL.* Rio de Janeiro: Record.

BLAUG, Mark (1980) *The Methodology of Economics.* Cambridge: Cambridge University Press.

BLOOM, Harold (1991) *A angústia da influência.* Rio de Janeiro: Imago.

BORON, Atilio A. (1994) *Estado, capitalismo e democracia na América Latina.* Rio de Janeiro: Paz e Terra.

BOURDIEU, Pierre (1983) "O campo científico". In: ORTIZ, Renato (org.) *Pierre Bourdieu: sociologia.* São Paulo: Ática. [Publicado originalmente em francês, 1976.]

BRESSER-PEREIRA, Luiz Carlos (1962) "The Rise of Middle Class and Middle Management in Brazil". *Journal of Interamerican Studies*, jul.

_____ (1963) "O empresário industrial e a revolução brasileira". *Revista de Administração de Empresas*, n° 8, mai.

_____ (1968) *Desenvolvimento e crise no Brasil.* São Paulo: Brasiliense.

_____ (1970) "Dividir ou multiplicar: a distribuição de renda e a recuperação da economia brasileira". *Visão*, dez. [Incorporado, a partir da terceira edição (1972), em *Desenvolvimento e crise no Brasil*. São Paulo: Brasiliense. Seções: "A Distribuição de Renda e a Recuperação da Economia Brasileira", "Desenvolvimento das Indústrias Dinâmicas" e "O Novo Modelo Brasileiro de Desenvolvimento".]

_____ (1977) "A partir da crítica". *Estudos CEBRAP*, vol. 20, abr.-jun.

_____ (1982) "Seis interpretações sobre o Brasil". *Dados Revista de Ciências Sociais*.

_____ (1985) *Pactos políticos*. São Paulo: Brasiliense.

_____ (1989) "Ideologias econômicas e democracia no Brasil". *Estudos Avançados*, IEA/USP, vol. 3, n° 6.

_____ (2000) "After Structuralism, a Development Alternative for Latin America", *Textos para discussão*, Fundação Getúlio Vargas, n° 99, dez., pp. 4-7.

BRESSER-PEREIRA, Luiz Carlos e Gilberto TADEU LIMA (1996) "The Irreductibility of Macro to Microeconomics: a Methodological Approach". *Revista de Economia Política*, 16(2), abr.

BURGUEÑO, Oscar e Octavio RODRÍGUEZ (2000) *Desarrollo y cultura: notas sobre el enfoque de Furtado*. Montevidéu: jun. [Mimeo.]

BYÉ, Maurice (1937) "Le Congrès des économistes de langue française (1936)". *Revue d'Economie Politique*.

CAMARGO, José Márcio e Francisco de Hollanda Guimarães FERREIRA (2000) "The Poverty Reduction Strategy of the Government of Brazil: A Rapid Appraisal". *Textos para Discussão*, PUC-RJ, Departamento de Economia, n° 417, mar.

CAMPOS, Roberto de Oliveira (1994) *A lanterna na popa: memórias*. Rio de Janeiro: Topbooks.

CANDIDO, Antonio (1975) *Formação da literatura brasileira: momentos decisivos*. 5ª ed. São Paulo: Edusp.

CARDOSO, Ciro F.S. e Hector Pérez BRIGNOLI (1979) *História económica de América Latina*. Vol. 2: *Economias de exportación y desarrollo capitalista*. Barcelona.

CARDOSO, Fernando Henrique (1973) *O modelo político brasileiro*. São Paulo: Difel.

A Grande Esperança em Celso Furtado

CARDOSO, Fernando Henrique e Enzo FALETTO (1969) *Dependencia y desarrollo en América Latina*. México: Siglo XXI.

_____ (1970) *Dependência e desenvolvimento na América Latina: ensaios de interpretação sociológica*. Rio de Janeiro: Zahar. [5ª ed., 1979.]

CASTELLS, Manuel (1999) *A sociedade em rede*. São Paulo: Paz e Terra.

CASTRO, Antonio Barros de (1989) *Consumo de massas e retomada do crescimento*. [Redigido por encomenda do Banco do Brasil, mimeo.]

CATELLI, Nora (1986) *El espacio autobiografico*. Barcelona: Lumen.

CEPAL (1949) *Estudio económico de América Latina, 1949*. Santiago: CEPAL.

_____ (1955) *Introducción a la técnica de la programación*. México: jul. (E/CN. 12/363).

_____ (1959) *El mercado común latinoamericano*. Santiago: Publicação das Nações Unidas (E/CN. 12/531).

_____ (1990) *Transformación productiva con equidad. La tarea prioritaria de América Latina y el Caribe en los años noventa*. Santiago: Publicação das Nações Unidas (LC/G. 1601-P).

_____ (1992) *Equidad y transformación productiva: un enfoque integrado*. Santiago: Publicação das Nações Unidas (LC/G. 1701-P).

_____ (2000) *Equidad, desarrollo y ciudadanía*. Santiago: Publicação das Nações Unidas (LC-G. 2071).

CEPAL/UNESCO (1992) *Educación y conocimiento: eje de la transformación productiva con equidad*. Santiago: Publicação das Nações Unidas (LC/G. 1702-P).

CHAUÍ, Marilena (2000) *Brasil: mito fundador e sociedade autoritária*. São Paulo: Fundação Perseu Abramo.

CHESNAIS, François (1994) *La mondialisation du capital*. Paris: Sylos.

CIMOLI, Mario (1988) "Technological Gaps and Institutional Assymetries in a North-South Model with a Continuum of Goods". *Revista Metroeconomica* 39.

CONFEDERAÇÃO NACIONAL DAS INDÚSTRIAS (1950) "Interpretação do processo de desenvolvimento econômico da América Latina". *Estudos Econômicos* 1, nº 3-4, set.-dez. de 1950, pp. 271-306.

CODENO (Conselho de Desenvolvimento do Nordeste) (1959) *Nova política de desenvolvimento para o Nordeste*. Rio de Janeiro: Presidência da República.

COUTINHO, Maurício (1979) *Padrões de consumo e distribuição de renda no Brasil*. Campinas: Unicamp. [Tese de Mestrado, mimeo.]

COUTINHO, Luciano (1992) "A terceira revolução industrial e tecnológica: as grandes tendências de mudança". *Revista Economia e Sociedade* 1, Campinas.

CUCHE, Denys (1996) *La noción de cultura en las ciencias sociales*. Buenos Aires: Nueva Visión.

DE SOTO, Hernando (2000) *The Mystery of Capital, Why Capitalism Triumphs in the West and Fails Everywhere Else*. Nova York: Basic Books.

DOSI, Giovani (1988) "Sources, Procedures and Microeconomic Effects of Innovation". *Journal of Economic Literature*, 26(3), set.

DUNNING, John H. (1993) *Multinational Enterprises and the Global Economy*. Suffolk: Addison-Wesley.

EQUIPE PIMES (1984) *Desigualdades regionais no desenvolvimento brasileiro*. Recife: 4 vols.

ERNST, Dieter e David O'CONNOR (1989) *Téchnologie et compétition mondiale*. Paris: OCDE.

EVANS, Peter (1996) "El Estado como problema y como solución". *Revista Desarrollo Económico* 140, Buenos Aires.

FAGERBERG, Jan (1988) "International Competitiveness". *Economic Journal* 98.

FARIA, Vilmar Evangelista et al. (2000) "Preparando o Brasil para o século XXI". Brasília: Presidência da República, Assessoria Especial. [Mimeo.]

FEINSTEIN, Charles (1988) "The Rise and Fall of the Williamshon Curve". *Journal of Economic History* 48(3), pp. 699-729.

FELIX, David (1998) "La globalización del capital financiero". *Revista de la CEPAL*, número comemorativo de seus 50 anos, Santiago.

FERRER, Aldo (1963) *La economía argentina: las etapas de su desarrollo y problemas actuales*. Cidade do México. [Trad. de Marjorie Urquidi como *The Argentine Economy*. Berkeley: 1967.]

_____ (1983) *Vivir con lo nuestro*. Buenos Aires: El Cid.

_____ (1996) "Mercosur: trayectoria, situación actual y perspectivas". *Revista Desarrollo Económico* 140, Buenos Aires.

_____ (1997) *Hechos y ficciones de la globalización*. Buenos Aires: Fondo de Cultura Económica.

_____ (1998) *El capitalismo argentino*. Buenos Aires: Fondo de Cultura Económica.

_____ (1999) *De Cristóbal Colón a Internet: América Latina y la globalización*. Buenos Aires: Fondo de Cultura Económica.

_____ (2000a) *Historia de la Globalización: orígenes del orden económico mundial*. Buenos Aires: Fondo de Cultura Económica, 1996. *Historia de la Globalización II: la revolución industrial y el segundo orden mundial*. Buenos Aires: Fondo de Cultura Económica.

_____ (2000b) "Ciencia, tecnología y desarrollo". *Archivos del Presente*. Buenos Aires: jan.-mar.

FIORI, José L. (2000) "A propósito de uma 'construção interrompida'". In: *Celso Furtado e o Brasil*. São Paulo: Fundação Perseu Abramo.

FORACCHI, Marialice M. (org.) (1982) *Mannheim*. São Paulo: Ática.

FRANK, André Gunder (1969) *Capitalism and Underdevelopment in Latin America*. Nova York: Monthly Review Press.

_____ (1969) *Capitalism and Underdevelopment in Latin America: Historical Studies of Chile and Brazil*. Nova York (1967).

_____ (1975) *On Capitalist Underdevelopment*. Bombaim.

FREEMAN, Christopher e Carlota PÉREZ (1988) "Structural Crisis of Adjustment: Business Cycles and Investment Behaviour". In: DOSI, Giovani et al. (orgs.) *Technical change and economic theory*. Londres: Pinter Publishers.

FRENCH-DAVIES, R. (1999) *Macroeconomía, comercio y finanzas para reformar las reformas en América Latina*. Santiago: McGraw Hill Interamericana.

FRENKEL, Robert et al. (1996) "De México a México: el desempeño de América Latina en los noventa". *Revista de Economia Política* 16(4), São Paulo.

FURTADO, Celso (1948a) "L'Économie coloniale brésilienne (XVI et XVII siècles): eléments d'histoire économique appliqués". [Faculdade de Direito, Universidade de Paris. Tese de Doutorado.]

_____ (1948b) *Economia colonial no Brasil nos séculos XVI e XVII*. São Paulo: Hucitec, 2000.

_____ (1950) "Características gerais da economia brasileira". *Revista Brasileira de Economia* 4(1), mar.

_____ (1952) "Formação de capital e desenvolvimento econômico". *Revista Brasileira de Economia* 6(1) set. [Publicado depois como "Capital Formation and Economic Development". In: AGARWALA, Amar Narain e Sankatha Prassad SINGH (orgs.) (1958) *The Economics of Underdevelopment*. Oxford: Oxford University Press.]

_____ (1954) *A economia brasileira*. Rio de Janeiro: A Noite.

_____ (1956) *Uma economia dependente*. Rio de Janeiro: Ministério da Educação e Cultura.

_____ (1958a) *Perspectivas da economia brasileira*. Rio de Janeiro: DASP.

_____ (1958b) "Fundamentos da programação econômica". *Econômica Brasileira* 4, nº 1-2, jan.-fev., pp. 39-44.

_____ (1959a) *Formação econômica do Brasil*. Rio de Janeiro: Fundo de Cultura.

_____ (1959b) *A operação Nordeste*. Rio de Janeiro: ISEB.

_____ (1961) *Desenvolvimento e subdesenvolvimento*. Rio de Janeiro: Fundo de Cultura.

_____ (1962a) *A pré-revolução brasileira*. Rio de Janeiro: Fundo de Cultura.

_____ (1962b) *Plano trienal de desenvolvimento econômico e social (1963-1965): síntese*. Rio de Janeiro: Brasil-Presidência, dez.

_____ (1964). *Dialética do desenvolvimento*. Rio de Janeiro: Fundo de Cultura. [(1965) *Dialéctica del desarrollo*. México: Fondo de Cultura Económica.]

_____ (1966) *Subdesenvolvimento e estagnação na América Latina*. Rio de Janeiro: Civilização Brasileira.

_____ (1967) *Teoria e política do desenvolvimento econômico*. São Paulo: Companhia Editora Nacional. [(1968) *Teoria y Polítical del Desarrollo Económico*. México: Siglo XXI. (2000e) 10ª ed. revista pelo autor.]

_____ (1968) *Um projeto para o Brasil*. Rio de Janeiro: Saga.

_____ (1969) *Formação econômica da América Latina*. Rio de Janeiro: Lia Editor. [Publicado em inglês, *Economic Development of Latin America*. Cambridge: 1970.]

_____ (1972) *Análise do modelo brasileiro*. Rio de Janeiro: Civilização Brasileira.

_____ (1973a) *A hegemonia dos Estados Unidos e o subdesenvolvimento da América Latina*. Rio de Janeiro: Civilização Brasileira.

_____ (1973b) "Adventures of a Brazilian Economist". *International Science Journal* (UNESCO) 25, nº 1-2. [(1997) "Aventuras de um economista brasileiro". In: *Celso Furtado: obra autobiográfica*. Rio de Janeiro: Paz e Terra.]

_____ (1974) *O mito do desenvolvimento econômico*. Rio de Janeiro: Paz e Terra.

_____ (1976a) *Prefácio à nova economia política*. Rio de Janeiro: Paz e Terra.

_____ (1976b) "Uma transição metódica e progressiva". [Debate promovido por *O Estado de S. Paulo*, 8 de agosto de 1976.]

_____ (1978) *Criatividade e dependência na civilização industrial*. Rio de Janeiro: Paz e Terra.

_____ (1980) *Pequena introdução ao desenvolvimento: enfoque interdisciplinar*. São Paulo: Editora Nacional.

_____ (1981a) "Uma política de desenvolvimento para o Nordeste". *Novos Estudos CEBRAP*, vol. 1(1), dez.

_____ (1981b) *O Brasil pós-milagre*. Rio de Janeiro: Paz e Terra.

_____ (1981c) "Estado e empresas transnacionais na industrialização periférica". *Revista de Economia Política*, vol.1(1), jan., pp. 41-9.

_____ (1982) *A nova dependência: dívida externa e monetarismo*. Rio de Janeiro: Paz e Terra.

_____ (1983a) *Não à recessão e ao desemprego*. Rio de Janeiro: Paz e Terra.

_____ (1983b) "Auto-retrato intelectual". In: OLIVEIRA, Francisco de (org.) *Celso Furtado*. São Paulo: Ática.

_____ (1984) *Cultura e desenvolvimento em época de crise*. Rio de Janeiro: Paz e Terra.

_____ (1985) *A fantasia organizada*. Rio de Janeiro: Paz e Terra.

_____ (1987a) "Underdevelopment: to Conform or Reform". In: MEYER, Gerald e D. SEERS (orgs.) (1984) *Pioneers in Development, Second Series*. Nova York: Oxford University Press for the World Bank.

_____ (1987b) *Transformação e crise na economia mundial*. Rio de Janeiro: Paz e Terra.

_____ (1989) *A fantasia desfeita*. 2ª ed. Rio de Janeiro: Paz e Terra.

_____ (1991) *Os ares do mundo*. Rio de Janeiro: Paz e Terra.

_____ (1992a) *Brasil: a construção interrompida*. Rio de Janeiro: Paz e Terra.

_____ (1992b) "O subdesenvolvimento revisitado". *Revista Economia e Sociedade* 1, Campinas.

_____ (1997) *Celso Furtado: obra autobiográfica*. Rio de Janeiro: Paz e Terra.

_____ (1998) *O capitalismo global*. São Paulo: Paz e Terra.

_____ (1999) *O longo amanhecer*. Rio de Janeiro: Paz e Terra.

_____ (2000a) *Introdução ao desenvolvimento: enfoque histórico-estrutural*. São Paulo: Paz e Terra.

_____ (2000b) "O fator político na formação nacional". *Estudos Avançados* 14(40), p. 8.

_____ (2000c) "Reflexões sobre a crise brasileira". *Revista de Economia Política*, vol. 20(4), out., pp. 3-7.

_____ (2000d) "Brasil: Opciones Futuras". *Revista de la CEPAL* 70, abr.

_____ (2000e) *Teoria e política do desenvolvimento econômico*. 10ª ed. revista pelo autor. São Paulo: Companhia Editora Nacional.

GAUDÊNCIO, Francisco de Sales e Marcos FORMIGA (1995) *Era da esperança: teoria e política no pensamento de Celso Furtado*. Rio de Janeiro: Paz e Terra.

GRILLI, Enzo e Maw Cheng YANG (1988) "Primary Commodity Prices, Manufactured Goods Prices and the Terms of Trade of Developing Countries: What the Long Run Shows". *World Bank Economic Review* 2(1), jan., pp. 1-47.

GUISÁN, E. (1995) *Introducción a la Ética*. Madri: Cátedra.

GUNDER FRANK, Andre (1966) "The Development of Underdevelopment". In: RHODES, Robert I. (1970) *Imperialism and Underdevelopment: a Reader*. Nova York: Monthly Review Press. [Publicado originalmente em 1966.]

HECHTER, Michael (1975) *Internal Colonialism: The Celtic Fringe in British National Development, 1536-1966*. Berkeley: University of California Press.

HIND, Robert J. (1984) "The Concept of Internal Colonialism". *Comparative Studies in Society and History* 26, pp. 543-68.

HIRSCHMAN, Albert (1945) *National Power and the Structure of Foreign Trade*. Berkeley: University of California Press.

_____ (1958) *The Strategy of Economic Development*. New Haven: Yale University Press.

_____ (1968) "The Political Economy of Importing-substituting Industrialization in Latin America". *Quarterly Journal of Economics* 82 (1), fev.

_____ (1979) "Além das assimetrias: notas críticas sobre mim na mocidade e alguns outros velhos amigos". *Revista Estudos Econômicos* 9(1), p. 94.

_____ (1984) "A Dissenter's Confession: The Strategy of Development Revisited". In: MEYER, Gerald e D. SEERS (orgs.) (1984) *Pioneers in Development, Second Series*. Nova York: Oxford University Press for the World Bank; e HOBSBAWM, Eric (1997) *Naciones y nacionalismo desde 1780*. Barcelona: Crítica.

_____ (1995) *A Propensity to Self-Subversion*. Cambridge: Harvard University Press.

HOBSBAWM, Eric (1997) *Naciones y nacionalismo desde 1780*. Barcelona: Crítica.

HOUNIE, Ana et al. (1999) "La CEPAL y las nuevas teorías del crecimiento". *Revista de la CEPAL 68*.

IGLÉSIAS, Francisco (1971) *História e ideologia*. São Paulo: Perspectiva.

JOHNSON, Harry G. (1978) "Keynes and Development". In: JOHNSON, Elizabeth S. e Harry G. JOHNSON, *The Shadow of Keynes*. Oxford: pp. 227-33.

KALDOR, Nikolas (1956) "Problemas Económicos de Chile". *El Trimestre Económico*, jul.

KALECKI, Michal (1976) "The Problem of Financing Economic Development". In: *Essays on Developing Economies*. Nova Jersey: Atlantic Highlands, pp. 41-63. [Original em espanhol de 1954.]

KATZMAN, Martin T. (1977) *Cities and Frontiers in Brazil: Regional Dimensions of Economic Development*. Cambridge: Books on Demand.

KLEVORICK, Alvin et al. (1995) "On the Sources and Significance of Interindustry Differences in Technological Opportunities". *Research Policy* 24, Elsevier.

KOSAKOFF, Bernardo e Andres LÓPEZ (2000) "Los cambios tecnológicos y organizacionales en las pequeñas empresas. Repensando el estilo de desarrollo argentino". *Revista de la Escuela de Economía y Negocios*, Universidad Nacional de San Martín, abr.

KUBITSCHEK DE OLIVEIRA, Juscelino (1956) *Mensagem ao Congresso Nacional*. Rio de Janeiro: Departamento Imprensa Nacional, 1958.

LAWSON, Tony (1999) "Connections and Distinctions: Post Keynesianism and Critical Realism". *Journal of Post Keynesian Economics* 22(1), out., pp. 3-14.

LEBRUN, Gérard (1985) "Os anos de aprendizado". São Paulo: *Jornal da Tarde*, 7 de setembro.

LENIN, Vladimir (1916) *Imperialismo, etapa superior do capitalismo*. México: Fondo de Cultura Económica.

LEOPOLDI, Maria Antonieta P. (1984) "Industrial Associations and Policy in Contemporary Brazil: The Associations of Industrialists, Economic Policy-Making and the State with Special Referene to the Period 1930-1961". St. Antony's College, Universidade de Oxford. [Tese de Doutorado.]

LESSA, Carlos (1999) *Introdução à formação do Brasil e do Estado brasileiro*. Rio de Janeiro: Instituto de Economia, Universidade Federal de Rio Janeiro. [Mimeo.]

LEWIS, W. Arthur (1954) "Economic Development with Unlimited Supply of Labour". *Manchester School of Economic and Social Studies* 22, n° 2, mai., pp. 139-91.

LORA, Jorge e Carlos MALLORQUÍN (orgs.) (1999) *Prebisch y Furtado: el estructuralismo latinoamericano*. Altos, México: Benemérita Universidad Autónoma de Puebla.

LOVE, Joseph (1980) *São Paulo and the Brazilian Federation, 1889-1937*. Stanford: Stanford University Press.

_____ (1989) "Modeling Internal Colonialism: History and Prospect". *World Development* 17(6), pp. 905-22.

_____ (1999a) "Las Fuentes del Estructuralismo Latinoamericano". In: *Prebisch y Furtado: el estructuralismo latinoamericano*. Altos, México: Benemérita Universidad Autónoma de Puebla.

_____ (1999b) "Furtado, las Ciencias Sociales y la Historia". In: LORA, Jorge e Carlos MALLORQUÍN (orgs.) *Prebisch y Furtado: el estructuralismo latinoamericano*. Altos, México: Benemérita Universidad Autónoma de Puebla.

LUSTIG, Nora e Ruthanne DEUTSCH (1998) *The Inter-American Development Bank and Poverty Reduction: An Overview*. Washington: Inter-American Development Bank-Sustainable Development Department.

MALERBA, Franco (2000) "Knowledge, innovative activities and industrial evolution". *Industrial and Corporate Change* 9(2).

MALLORQUÍN, Carlos (1999) "Aventuras y desventuras de un economista brasileño (circa 1964-1976)". In: LORA, Jorge e Carlos MALLORQUÍN (orgs.) *Prebisch y Furtado: el estructuralismo latinoamericano*. Altos, México: Benemérita Universidad Autónoma de Puebla.

MANTEGA, Guido (1984) *A economia política brasileira*. São Paulo/Petrópolis: Polis/Vozes.

MARGARIÑOS, Mateo (1991) *Diálogos con Raul Prebisch*. Cidade do México: Fondo de Cultura Económica.

MARX, Karl (1857) *Contribuição à crítica da economia política*. São Paulo: Abril Cultural, 1982.

_____ (1970) *Contribución a la critica de la economia política*. Buenos Aires: Ediciones Estudio. [Edição original alemã de 1859; esta edição, a partir da página 191, contém a "Introducción a la crítica de la economia política", trabalho não terminado que só foi publicado em 1903 na revista *Die New Zeit*, e mais tarde (1939) integrado nos *Grundisse*.]

_____ (1867) *O capital*. Rio de Janeiro: Civilização Brasileira, 1968.

McCombie, John e Tony Thirlwall (1994) *Economic growth and the balance of payments constraint*. Londres: St. Martin's Press.

MEEK, Ronald L. (1967) *Economics and Ideology and Other Essays: Studies in the Development of Economics Thought*. Londres.

MERRICK, Thomas W. e Douglas H. Graham (1979) *Population and Economic Development in Brazil, 1800 to the Present*. Baltimore: Johns Hopkins University Press.

MEYER, Gerald (org.) (1987) *Pioneers in Development, Second Series*. Nova York: Oxford University Press for the World Bank.

MEYER, Gerald e D. Seers (orgs.) (1984) *Pioneers in Development*. Washington: The World Bank.

MICHALET, Charles-Albert (1993) "Globalisation, attractivité et politique industrielle". In: Coriat, B. e D. Taddéi (comps.) *Entreprise France: Made in France 2*. Paris: Librairie Générale Française.

MIGLIOLI, Jorge (1983) *Crescimento e ciclo das economias capitalistas*. São Paulo: Hucitec.

MILL, John Stuart (1965) "Principles of Political Economy with some their Applications to Social Philosophy". In: *Collectyed Works of John Stuart Mill*. Toronto: University of Toronto Press.

MORAES, Reginaldo (1995) *O subdesenvolvimento e as idéias da CEPAL*. São Paulo: Ática.

MYRDAL, Gunnar (1962) *O Estado do futuro*. Rio de Janeiro: Zahar.

NELSON, Richard e S. Winter (1982) *An evolutionary theory of economic change*. Cambridge: The Belknap Press of Harvard University.

NORMANO, John F. (1935) *Brasil: a Study of Economic Cycles*. Chapel Hill.

NOYOLA-VÁSQUEZ, Juan (1949) *Desequilibrio fundamental y fomento económico en Mexico*. Cidade do México: Universidade Autônoma do México. [Tese de Licenciatura.]

_____ (1956) "El desarrollo económico y la inflación en Mexico y otros países latinoamericanos". *Investigaciones Económicas* 16, n° 14, pp. 606-48.

_____ (1957) "Inflación y desarrollo económico en México y Chile". *Panorama Económico* 170, Santiago, jul.

OECD. *Technology and the economy: the key relationships*. Paris: 1992.

OLIVEIRA, Francisco de (1983a) "A navegação aventurosa". In: OLIVEIRA, Francisco de (org.) *Celso Furtado*. São Paulo: Ática.

_____ (org.) (1983b) *Celso Furtado*. Coleção Grandes Cientistas Sociais. São Paulo: Ática.

_____ (1988) *A economia brasileira: crítica à razão dualista*. 6ª ed. Petrópolis: Vozes.

_____ (1999) "Celso Furtado: *Formação econômica do Brasil*". In: MOTA, Lourenço D. (org.) *Introdução ao Brasil: um banquete nos trópicos*. São Paulo: Editora do Senac.

PALMA, José Gabriel (1987) "Structuralism". In: EATWELL, John et al. *The New Palgrave: a Dictionary of Economics*. Vol. 4. Londres: pp. 528-31.

PARTIDO DOS TRABALHADORES (1989) Programa de Governo para 1990-94. São Paulo.

PENEFF, Jean (1990) *La Méthode Biographique*. Paris: Armand Colin.

PERROUX, François (1948) "Esquisse d'une théorie de l'écnomie dominante". *Economie Appliqué*, n° 2-3, abr.-set., pp. 243-300.

_____ (1950) "The Domination Effect and Modern Economic Theory". *Social Research* 17(2), jun., pp. 188-206.

_____ (1970) "Note on the Concept of Growth Poles". In: McKEE, David L. et al. (orgs.) *Regional Economics: Theory and Practice*. Nova York: The Free Press, pp. 93-103.

PINTO SANTA CRUZ, Anibal (1959) *Chile: um caso de desarrollo frustrado*. Santiago: Editorial Universitária.

_____ (1965) "Concentración del progreso técnico y de sus frutos en el desarrollo de América Latina". *El Trimestre Económico* 125, jan.-mar.

_____ (1970) "Naturaleza e implicaciones de la heterogeneidad estructural de la América Latina". *El Trimestre Económico* 145, jan.-mar.

POPPER, Karl (1959) *The Logic of Scientific Discovery*. Nova York: Hutchinson.

PREBISCH, Raul (1932) "Suggestions Relating to the International Wheat Problem". Liga das Nações: Comission Préparatoire/Conférence Monetaire et Economique/E8, 11 de dezembro. [Mimeo.]

_____ (1949) "O desenvolvimento econômico da América Latina e seus principais problemas". *Revista Brasileira de Economia* 3(4), dez. [Original espanhol: "El desarrollo latino-americano y sus principales problemas". *Boletín Económico de América Latina* 7(1), fev. de 1962. A primeira cópia mimeografada circulou em 1949, conjuntamente com os originais do *Estudio económico de América Latina*, 1949.]

_____ (1950) *El desarrollo económico de América Latina y algunos de sus principales problemas.* Santiago: CEPAL.

_____ (1951) *Problemas teóricos y prácticos del crecimiento económico.* Santiago: CEPAL.

_____ (1973) *Problemas teóricos y prácticos del crecimiento económico,* série comemorativa do 25° aniversario da CEPAL. Santiago: Publicação das Nações Unidas.

_____ (1981) *Capitalismo periférico: crisis y transformación.* México: Fondo de Cultura Económica.

_____ (1991) *Keynes: uma introdução.* São Paulo: Brasiliense.

PRZEWORSKI, Adam (1989) *Capitalismo e social-democracia.* São Paulo: Companhia das Letras.

RAE, John (1945) *Life of Adam Smith.* Londres: MacMillan.

REGO, José Marcio (1989) "Retórica e a crítica ao método científico na economia: sociologia do conhecimento versus a lógica da superação positiva". Fortaleza: Anais do 17° Encontro da ANPEC.

_____ (org.) (1990) *Inflação e hiperinflação: interpretações e retórica.* São Paulo: Bienal.

_____ (1996) "Retórica na economia: idéias no lugar". In: REGO, José Marcio (org.) *Retórica na economia.* São Paulo: Editora 34.

RIBEIRO, Darcy (1979) *Ensaios insólitos.* Porto Alegre: L&PM.

RODRÍGUEZ, Octávio (1981) *Teoria do subdesenvolvimento da CEPAL.* Rio de Janeiro: Forense Universitária.

_____ (1998a) "Heterogeneidad estructural y empleo". *Revista de la CEPAL,* número comemorativo de seus 50 anos, Santiago.

_____ (1998b) "Aprendizaje, acumulación, pleno empleo: las tres claves del desarrollo". *Revista Desarrollo Económico* 151, Buenos Aires.

Rostow, Walt W. (1960) *The Stages of Economic Growth*. Cambridge: Cambridge University Press.

Sabóia, João (1983) "As causas da difusão da posse dos bens de consumo duráveis no Brasil". *Série Fax Símile* 4. Rio de Janeiro: IPEA/PNPE, fev.

Sachs, Ignacy (1996) *Foreign Trade and Economie Development of Underdeveloped Countries*. Nova Délhi: Asia Publishing House.

_____ (1998) *L'Économie politique du dévéloppement des économies mixtes selon Kalecki: croissance tirée par l'émploi*. São Paulo: Universidade de São Paulo. [Mimeo.]

_____ (1999) "L'Économie du dévéloppement des économies mixtes selon Kalecki: économie tirée par l'emploi". *Mondes en Développement*, t. 27, nº 106, pp. 23-34.

_____ (2000) "Brésil: tristes tropiques ou terre de bonne espérance?". *Hérodote, revue de géographie et de géopolitique*, nº 98, 3º trimestre, pp. 184-201.

Santos, Wanderley Guilherme dos (1978) *Ordem burguesa e liberalismo político*. São Paulo: Duas Cidades.

Schwarz, Roberto (1999). "Sobre a *Formação da literatura brasileira*". In: *Seqüências brasileiras*. São Paulo: Companhia das Letras.

Schwartzman, Simon (1988) *Bases do autoritarismo brasileiro*. 3ª ed. Rio de Janeiro: Campus.

Sikkink, Kathryn A. (1988) "Developmentalism and Democracy: Ideas, Institutions and Economic Policy Making in Brazil and Argentina (1955-1962)". Universidade de Columbia. [Tese de Doutorado.]

_____ (1991) *Ideas and Institutions: Developmentalism in Brazil and Argentina*. Ithaca: Cornell University Press.

Simonsen, Roberto (1937) *História econômica do Brasil (1500-1820)*. São Paulo. [4ª ed., 1962.]

_____ (1977) "A planificação na economia brasileira". In: *A controvérsia do planejamento na economia brasileira*. Série Pensamento Econômico Brasileiro 3. Rio de Janeiro: IPEA/INPES. [Coletânea da polêmica Simonsen *versus* Gudin.]

Singer, Hans W. (1950) "The Distribution of Gains Between Investing and Borrowing Countries". *American Economic Review: Papers and Proceedings* 40(2), mai., pp. 473-85.

A Grande Esperança em Celso Furtado

_____ (1964) "Trade and Fiscal Problems of the Brazilian Northeast". In: *International Development: Growth and Change*. Nova York: McGraw-Hill, pp. 262-7.

_____ (1984) "The Terms of Trade controversy and the Evolution of Soft Financing: Early Years in the UN". In: MEYER, Gerald e D. SEERS (orgs.) *Pioneers in Development*. Nova York.

SKIDMORE, Thomas E. (1967) *Politics in Brazil, 1930-1964: An Experiment in Democracy*. Nova York: The World Bank.

SMITH, Adam (1759) *Theory of Moral Sentiments*. Oxford: Clarendon Press, 1976.

_____ (1776) *An Inquiry into the Nature and the Causes of the Wealth of Nations*. Oxford: Clarendon Press.

_____ (1977) *Lectures on Rhetoric and Belles Lettres*. Oxford: J.C. Bryce.

STIGLER, Joseph (1965) *Essays in the History of Economics*. Chicago: University of Chicago Press.

_____ (1968) *Mill on Economics and Society*. Toronto: University of Toronto Press, Q. 28.

_____ (1982) *The Economist as Preacher*. Chicago: University of Chicago Press.

_____ (org.) (1993) *Development from Within: Toward a Neostructuralist Approach for Latin America*. Boulder: Lynne Reiner Publishers.

SUNKEL, Osvaldo (1958) "La inflación chilena: un enfoque heterodoxo". *El Trimestre Económico*, out. [Em inglês "Inflation in Chile: na Unorthodox Approach". *International Economic Papers* 10, 1960.]

SUNKEL, Osvaldo e Pedro PAZ (1970) *El subdesarrollo latinoamericano y la teoría del desarrollo*. Madri.

SUNKEL, Osvaldo et al. (1991) *El desarrollo desde dentro*. México: Fondo de Cultura Económica.

SUZIGAN, Wilson (1986) *Indústria brasileira: origem e desenvolvimento*. São Paulo: Brasiliense.

TAVARES, Maria da Conceição (1973) *Acumulação de capital e industrialização no Brasil*. Rio de Janeiro. [Tese de Doutorado.]

_____ (1972) *Da substituição de importações ao capitalismo financeiro*. Rio de Janeiro: Zahar.

_____ (org.) (1998) *Seca e poder: entrevista com Celso Furtado*. São Paulo: Perseu Abramo.

_____ (org.) (2000) *Celso Furtado e o Brasil*. São Paulo: Perseu Abramo.

TAVARES, Maria da Conceição e José SERRA (1971) "Mas allá del estancamiento: una discusión sobre el estilo de desarrollo reciente". *El Trimestre Económico* 33(152), out. [Publicado em português *in* Tavares (1972).]

TEILLET, Eduardo (2000) *Raza, identidad y ética*. Barcelona: Ediciones del Serval.

THORP, Rosemary (org.) (1984) *Latin America in the 1930s: the Role of the Periphery in World Crisis*. Londres: Macmillan.

UNCTAD (1999) World investment report 1999. Genebra.

UNESCO (1999) World Culture Report. Paris.

VERCELLI, Alessandro (1991) *Methodological foundations of macroeconomics: Keynes and Lucas*. Cambridge: Cambridge University Press.

_____ (1994) "Por uma macroeconomia não reducionista: uma perspectiva de longo prazo". *Revista Economia e Sociedade*. Campinas.

VERSPAGEN, Bart (1993) *Uneven Growth Between Interdependent Economies*. Avebury: Adershot.

VILLAREAL, René (1976) *El desequilibrio externo en la industrialización de México (1929-75): un enfoque estructuralista*. Cidade do México.

WELLS, John (1977) "Growth and Fluctuations in the Brazilian Manufacturing Sector During The 60s and Early 70s". Cambridge: Queens College, jan. [Tese de Doutorado.]

WILLIAMSON, Jeffrey G. (1965) "Regional Inequality and the Process of National Development: a Description of the Patterns". In: NEEDLEMAN, L. (org.) *Regional Analysis: Selected Readings*. Baltimore: 1968, pp. 99-158.

A Grande Esperança em Celso Furtado

SOBRE OS AUTORES

LUIZ CARLOS BRESSER-PEREIRA é professor da Fundação Getúlio Vargas e editor da *Revista de Economia Política*. É doutor e livre-docente em Economia pela USP. Foi ministro da Ciência e Tecnologia (1999), da Administração Federal e Reforma do Estado (1995-98), da Fazenda (1987) e secretário do Governo de São Paulo (1985-86). É autor, entre outros livros, de *Reforma do Estado para a cidadania* (Editora 34/ENAP, 1998), *Crise econômica e reforma do Estado no Brasil* (Editora 34, 1996), *Economic Reforms in New Democracies*, com Adam Przeworski e José Maria Maravall (1993), *Lucro, acumulação e crise* (Brasiliense, 1986, Tese de Livre-docência), *Inflação e recessão*, com Yoshiaki Nakano (1984), *Sociedade estatal e a tecnoburocracia* (Brasiliense, 1980), *O colapso de uma aliança de classes* (Brasiliense, 1978), *Empresários e administradores no Brasil* (1974, Tese de Doutoramento) e *Desenvolvimento e crise no Brasil* (Zahar, 1968).

IGNACY SACHS, socioeconomista de origem polonesa, naturalizado francês. Estudou Economia no Brasil, na Índia e na Polônia e leciona na École des Hautes Études en Sciences Sociales, em Paris, desde 1968. Dirigiu sucessivamente o Centro Internacional de Pesquisas sobre o Meio Ambiente e Desenvolvimento e o Centro de Pesquisas sobre o Brasil Contemporâneo da mesma escola. No Brasil, foram publicadas algumas de suas obras, como *Capitalismo de Estado e subdesenvolvimento* (Vozes, 1969); *Ecodesenvolvimento: crescer sem destruir* (Vértice, 1986); *Espaços, tempos e estratégias de desenvolvimento* (Vértice, 1986); *Estratégias de transição para o século XXI* (Studio Nobel/Fundap, 1993); *Caminhos para o desenvolvimento sustentável* (Garamond, 2000).

HELIO JAGUARIBE, diplomado em Direito pela PUC do Rio de Janeiro e Ph.D. h.c. pela Universidade de Mainz, República Federativa da Alemanha, por sua contribuição às Ciências Sociais. Foi professor visitante das universidades de Harvard, Stanford e do MIT. Presentemente é Decano do Instituto de Estudos Políticos e Sociais, do Rio de Janeiro. Autor de ampla obra, publicada em diversas línguas, destacando-se, entre seus últimos livros, *Brasil, homem e mundo: reflexão na virada do século* (Topbooks, 2000) e *Um estudo crítico da História* (Paz e Terra, 2001, 2 vols.).

CLÓVIS CAVALCANTI, nascido em dezembro de 1940, pernambucano, é economista e pesquisador social da Fundação Joaquim Nabuco, além de professor licenciado da Universidade Federal de Pernambuco. Tem se dedicado ao estudo dos problemas de desenvolvimento no Nordeste do Brasil, aos problemas de pobreza, setor informal e, na última década e meia, das inter-relações economia-ecologia, sobre o que publicou em 2000, na Inglaterra, *The Environment, Sustainable Development and Public Policies: Building Sustainability in Brazil*. Em 1964-65, conviveu, quando estudante em Yale, com Celso Furtado. O mesmo aconteceu em 1962-64, quando estagiou na SUDENE.

OSCAR BURGUEÑO é docente da Faculdade de Ciências Econômicas da Universidade do Uruguai e foi pesquisador do Instituto de Economia dessa faculdade entre 1986 e 2000. Autor e co-autor de diversos artigos publicados na revista *Quantum* da mesma faculdade. Desde 1989, exerce o cargo de gerente de análise tarifária na UTE (empresa elétrica estatal do Uruguai).

OCTAVIO RODRÍGUEZ é professor titular da Faculdade de Ciências Econômicas da Universidade do Uruguai. Foi também Diretor de Pesquisa do Instituto de Economia da mesma faculdade. Em diversos períodos, foi pesquisador e consultor do ILPES, da CEPAL e de outras entidades das Nações Unidas.

RICARDO BIELSCHOWSKY é economista, com doutorado na Universidade de Leicester, Inglaterra. É professor da Universidade Federal do Rio de Janeiro e economista da CEPAL. É autor de numerosos trabalhos em duas áreas: investimento e progresso técnico no Brasil e na América Latina e pensamento econômico brasileiro e latino-americano. Autor do livro *Pensamento econômico brasileiro: o ciclo ideológico do desenvolvimentismo* (Contraponto, 1996), e organizador da coletânea *50 anos de pensamento na CEPAL* (Record, 2000).

WILSON SUZIGAN é professor colaborador do Instituto de Economia da UNICAMP e do Programa de Pós-Graduação em Economia, Área de Concentração História Econômica, da UNESP de Araraquara. É editor-coordenador da revista *Economia*, publicada pela ANPEC (Associação Nacional de Centros de Pós-Graduação em Economia), editor-associado da *Revista de Economia Política* e da *Revista Brasileira de Economia*, e membro do conselho editorial de várias outras revistas especializadas da área de economia. Atua como assessor da FAPESP, do CNPq e de outras instituições de fomento à pesquisa. Presidente eleito, gestão 2001-03, da Associação Brasileira de Pesquisadores em História Econômica.

LEDA MARIA PAULANI é professora do Departamento de Economia da FEA da USP e do curso de pós-graduação em Teoria Econômica do IPE da USP. Autora de vários artigos nas áreas de Economia e Ciências Sociais, publicou recentemente *A nova contabilidade social* (Saraiva, 2000), em co-autoria com Márcio Bobik Braga. Além de participar do conselho editorial de várias publicações, integra a comissão editorial da revista da Sociedade Brasileira de Economia Política, entidade da qual foi diretora e até recentemente vice-presidente. Atualmente chefia a Assessoria de Apoio Técnico da Secretaria de Finanças do Município de São Paulo.

ROSA MARIA VIEIRA é professora de História Econômica na FEA da PUC de São Paulo e de Sociologia e Formação Contemporânea do Brasil na Fundação Getúlio Vargas. Mestre em História Econômica pela USP, especializou-se no pensamento industrialista brasileiro, tendo realizado estudos sobre Roberto Simonsen. Atualmente desenvolve pesquisa, no doutorado, sobre as concepções teóricas de Celso Furtado.

VERA ALVES CEPÊDA é cientista social, formada pela USP e mestre em Ciência Política pela USP, com a dissertação *Raízes do pensamento político de Celso Furtado: desenvolvimento, nacionalidade e Estado democrático*. Esse trabalho foi laureado em 1999 com o prêmio Lourival Gomes Machado, como melhor trabalho de mestrado pelo Departamento de Ciência Política da USP, com publicação prevista para breve. No doutorado, continua desenvolvendo pesquisas sobre a interface entre economia, história e política na formação do pensamento social brasileiro.

JOSÉ MARCIO REGO é bacharel em Economia pela FEA da USP e em Administração Pública pela Fundação Getúlio Vargas, mestre em Economia pela Fundação Getúlio Vargas e em Ciência Política pela UNICAMP, doutor em Economia de Empresas pela Fundação Getúlio Vargas e doutor em Semiótica pela PUC de São Paulo. Professor de Economia do curso de mestrado e doutorado da Fundação Getúlio Vargas e professor da graduação da PUC de São Paulo. Publicou *Retórica na Economia* (Editora 34, 1996), *Conversas com economistas brasileiros I e II* (Editora 34, 1996 e 1999), em co-autoria com Ciro Biderman e Luis Felipe Cozac e Guido Mantega, e *Conversas com filósofos brasileiros* (Editora 34, 2000"), com Marcos Nobre. E organizou, entre outros, *Inflação inercial e teoria sobre inflação* (Paz e Terra, 1986).

A Grande Esperança em Celso Furtado

ALDO FERRER é doutor em Ciências Econômicas e professor titular consulto da Universidade de Buenos Aires; professor honorário da Universidade Nacional de Córdoba; diretor de PROMERSUR (Programa de Estratégia Econômica Internacional e Mercosul), da Universidade de Buenos Aires; presidente do diretório da Comissão Nacional de Energia Atômica. Anteriormente, foi ministro da Fazenda da Província de Buenos Aires, 1958-60; ministro de Obras e Serviços Públicos da Argentina, 1970; ministro da Economia e Trabalho da Argentina, 1971; presidente do Banco da Província de Buenos Aires, 1983-87. Seus últimos livros, editados pelo Fondo de Cultura Económica (Buenos Aires), são: *Historia de la globalización* (1996); *Hechos y ficciones de la globalización* (1997); *El capitalismo argentino* (1998); *De Cristobal Colón a Internet: América Latina y la globalización* (1999); *Historia de la globalización II* (2000); e *Argentina y Brasil en la globalización ¿Mercosur o Alca?* (2001), em co-autoria com Helio Jaguaribe.

FRANCISCO DE OLIVEIRA é professor titular, aposentado, do Departamento de Sociologia da FFLCH da USP; diretor do Centro de Estudos dos Direitos da Cidadania, da mesma faculdade e universidade. Livros mais recentes: *Os cavaleiros do anti-Apocalipse* (Entrelinhas/CEBRAP, 1999); *Os sentidos da democracia* (Coleção Zero à Esquerda, Vozes); *Os direitos do anti-valor* (Coleção Zero à Esquerda, Vozes, 1999).

JOSEPH LOVE é professor titular de História e ex-diretor do Centro de Estudos Latino-Americanos da Universidade de Illinois. Especialista em economia e política regionais e história do pensamento econômico no Brasil. Autor de *O regionalismo gaúcho e as origens da Revolução de 1930* (Perspectiva, 1975); *A locomotiva: São Paulo na federação brasileira* (Paz e Terra, 1982); *A construção do Terceiro Mundo: teorizando o subdesenvolvimento na Romênia e no Brasil* (Paz e Terra, 1998).

ESTE LIVRO FOI COMPOSTO EM SABON PELA
BRACHER & MALTA, COM FOTOLITOS DO
BUREAU 34 E IMPRESSO PELA BARTIRA GRÁFICA
E EDITORA EM PAPEL OFF-SET 75 G/M^2 DA
CIA. SUZANO DE PAPEL E CELULOSE PARA A
EDITORA 34, EM OUTUBRO DE 2001.